Manual práctico de arquitectura legal

Torres, Claudio Fabián
 Manual práctico de arquitectura legal 2: Normas legales de la arquitectura y de la construcción de obras / Claudio Fabián Torres. - 5a ed . - Ciudad Autónoma de Buenos Aires : Diseño, 2022.
 508 p. ; 21 x 15 cm.

 ISBN 978-1-64360-689-7

 1. Arquitectura. 2. Arquitectura Legal. 3. Construcción. I. Título.
 CDD 720

DISEÑO GRÁFICO: Karina Di Pace

Hecho el depósito que marca la ley 11.723

La reproducción total o parcial de esta publicación, no autorizada por los editores, viola derechos reservados; cualquier utilización debe ser previamente solicitada.

© 2022 de la edición, Diseño Editorial

ISBN 978-1-64360-689-7

Quinta edición: octubre de 2022

Manual práctico de arquitectura legal

NORMAS LEGALES DE LA ARQUITECTURA
Y DE LA CONSTRUCCIÓN DE OBRAS

TOMO II

Claudio Fabián Torres

diseño

A mi papá, Chacho.
A Pepe Silva.
Ambos fueron personas de bien,
predicadores con el ejemplo.

Índice general

Agradecimientos	IX
Abreviaturas	XI
Palabras previas	XIII

Capítulo 1
Personas, derecho, sociedad, estado — 1

Capítulo 2
Protagonistas de la construcción — 59

Capítulo 3
El marco legal del ejercicio profesional — 87

Capítulo 4
Roles principales de profesionales de la arquitectura — 119

Capítulo 5
Roles secundarios de profesionales de la arquitectura — 245

Capítulo 6
Acerca de los derechos reales — 293

Capítulo 7
Acerca de las normas urbanas — 397

Capítulo 8
Contratos y sistemas de ejecución de obra — 529

VIII

Capítulo 9
Medianería — 609

Capítulo 10
Régimen laboral de la industria de la construcción — 653

Capítulo 11
Seguridad e higiene en la construcción — 719

Capítulo 12
Gestión de obras — 811

Capítulo 13
Patologías de obra — 833

Capítulo 14
Honorarios profesionales y sistema previsional — 841

Capítulo 15
Responsabilidades profesionales — 901

Capítulo 16
Resolución de conflictos — 1033

Capítulo 17
Ética profesional — 1081

Legislación (código QR)

Jurisprudencia (código QR)

Reflexión final — 1097
Bibliografía consultada — 1101

Agradecimientos

A la Dra. Karina Alejandra Torres, por las consultas infinitas.

Al Arq. Guillermo Kliczkowski, por su plena confianza en este humilde trabajo.

Al plantel docente de nuestras cátedras de la FADU-UBA y de la Facultad de Arquitectura de la UAI, por cada día de clase siendo parte de un proyecto académico en permanente mejora y crecimiento.

Abreviaturas

B.O. o BO	Boletín Oficial
B.M. o BM	Boletín Municipal
B.O.C.B.A. o BOCBA	Boletín Oficial de la Ciudad Autónoma de Buenos Aires
CCyC	Código Civil y Comercial de la Nación Argentina
Cfr. o Conf.	conforme
CIRSOC	Centro de Investigación de los Reglamentos Nacionales de Seguridad para las Obras Civiles
cm	centímetro
CN	Constitución Nacional
CP	Código Penal de la Nación Argentina
CPCCN	Código Procesal Civil y Comercial de la Nación Argentina
CPPF	Código Procesal Penal Federal
E.D. o ED	Revista EL DERECHO
G.C.B.A. o GCBA	Gobierno de la Ciudad de Buenos Aires (refiere indistintamente a la ex-Municipalidad de la Ciudad de Buenos Aires)
CNCiv. o C.N.Civ. o Cciv o Civil	Cámara Nacional de Apelaciones en lo Civil

CUr	Código Urbanístico de la de la Ciudad Autónoma de Buenos Aires
CEdif	Código de Edificación de la Ciudad Autónoma de Buenos Aires
IRAM	Instituto Argentino de Normalización
J.A. o JA	Revista JURISPRUDENCIA ARGENTINA
Kg/m^3	Kilogramo por metro cúbico
L.L. o LL	Revista LA LEY
m	metro
m^2	metro/s cuadrado/s
m^3	metro/s cúbico/s
mm	milímetro, milímetros
RT	Reglamentos Técnicos del Código de Edificación de la Ciudad Autónoma de Buenos Aires
t.o.	texto ordenado

Todos los sumarios judiciales y la jurisprudencia civiles citados en este libro, y cuya fecha es anterior al 1º de agosto de 2015 han sido creados bajo la vigencia del antiguo Código Civil de la Nación, derogado por el art. 4 de la Ley 26.994. Asimismo, los reglamentos técnicos del Código de Edificación de la Ciudad Autónoma de Buenos Aires que se citan en este libro son aquellos que han sido dictados por la Subsecretaría de Registros, Interpretación y Catastro del Gobierno de la Ciudad Autónoma de Buenos Aires, mediante la Resolución Nº 95/SSREGIC/19 (BOCBA Nº 5577).

Capítulo 9
Medianería

MEDIANERÍA

> Un muro es medianero y común
> de los vecinos de las heredades contiguas
> que lo han hecho construir a su costa
> en el límite separativo de las dos heredades.
>
> *Art. 2717 del antiguo Código Civil*

El CCyC prevé que quien posea un terreno, debe cumplir con la obligación de cerramiento, según lo indica el art. 1939; asimismo, el art. 1944 establece que el dominio es excluyente. El dueño puede excluir a extraños del uso, goce o disposición de la cosa, remover por propia autoridad los objetos puestos en ella, y encerrar sus inmuebles con muros, cercos o fosos, sujetándose a las normas locales.
La medianería es una variante del derecho real de condominio. Tiene lugar cuando el objeto del condominio es un muro que divide predios contiguos estando encaballado sobre el eje divisorio de predios.

ANTECEDENTES HISTÓRICOS

La división de terrenos mediante muros se originó en la desaparición de los espacios que dividían las edificaciones de predios contiguos La medianería surge tras una época en la cual los edificios estaban separados por espacios (situados a 2,5 pies de las líneas divisorias de terrenos), que en la antigua Roma se denominaban *ambitus*, y que servían para la libre circulación de personas. El incendio de Roma en el año 364 AC marcó el fin del *ambitus*. Y ese espacio fue ocupado por los volúmenes edificables, que así pasaban a cobrar importancia por el incremento del valor de la tierra.

Así, la medianería aparece consagrada en las Costumbres de Orléans y de París. Y desde la Edad Media, subsiste hasta la actualidad como una situación que reviste un muy especial estatus jurídico.

OTROS ELEMENTOS SEPARATIVOS DE TERRENOS

No solamente es el muro medianero un elemento que puede dividir terrenos. Así, podemos mencionar, como elementos divisorios, la existencia de:

- **Zanja:** excavación larga y estrecha que se hace en la tierra para conducir las aguas, defender los sembrados, echar los cimientos, o cosas semejantes.
- **Árbol medianero:** especie arbórea perenne, de tronco leñoso y elevado, y que se sitúa sobre una línea divisoria de predios.
- **Cerca:** vallado, tapia o muro que se pone alrededor de algún terreno o casa para su resguardo o división. Pueden existir cercas de mampostería, con pilares.
- **Cerco vivo:** cerca realizada con arbustos.
- **Tabique:** bloques de hormigón premoldeado, de escaso espesor, que se coloca sobre columnas que hacen las veces de guías, y que a su vez se colocan sobre el suelo.
- **Alambrado:** Cerca de alambres afianzada en postes para impedir paso de animales, o bien de dividir lugares.
- **Mojón:** Elemento de piedra, hormigón o de otro material que se utiliza como señal para fijar límites de terrenos y fronteras.
- **Pirca:** Muro de escasa altura realizado con piedras sin labrar y sin utilizar morteros, utilizado por los pueblos andinos.

ASPECTOS FUNCIONAL, TÉCNICO Y JURÍDICO DEL MURO

En cuanto a su naturaleza jurídica, el condominio de las paredes, muros, fosos y cercos que sirvan de separación entre dos heredades contiguas, es un condominio de indivisión forzosa perdurable.

Acerca de un análisis sobre los aspectos del muro que divide predios, se tiene la siguiente clasificación, conforme el art. 2006 del CCyC:

1. **Aspecto FUNCIONAL: el muro puede ser:**
- **Lindero, separativo o divisorio:** el muro demarca un inmueble y lo delimita del inmueble colindante.
- **de Cerramiento:** es un muro lindero de cerramiento forzoso, sea encaballado o contiguo.
- **de elevación:** se trata de un muro lindero que excede la altura del muro de cerramiento.
- **Enterrado:** el muro está ubicado debajo del nivel del suelo sin servir de cimiento a una construcción en la superficie.

2. **Aspecto TÉCNICO: el muro puede ser:**
- **Contiguo:** es el muro lindero que se asienta totalmente en uno de los inmuebles colindantes, de modo que el filo coincide con el límite separativo.
- **Encaballado:** también llamado *encabalgado*, se trata de un muro lindero que se asienta parcialmente en cada uno de los inmuebles colindantes; el muro se ha construido sobre la Línea Divisoria de Predios, quedando en perfecta simetría (cuando el espesor de un muro se reparte en mitades sobre ambos fundos) o bien si no se respeta asimetría. Aun si los muros requieren de *zarpas* (parte del cimiento que excede a la pared o muro que se asienta en él) en su fundación para su propio sostén, estas zarpas, aun pasando el medio espesor, no se consideran como "invasoras" del predio ajeno, ya que las zarpas son elementos esenciales para que el muro quede firme.
- **Próximo:** se trata de aquel muro situado en uno de los predios, muy cerca del límite separativo de terreno; esta clasificación no se prevé en el art. 2006 del CCyC. Si se ha construido muy cercano a la Línea Divisoria de Predios, es probable que entre dicho muro y la línea divisoria, se genere un espacio inaprovechable.

3. **Aspecto JURÍDICO:** el muro puede ser:
- **Privativo o exclusivo:** es el muro lindero que pertenece a uno solo de los colindantes. El muro es privativo si pertenece a un solo dueño. El vecino que hace uso de ese muro, debe adquirir los derechos de medianería correspondientes. Aun estando encaballado sobre el eje divisorio de predios el muro puede ser privativo del propietario de uno de los terrenos. En cambio, es medianero si el muro pertenece a ambos propietarios.
- **Medianero:** en este caso, el muro lindero es común y pertenece en condominio a ambos colindantes. Es medianero el muro cuya propiedad es de los propietarios de dos fundos contiguos. Para que el muro sea medianero, siempre ha de estar encaballado.

Conforme la clasificación anterior, y teniendo las tres siguientes plantas como ejemplo, puede así determinarse:

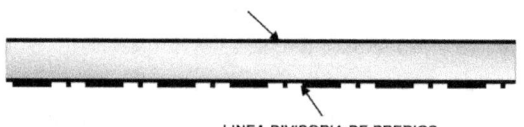

FIGURA 1

aspecto FUNCIONAL	aspecto TÉCNICO	aspecto JURÍDICO
Muro **lindero, separativo o divisorio, de cerramiento o de elevación**, o **enterrado**.	Muro **contiguo**.	Muro **privativo o exclusivo**.

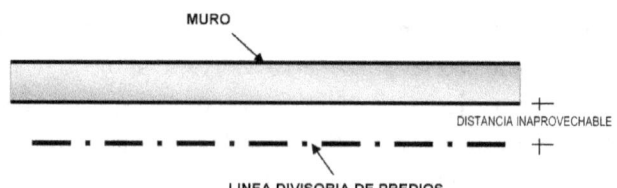

FIGURA 2

aspecto FUNCIONAL	aspecto TÉCNICO	aspecto JURÍDICO
Muro **lindero, separativo o divisorio, de elevación**, o **enterrado**.	Muro **próximo**.	Muro **privativo o exclusivo**.

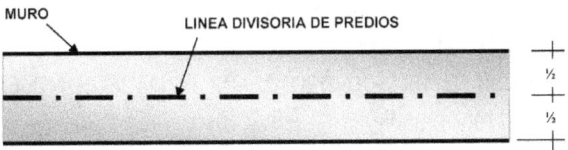

FIGURA 3

aspecto FUNCIONAL	aspecto TÉCNICO	aspecto JURÍDICO
Muro lindero, separativo o divisorio, de cerramiento o de elevación, o enterrado.	Muro encaballado.	Muro **medianero** (según lo indica el CCyC en su art. 2008 el muro que se construya hasta los tres metros de altura es medianero. Será también medianero el muro elevado, si el titular colindante adquiere derechos de medianería sobre dicho muro).

CONDICIONES PARA QUE EXISTA MEDIANERÍA

Las condiciones para que exista medianería pueden establecerse como:

a) **Condiciones de ubicación, materialidad y altura:**
- La medianería surge en tanto un muro divida dos terrenos contiguos, situados núcleos de población o arrabales, y con espesor normado en reglas locales. Conforme el art. 2007 del CCyC, cada uno de los propietarios de inmuebles situados en núcleos de población o en sus arrabales, tiene frente al titular colindante, el derecho y la obligación recíprocos de construir un muro lindero de cerramiento, al que puede encaballar en el inmueble lindero, hasta la mitad de su espesor.
- El muro de cerramiento forzoso debe ser estable y aislante de tres metros de altura (contados desde la intersección del límite con la superficie de los inmuebles); esta medida es subsidiaria de las que disponen las reglamentaciones locales (conforme el art. 2008 del CCyC).
- El muro que se construya según lo indica el CCyC en su art. 2008 es medianero hasta los tres metros de altura. Será también medianero el muro elevado, si el titular colindante adquiere derechos de medianería sobre dicho muro.
- En el **RT 041300-020104-01** del CEdif, se establece que un muro divisorio entre predios que en cualquier nivel cierra partes cubiertas, debe

ser construido en albañilería de ladrillos macizos o de piedra, y el espesor puede ser de 0,30 m o 0,45 m.

- El CEDif, en su **RT-041300-020105-02 01 MUROS NO CERAMICOS**, indica que el muro medianero puede construirse en Hormigón Celular Curado en Autoclave (HCCA), de 0,125 m x 0,25 m x 0,50 m; también el **RT 041300-020105-01** del CEdif establece que:

Un muro Un muro privativo puede ejecutarse de 0,15 m de espesor en ladrillos macizos comunes o con otros materiales o espesores. En todos los casos debe cumplirse con los siguientes requisitos:

a) Tener una resistencia a la rotura o al pandeo no menor que 20 Kg/cm2 referida a la sección transversal total del muro;

b) Tener una resistencia al impacto de una carga de 50 Kg como mínimo, aplicada en caída libre, desde una altura de 1,00 m en el medio de sus luces reales;

c) Tener una absorción sonora o amortiguación acústica no inferior a 40 db;

d) Tener una resistencia al paso del fuego similar a la de un muro de ladrillos macizos comunes de 0,15 m de espesor revocado en los dos paramentos;

e) Tener una protección hidrófuga adecuada. Para erigir un muro privativo contiguo a predio lindero se debe previamente presentar una memoria descriptiva del sistema adoptado que merecerá la aprobación previa de la Autoridad de Aplicación. El Propietario que edifique en un predio lindero a otro que tiene un muro privativo construido de acuerdo con el presente artículo, debe asegurar la estanqueidad de la junta entre ambos muros y evitar los efectos de la humedad.

El profesional interviniente y el propietario deben declarar en planos a registrar que el muro divisorio contiguo a predio lindero cumple con los requisitos exigibles, los cuales deberán ser detallados en memoria descriptiva **pudiéndose utilizar ladrillos macizos comunes o con otros materiales, como ser ladrillos de máquina prensados, cemento, silicio calcáreo, de hormigón, o de hormigón celular o alveolar.** En esta disposición, su art. 3 autoriza la ejecución de muros privativos contiguos a predios linderos de 0,15 m o espesores mayores, en lugar de los muros divisorios, en las obras que actualmente se encuentren en construcción, con permiso de obra otorgado y con un estado de avance de mampostería en ejecución, a pesar de que en los planos registrados se hayan proyectados muros divisorios de 0,30 m, siempre y cuando dichos muros sean de ladrillos macizos comunes o con otros materiales, como ser ladrillos de máquina, prensados, cemento, silicio calcáreo o de hormigón, y cumplan con los requisitos del RT 041300-020104-01 del CEdif en cuanto a resistencia a la rotura o al pandeo, al impacto, a la conductibilidad térmica, a la absorción sonora o amortiguación acústica, a la resistencia al paso del fuego y a la protección hidrófuga adecuada. En ningún caso los muros divisorios contiguos a predio lindero de 0,15 m de espesor mayor podrán sobrepasar las líneas divisorias de parcelas en donde se ejecuten.

b) **Condiciones de contacto:**
- **Apoyo:** hay apoyo cuando entre las construcciones hay contacto físico para usar el muro, se tiene contacto físico para apoyar elementos estructurales (por ejemplo, tirantería de madera, perfiles de hierro, vigas, viguetas y/o losas), penetrando estos elementos dicho muro. El muro, en este caso, soporta cargas. El CEDif, en el art. 4.12.2, indica que tanto en las azoteas como en los techos y entrepisos, los tirantes y vigas se apoyarán en los muros en la forma fijada por las normas reglamentarias. En los muros divisorios el apoyo no podrá rebasar el límite del predio; también el CEdif, en su **RT-041202-020108-06 APOYO DE VIGAS EN MUROS**, indica que *tanto en las azoteas como en los techos y entrepisos, los tirantes y vigas serán apoyados en los muros en la forma fijada por estos Reglamentos Técnicos. En los muros divisorios el apoyo no puede rebasar el límite del predio.*

Cuando la viga se apoya en un muro de carga de mampostería o ladrillo, es necesario hacer una transmisión de la carga, repartiéndola sobre el apoyo. Es sobre la totalidad de la sección del muro sobre la que hemos debemos considerar el cálculo la tensión del apoyo. Por lo tanto, no podemos llevarla a un área menor de muro.

Se deberá realizar una base de mortero de apoyo de la viga sobre la mampostería realizada con una mezcla 1:3, cemento/arena de un espesor mínimo igual a 2cm. Si la carga a transmitir de la viga sobre el punto de apoyo fuera mayor a la tensión admisible del muro, se deberá aumentar la superficie de contacto con este hasta lograr igualar la transmisión de la carga de la viga, con la tensión superficial de contacto con el muro. Esto se puede lograr dependiendo del material de la viga, pudiendo ser metálica, en hormigo, madera, o el cualquier material que se demuestre su capacidad estructural para transmitir la carga.

- **Arrime:** hay arrime cuando un elemento constructivo del predio vecino se acerca al muro divisorio, dejando un espacio que impide desarrollar correctamente una función, como podría ser un pasadizo. El Cedif, en su art. 3.3.2.14, indica que toda construcción no adosada ni apoyada a un muro separativo entre predios debe estar alejada del eje de este muro por lo menos 1,15 m. Las áreas y los lados mínimos de los locales o de los pasajes o corredores abiertos, contiguos a un eje divisorio, se computan hasta una distancia de 0,15 m de este eje. El ancho de pasajes y corredores abiertos contiguos a eje divisorio entre predios se computa sobre el plano vertical de la parte más saliente del edificio.

  Cuando una construcción se encuentre próxima a un eje divisorio entre predios, y aquella tenga algún paramento que forme con éste un ángulo menor o igual a 30°, el ángulo agudo debe cubrirse hasta un punto del paramento a una distancia no menor que 1,15 m de dicho eje. De esos muros pueden sobresalir elementos arquitectónicos como ser: cornisas y ménsulas a una altura superior a 2 m y pilastras con una saliente no mayor que 0,15 m.

- **Cerramiento Forzoso:** Existe obligatoriedad de encerrarse que existe en predios urbanos, según los arts. 1939 y 1944 del CCyC. Por el art. 2008 del CCyC, el muro de cerramiento forzoso debe ser estable, aislante y de altura no menor a 3,00 m contados desde la intersección del límite con la superficie de los inmuebles. Esta medida es subsidiaria de las que disponen las reglamentaciones locales. Todo propietario de una heredad puede obligar a su vecino a la construcción y conservación de paredes de 3,00 m de altura para cerramiento y división de sus heredades contiguas, que estén situadas en el recinto de un pueblo o en los arrabales. Si el condómino quiere librarse de gastos que origine la construcción, conservación o reconstrucción de un muro, puede liberarse mediante la abdicación o renuncia de su derecho de medianería aun en los lugares donde el cerramiento es forzoso, a menos que el muro forme parte de una construcción que le pertenece o la deuda se haya originado en un hecho propio. La abdicación del derecho de medianería por el condómino implica enajenar todo derecho sobre el muro y el terreno en el que se asienta. Ello lleva a que si el vecino no quiere perder terreno y parte del muro, debe necesariamente cumplir con los artículos mencionados.

- **Cerramiento Simple:** El muro es utilizado para impedir vistas y cerrar volúmenes arquitectónicos. No existe apoyo si se penetra el muro para colocar estructura independiente de hormigón armado o bien con estructura mixta, si dicha estructura llega hasta la línea divisoria de predios. En la Ciudad de Buenos Aires, el CEdif en el art. 4.12.1. establece que la estructura resistente debe ejecutarse dentro de los límites del predio. Un muro divisorio con su propio cimiento, podrá asentarse en ambos predios colindantes. Los muros privativos contiguos a predios linderos, sean o no resistentes, deben ejecutarse dentro del propio predio.

GENERALIDADES SOBRE MUROS CERÁMICOS

El RT 041300-020104-01 del CEdif indica que los muros cerámicos deberán cumplir con la norma del CIRSOC 501. En el mismo se detallan todas las normas y reglamentos que se complementan con la misma. Un muro cerámico se levantará con regularidad, bien aplomado y alineado de acuerdo a reglas de arte. Los materiales y despiezos deben responder, según su uso, a las prescripciones de estos Reglamentos. Las juntas deben ser llenadas perfectamente con mezcla, y su espesor promedio en 1,00 m de altura no debe exceder de 0,015 m. El ladrillo debe ser completamente mojado antes de colocarse. Se prohíbe usar pasta de cal que no haya sido apagada y enfriada, como asimismo cemento fraguado. Un muro, durante su construcción, debe garantizar su estabilidad hasta contar con su estabilidad estructural definitiva. En todos los casos deben colocarse puntales de seguridad distanciados horizontalmente a no más de 3,00 m, salvo cuando a través de un cálculo se garantice la distancia adoptada. Un recalce se hará después de apuntalar sólidamente el muro. Los pilares o tramos de recalce que se ejecuten simultáneamente, deben distar entre pies derechos no menos que el espesor del muro a recalzar; estos tramos deben tener un frente no mayor que 1,50 m y ser ejecutados con mezcla de cemento de portland, de las proporciones establecidas en las correspondientes Normas IRAM 1569/1676/1731 o aquella que especifiquen dicho uso.

Respecto de **traba de muros**, la traba entre ladrillos, sillería o mampuesto debe ejecutarse de modo que las juntas verticales no coincidan en la misma plomada en dos hiladas sucesivas. La traba entre muros y refuerzos o contrafuertes debe hacerse hilada por hilada de modo de conseguir un empotramiento perfecto. La traba de un muro nuevo con otro existente debe hacerse por lo menos cada 6 hiladas y con una penetración no menor que medio largo de ladrillo.

Si por algún motivo estético se optara por un muro sin las trabas correspondientes, este deberá trabarse mediante perfilería metálica o incorporar entre la mezcla, debidamente adecuada, la armadura que reemplace la traba necesaria para dar rigidez al muro. Esta armadura debe ubicarse como máximo a una separación de 0,50 m entre sí y coincidir con el nivel de encadenado del muro.

En cuanto al **anclaje**, los paños de muros que se encuentren limitados por vigas, columnas, losas y entrepisos deben anclarse a las columnas mediante grapas, flejes o barras metálicas, distanciadas entre sí de no más de 0,50 m.

Acerca de **encadenado de muros**, a un muro cuyo cimiento lo constituyan emparrillados o pilotines, y no apoye directamente sobre el suelo, se lo debe dotar de un encadenado o viga de cintura en su nacimiento. Un muro de sostén que reciba cargas concentradas tendrá un encadenado de cintura a la altura de la aplicación de esas cargas.

Los **pilares** y **pilastras** deben ser construidos en albañilería maciza cuidadosamente ejecutada, con mezcla reforzada de las proporciones que se establecen en las Normas (IRAM, CIRSOC, etc.) que lo especifiquen para dicho fin. Cuando reciban cargas concentradas deberá verificarse su esbeltez de acuerdo con las prescripciones contenidas en los reglamentos de cálculo. No se debe efectuar canalizaciones, huecos o recortes en un pilar ni en una pilastra de sostén; solo se pueden realizar dichos huecos o recortes si estos no afectan la sección de cálculo.

La parte superior de una abertura debe ser cerrada por un **dintel** o **arco**; sus apoyos deben penetrar por lo menos 0,15 m en los pies derechos de la abertura. Un arco de mampostería debe ejecutarse con una flecha o peralte mínima de 1/20 de la luz libre y ser proyectado para soportar la carga sobrepuesta. En todos los casos de abertura, los lados de apoyo del dintel deben estar calculados según la luz de la misma, según su geometría, los materiales a utilizar y la carga a distribuir.

Cuando una cerca se construya con menor espesor que 0,30 m, habrá a distancias no mayores que 3,00 m, pilares o pilastras que con el muro formen secciones de 0,30 m × 0,30 m, o bien tendrá otras estructuras de resistencia equivalente.

El CEdif refiere además a la ejecución de los **muros de contención** (art. 4.13.1.1) y con **sobrecarga lateral** (art. 4.13.1.2).

Además, se permitirá la utilización de **anclajes de tracción** para soporte transitorio de muros de submuración y entibamiento que traspasen los límites del predio, tanto en relación a los linderos como en lo relativo a la línea oficial. El sistema de anclajes debe resguardar y garantizar la seguridad de trabajadores, los predios linderos y la vía pública. Los anclajes son considerados en todos los casos como estructuras transitorias, y el propietario de la parcela adyacente no será responsable en caso de fisuras, cuando los mismos se demuelan para submurar (art. 4.8. del CEdif).

DERECHOS Y OBLIGACIONES DEL PROPIETARIO SOBRE EL MURO MEDIANERO

El propietario de un fundo lindero, condómino de un muro medianero, posee los siguientes **derechos**:

- A reconstruir el muro.
- A darle mayor altura al muro.
- A abandonar o renunciar a los derechos sobre el muro.
- A readquirir los derechos de medianería.

- A obligar a su vecino a conservar y mantener el muro medianero en buen estado.
- A adosar construcciones al muro, anclarlas en él, empotrar todo tipo de tirantes y abrir cavidades, aun en la totalidad de su espesor, siempre que del ejercicio regular de ese derecho no resulte peligro para la solidez del muro.
- A arrimar toda clase de construcciones al muro medianero.
- A servirse del muro para todos los usos a los que se destinó, según su naturaleza.
- A abrir ventanas conforme normativas edilicias locales.

Conforme los arts. 2005 y 2021 del CCyC, la medianería da derecho a cada uno de los condóminos a **servirse** de la pared o muro medianero para todos los usos a que ella está destinada según su naturaleza, con tal que no causen deterioros en la pared, o comprometan su solidez, y no se estorbe el ejercicio de iguales derechos para el vecino.

Así, **servirse** del muro significa su **utilización inmediata o específica**. Se considera ampliamente el servirse del muro, no sólo con apoyo, arrime, sino además con cerramiento simple o forzoso, embutimiento y adosamiento de cañerías, etc. **La jurisprudencia, en forma masiva, interpreta que servirse de la pared implica su utilización directa e inmediata, en cualquier forma, lo que se realiza al arrimar y apoyar construcciones, empotrar vigas y tirantes, y colocar instalaciones.** De ningún modo puede interpretarse como servirse del muro a colocación de clavos y ganchos para colgar ropa, jaulas (esto último siempre que revista temporalidad en el uso), revoque del muro, etc.

En cuanto a **obligaciones**, el propietario de un fundo lindero, condómino de un muro medianero, tiene las siguientes:

- Contribuir a gastos de mantenimiento y de reparación, y de igual manera, a reconstruir el muro en forma conjunta con su vecino, en el caso de muro condenable.
- Respetar todos los derechos de su condómino.
- Suprimir aberturas, luces, y toda obra incompatible con la medianería.

- Mantener altura y espesor de la pared: respecto al espesor, éste solamente podrá reducirse si se cuenta con el consentimiento del vecino, tal caso de muros de 0,45 m de espesor que se reducen a 0,30 m. Si se trata de aumentar el espesor existente, podrá efectuarse si el excedente se construye en el terreno del vecino constructor, conforme el art. 2025 del CCyC.
- No hacer innovaciones en la pared medianera que impidan al otro un derecho igual y recíproco

LA PRIMERA CONSTRUCCIÓN DE UN MURO

La primera construcción encaballada de un muro cumple una triple función: facilita que el vecino lindero adquiera medianería, promueve y facilita el encerramiento y limita el dominio.

Por el art. 1945 del CCyC, el dominio de una cosa comprende los objetos que forman un todo con ella o son sus accesorios. El dominio de una cosa inmueble se extiende al subsuelo y al espacio aéreo, en la medida en que su aprovechamiento sea posible, excepto lo dispuesto por normas especiales. Y en el art. 2007 del CCyC se establece que cada uno de los propietarios de inmuebles ubicados en un núcleo de población o en sus arrabales tiene frente al titular colindante, el derecho y la obligación recíprocos, de construir un muro lindero de cerramiento, al que puede encaballar en el inmueble colindante, hasta la mitad de su espesor. El vecino debe tolerar este uso y avance del lindero ya que no hay apropiación de la franja de terreno por parte del vecino colindante, y por lo tanto, no se indemniza.

Cuando el dueño de un predio sin límites materializados realiza una primera construcción de un muro encaballado, no solamente contribuye a la seguridad, sino que además facilita que el vecino lindero adquiera medianería. Por el art. 2007 del CCyC, cada uno de los propietarios de inmuebles ubicados en un núcleo de población o en sus arrabales tiene frente al titular colindante, el derecho y la obligación recíprocos, de construir un muro lindero de cerramiento, al que puede encaballar en el inmueble colindante, hasta la mitad de su espesor, en tanto cumpla con lo siguiente:

a) la pared sea piedra o de ladrillo (macizo). En el ámbito de la Ciudad Autónoma de Buenos Aires, conforme el RT 041300-020104-01 del CEdif, un muro divisorio entre predios que en cualquier nivel cierra partes cubiertas, debe ser construido en albañilería de ladrillos macizos o de piedra.
b) la pared posea 3,00 m de altura; respecto de la altura del muro, se mide desde el nivel de predio y estará determinada por cada municipio. El art. 2008 del CCyC establece que "El muro de cerramiento forzoso debe ser estable, aislante y de altura no menor a tres metros contados desde la intersección del límite con la superficie de los inmuebles. Esta medida es subsidiaria de las que disponen las reglamentaciones locales". De tenerse diferencia de niveles naturales de predio, la medianería se toma desde el nivel de predio más elevado, sin importar la profundidad de sus cimientos.
c) la pared posea un espesor que garantice estabilidad (de querer construir un muro de mayor espesor, el constructor colocará en su terreno el excedente; y de buscar disminuirse el espesor, debe requerirse consentimiento del vecino).

En cuanto a **cercas**, el CEdif dispone:

- El RT 041300-020104-01 del CEdif establece que una cerca divisoria entre predios puede construirse en albañilería u hormigón de cualquier espesor siempre que tenga no más que 3,00 m de altura medidos desde el predio más elevado y que tenga, a distancias no mayores que 3,00 m, pilares o pilastras que con el muro formen secciones de 0,30 m por 0,30 m o bien otras estructuras de resistencia equivalente (siempre en los casos en los cuales el espesor de la cerca sea inferior a 0.30 m);c) Casos especiales:
I. En los distritos donde es obligatorio el retiro de la fachada para formar jardín al frente, en las partes que limitan las áreas no edificables, la cerca divisoria debe realizarse igual a la exigida sobre la L.M. Esta cerca puede seguir la pendiente eventual del talud que salva desniveles;
II. En los predios que dan sobre la Av. Perito Moreno, las cercas entre predios comprendidas en la zona no edificable reunirán las siguientes condiciones:
· Tendrán una altura máxima de 1,10 m.

· Si lleva murete, éste no excederá los 0,40 m medidos desde el nivel de la acera.

· Pueden ser ejecutadas en la forma establecida en el inciso a) de "Características generales de las cercas al frente".

III. La cerca de un predio lindante con el "Museo Caminito" debe tener una altura uniforme igual a 3,00 m medidos desde el solado del "Museo". Los paramentos exteriores de estas cercas se consideran la propiedad de la Comuna, la que puede utilizarlos para fijar obras de arte y/u otros elementos decorativos, en cuyo caso su conservación y vigilancia queda a cargo de la Municipalidad.

IV. En toda el área delimitada por las calles José Cubas, Segurola, Navarro, Joaquín V. González, Nueva York, Llavallol, en sus predios frentistas a ambas aceras, y en la calle Gutenberg en los predios frentistas a la acera sur, los cercos divisorios entre predios, al frente, serán setos vivos con una altura de 1,80 m, complementados con alambre tejido de malla hexagonal de igual altura.

- Respecto de cercas al frente, el CEdif en su art. 3.1.3.1. indica que en los predios que contengan en su interior construcciones precarias, o depósitos de materiales, el Organismo Competente puede ordenar la ejecución de una cerca ciega, a fin de impedir la vista desde un punto situado a 1,60 m, sobre el cordón de la vereda opuesta; por otra parte, el art. 3.1.3.3 establece que en caso de construirse cercas y/o muros sobre la Línea Oficial o retirados de ésta, los mismos deben ser materializados permitiendo hasta el 20 % de tratamiento opaco y el 80 % de tratamiento permeable y/o transparente.

- Sobre el **cercado de techos transitables**, el **RT 041600-020105-04** del CEdif indica que un techo o azotea transitable y de fácil acceso mediante obras fijas debe estar cercado con baranda o parapeto de una altura mínima de 1,00 m computada desde el solado. Cuando las barandas o parapetos tengan caladuras, estarán construidos con resguardos de todo peligro.

OBLIGACIÓN DE REVOCAR

El CEdif, en su **RT 041300-020105-06 ACABADOS**, establece la obligación de revocar muros. Es obligatorio el revoque exterior e interior de un muro cuando se solicite permiso para erigir un edificio, o en el caso de reparar, modificar, ampliar o transformar.

El revoque exterior de un muro debe ejecutarse con una capa o jaharro aplicado directamente el paramento y cubierto con un enlucido resistente a la intemperie. Se puede suprimir este revoque exterior siempre que corresponda al estilo arquitectónico y sea aprobado por la DGROC. En estos casos las juntas serán cuidadosamente tomadas y el material del muro será suficiente para protegerlo de la intemperie. Las cercas, tanto divisorias como interiores, pueden quedar sin revocar. El revoque o enlucido al interior de locales debe ejecutarse con las mezclas correspondientes a su función. Se puede suprimir este revoque o enlucido siempre que corresponda al estilo arquitectónico, se opte por una solución constructiva admitida que no lo requiera, o bien el destino del local lo haga innecesario; en estos casos las juntas serán tomadas y asegurarán buenas condiciones de higiene. La coloración de revoques exteriores en Fachada principal, contrafrente, muros divisorios y visibles desde la vía pública en la zona delimitada por las Avenidas Patricios, Martín García, Paseo Colón, Brasil, Don Pedro de Mendoza, excluidas las aceras Este de Avda. Patricios, S. E. de Avda. Martín García, Este de Avda. Paseo Colón y Sur de Avda. Brasil, deben ejecutarse de acuerdo con la siguiente reglamentación:

a) Se limita a 1 el número de tintes (colores) saturados (puros) a emplear, obligatoriamente en las fachadas o muros;

b) El tinte (color) saturado (puro) debe aplicarse en las superficies dominantes de fachada y/o muros;

c) Las fachadas y/o muros deben tener un tinte (color) dominante puro, no limitándose el número de tintes (colores) puros o agrisados a emplear como secundarios del principal;

d) Queda permitido el empleo del tinte blanco y/o el tinte negro aplicados en pequeñas superficies o elementos lineales;

e) La documentación a presentar para la aprobación debe consignar: tipo de material, número de color de muestrario o catálogo correspondiente;
f) Los proyectos deberán contar con la aprobación del organismo competente en materia de interpretación urbanística.

Cuando se revista el paramento de un muro o una superficie suspendida con ladrillos ornamentales, molduras prefabricadas, cerámicas, lajas o placas de piedra natural o de la llamada piedra reconstituida, se asegurará su fijeza a los muros o estructuras mediante procedimientos que se someterán a consideración de la DGROC quien, según la naturaleza del revestimiento, puede exigir:

a) La utilización de trabas o anclajes de metal no corroíble en proporción al área del revestimiento o tamaño de las piezas;
b) Que se ejecuten en cremalleras los paramentos a revestir;
c) El empleo de mezclas especiales;
d) El uso de juntas de dilatación;
e) Todo otro sistema compatible con la seguridad;

A alturas mayores que 2,50 m sobre el solado, se exige, además de la mezcla adherente, que los revestimientos sean retenidos mediante anclajes u otro sistema de fijación.

ADQUISICIÓN DE DERECHOS DE MEDIANERÍA

En el art. 2008 del CCyC se establece que "El muro de cerramiento forzoso debe ser estable, aislante y de altura no menor a tres metros contados desde la intersección del límite con la superficie de los inmuebles. Esta medida es subsidiaria de las que disponen las reglamentaciones locales". Y en cuanto a la adquisición de medianería, el art. 2009 indica que el muro construido conforme a lo dispuesto en el artículo 2008 es medianero hasta la altura de 3,00 m. También es medianero el muro de elevación, si el titular colindante de un derecho real sobre cosa total o parcialmente propia, adquiere la copropiedad por contrato con quien lo construye, o por prescripción adquisitiva.

Todo propietario cuya finca linda inmediatamente con una pared o muro no medianero, puede adquirir la medianería en toda la extensión de la pared, o sólo en la parte que alcance a tener la finca de su propiedad hasta la altura de las paredes divisorias, reembolsando la mitad del valor de la pared, como esté construida, o de la porción de que adquiera medianería, como también la mitad del valor del suelo sobre que se ha asentado; no podrá limitar la adquisición a sólo una porción del espesor de la pared. Se trata, en este caso de una situación en la cual el dueño del muro no medianero cede forzosamente derechos de medianería, estando el lindero obligado a ser cesionario. Se trata de una cesión forzosa e imprescriptible.

FORMAS DE ADQUISICIÓN DE DERECHOS DE MEDIANERÍA

La adquisición de derechos de medianería se da de dos maneras: formas básicas y formas alternativas.

1) **FORMAS BÁSICAS:**
   a) **CONTRIBUCIÓN PARA LA CONSTRUCCIÓN EN COMÚN o COMUNIDAD DE GASTOS:** basado en el art. 2009 del CCyC, se trata del muro encaballado que nace medianero cuando su construcción es realizada por los dueños de los terrenos colindantes entre sí. El afrontamiento económico de la construcción corresponde a ambos propietarios de los terrenos.
   b) **CESIÓN DE DERECHOS:** Conforme el art. 1614 y concordantes del CCyC, en este caso, uno solo de los vecinos ha construido el muro encaballado, y el lindero, posteriormente, uso efectivo del muro. Así, la cesión de derechos puede hacerse:
   • En forma onerosa: al hacer uso de dicho muro, el que usa el muro abona a su vecino la mitad del valor del muro. Comúnmente, es como si se tratara de una compraventa.

- En forma gratuita: al hacer uso de dicho muro, el vecino que construyó el muro no percibe monto de dinero alguno por los derechos de medianería, manifestando expresamente su voluntad. Comúnmente, es como si se tratara de una donación.

c) PRESCRIPCIÓN: la prescripción es un medio de adquirir un derecho o de liberarse de una obligación por el simple transcurso del tiempo. Por el art. 1897 del CCyC, la prescripción para adquirir es el modo por el cual el poseedor de una cosa adquiere un derecho real sobre ella, mediante la posesión durante el tiempo fijado por la ley. Siendo que en el CCyC, el art. 2008 indica que puede adquirirse medianería por prescripción adquisitiva, el art. 1898 establece un plazo de 10 años si se posee un inmueble con justo título y buena fe; y de no existir justo título ni buena fe, el art. 1899 indica un plazo de 20 años. Ahora bien, el art. 2020 del CCyC refiere al inicio del curso de la prescripción extintiva: "El curso de la prescripción de la acción de cobro de la medianería respecto al muro de cerramiento se inicia desde el comienzo de su construcción; y respecto al de elevación o al enterrado, desde su utilización efectiva por el titular colindante". En este caso, si se trata de una acción por cobro de sumas de dinero derivadas del uso específico de un muro divisorio encaballado, bien puede aplicarse el art. 2560 del CCyC, referido al plazo genérico de la prescripción, y que dice: "El plazo de la prescripción es de cinco años, excepto que esté previsto uno diferente en la legislación local". Por otra parte, si el muro se halla íntegramente construido sobre el fundo del vecino (muro contiguo y privativo), coincidiendo uno de sus flos exteriores con el plano virtual de la Línea divisoria de predios, quien haga uso del muro no solamente debe abonar los derechos de medianería sino también la franja de terreno del lindero donde se asienta el muro, y entonces, puede aplicarse la prescripción veinteñal (conforme el art. 1899 del CCyC) sobre la franja de terreno, si han pasado 20 años desde que el muro se ha utilizado en forma efectiva. El art. 2014 del CCyC dice: "El que construye el muro de cerramiento contiguo tiene derecho a reclamar al titular colindante la mitad del valor del terreno, del muro y de sus cimientos. Si lo construye encaballado, sólo puede exigir la mitad del valor del muro y de sus cimientos".

2) **FORMAS ALTERNATIVAS:**

a) **COMPENSACIÓN:** Existirá compensación cuando se pueda demoler el muro lindero cuando necesite hacerlo más firme, pero debiéndose reconstruirlo con altura y estabilidad no menores que las del demolido, según el art. 2024 del CCyC. Cualquiera de los condóminos puede destruir el todo o parte de un muro para reconstruirlo con el propósito de hacerlo más apropiado a fines de soportar mayor carga o bien otras razones, sin indemnizar y en forma inmediata. Puede también afirmarse que si el propietario lindero posee un muro contiguo de 0,15 m de espesor y su vecino necesitara construir un muro de 0,30 m de espesor, puede procederse también a la compensación, siendo que así, el muro contiguo se sustituirá por un muro encaballado, quedando así un muro medianero. La reconstrucción debe realizarse a costa del vecino que lo necesita, y el otro condómino no puede reclamar indemnización por las meras molestias, si la reconstrucción es efectuada con la diligencia adecuada según las reglas del arte. Por el art. 2025 del CCyC, si para la reconstrucción se utiliza una superficie mayor que la anterior, debe ser tomada del terreno del que la realiza y el nuevo muro, aunque construido por uno de los propietarios, es medianero hasta la altura del antiguo y en todo su espesor. Si en la reconstrucción se prolonga el muro en altura o profundidad, se aplica lo dispuesto en el art. 2022 del CCyC, por lo que el condómino puede prolongar el muro lindero en altura o profundidad, a su costa, sin indemnizar al otro condómino por el mayor peso que cargue sobre el muro. La nueva extensión es privativa del que la hizo. Por su parte, el CEdif, en su art. 5.2 inc. a), indica que cuando un muro se encuentra vencido, alcanzando su desplome al tercio de su espesor, o cuando presenta grietas de dislocamiento, aplastamiento o escurrimiento, el organismo competente debe ordenar su demolición, previo apuntalamiento, si correspondiera. Cuando un muro tenga sus cimientos al descubierto o con profundidad debilitada e insuficiente, el Organismo competente debe ordenar el recalce hasta alcanzar la profundidad correcta de acuerdo con los requisitos mínimos establecidos por el CEDif.

b) DETERMINACIÓN DEL DUEÑO DE INMUEBLES COLINDANTES O ANTECESOR COMÚN: cuando existen dos edificios linderos, y para determinar el estado de situación del muro divisorio, si es encaballado, se aplica el art. 2010 del CCyC, que establece la presunción de medianería en el muro separativo entre edificios en toda su altura hasta el término del edificio menos elevado. La parte que pasa la extremidad de esta última construcción, se considera que pertenece exclusivamente al dueño del edificio más alto, salvo que exista prueba en contrario, por instrumentos públicos, privados, o por signos materiales (como la aparición de vestigios de muros perpendiculares al muro divisorio, ya demolidos) que demuestren la medianería de toda la pared, o de que aquélla no existe ni en la parte más baja del edificio. La presunción es muy válida si los edificios linderos son propiedad de una misma persona; si ésta los vende, y se carece de instrumentos públicos o privados que indiquen situación de medianería. En el caso de poseerse instrumentos públicos o privados, o bien ante la existencia de signos materiales que aseguren la existencia de medianería, se tendrá acreditada la medianería. Por otra parte, conforme el art. 2013 del CCyC, en el conflicto de un título que establezca la medianería, y los signos de no haberla, el título es superior a los signos.

c) READQUISICIÓN DE DERECHOS TRAS ABDICACIÓN O ABANDONO: Se tiene un muro que es medianero, con todas las obligaciones inherentes a la conservación del muro, por parte de los condóminos. En este caso, uno de los condóminos desea renunciar al derecho de medianería, con lo cual se libera de cumplir con la obligación de contribuir a los gastos de mantenimiento y conservación del muro; ello, conforme el art. 2028 del CCyC que dice: "El condómino requerido para el pago de créditos originados por la construcción, conservación o reconstrucción de un muro, puede liberarse mediante la abdicación de su derecho de medianería aun en los lugares donde el cerramiento es forzoso, a menos que el muro forme parte de una construcción que le pertenece o la deuda se haya originado en un hecho propio. No puede liberarse mediante la abdicación del derecho sobre el muro elevado o enterrado si mantiene su derecho sobre el muro de cerramiento". Dado que la abdicación del derecho de medianería por el condómino implica enajenar todo derecho sobre el muro y el terreno en el que se asienta, se produce así un *corrimiento del eje divisorio de predios hacia el filo del muro*, que de ser medianero pasa a ser contiguo y privativo del otro lindero, quien también se apropiar de la franja de terreno cedida por el lindero. Posteriormente, si el vecino que abandonó desea volver a utilizar el muro, deberá readquirir no solamente los derechos de medianería, sino además la franja de terreno que debió ceder, puesto que allí se asienta parte de la pared, conforme el art. 2030 del CCyC.

PRESUNCIONES

Como se ha tratado en el CCyC, el art 2010 establece, en el muro que divide dos edificios, la presunción de medianería hasta la altura del edificio más bajo. En zonas urbanas, el art. 2012 del CCyC indica que las presunciones de los arts. 2010 y 2011 no se aplican cuando el muro separa patios, huertos y jardines de un edificio o a éstos entre sí.

En zonas rurales, todo cerramiento, cerco, zanja, u otro elemento que separa dos propiedades rurales se presume medianero salvo prueba en contrario.

ÁRBOLES Y MUROS DIVISORIOS Y/O MEDIANEROS

El CCyC en su art. 1982, dispone que el dueño de un inmueble no puede tener árboles, arbustos u otras plantas que causan molestias que exceden de la normal tolerancia. En tal caso, el dueño afectado puede exigir que sean retirados, a menos que el corte de ramas sea suficiente para evitar las molestias. Si las raíces penetran en su inmueble, el propietario puede cortarlas por sí mismo.

Es medianero el árbol y arbusto contiguo o encaballado con relación a muros, cercos o fosos linderos, tanto en predios rurales como urbanos, según el art. 2014 del CCyC.

Cualquiera de los condóminos puede exigir, en cualquier tiempo, si le causa perjuicio, que el árbol o arbusto sea arrancado a costa de ambos, excepto que se lo pueda evitar mediante el corte de ramas o raíces.

Por el art. 2036 del CCyC, si el árbol o arbusto se cae o seca, sólo puede reemplazarse con el consentimiento de ambos condóminos.

VENTANAS EN MUROS DIVISORIOS Y/O MEDIANEROS

En el art. 1978 del CCyC se lee: "Excepto que una ley local disponga otras dimensiones, en los muros linderos no pueden tenerse vistas que permitan la visión frontal a menor distancia que la de tres metros; ni vistas laterales a menor distancia que la de sesenta centímetros, medida perpendicularmente. En ambos casos la distancia se mide desde el límite exterior de la zona de visión más cercana al inmueble colindante". La distancia mínima indicada en el art. 1978 del CCyC no se aplica si la visión está impedida por elementos fijos de material no transparente. Por otra parte, el que posee aberturas en su muro, no tiene derecho para impedir que en el suelo vecino se levante una pared que las cierre y le prive de la luz.

El CEdif, en el art 3.3.2.13.1, expresa que, para proporcionar iluminación suplementaria a un local, se puede realizar la apertura de vanos en el muro divisorio o privativo contiguo a predio lindero, siempre que dichos vanos sean del tipo paño fijo. El antepecho del vano debe estar ubicado a no
menos de 1,30 m sobre el nivel de piso interior, en caso de tratarse de una abertura semi transparente. En caso de realizarse una abertura transparente, el antepecho del vano debe estar, como mínimo a 1,80 m sobre el nivel del piso interior. El vano no puede ubicarse a menos de 3,00 m del nivel de piso exterior
más próximo del predio lindero. Los vanos sobre muros divisorios o muros privativos contiguos a predio lindero no se consideran a los efectos del cumplimiento de los requerimientos de iluminación y ventilación. También el CEDif en el art. 3.3.2.13.2 indica que pueden colocarse tabiques o elementos interceptores de vistas entre unidades de uso independiente de un mismo predio, o entre unidades de uso y partes comunes de un mismo edificio.

a. La altura del muro o cerramiento para interposición entre unidades de uso independientes o entre unidades de uso y partes comunes, puede ser de

1,60 m de altura, y con una altura máxima de 3 m, cuando este cerramiento se encuentre en el patio vertical o espacio urbano.

b. Las divisiones entre unidades funcionales que compartan la superficie de balcón pueden materializarse con un muro o cerramiento fijo, ya sea opaco o traslúcido, de altura no inferior a 1,80 m, medida desde el nivel de solado terminado correspondiente.

c. No se permiten vistas a predios colindantes, desde cualquier lugar situado a menor distancia que 3,00 m del eje divisorio entre predios. Quedan exceptuados los siguientes casos:
- Cuando la abertura esté colocada de costado, formando un ángulo igual o mayor a 75° con el eje divisorio, siempre que la abertura diste no menos que 60 cm, medidos perpendicularmente a dicho eje.
- Cuando haya un elemento fijo, opaco o traslúcido, de altura no inferior a 1,80 m, medida desde el solado correspondiente.

INSTALACIONES EN MUROS DIVISORIOS Y/O MEDIANEROS

La profundidad de una canaleta que se practica en un muro para embutir instalaciones, está determinada por el espesor del muro. El CEdif, en su **RT-041300-020105-01** MUROS CERAMICOS indica que el espesor de un muro divisorio puede ser de 0,45m o de 0,30 m en cuyos casos sólo se permiten los siguientes cortes o rebajos para instalaciones:

a. **Muros de 0,45 m de espesor:**
   I. Conductos para chimeneas y ventilaciones;
   II. Rebajos hasta una altura de 2,00 m medidos desde el solado, en un ancho equivalente a la mitad de la longitud del muro en cada local y no más de 2,00 m por cada unidad y una profundidad máxima de 0,15 m. Estos rebajos estarán separados por lo menos 2,00 m. El paramento de la pared rebajada será revestido de un material amortiguador de ruidos de una eficacia equivalente al espesor faltante;
   III. Cortes hasta el eje divisorio, para colocar estructura resistente;

IV. Canaletas para alojar tubería de agua corriente, gas, electricidad y calefacción.
b. **Muros de 0,30 m de espesor:**
I. Cortes hasta el eje divisorio para colocar estructura resistente;
II. Canaletas de no más de 0,05 m de profundidad para alojar tubería de agua corriente, gas, electricidad y calefacción.

UTILIZACIÓN DE MUROS EXISTENTES

El CEdif refiere a la utilización de muros existentes en el art. 4.13.1.3.

a. **Caso general:** Un muro existente construido según las disposiciones vigentes en el momento de su erección, puede ser usado en obra nueva, si está aplomado y en buenas condiciones de preservación hidrófuga, si queda con tensiones de trabajos admisibles y si tiene cimentación.
b. **Caso de muro con mezcla de barro:** En caso de muro con mezcla de barro se debe cumplir con las condiciones del inciso a, y además con las siguientes:
1. No debe cargar más de dos entrepisos ni tener altura superior a 10 m, si su espesor fuese de 0,45 m o mayor;
2. No debe tener altura superior a 5 m, si su espesor fuese de 0,30 m;
3. Se puede sobreelevar con relación a las medidas mencionadas en los ítems 1 y 2, siempre que el exceso de altura sea apoyado sobre estructura independiente;

OBLIGACIÓN DEL PROPIETARIO SOBRE EL MURO PRIVATIVO

El CEdif refiere a la obligación del propietario sobre el muro privativo en el art. 4.13.1.4.

> En las obras en las que se edifique en un predio lindero a otro, en el cual exista un muro o muros privativos debe asegurarse la estanqueidad de la junta entre ambos muros y evitar los efectos de la humedad.

También, en el **RT-041300-020105-01** Muros Cerámicos, del CEdif, se indica que cuando se quiera construir sin apoyar en un muro divisorio existente puede levantarse un nuevo muro adosado y sin trabar con aquél. En este caso se cuidará que el espacio entre ambos muros sea estanco. El citado RT establece **preservar muros contra la humedad.** En todo muro es obligatoria la colocación de una capa hidrófuga para preservarlo de la humedad, que servirá para aislar el muro de cimentación de la parte elevada. La capa hidrófuga horizontal debe situarse una o dos hiladas más arriba que el nivel del solado; dicha capa debe unirse, en cada paramento, con un revoque hidrófugo vertical que alcance al contrapiso.

En un muro de contención, donde un paramento está en contacto con la tierra y el desnivel entre solados o entre terreno y solado contiguo exceda de 1,00 m, debe interponerse una aislación hidrófuga aplicada a un tabique de panderete y unida a la capa horizontal. Cuando a un muro se arrime un cantero o jardinera, debe colocarse un aislamiento hidrófugo vertical rebasando 0,20 m los bordes de esos canteros o jardineras. Además, cuando existan plantas próximas hasta 0,50 m del paramento, dicho aislamiento debe extenderse, a cada lado del eje de la planta, 1,00 m; hacia abajo, 0,20 m más profundo que la capa hidrófuga horizontal, y hacia arriba, 0,20 m por sobre el nivel de la tierra. Si el muro careciera de capa hidrófuga horizontal, las aislaciones verticales previstas se llevarán hasta 0,60 m debajo del nivel de la tierra. En la confección de las capas hidrófugas se emplearán materiales y productos de la industria aprobados que garanticen en todos los casos su efectividad. En todos los casos se debe cumplir con las exigencias del Código de Edificación y Reglamentos Técnicos referidos al artículo 3.7 Diseño Sustentable.

MEDIANERIA Y PROTECCION CONTRA INCENDIO

El CEdif, en su RT 030909-020202-02, establece la protección contra la **propagación exterior de incendio.**

Las medianeras de los edificios deben ser al menos FR 120. A los efectos de limitar el riesgo de propagación exterior horizontal del incendio a través de la fachada entre dos sectores de incendio, los puntos de sus fachadas que no sean al menos FR 60 deben estar separadas por una distancia d en proyección horizontal (corte en planta) como mínimo, en función del ángulo a formado por los planos exteriores de dichas fachadas. Para valores intermedios del ángulo a, la distancia d se obtiene por interpolación lineal de la **Tabla 2.2.1.2**.

º (grados)	0	45	60	90	135	180
d (m)	3,00	2,75	2,50	2,00	1,25	0,50

Con el fin de limitar el riesgo de propagación vertical del incendio por fachada entre dos sectores de incendio, dicha fachada debe ser al menos FR 60 en una franja de 1m de altura, como mínimo, medida sobre el plano de la fachada. En caso de existir elementos salientes aptos para impedir el paso de la llama, la altura de dicha franja podrá reducirse en la dimensión del citado saliente. La clase de reacción al fuego de los materiales que ocupen más del 10 % de la superficie del revestimiento exterior de las fachadas o de las superficies interiores de las cámaras ventiladas que dichas fachadas puedan tener, serán RE 2 hasta una altura de 3,5 m como mínimo, en aquellas fachadas cuyo arranque inferior sea accesible al público desde el nivel de PB o desde una cubierta, y en toda la altura de la fachada si esta excede los 18 m con independencia de dónde se encuentre su arranque. En todos los casos, deberán verificarse las figuras 1.1. a 1.8 en el citado RT 030909-020202-02.

EXTINCIÓN DE LA MEDIANERÍA

La medianería, así como nace, puede verse extinguida, en los siguientes casos:

a) **MURO CONDENABLE:** En este caso, el muro medianero se halla en estado de serio deterioro, que determinan su demolición, a fin de evitar daños a personas y cosas. Al desaparecer el muro, se extingue asimismo

su condición jurídica, por lo cual se extinguen todos los derechos y obligaciones que los condóminos tenían sobre dicho muro. Es de destacar que la demolición del muro puede ser decidida por los condóminos, técnica y jurídicamente asistida, o bien por actuación del poder de policía del Estado.
b) **ABDICACIÓN O ABANDONO DE DERECHOS:** Se trata de una **renuncia** a la medianería. Como se ha visto, los arts. 2028 y 2030 del CCyC refieren al condominio del muro, determinando la obligación de conservarlo, y acarreando, en caso de que uno de los condóminos se niegue a cumplir con su obligación de conservar, no solamente la pérdida de su calidad de condómino sobre el muro (pasando éste a ser privativo del predio contiguo), sino además la pérdida de la franja de terreno sobre la cual se asienta la mitad del muro.
c) **CONFUSIÓN o UNIFICACIÓN DE PREDIOS:** Al tenerse dos predios contiguos separador por un muro medianero, si estos dos predios se unifican formando uno solo –con las necesarias tramitaciones ante los municipios para unificar los predios– el muro medianero existente deja de ser medianero, pues ya no divide más dos terrenos distintos.

MEDIANERÍA EN SUBSUELO

De igual modo que en muros sobre nivel de predio, el dueño de un terreno posee derecho a tomar del terreno del vecino la mitad del espesor de la pared, pudiendo aumentarse dicho espesor para colocar una aislación hidrófuga sobre un tabique de panderete. Si en el futuro, el vecino lindero decide la construcción de un sótano, podrá hacerlo quitando el panderete y abonando derechos por la superficie del muro construido que utiliza.

LA MEDIANERÍA EN LA PROPIEDAD HORIZONTAL

En el derecho real de propiedad horizontal, la doctrina considera a los muros medianeros como:

1) Bien de uso común que no pertenece al consorcio de copropietarios, sino a los copropietarios, en la medida del porcentual asignado a las unidades funcionales (CNCiv, Sala B, 12-11-1980, J.A., 1981, III-73).
2) Bien de uso común cuya duración se subordina a la existencia de la construcción adherida al suelo. Siendo la medianera propiedad común, el acreedor de la deuda por medianería es el consorcio. El crédito por esa deuda es utilizado en la forma más conveniente. **Este criterio es el más aceptado, y en doctrina se observa en los autos s "GA-BI-SER S.C.A. c/Consorcio Mariscal Antonio Sucre 2849 s/ Medianería" en los que se establece que el régimen de la Ley 13.512 crea una indivisión forzosa sobre las partes comunes y cuya duración se subordina a la existencia de la construcción hecha en el suelo. Así, se toma al muro medianero como propiedad común, y el consorcio es acreedor de cualquier deuda por derechos de medianería.**

La acción tendiente al cobro por derechos de medianería es realizada por el administrador del inmueble, en nombre del consorcio. Si la administración no promueve una eventual acción judicial, es procedente la acción de cualquiera de los propietarios para intentar esta vía. Y al respecto, si dicho consorcista pretende el cobro total de la medianería –para acreditarla al consorcio– es considerado un gestor de negocios.

Si el muro medianero es considerado perteneciente en la medida del porcentual a los titulares de dominio de las unidades, se ha declarado procedente la acción individual de un consorcista para accionar contra el lindero por cobro de medianería y obtener el cobro de su parte indivisa, sobre la base del porcentual de dominio sobre la parte común y que emana del título de propiedad (CNCiv, Sala E, 9-6-1971, E.D., 38-127; Sala E, 12-3-1968). Si un copropietario persigue el cobro total de la medianera, se lo considera como gestor oficioso, y si el resto del consorcio le ratifica su actuación en nombre de éste, el producido total ingresará en el consorcio para ser posteriormente acreditado a cada consorcista.

MOMENTO DE PAGO DE DERECHOS DE MEDIANERÍA

Los derechos de medianería deben abonarse desde el momento en que se hace uso específico del muro por parte del otro condómino, es decir, desde el instante en el cual comienza a usarse el muro, siendo el valor computable el de la fecha de reclamación del pago.

El derecho de medianería comprende computar el muro considerando su altura y longitud, desde el nivel de fundación.

La acción de cobro de derechos de medianería es siempre personal, aunque con modalidad *propter rem*, ya que "El crédito por medianería es equiparable a carga real" (cfr. CNCiv, Sala D, 21-4-1958), por lo cual, el cobro debe ser afrontado por el dueño del predio que usa el muro, mas allá de que haya sido dicho otro dueño quien haya usado efectivamente el muro.

La obligación *propter rem* es una obligación ambulatoria, es decir, está vinculada a un derecho real, y se transmite la obligación junto con ese derecho. A modo de ejemplo, en el condominio, se tiene un derecho real, y a su vez, obligaciones recíprocas de contribuir a la conservación de la cosa común, conforme el art. 1991 del CCyC.

En los casos en que el usuario de la medianería sea el Estado, debe abonarla como cualquier ciudadano particular; en cambio, si un particular desea usar el muro divisorio de un inmueble que es propiedad del estado, si dicho inmueble se halla fuera del comercio, no debe abonar derecho alguno.

PLAZO DE PRESCRIPCIÓN PARA ADQUIRIR O COBRAR MEDIANERÍA

Constituye una facultad del vecino lindero la adquisición de derechos medianería, que puede ejercerla en cualquier momento, sin que dicha facultad prescriba por el transcurso del tiempo. Es decir, más allá de la edad del muro, desde el momento en que se lo utiliza, corre el plazo de prescripción.

El reclamo por derechos de medianería está alcanzado por la **prescripción**, ya tratada anteriormente, siendo ésta un medio de adquirir un derecho o de liberarse de una obligación por el simple transcurso del tiempo. El art. 2020 del CCyC refiere al inicio del curso de la prescripción extintiva: "El curso de la prescripción de la acción de cobro de la medianería respecto al muro de cerramiento se inicia desde el comienzo de su construcción; y respecto al de elevación o al enterrado, desde su utilización efectiva por el titular colindante".

LA VALUACIÓN DEL MURO MEDIANERO

Uno de los problemas más frecuentes que aparecen en las disputas por medianería es la ponderación del monto a pagar por el 50 % del muro. Sin duda la mayor cantidad de conflictos se centra en este punto porque el muro es un elemento que se compone de una variedad de materiales, teniendo cada uno de ellos distinta respuesta a factores ambientales, y poseyendo además distinta durabilidad.

Dado que un bien físico es perecedero, desde el momento de su puesta en servicio hasta el de su retiro, transcurre un período denominado vida, durante el cual pierde, paulatina o bruscamente, su aptitud para servir al fin para el que fue habilitado.

Es indispensable proceder a la **depreciación**, siendo ésta la disminución del valor o precio de algo, ya con relación al que antes tenía, ya comparándolo con otras cosas de su clase.

Si el muro es de reciente construcción, el problema se minimiza, dado que se paga el 50% del mismo a su valor actual, pero cuando el muro no es de reciente construcción, el valor no será el mismo que si fuese nuevo, porque inciden dos grandes factores que generan su depreciación: la **antigüedad** y el **estado de conservación**.

A fines del cálculo del valor, es importante destacar que el muro posee una vida económica, denominada **vida útil** y una **vida remanente o expectante**.

- Es **vida útil** el tiempo durante el cual un elemento mantiene una capacidad de aprovechamiento efectiva. **Se trata del lapso durante el cual el bien puede ser utilizado normalmente, con mantenimiento adecuado, en buenas condiciones operativas y tecnológicas.**

- Es **vida remanente o expectante** eel número de años de expectativa de vida que le restan al bien. **Es la expectancia la esperanza de vida de un edificio o de sus partes**, respecto de su mantenimiento en pie, y se basa en una apreciación en extremo subjetiva por parte del tasador.

Sobre la primera, es bueno tener presente el trabajo realizado por el **Agrimensor Mario Scarano** y el **Ingeniero Dante Guerrero**, y que fuera encomendado por el Centro Argentino de Ingenieros en 1970. En dicho trabajo se establece la vida útil económica para la tasación del muro, dado que es una convención más alcanzable al momento de ponderar. Asimismo, es de destacar que en los Tribunales Nacionales, un fallo de la CNCiv, Sala F de noviembre de 2000, (L. 207.032 - Cons. Córdoba 996/1000 esq. C. Pellegrini 787/791 c/ Av. Córdoba 972 S.R.L. s/Cobro de medianería - Sumario) da por válida la aplicación de la depreciación por discriminación de los elementos componentes de un muro utilizando las tablas de Ross-Heideck, por considerar a este sistema como apto para ser aplicado en una valuación efectuada por expertos. Actualmente, la **NORMA IRAM Nº 34.869** es utilizada para tasar muros según los lineamientos de la depreciación discriminada de componentes (utilizando la Tabla de Ross-Heideck).

MÉTODOS DE VALUACIÓN DEL MURO

Para poner valor al muro medianero, se utilizan los métodos que a continuación se detallan como:

1) **MÉTODOS NO DEPRECIATIVOS:** se trata de métodos que no consideran el estado, ni la antigüedad del muro, y son aplicables a muros de reciente construcción.
   - **CLÁSICO O COMÚN:** en este método, se deben computar tanto los materiales como la mano de obra necesarias. Se trata de un cómputo y presupuesto por análisis de precios. En ese caso, se tendrá un muro que, más allá de su antigüedad, posee el valor que costaría construirlo al día de la fecha.

- **PROTOTIPO:** se trata de un método que considera al muro computando por unidad técnica, es decir, m² o m³ de muro en elevación (con aislaciones y revoques) o en fundación, movimiento de suelos, y hasta una altura determinada. Estos valores de cada unidad son obtenibles en publicaciones especializadas.

2) **MÉTODOS DEPRECIATIVOS:** se trata de métodos que consideran el estado, y la antigüedad del muro. Se considera "D" depreciación, "e" edad y "d" duración:

   a) **LINEAL o RECTILÍNEO:** la depreciación está dada como una función lineal de la edad, quedando como uniforme a lo largo de la vida del edificio.

   $D = e/d$

   b) **CUADRÁTICO o PARÁBOLA DE KUNZTLE:** en este método, la depreciación no es constante: es lenta al comienzo de la vida del edificio y va paulatinamente aumentando hacia el final.

   $D = e^2/d^2$

   c) **F. W. ROSS:** se aplica a las cosas que sufren un desgaste regular, como los edificios sometidos a cargas accidentales propias no violentas. La expresión algebraica es:

   $D = e/d + e^2/d^2$

   d) **Norma IRAM 34.869:** e basa en la depreciación de cada uno de los componentes del muro, incorporando al **estado** como factor que se agrega a la antigüedad. Los materiales que componen un muro están sujetos a las variables climáticas que alteran la vida útil de los materiales. La **NORMA IRAM 34.869** sigue los lineamientos de la depreciación discriminada de componentes (utilizando la Tabla de Ross-Heideck).

COMPONENTES DEL MURO Y VIDA ÚTIL SEGÚN NORMA IRAM 34.869

A fin de depreciar un muro, deben analizarse los distintos rubros componentes del mismo:

a) **Movimiento de suelos:** este ítem es el único componente del muro que no ve afectada su vida útil por depreciación alguna. El valor de reposición coincidente con el valor actual.
b) **Mampostería de submuración:** posee una vida útil de 90 años.
c) **Mampostería de tabique panderete:** posee una vida útil de 90 años.
d) **Capas aisladoras verticales y horizontales:** posee una vida útil de 50 años.
e) **Mampostería de elevación:** posee igual característica que la mampostería de submuración, e igual vida útil.
f) **Revoques exteriores:** tienen una vida útil de 40 años.

DEPRECIACIÓN DISCRIMINADA según TABLA DE ROSS-HEIDECKE

Para la aplicación de la depreciación discriminada conforme Norma IRAM 34.869 se tomará la siguiente fórmula:

$$Va = (Vr - r) \cdot (1 - K/100) + r$$

En esta fórmula, sus términos significan:

- **Va:** valor actual, que es el valor ya depreciado, al cual se arribó luego de aplicar la depreciación.
- **Vr:** valor de reposición, que es el valor del componente al día de la fecha. El valor de reposición es el costo económico que demanda realizar el rubro en la actualidad.
- **r:** valor residual; se trata del valor que se obtiene por recupero de la cosa. Se ha considerado que puede equivaler hasta un cinco por ciento del Vr, aunque algunos elementos que componen el muro pueden no tener recupero. Una mampostería tiene recupero como escombro, y el yeso aplicado como enlucido interior, no posee recupero. Por lo tanto, los porcentuales dependen del criterio del valuador en cada caso.
- **K:** coeficiente obtenido de la tabla de Ross-Heideck, a la cual se ingresa teniendo el estado de conservación y la antigüedad del elemento. El estado de

conservación surge de la apreciación ocular que el profesional debe realizar sobre el elemento, y la antigüedad se obtiene dividiendo la edad por su vida útil.

El **estado** de los componentes del muro según tabla de Ross-Heideck se establece como:

- 1.0: EXCELENTE (A nuevo sin reparaciones).
- 1.5: MUY BUENO
- 2.0: BUENO (Estado regular de mantenimiento con conservación normal de pequeña importancia).
- 2.5: NORMAL
- 3.0: REGULAR (Necesitado de reparaciones sencillas).
- 3.5: MALO
- 4.0: MUY MALO (Necesitado de reparaciones importantes).
- 4.5: DEMOLICIÓN
- 5.0: IRRECUPERABLE (Sin Valor).

De la inspección del experto, dependerá la adjudicación de un número correspondiente al estado.

Respecto de la antigüedad, se considerará el porcentaje de vida transcurrido respecto de su vida útil.

Con el ejemplo que sigue, se observa:

- Mampostería de Elevación: Edad: 18 años - Vida útil: 90 años - Estado 2
- 18 años / 90 años = 20 % de la vida útil.

Con el Estado 2 y 20 % de transcurrencia de vida útil, se entra a la Tabla de Ross-Heideck que otorga un Coeficiente K = 14,22

De este modo, al tener todos los términos de la fórmula, puede establecerse el valor actual.

(VER TABLA EN LAS PÁGINAS SIGUIENTES)

TABLA DE ROSS-HEIDECK

EDAD (%) de la duración	ESTADO DE CONSERVACION							
	1	1,5	2	2,5	3	3,5	4	4,5	5
0	0,000	0,032	2,52	8,09	18,10	33,20	52,60	75,20	100
1	0,505	0,537	3,01	8,55	18,51	33,54	52,84	75,32	100
2	1,020	1,052	3,51	9,03	18,94	33,89	53,09	75,45	100
3	1,545	1,577	4,03	9,51	19,37	34,23	53,34	75,58	100
4	2,080	2,111	4,55	10,00	19,80	34,59	53,59	75,71	100
5	2,625	2,656	5,08	10,50	20,25	34,95	53,84	75,85	100
6	3,180	3,211	5,62	11,01	20,70	35,32	54,11	75,99	100
7	3,745	3.776	6,17	11,53	21,17	35,70	54,38	76,13	100
8	4,320	4,351	6,73	12,06	21,64	36,09	54,65	76,27	100
9	4,905	4,935	7,30	12,60	22,12	36,48	54,93	76,41	100
10	5,500	5,530	7,88	13,15	22,60	36,87	55,21	76,56	100
11	6,105	6,135	8,47	13,70	23,10	37,27	55,49	76,71	100
12	6,720	6,750	9,07	14,27	23,61	37,68	55,78	76,86	100
13	7,345	7,375	9,68	14,84	24,12	38,10	56,08	77,02	100
14	7,980	8,009	10,30	15,42	24,63	38,52	56,38	77,18	300
15	8,625	8,654	10,93	16,02	25,16	38,95	56,69	77,34	100
16	9,280	9,309	11,57	16,62	25,70	39,39	57,00	77,50	100
17	9,945	9,974	12,22	17,23	26,25	39,84	57,31	77,66	100
18	10,620	10,649	12,87	17,85	26,80	40,29	57,63	77,83	100
19	11,305	11,333	13,54	18,48	27,36	40,75	57,96	78,00	100
20	12,000	12,028	14,22	19,12	27,93	41,22	58,29	78,17	100
21	12,705	12,733	14,91	19,77	28,51	41,69	58,62	78,35	100
22	13,420	13,448	15,60	20,42	29,09	42,16	58,96	78,53	100
23	14,145	14,173	16,31	21,09	29,68	42,65	59,30	78,71	100
24	14,880	14,907	17,03	21,77	30,28	43,14	59,65	78,89	100
25	15,625	15,652	17,75	22,45	30,89	43,64	60,00	79,07	190
26	16,380	16,407	18,49	23,14	31,51	44,14	60,36	79,26	100
27	17,145	17,171	19,23	23,85	32,14	44,65	60,72	79,45	100
28	17,920	17,956	19,99	24,56	32,78	45,17	61,09	79,64	100
29	18,705	18,731	20,75	25,28	33,42	45,69	61,46	79,84	100
30	19,500	19,526	21,53	26,01	34,07	46,22	61,84	80,04	100
31	20,305	20,330	22,31	26,75	34,73	46,76	62,22	80,24	100
32	21,120	21,155	23,11	27,50	35,40	47,31	62,61	80,44	100
33	21,945	21,970	23,9	28,26	36,07	47,86	63,00	80,64	100
34	22,730	22,805	24,73	29,03	36,76	48,42	63,40	80,85	100
35	23,625	23,649	25,55	29,80	37,45	48,98	63,80	81,06	100
36	24,480	24,504	26,38	30,59	38,15	49,55	64,20	81,27	100
37	25,345	25,349	27,23	31,38	38,86	50,13	64,61	81,48	100
38	26,220	26,244	28,08	32,19	39,57	50,71	65,03	81,70	100
39	27,105	27,128	28,94	33,00	40,30	51,30	65,45	81,92	100
40	28,000	28,023	29,81	33,82	41,03	51,90	65,87	82,14	100
41	28,905	28,928	30,70	34,66	41,77	52,51	66,30	82,37	100
42	29,820	29,842	31,59	35,50	42,52	53,12	66,73	82,60	100
43	30,745	30,767	32,49	36,35	43,28	53,74	67,17	82,83	100
44	31,680	31,702	33,40	37,21	44,05	54,36	67,61	83,06	100
45	32,625	32,646	34,32	38,08	44,82	54,99	68,06	83,29	100
46	33,580	33,601	35,25	38,95	45,60	55,63	68,51	83,53	100
47	34,545	34,566	36,19	39,84	46,39	56,28	68,97	83,77	100
48	35,520	35,541	37,14	40,74	47,19	56,93	69,43	84,01	100
49	36,505	36,525	38,10	41,64	48,00	57,59	69,90	84,25	100
50	37,500	37,520	39,07	42,56	48,81	58,25	70,37	84,50	100

| EDAD (%) | ESTADO DE CONSERVACION | | | | | | | | |
de la duración	1	1,5	2	2,5	3	3,5	4	4,5	5
51	38,505	38,525	40,05	43,48	49,63	58,92	70,85	84,75	100
52	39,520	39,539	41,04	44,41	50,46	59,60	71,33	85,00	100
53	40,545	40,564	42,04	45,35	51,30	60,28	71,82	85,25	100
54	41,580	41,599	43,05	46,30	52,15	60,97	72,31	85,51	100
55	42,625	42,643	44,07	47,26	53,01	61,67	72,80	85,77	100
56	43,680	43,698	45,10	48,24	53,87	62,38	73,30	86,03	100
57	44,745	44.763	46,14	49,22	54,74	63,09	73,81	86,29	100
58	45,820	45,837	47,19	50,20	55,62	63,81	74,32	86,56	100
59	46,905	46,922	48,25	51,20	56,51	64,53	74,83	86,83	100
60	48,000	48,017	49,32	52,20	57,41	65,26	75,35	87,10	100
61	49,105	49,121	50,39	53,22	58,32	66,00	75,87	87,38	100
62	50,220	50,236	51,47	54,25	59,23	66,75	76,40	87,66	100
63	51,345	51.361	52,57	55,28	60,15	67,50	76,94	87,94	100
64	52,480	52,495	53,68	56,32	61,08	68,26	77,48	88,22	100
65	53,625	53.640	54,80	57,38	62,02	69,02	78,02	88,50	300
66	54,780	54.794	55,93	58,44	62,96	69,79	78,57	88,79	100
67	55,945	55,959	57,06	39,51	63,92	70,57	79,12	89,08	100
68	57,120	57.134	58,20	60,59	64,88	71,36	79,68	89,37	100
69	58,305	58,318	59,36	61,68	65,85	72,15	80,24	89,66	100
70	59,500	59.513	60,52	62,78	66,83	72,95	80,80	89,96	100
71	60,705	60,718	61,70	63,88	67,82	73,75	81,37	90,26	100
72	61,920	61,932	62,88	65,00	68,81	74,56	81,95	90,56	100
73	63,145	63.157	64,08	66,13	69,81	75,38	82,53	90,86	100
74	64,380	64.391	65,28	67,26	70,83	76,21	83,12	91,17	100
75	65,625	65,636	66,49	68,41	71,85	77,04	83,71	91,47	100
76	66,880	66.891	67,71	69,56	72,87	77,88	84,30	91,78	190
77	68,145	68,155	68,95	70,72	73,91	78,72	84,90	92,10	100
78	69,420	69,430	70,19	71,89	74,95	79,57	85,50	92,42	100
79	70,705	70,714	71,44	73,07	76,01	80,43	86,11	92,74	100
80	72,000	72,009	72,71	74,27	77,07	81,30	86,73	93,06	100
81	73,305	73.314	73,98	75,47	78,14	82,17	87,35	93,38	100
82	74,620	74,628	75,26	76,67	79,21	83,05	87,97	93,70	100
83	75,945	75,953	76,56	77,89	80,30	83,93	88,60	94,03	100
84	77,280	77,287	77,85	79,12	81,39	84,82	89,23	94,36	100
85	78,625	78,632	79,16	80,35	82,49	85,72	89,87	94,70	100
86	79,980	79,986	80,48	81,60	83,60	86,63	90,51	95,04	100
87	81,345	81.351	81,82	82,85	84,72	87,54	91,16	95,38	100
88	82,720	82,725	83,16	84,12	85,85	88,46	91,81	95,72	100
89	84,105	84.110	84,51	85,39	86,98	89,38	92,47	96,06	100
90	85,500	85,505	85,87	86,67	88,12	90,31	93,13	96,40	100
91	86,905	86,909	87,23	87,96	89,27	91,25	93,79	96,75	100
91	88,320	88,324	88,61	89,26	90,43	92,20	94,46	97,10	100
93	89,745	89,748	90,00	90,57	91,59	93,15	95,14	97,45	100
94	91,180	91,183	91,40	91,89	92,77	94,11	95,82	97,81	100
95	92,625	92.627	92,81	93,22	93,96	95,07	96,50	98.17	100
96	94,080	94.082	94,23	94,56	95,15	96,04	97,19	98,53	100
97	95,545	95,546	95,66	95,61	96,35	97,02	97,89	98,89	100
98	97,020	97,021	97,10	97,26	97,56	98,01	98,59	99,26	100
99	98,505	98,505	98,54	98,63	98,78	99,00	99,29	99,63	100
100	100,00	100,00	100,00	100,00	100,00	100,00	100,00	100,00	100

LA NORMA IRAM 34.869 Y LA TASACIÓN DE MUROS MEDIANEROS DE MÁS DE 90 AÑOS

Se presenta un problema al depreciar muros cuya antigüedad excede los 90 años. Al respecto, la Norma IRAM 34.869 establece en su art. 7.3.2 que llegado el muro a su depreciación total, correspondería reconocer al propietario de la pared sólo el valor residual (R) o sea, el de sus escombros. No obstante, si se ha llegado a ese punto y la pared aún puede prestar utilidad al adquirente, se debe reconocer al propietario de dicha pared la mitad del costo de un tabique de 150 mm, más la mitad del valor residual del resto.

LA TASACIÓN DEL MURO SEGÚN LA REGLA DE MASSELIN

Según indicaba Masselin a fines del siglo XIX, la depreciación de un muro medianero ha de aplicarse considerando a la pared en un todo homogéneo, siendo sus parámetros:

- Entre 0 a 10 años de antigüedad, el muro no debe depreciarse.
- Entre 10 a 20 años de antigüedad, se aplicará una depreciación del 10% de Vr.
- Entre 20 a 30 años de antigüedad, se aplicará una depreciación del 20% de Vr.
- Entre 30 a más años de antigüedad, se aplicará una depreciación del 30% de Vr.

Una aplicación rígida de esta norma devendría en arbitraria, y carente de valor científico, ya que el muro debe ser depreciado conforme la opinión de expertos.

ACTUALIZACIÓN DE VALORES

Según el art. 1 de la Ley 24.283, cuando deba actualizarse el valor de una cosa o bien o cualquier otra prestación, aplicándose índices, estadísticas u otro mecanismo establecidos por acuerdos, normas o sentencias, la liquidación judicial o extrajudicial resultante no podrá establecer un valor superior al real y actual de dicha cosa o bien o prestación, al momento del pago. Esta norma será aplicable a todas las situaciones jurídicas no consolidadas.

EL CRITERIO "PACHECO DE MELO"

En el fallo "CONSORCIO DE PROPIETARIOS PACHECO DE MELO 2941/47 c/ SIDEC SA S/ SUMARIO" del 6/4/2004, se estableció un modo particular de utilización de la vida útil de los elementos componentes de un muro medianero. En este fallo, se ha sostenido que:

a) La expectativa de vida futura de un elemento (es decir, el probable lapso futuro durante el cual el elemento constructivo seguirá sirviendo para los fines que fuera construido) empleada en el cálculo, surge de la apreciación directa del muro in situ, la evaluación del estado de conservación de cada elemento integrante del muro, y la aplicación del criterio profesional.

b) No se toma la vida útil como la cantidad de años cuyo número es fijo (conforme surge de la Norma IRAM 34.869) sino de la aplicación de un criterio que surge de la **Norma TTN 2.2 3-5-2005 del Tribunal de Tasaciones de la Nación**, por el cual *la vida útil es el número de años de vida total del bien, compuesto por la suma de su antigüedad y su vida remanente*. En consecuencia, la vida útil de cada elemento componente del muro es su antigüedad más la expectativa de vida útil futura. Conforme esta apreciación, se entiende que una mampostería tiene una expectativa de vida futura de 75 años. Ello lleva a que, a modo de ejemplo, si una mampostería tiene una antigüedad de 40 años, el porcentaje de vida tomado con respecto a una vida útil de 90 años, sería del 44 %. En cambio, con el criterio Pacheco de Melo, si la vida útil se forma con la antigüedad del muro (40 años) más una expectancia (75 años), su resultado es de 115 años. Entonces, la mampostería cuya antigüedad es de 40 años, con respecto a una vida útil de 115 años, tendrá un porcentaje de vida del 34,78 %, reduciéndose notoriamente comparado con el 44 % obtenido en primer término.

c) Esta aplicación de la vida útil, si bien en principio resulta lógica, se aparta del lineamiento de la Norma IRAM 34.869, y lleva a que bastaría con ponderar la expectancia de vida a un número alto de años para así aumentar la vida útil de un elemento del muro, y por ende, de reducir su porcentaje de transcurrencia de vida.

EL CRITERIO "FIDURBAN"

El fallo "Fidurban S.R.L. c/ Consorcio de Propietarios Arenales 3644 s/ Consignación" (CNCiv, Sala B, 12-8-2014) puso en crisis el criterio de valuación de un muro utilizando las tablas de Ross-Heideck y la Norma IRAM 34.869, ya que –a criterio de los jueces– representaban una desventaja a la hora de calcular el valor de la construcción de una medianera, tal como lo expresara en su queja el demandante reconviniente. Para este fallo, la forma de calcular la antigüedad y el valor de una construcción se volvió arcaica debido a los avances que hubo tanto en el ámbito de la construcción como de la ingeniería civil en torno a los coeficientes que determinan el valor de estos elementos. Por este motivo, los jueces aceptaron la reconvención de la demanda al entender que, de lo contrario, se estaría dejando de lado, y depreciando al mismo tiempo, el valor de la mano de obra a la hora de la construcción de la medianera.
En su voto, el camarista Dr. Claudio Ramos Feijoó sostuvo:

> "Sería erróneo e injusto depreciar una pared como la descripta con los coeficientes de la tabla mencionada y beneficiaria al comprador que nada hizo para construirla. El valor de esta pared será, entonces el valor de reposición para ese tipo y calidad de obra... (...) deduciendo el valor de las obras necesarias para reparar las deficiencias (llaves, encadenados, revoques, etc.) y devolverle las condiciones originales. Como podrá verse, sería muy difícil encontrar coeficientes que interpreten situaciones tan complejas y variadas".

> "En lo que hace a la bibliografía jurídica, Fazzio de Bello dice: si bien se ha dispuesto que debe tomarse en cuenta la amortización por antigüedad, no es obligatorio

aplicar las tablas en forma rígida. Tratándose de una deuda de valor, no tiene una relación tan estricta con los precios de costo de construcción como los materiales y la mano de obra, sino que también se toman en cuenta otros elementos, como por ejemplo el beneficio que obtiene quien la utiliza. (Marta E. Fazio de Bello, La medianería como problema urbano, Ed. La Rocca 1998, págs. 143/144). Hasta aquí he compulsado suficiente bibliografía para llegar a la conclusión que predico entre creyentes, al afirmar que el sistema o tabla Ross Heideck (o Heidecke) –pues no hay entre los autores o al menos entre los editores uniformidad siquiera de cómo se escribe– está más que cuestionado.

En lo personal no considero a la tabla Ross-Heideck como un decreto reglamentario del art. 2736 del código civil ni como un baremo aplicable al mismo. Es más me cuestiono, sin haber podido encontrar respuesta, si esta tabla es la que se utiliza –a la fecha– para dirimir conflictos de medianería en Berlín o aplicando el mismo método depreciador que ella propone, ha caído en desuetudo entre los magistrados/das berlineses/as".

"... Pero bajo ningún punto de vista considero a la tabla Ross Heideck como un dogma que bajo del cielo para dirimir conflictos de muros encaballados, sino solo como una ayuda más a la jurisdicción. (...) Tampoco me resulta razonable a los efectos del cómputo del valor de la medianería, que quien se beneficia con el ya construido, pase a compartir un 'encaballado' de un edificio que se ofrece a la venta como unidades a estrenar. Es decir el medianero tendría una antigüedad fundacional coexistiendo con un 'aggiornamiento' que le da una antigüedad 0. Para poner esto último en palabras de la impugnación a la experticia contable... seria como vender un auto 0 km con un carburador del año 1965, en este caso. También es válido aplicar a la mano de obra el criterio que la propia norma IRAM aplica o la excavación... en cuanto a que no la deprecia... (...). El solo hecho que quien 'apoya' se sirva del muro encaballado y a partir del momento en que tiene su 'final de obra' ofrezca al mercado 'unidades a estrenar' habla a las claras de lo relativo de la depreciación de un muro encaballado que de un lado estaría amortizado y del otro con un reciclado se 'inauguraría' cuando su erección es la primitiva que costeó en su totalidad quien resulta como dice la de actora reconvenida la parte 'vendedora de una compraventa forzosa'."

MUROS DIVISORIOS EN ZONAS SISMICAS

En zonas sísmicas de nuestro país, muchas reglamentaciones establecen que las obras nuevas deben separarse de los edificios linderos a una suficiente distancia que impida el choque durante las deformaciones producidas por la acción sísmica. Se prevé además que aquellos edificios de distintos propietarios que sean proyectados y construidos simultáneamente, con un único estudio estructural, podrán vincularse entre sí, aunque con un previo compromiso legalizado -por parte de ambos propietarios- de no introducir modificaciones independientes que puedan alterar las condiciones de seguridad establecidas. Puede también vincularse construcciones nuevas con aquellas preexistentes, siempre que se cumplan recaudos técnico-estructurales.
También se podrá vincular una construcción nueva con una existente, cuando se cumpla la establecido
La forma de los volúmenes edilicios requerirá que se proyecten divididos en cuerpos separados en planta regular, salvo criterios que pueden aplicar las autoridades locales en la materia.
Todo espacio que separe a dos muros colindantes debe ser totalmente cerrado por medio de aleros, pantallas y/o láminas metálicas o de material elástico o flexible, poniendo especial cuidado en la junta horizontal superior. Estos cerramientos no deben constituir obstáculos para la libre oscilación de los edificios.

Capítulo 10
Régimen laboral de la industria de la construcción

> *Todos los habitantes de la Nación gozan de los siguientes derechos conforme a las leyes que reglamenten su ejercicio; a saber: de trabajar y ejercer toda industria lícita; de navegar y comerciar; de peticionar a las autoridades; de entrar, permanecer, transitar y salir del territorio argentino; de publicar sus ideas por la prensa sin censura previa; de usar y disponer de su propiedad; de asociarse con fines útiles; de profesar libremente su culto; de enseñar y aprender.*
>
> CN, art. 14.

> *El trabajo en sus diversas formas gozará de la protección de las leyes, las que asegurarán al trabajador: condiciones dignas y equitativas de labor; jornada limitada; descanso y vacaciones pagados; retribución justa; salario mínimo, vital móvil, igual remuneración por igual tarea; participación en las ganancias de las empresas, con control de la producción y colaboración en la dirección; protección contra el despido arbitrario; estabilidad del empleado público; organización sindical libre y democrática, reconocida por la simple inscripción en un registro especial...*
>
> CN, art. 14 Bis.

La CN ha incorporado a su texto la protección del trabajo como uno de los fines que propenden a la realización humana para su supervivencia. El trabajo goza entonces de la tutela legal, dado que existen leyes que reglamentan su ejercicio.

La **Ley 20.744**, denominada **Ley de Contrato de Trabajo (LCT)**, define con claridad en su art. 4 el significado del trabajo:

Constituye trabajo a los fines de esta ley toda actividad lícita que se preste en favor de quien tiene la facultad de dirigirla, mediante una remuneración.

El contrato de trabajo tiene como principal objeto la actividad productiva y creadora del hombre en sí. Sólo después ha de entenderse que media entre las partes una relación de intercambio y un fin económico en cuanto se disciplina por esta ley.

La Ley establece en su art. 11 que "Cuando una cuestión no pueda resolverse por aplicación de las normas que rigen el contrato de trabajo o por las leyes análogas, se decidirá conforme a los principios de la justicia social, a los generales del derecho del trabajo, la equidad y la buena fe".

La Ley 20.744 es una norma de orden público. Su art. 12 expresa que "Será nula y sin valor toda convención de partes que suprima o reduzca los derechos previstos en esta ley, los estatutos profesionales, las convenciones colectivas o los contratos individuales de trabajo, ya sea al tiempo de su celebración o de su ejecución, o del ejercicio de derechos provenientes de su extinción", lo que torna **irrenunciables** los derechos del trabajador.

Asimismo, las cláusulas del contrato de trabajo que modifiquen en perjuicio del trabajador normas imperativas consagradas por leyes o convenciones colectivas de trabajo serán nulas y se considerarán substituidas de pleno derecho por éstas.

También será nulo todo contrato por el cual las partes hayan procedido con simulación o fraude a la ley laboral, sea aparentando normas contractuales no laborales, interposición de personas o de cualquier otro medio. En tal caso, la relación quedará regida por la LCT.

LEY DE CONTRATO DE TRABAJO

Sobre el contrato de trabajo, el art. 21 de la ley expresa:

> Habrá contrato de trabajo, cualquiera sea su forma y denominación, siempre que una persona física se obligue a realizar actos, ejecutar obras, o prestar servicios a favor de la otra y bajo la dependencia de ésta, durante un período determinado o

indeterminado de tiempo, mediante el pago de una remuneración. Sus cláusulas, en cuanto a las formas y las condiciones de la prestación, quedan sometidas a las disposiciones de orden público, los estatutos, las convenciones colectivas de trabajo o los laudos con fuerza de tales, y los usos y costumbres.

EL DERECHO LABORAL

La legislación laboral comprende todo ordenamiento jurídico regulatorio de las relaciones entre trabajadores/as y empleadores/as.

El espectro laboral en el derecho argentino surge del art. 14 bis de la Constitución Nacional, y luego parte de los siguientes cuerpos legales:

- **Ley 20.744 de Contrato de Trabajo, y sus modificatorias;**
- Ley 24.013, llamada **Ley Nacional de Empleo;**
- Los **Convenios Colectivos de Trabajo (CCT),** establecidos por las **Leyes 14.250, 23.546 y** sus respectivas modificatorias;
- Los laudos arbitrales;
- Los usos y costumbres;
- La libre voluntad de las partes a la hora de establecer un vínculo laboral.

En la construcción, el orden laboral legal se basa en la legislación laboral general, y ha creado normas específicas que se detallan seguidamente:

- El CCT 76/75.
- La Ley 22.250.

PRINCIPIOS GENERALES DEL DERECHO DEL TRABAJO

El derecho laboral se halla regido por pautas orientativas y de orden superior, que son la base del orden jurídico que rige las relaciones entre trabajadores y empleadores.

Los principios del derecho laboral son:

- **Principio de la BUENA FE:** La LCT dispone en su art. 63 que "Las partes están obligadas a obrar de buena fe, ajustando su conducta a lo que es propio de un buen empleador y un buen trabajador, tanto al celebrar, ejecutar o extinguir el contrato o la relación de trabajo".
- **Principio PROTECTORIO:** se baja en la condición más favorable al trabajador (art. 7 de la LCT) y en aplicar la norma más favorable al trabajador (art. 9 de la LCT), considerando la asimetría relacional entre trabajador y empleador. Este principio busca también proteger la dignidad del trabajador (art. 11 de la LCT).
- **Principio de EQUIDAD:** es equidad la aplicación de justicia a una situación puntual y concreta. Se basa en lo dispuesto en el art. 11 de la LCT: "Cuando una cuestión no pueda resolverse por aplicación de las normas que rigen el contrato o por las leyes análogas, se decidirá conforme a los principios de la justicia social, a los generales del derecho del trabajo, la equidad y la buena fe".
- **Principio de IRRENUNCIABILIDAD:** ningún/a trabajador/a puede renunciar a ventajas que le otorga la relación laboral; al respecto, la LCT en su art. 12 dispone que "será nula y sin valor toda convención de partes que suprima o reduzca los derechos previstos en esta ley, los estatutos profesionales, las convenciones colectivas o los contratos individuales de trabajo, ya sea al tiempo de su celebración o de su ejecución, o del ejerció de derechos provenientes de su extinción". Reúne también a un criterio de progresividad, dado que todo derecho adquirido por el trabajado se convierte en inderogable e irrenunciable.
- **Principio de CONTINUIDAD DE LA RELACIÓN:** ante caso de duda acerca de la relación laboral, el art. 10 dispone que, en cuanto a duda, se estará siempre a favor de la continuidad del vínculo.
- **Principio de la PRIMACIA DE LA REALIDAD:** la LCT indica en su art. 14 que "Sera nulo todo contrato por el cual las partes hayan procedido con simulación o fraude a la ley laboral, sea patentando normas contractuales no

laborales, interposición de personas o de cualquier otro medio". Se entiende así que entre una documentación suscripta y hechos que contradigan dicha documentación, se dará primacía a los hechos.

- **Principio de IGUALDAD:** se basa en la CN (art. 14 bis) y en diversos artículos de la LCT.
- **Principio de AJENIDAD:** por este principio, se tiene que **un/a trabajador/a es ajeno a los fines del empleador y ajeno a todo riesgo económico que sufra la empresa o establecimiento; el trabajador solamente pone a disposición del empleador su fuerza laboral.** El trabajador goza de remuneración –fijada en ley–, y la percibe siempre, aunque el ejercicio económico sea negativo para el empleador. Ello no obsta a que algunos trabajadores puedan participar en ganancias (aunque este derecho constitucional no se halle reglamentado aún) y gozar de comisiones en ventas.
- **Principio de GRATUIDAD:** a fin de poder acceder a reclamos judiciales, el art. 20 de la LCT garantiza la gratuidad.

RELACIÓN DE DEPENDENCIA

Ninguna norma contiene una definición de la relación de dependencia.
Este concepto surge de la doctrina y jurisprudencia. Y es un hecho jurídico que surge de la participación de quien ejecuta una tarea en la organización o empresa de otro, bajo la dirección de éste, el empresario (según el art 5º de la LCT).
Y uno de los pilares de la relación de dependencia es la subordinación, siendo ésta de tipo económico, técnico y fundamentalmente jurídico.
Al ver a una persona desarrollando una determinada tarea, no puede siempre determinarse si esa persona depende o no de un tercero que le ha encargado esa tarea por su cuenta y orden, dependiendo todo de una serie de hechos y circunstancias; pero podemos afirmar que **existe dependencia laboral cuando se comprueba que una persona humana que necesita utilizar su capacidad de trabajo para participar en el sistema general productor de bienes y servicios, realiza esa participación en forma habitual y continua a**

través de una organización empresaria total o preponderantemente ajena que, a la vez, realiza su finalidad empresaria en base a la libre disposición del producto elaborado o del servicio mismo (conforme la CNAT, Cala I, 27/2/87). Hay dependencia cuando un/a empleador/a dirige la actividad. La prestación de un servicio por parte de una persona a favor de otra puede o no configurar una relación de trabajo. En el caso de que exista relación de dependencia, se aplica la normativa laboral.

Ante un caso de duda, la relación de dependencia puede probarse por cualquier medio.

LA SUBORDINACIÓN

Toda relación de trabajo hace presumir la existencia de un contrato de trabajo. Entonces, para sostener lo contrario debe contarse con pruebas –de gran amplitud– que demuestren relaciones ajenas al derecho del trabajo.

El vínculo entre trabajador y empleador es de subordinación, y esta se entiende como:

- **Subordinación técnica:** al ser el empleador el dueño de la tecnología y los conocimientos para producir bienes y servicios, está en condiciones de asignar tareas al trabajador y de un mínimo de capacitación para realizarlas; se trata del control del denominado *know how* del proceso productivo, frente al desconocimiento del trabajador. Puede tenerse como factores de esta subordinación el cumplimiento de horarios, el uso de elementos de trabajo provistos por la empresa, entre otros.
- **Subordinación jurídica:** es infaltable en la relación, y nace en el principio de autoridad del empleador, que consagra el mismo sistema legal. El empleador imparte órdenes al trabajador, y éste se compromete a acatarlas.
- **Subordinación económica:** se da por la superioridad económica del empleador; el trabajador está bajo la dependencia del empleador por hallarse en condición de inferioridad económica frente al empleador, de allí que el derecho laboral sea netamente tuitivo, protector del trabajador. El sueldo

es el medio de subsistencia del trabajador y éste es ajeno al riesgo empresario, por lo que la su remuneración no está condicionada a que la empresa obtenga resultados positivos en su actividad.

RELACIÓN DE DEPENDENCIA ENCUBIERTA

Muchas veces se dan situaciones en las cuales un/a trabajadora/a se inscribe en la AFIP como trabajador cuentapropista por exigencia de quien –realmente– se comporta como su empleador. Se tiene así sin registrar a un trabajador dependiente buscando que la relación laboral se torne inexistente. Se elude, de este modo, el pago de aportes y contribuciones a la seguridad social.

Existiendo prestación de servicios en condiciones que configuran una relación de dependencia laboral, se está frente a esta última. En todo caso, cualquier acuerdo entre las partes que sea contrario a las normas del derecho laboral, es considerado nulo.

Si en el futuro, es probada la existencia de relación de dependencia, no sólo deben abonarse todos los aportes y contribuciones de la Seguridad Social y Obras Sociales, sino además las indemnizaciones conformen las leyes 20.744, 24.013 y asimismo afrontar multas.

PROFESIONALES EN RELACIÓN DE DEPENDENCIA

Un/a arquitecto/a puede desarrollar actividades en relación de dependencia, a través de un contrato de trabajo, y a cambio de una remuneración o sueldo. No se manifiesta contrato de servicios, conforme lo establece el art. 1252 de CCyC en su segundo párrafo: "Los servicios prestados en relación de dependencia se rigen por las normas del derecho laboral".

Aun así, al margen del contrato de trabajo, podrá el profesional tener derecho al cobro de honorarios por realización de tareas específicas que no se hallen comprendidas en el vínculo laboral.

Un/a profesional puede poner su actividad –normada según las incumbencias– al servicio de un tercero. El profesional puede trabajar en relación de dependencia:

- En el **ámbito privado**.
- En la **Administración Pública:** La administración pública puede contar con profesionales en su planta estable, acogiéndose al régimen jurídico regulado por la Ley 22.140.

DIFERENCIA ENTRE CONTRATO DE OBRA Y RELACIÓN DE DEPENDENCIA

No son equivalentes el contrato de obra o de servicios y el contrato de trabajo en relación de dependencia.

- En un **contrato de servicios** se tiene a una obligación de hacer. El profesional actúa independientemente, cuando una persona se obliga a realizar uno o más actos lícitos en beneficio de otra, consistiendo en realizar a. en realizar cierta actividad, con la diligencia apropiada, independientemente de su éxito, en procurar al acreedor cierto resultado concreto, con independencia de su eficacia, y en procurar al acreedor el resultado eficaz prometido. El prestador cumple con las funciones de dirección y control de la tarea que hace. Está relacionado no con un empleador sino con un comitente, a través de un vínculo jurídico. Se trata en el caso de los arquitectos, de profesionales asesores o consultores.
- En un **contrato de obra**, las partes se comprometen a realizar una (contratista o prestador) la obra a cambio de la prestación de la otra (comitente) que es la de pagar un precio. Se ve de manifiesto la obligación de alcanzar un resultado, ya sea material o inmaterial; el locador asume el riesgo técnico o económico sin subordinación jurídica con el locatario.
- La **relación de dependencia** supone la existencia de un empleador, que da trabajo e imparte órdenes a un trabajador que presta un servicio personal, pudiendo dicho trabajo ser una tarea profesional o un oficio. A cambio de esa tarea, el trabajador recibe una retribución que abona el empleador. Dicho trabajador está sujeto a la autoridad disciplinaria del empleador, disminuyendo –según el caso– el grado de sus responsabilidades, y cumple tareas en horarios prefijados en el puesto de trabajo propiedad del empleador.

RELACIÓN DE DEPENDENCIA Y CONTRATO DE OBRA O DE SERVICIOS

Conforme al art. 21 de la LCT, primer párrafo, **habrá contrato de trabajo, cualquiera sea su forma o denominación, siempre que una persona física se obligue a realizar actos, ejecutar obras o prestar servicios en favor de la otra y bajo la dependencia de ésta, durante un período determinado o indeterminado de tiempo, mediante el pago de una remuneración.**

La misma ley, en su art. 22 establece que **habrá relación de trabajo cuando una persona realice actos, ejecute obras o preste servicio en favor de otra, bajo la dependencia de ésta en forma voluntaria y mediante el pago de una remuneración, cualquiera sea el acto que le dé origen.**

De ambos artículos se rescata la frase "... bajo la dependencia de ésta...", refiriendo a quien recibe y goza del trabajo ajeno remunerado. No obstante, la LCT ni ninguna otra disposición laboral menciona la definición de **relación de dependencia,** siendo un concepto formado gracias a la doctrina y jurisprudencia, y que implica una **subordinación de quien trabaja hacia quien remunera por ese trabajo.** Dicha subordinación ha sido establecida en jurisprudencia como una labor que ha de desarrollarse **en forma continua** para una persona en particular y **en un cierto lugar habitual.**

Al mencionar la diferencia entre contrato de obra o de servicios, el art. 1252 del CCyC determina que "Los servicios prestados en relación de dependencia se rigen por las normas del derecho laboral". Se tiene entonces que **el contrato de servicios y la relación de dependencia son legisladas por distintos cuerpos: el contrato de obra o servicios está prevista en el CCyC, y la relación de dependencia halla sede en la LCT. Por su parte, la legislación laboral posee orden público.**

La subordinación implica que deben desarrollarse tareas en forma continua para una persona en particular y en un cierto lugar habitual. El empleador ejerce no sólo una potestad de dirección y de organización de la actividad, sino que también puede aplicar sanciones disciplinarias por inconductas evidenciadas en el ámbito laboral.

La subordinación ve además una manifestación de inferioridad económica frente al empleador. Un contrato de trabajo no permite al trabajador decidir cláusulas, puesto que depende económicamente del empleador. **Un/a trabajador/a no cobra honorarios, sino un sueldo** –remuneración regular asignada por el desempeño de un cargo o servicio profesional– **y queda al margen del riesgo empresario**, por cuanto su sueldo no está condicionado a que el trabajador tenga éxito en su empresa: su sueldo debe ser percibido por el solo hecho de ser dependiente. Esto se conoce como **principio de ajenidad**. Aun así, es posible que un/a trabajador/a pueda percibir comisiones por ventas, no obstando la vigencia de las disposiciones que rigen el contrato de trabajo.

Asimismo, el cumplimiento de horarios y la utilización de elementos de trabajo provistos por la empresa hacen a la configuración del vínculo laboral entre trabajador y empleador.

Por otra parte, en el aspecto jurídico, existe un principio de autoridad por parte del empleador: el trabajador que se incorpora a una empresa debe acatar las órdenes y directivas que le imparte su empleador. La voluntad del trabajador no siempre cuenta, puesto que el empleador hace valer su autoridad, dado que es el dueño del establecimiento.

Cuando un comitente contrata a un/a profesional independiente arquitecto/a para dirigir una obra –al contrario de lo que ocurre en la relación de dependencia– no puede interferir con la idoneidad del profesional indicándole cómo ha de hacer su trabajo. Y la duración normal de la obra (conforme el art. 1256 inc. e del CCyC) según sus características hacen que no existan las condiciones de habitualidad y continuidad presentes en la relación laboral de dependencia. Y por supuesto, el estipendio por la tarea profesional no es el sueldo sino los honorarios, que no se abonan en razón del tiempo, sino de la obra misma.

Es la dependencia una consecuencia de la relación laboral. Y el término relación de dependencia ha surgido de toda la labor jurídica, sea por el trabajo de los juristas, la doctrina y los fallos. Y la relación de dependencia se sustenta siempre en el concepto de subordinación de un trabajador (el que presta su fuerza de trabajo) a un empleador. Y conforme al art. 5 de la LCT, participará el que ejecuta una tarea en la organización o empresa de otro, bajo la dirección de éste, el empresario El empleador debe ser un empresario, aun teniendo una mínima organización, según el art. 5 de la norma laboral citada.

FIGURAS DE LA LCT

Según la LCT:

- Se considera trabajador/a, a los fines de esta ley, a la persona humana que se obligue o preste servicios en las condiciones previstas en los artículos 21 y 22 de la LCT, cualesquiera que sean las modalidades de la prestación (art. 25 de la LCT). Si un trabajador estuviese autorizado a servirse de auxiliares, éstos serán considerados como en relación directa con el empleador de aquél, salvo excepción expresa prevista por ley o los regímenes legales o convencionales aplicables.
- Es empresa la organización instrumental de medios personales, materiales e inmateriales, ordenados bajo una dirección para el logro de fines económicos o benéficos.
- Es empresario/a quien dirige la empresa, por sí, o por medio de otras personas, y con el cual se relacionan jerárquicamente los trabajadores, cualquiera sea la participación que las leyes asignen a éstos en la gestión y dirección de la empresa (art. 5 de la LCT).
- Es empleador/a la persona humana o conjunto de ellas, o jurídica, tenga o no personalidad jurídica propia, que requiera los servicios de un trabajador (art. 26 de la LCT). Aquellos que integrando una sociedad, prestan a ésta toda su actividad o parte principal de la misma en forma personal y habitual, con sujeción a las instrucciones o directivas que se le impartan o pudieran impartírseles para el cumplimiento de tal actividad, serán consideradas como trabajadores dependientes de la sociedad a los efectos de la aplicación de la LCT y de los regímenes legales o convencionales que regulan y protegen la prestación de trabajo en relación de dependencia. Quedan exceptuadas de esta norma las sociedades de familia entre padres e hijos.

CAPACIDAD DE UN/A TRABAJADOR/A

Las personas humanas desde los 18 años, pueden celebrar contrato de trabajo, según el art. 32 de la LCT.

Las personas humanas desde los 16 años y siendo menores de 18 años, pueden celebrar contrato de trabajo, con autorización de sus progenitores, responsables o tutores. Se presume tal autorización cuandoun/a adolescente viva independientemente de ellos.

Desde los 16 años, el/a trabajador/a está facultado para estar en juicio laboral en acciones vinculadas al contrato o relación de trabajo y para hacerse representar por mandatarios mediante el instrumento otorgado en la forma que prevén las leyes locales, debiéndose cumplir en cualquier circunstancia las garantías mínimas de procedimiento en los procesos judiciales y administrativos establecidos por el art. 27 de la Ley 26.061, que crea el Sistema de Protección Integral de los Derechos de Niños, Niñas y Adolescentes.

Por el art. 34 de la LCT, los menores, desde los 18 años de edad, tienen la libre administración y disposición del producido del trabajo que ejecuten, regidos por esta ley, y de los bienes de cualquier tipo que adquirieran con ello, estando a tal fin habilitados para el otorgamiento de todos los actos que se requieran para la adquisición, modificación o transmisión de derechos sobre los mismos. los/las menores emancipados por matrimonio gozarán de plena capacidad laboral.

VÍNCULO CON EMPLEADORES/AS

La LCT distingue entre contrato (art. 21) y relación laboral (art. 22) Acerca de la **presunción de la existencia del contrato de trabajo**, "El hecho de la prestación de servicios hace presumir la existencia de un contrato de trabajo, salvo que por las circunstancias, las relaciones o causas que lo motiven se demostrase lo contrario. Esa presunción operará igualmente aún cuando se utilicen figuras no laborales, para caracterizar al contrato, y en tanto que por las circunstancias no sea dado calificar de empresario a quien presta el servicio" (art. 23 de la LCT).

Por el art. 10 de la LCT, en caso de duda ante un contrato defectuoso, las situaciones deben resolverse en favor de la continuidad o subsistencia del contrato.

SUBORDINACIÓN Y PRESUNCIÓN DE VÍNCULO LABORAL

La esencia del vínculo laboral es la subordinación de la parte trabajadora a la parte empleadora: cuando un trabajador/a se incorpora a una empresa, se pone bajo las órdenes que le imparte aquel que dirige el establecimiento, es decir, la parte empleadora. Por el art. 23 de la LCT, se tiene como base que toda relación de trabajo hace presumir la existencia de un contrato de trabajo hace presumir la existencia de un contrato de trabajo, pero al pretender establecer lo contrario, se deberá probar acreditando que la relación misma y sus causas con ajenas a la dependencia laboral.

Sobre la subordinación técnica y económica:

a) En el aspecto técnico, la parte empleadora posee la tecnología y los conocimientos para producir bienes y servicios, y requiere para ello de la fuerza de trabajo de una/a trabajador/a, que se ajustará a los modos que el empleador le impone, utilizando herramientas adecuadas, en el lugar indicado, y en un horario habitual permanente establecido. Se trata en este caso de que el trabajador es quien se somete a los dictados del empleador, por cuanto éste posee un conocimiento del que el trabajador carece.

b) En el aspecto económico, se evidencia superioridad de la parte empleadora, por ser quien posee los medios de producción; al evidenciarse esta desventaja, aparecen las normas que regulan la relación de trabajo, dado que un/a trabajador/a no está en condiciones de elegir cláusulas y modos de vinculación laboral. Así, la parte trabajadora no participa del riesgo económico de la empleadora, y percibe un sueldo por su trabajo, que no ha de estar condicionado a la marcha de los negocios de la empleadora. Por el **principio de ajenidad**, la parte trabajadora es ajena a los objetivos de la empleadora y a los riesgos económicos de la empresa, por lo que, habiendo cumplido su tarea, se hace merecedor a su sueldo. Existe una excepción a este principio, y se da cuando en ciertas labores, un/a trabajador/a participa en ciertas ganancias o percibe una comisión por ventas..

CONDICIONES MENOS FAVORABLES

La LCT establece, que:

- Nunca podrá pactarse condiciones menos favorables para la parte trabajadora que las dispuestas en las leyes, los convenios colectivos de trabajo, o el laudo.
- Si surgen dudas sobre la aplicación de normas legales o convencionales prevalecerá la más favorable al trabajador
- Si la duda recayese en la interpretación o alcance de la ley, o en apreciación de la prueba en los casos concretos, los jueces o encargados de aplicarla se decidirán en el sentido más favorable a la parte trabajadora.

OBJETO DEL CONTRATO DE TRABAJO

Es objeto del contrato de trabajo la **prestación de una actividad personal e infungible, indeterminada o determinada.** Son actividad indeterminada los servicios de un arquitecto o ingeniero como representante técnico de futuras obras a realizar por el empleador.

Se excluye expresamente en el art. 38 de la LCT a los actos ilícitos o prohibidos.
Se considera ilícito el objeto del contrato de trabajo, cuando el mismo fuere contrario a la moral y a las buenas costumbres pero no se considerará tal si por las leyes, ordenanzas municipales o reglamentos de policía se consintiera, tolerara o regulara a través de los mismos.
Se considera prohibido el objeto del contrato de trabajo cuando las normas legales o reglamentarias, hubieren vedado el empleo de determinadas personas o en determinadas tareas, épocas o condiciones.

EL CONSENTIMIENTO, FORMA, FIRMA

En un contrato de trabajo, el consentimiento debe manifestarse por propuestas hechas por una de las partes del contrato de trabajo, dirigidas a la otra y aceptadas por ésta, se trate de ausentes o presentes, según lo establece el art. 45 de la LCT. También rigen todo lo relativo al consentimiento las normas del CCyC. Ambos cuerpos legales tienen la misma jerarquía, aunque la ley especial siempre prevalece sobre la general.

Respecto de la forma del contrato de trabajo las partes pueden escoger libremente sobre las formas a observar para la celebración del contrato de trabajo. El art. 60 de la LCT expresa que la firma no puede ser otorgada en blanco por el trabajador y éste podrá oponerse al contenido del acto, demostrando que las declaraciones insertas en el documento no son reales.

Las partes están obligadas activa y pasivamente, no sólo a lo que resulta expresamente de los términos del contrato, sino a todos aquellos comportamientos que sean consecuencia del mismo.

TIPOS DE CONTRATO

La LCT establece diversos tipos de contrato, que se detallan seguidamente:

- **CONTRATO DE TRABAJO DE TEMPORADA:** "Habrá contrato de trabajo de temporada cuando la relación entre las partes, originada por actividades propias del giro normal de la empresa o explotación, se cumpla en determinadas épocas del año solamente y esté sujeta a repetirse en cada ciclo en razón de la naturaleza de la actividad" (art. 96 de la LCT s/Ley 24.013).
- **CONTRATO DE TRABAJO EVENTUAL:** "Cualquiera sea su denominación, se considerará que media contrato de trabajo eventual cuando la actividad del trabajador se ejerce bajo la dependencia de un empleador para la satisfacción de resultados concretos tenidos en vista por éste, en relación a servicios extraordinarios determinados de antemano, o exigencias extraordinarias y transitorias de la empresa, explotación o establecimiento,

toda vez que no pueda preverse un plazo cierto para la finalización del contrato. Se entenderá además que media tal tipo de relación cuando el vínculo comienza y termina con la realización de la obra, la ejecución del acto o la prestación de servicio para el que fue contratado el trabajador. El empleador que pretenda que el contrato inviste esta modalidad tendrá a su cargo la prueba de su aseveración" (art. 99 de la LCT s/Ley 24.013).

- **CONTRATO DE TRABAJO DE GRUPO O POR EQUIPO:** "Habrá contrato de trabajo de grupo o por equipo cuando el mismo se celebrase por un empleador con un grupo de trabajadores que, actuando por intermedio de un delegado o representantes, se obligue a la prestación de servicios propios de la actividad de aquél. El empleador tendrá respecto de cada uno de los integrantes del grupo, individualmente, los mismos deberes y obligaciones previstos en esta ley, con las limitaciones que resulten de la modalidad de las tareas a efectuarse y la conformación del grupo. Si el salario fuese pactado en forma colectiva, los componentes del grupo tendrán derecho a la participación que les corresponda según su contribución al resultado del trabajo. Cuando un trabajador dejase el grupo o equipo, el delegado o representante deberá substituirlo por otro, proponiendo el nuevo integrante a la aceptación del empleador, si ello resultare indispensable en razón de la modalidad de las tareas a efectuarse y a las calidades personales exigidas en la integración del grupo. El trabajador que se hubiese retirado tendrá derecho a la liquidación de la participación que le corresponda en el trabajo ya realizado. Los trabajadores incorporados por el empleador para colaborar con el grupo o equipo no participarán del salario común y correrán por cuenta de aquél" (art. 101 de la LCT).

REMUNERACIÓN

La remuneración es la contraprestación que debe percibir un/a trabajador/a como consecuencia del contrato de trabajo. De acuerdo a lo establecido por el art. 103 de la ley 21.297, dicha remuneración no puede ser inferior al salario mínimo vital.

Un profesional en relación de dependencia puede percibir honorarios al margen de su sueldo. Siempre y cuando exista un acuerdo o pacto sobre el particular, la ley lo admite expresamente, según lo estipula el art. 4 del Decreto-Ley 7887/55. El sueldo o remuneración puede fijarse por tiempo o por rendimiento de trabajo, y en este último caso, por unidad de obra. La LCT también permite la participación en las utilidades.

Los viáticos serán considerados como remuneración, excepto en la parte efectivamente gastada y acreditada por medio de comprobantes.

Las remuneraciones deberán pagarse en efectivo, cheque o a la orden del trabajador para ser cobrado personalmente por éste o quien él indique o mediante la acreditación en cuenta abierta a su nombre en entidad bancaria o en institución de ahorro oficial. El trabajo no se presume gratuito.

La forma de pago de las remuneraciones deberá realizarse en uno de los siguientes períodos:

a) Al personal mensualizado, al vencimiento de cada mes calendario.
b) Al personal remunerado a jornal o por hora, por semana o quincena.
c) Al personal remunerado por pieza o medida, cada semana o quincena respecto de los trabajos concluidos en los referidos períodos, y una suma proporcional al valor del resto del trabajo realizado, pudiéndose retener una garantía, que no debe exceder de la tercera parte de dicha suma.

El empleador podrá efectuar adelantos de remuneraciones a un trabajador/a hasta un 50% de las mismas, correspondientes a no más de un período de pago.

En caso de accidentes o enfermedades inculpables que impidan la prestación del servicio, no quedará afectado el derecho de cada trabajador/a a percibir su remuneración durante un período de 3 meses, si su antigüedad en el servicio fuere menor de 5 años y de 6 meses, si fuera mayor. En los casos en que un/a trabajador/a tuviera cargas de familia y por las mismas circunstancias se encontrara impedido de concurrir al trabajo, los períodos durante los cuales tendrá derecho a percibir su remuneración, se extenderán a 6 y 12 meses respectivamente, según si su antigüedad fuese inferior o superior a 5 años.

SALARIO MÍNIMO VITAL

El salario mínimo vital es la menor remuneración que debe percibir en efectivo un/a trabajador/a sin cargas de familia, en su jornada legal de trabajo, de modo que le asegure alimentación adecuada, vivienda digna, educación, vestuario, asistencia sanitaria, transporte y esparcimientos, vacaciones y previsión, según el art. 116 de la LCT.

SUELDO ANUAL COMPLEMENTARIO (SAC)

El art. 121 de la LCT establece al sueldo anual complementario como la doceava parte del total de las remuneraciones, percibidas por un/a trabajador/a en el respectivo año calendario. El SAC será abonado en dos cuotas; la primera de ellas el 30 de junio y la segunda el 31 de diciembre de cada año.

LICENCIAS Y VACACIONES

Según el art. 150 de la LCT, un/a trabajador/a gozará de un período mínimo y continuado de descanso anual remunerado por los siguientes plazos:

a) De 14 días corridos, cuando la antigüedad en el empleo no exceda de 5 años.
b) De 21 días corridos, cuando siendo la antigüedad mayor de 5 años, no exceda de 10.
c) De 28 días corridos cuando la antigüedad, siendo mayor de 10 años no exceda de 20.
d) De 35 días corridos cuando la antigüedad exceda de 20 años.

Para acceder a ese beneficio, la parte trabajadora deberá haber prestado servicios durante la mitad, como mínimo, de los días hábiles comprendidos en el año calendario o aniversario respectivo. El período para el goce del descanso anual estará comprendido entre 1 de octubre y el 30 de abril del año siguiente, y será establecido por la parte empleadora, la que lo comunicará expresamente a la parte trabajadora, con una anticipación no menor de 45 días.

En cuanto a las licencias especiales, un/a trabajador/a tendrá acceso a las mismas de la siguiente manera:

a) Por nacimiento de hijo, 2 días corridos.
b) Por matrimonio, 10 días corridos.
c) Por fallecimiento del cónyuge o de la persona con quien estuviere unido en aparente matrimonio, de hijos o de padres, 3 días corridos.
d) Por fallecimiento de hermano, 1 día.
e) Para rendir examen en la enseñanza media o universitaria, 2 días corridos por examen, con un máximo de 10 días por año calendario.

Respecto del personal femenino, la LCT establece:

- **Prohibición de trabajar** (art. 177), prohibición al personal femenino durante los 45 días anteriores al parto y hasta 45 días después del mismo. Sin embargo, la interesada podrá optar por que se le reduzca la licencia anterior al parto, que en tal caso no podrá ser inferior a 30 días; el resto del período total de licencia se acumulará al período de descanso posterior al parto. En caso de nacimiento pre-término se acumulará al descanso posterior todo el lapso de licencia que no se hubiere gozado antes del parto, de modo de completar los 90 días;
- **Descansos diarios por lactancia** (art. 179);
- **Periodo de excedencia** (art. 183); se considera situación de excedencia la que asuma voluntariamente la mujer trabajadora que le permite reintegrarse a las tareas que desempeñaba en la empresa a la época del alumbramiento, dentro de los plazos fijados. La mujer trabajadora que hallándose en situación de excedencia formalizara nuevo contrato de trabajo con otro empleador quedará privada de pleno derecho de la facultad de reintegrarse. Por este artículo, la mujer trabajadora que, vigente la relación laboral, tuviera un hijo y continuara residiendo en el país podrá optar entre las siguientes situaciones:

a) Continuar su trabajo en la empresa, en las mismas condiciones en que lo venía haciendo.

b) Rescindir su contrato de trabajo, percibiendo la compensación por tiempo de servicio que se le asigna por este inciso, o los mayores beneficios que surjan de los estatutos profesionales o convenciones colectivas de trabajo. En tal caso, la compensación será equivalente al 25 % de la remuneración de la trabajadora, calculada en base al promedio fijado en el art. 245 por cada año de servicio, la que no podrá exceder de un salario mínimo vital por año de servicio o fracción mayor de 3 meses.

c) Quedar en situación de excedencia por un período no inferior a 3 meses ni superior a 6 meses.

MODIFICACIÓN DE FORMAS Y MODALIDADES DEL TRABAJO

La empleadora tiene facultades suficientes para organizar su empresa, tanto económica como técnicamente. Debe además ejercitar su facultad de dirección atendiendo a los fines de la empresa, las exigencias de producción, sin perjuicio de la preservación y mejora de los derechos personales y patrimoniales de la parte trabajadora. La modificación de las formas de la prestación del trabajo es una facultad del empleador, en tanto esos cambios no importen un ejercicio irrazonable de esa facultad, ni alteren modalidades esenciales del contrato, ni causen perjuicio material o moral a la parte trabajadora. Si la empleadora se excedió en sus facultades, la trabajadora puede considerarse despedida sin causa.

PERÍODO DE PRUEBA

Tras la modificación introducida por la Ley 24.465 a la LCT creando el art. 92 bis, se regulariza el período de prueba estableciendo un mecanismo especial. Si bien el contrato de trabajo se entiende celebrado por tiempo indeterminado, los tres primeros meses son considerados tiempo en período de prueba.

El contrato de trabajo por tiempo indeterminado, excepto el referido en el art. 96 de la LCT (trabajo por temporada), **se entenderá celebrado a prueba durante los primeros tres meses de vigencia.** Cualquiera de las partes podrá extinguir la relación durante ese lapso sin expresión de causa, sin derecho a indemnización con motivo de la extinción, pero con obligación de preavisar.

El empleador sólo podrá contratar a un trabajador una vez con esta modalidad, y estará obligado al pago de las contribuciones correspondientes a obra social y asignaciones familiares.

Durante el período de prueba el trabajador tendrá derecho a las prestaciones por accidente o enfermedad del trabajo, y a los derechos y obligaciones propios de la categoría que desempeñe, incluidos los derechos sindicales.

Si el contrato continuara luego del período de prueba éste se computará como tiempo de servicio a todos los efectos laborales y de la seguridad social.

FACULTADES DISCIPLINARIAS

Un/a empleador/a podrá aplicar medidas disciplinarias, conforme lo establece el art. 67 de la LCT:

> *El empleador podrá aplicar medidas disciplinarias proporcionadas a las faltas o incumplimientos demostrados por el trabajador. Dentro de los treinta (30) días corridos de notificada la medida, el trabajador podrá cuestionar su procedencia y el tipo o extensión de la misma, para que se la suprima, sustituya por otra o limite según los casos. Vencido dicho término se tendrá por consentida la sanción disciplinaria.*

Una medida disciplinaria usualmente aplicada es la suspensión. Pero para que la suspensión sea suele considerada válida, deberá fundarse en justa causa, tener plazo fijo y ser notificada por escrito al trabajador, según lo ordena el art. 218 de la LCT.

Las suspensiones no podrán exceder de 30 días en un año, contados a partir de la primera suspensión.

No pueden aplicarse sanciones disciplinarias que impliquen la modificación del contrato de trabajo.

DESPIDO E INDEMNIZACIÓN

Por el art. 245 de la LCT se determina la indemnización por antigüedad o despido:

> *En los casos de despido dispuesto por el empleador sin justa causa, habiendo o no mediado preaviso, éste deberá abonar al trabajador una indemnización equivalente a UN (1) mes de sueldo por cada año de servicio o fracción mayor de TRES (3) meses, tomando como base la mejor remuneración mensual, normal y habitual devengada durante el último año o durante el tiempo de prestación de servicios si éste fuera menor. Dicha base no podrá exceder el equivalente de TRES (3) veces el importe mensual de la suma que resulte del promedio de todas las remuneraciones previstas en el convenio colectivo de trabajo aplicable al trabajador, al momento del despido, por la jornada legal o convencional, excluida la antigüedad. Al MINISTERIO DE TRABAJO, EMPLEO Y SEGURIDAD SOCIAL le corresponderá fijar y publicar el promedio resultante, juntamente con las escalas salariales de cada Convenio Colectivo de Trabajo.*
>
> *Para aquellos trabajadores excluidos del convenio colectivo de trabajo el tope establecido en el párrafo anterior será el del convenio aplicable al establecimiento donde preste servicios o al convenio más favorable, en el caso de que hubiera más de uno. Para aquellos trabajadores remunerados a comisión o con remuneraciones variables, será de aplicación el convenio al que pertenezcan o aquel que se aplique en la empresa o establecimiento donde preste servicios, si éste fuere más favorable.*
>
> *El importe de esta indemnización en ningún caso podrá ser inferior a UN (1) mes de sueldo calculado sobre la base del sistema establecido en el primer párrafo.*

No puede retractarse el despido, salvo acuerdo de partes. Por otra parte, dispone el art. 247 de la LCT:

En los casos en que el despido fuese dispuesto por causa de fuerza mayor o por falta o disminución de trabajo no imputable al empleador fehacientemente justificada, el trabajador tendrá derecho a percibir una indemnización equivalente a la mitad de la prevista en el artículo 245 de esta ley.
En tales casos el despido deberá comenzar por el personal menos antiguo dentro de cada especialidad.
Respecto del personal ingresado en un mismo semestre, deberá comenzarse por el que tuviere menos cargas de familia, aunque con ello se alterara el orden de antigüedad.

Respecto del **empleo no registrado**, dos leyes agravan las indemnizaciones: las Leyes 24.013 y 25.323.

En la Ley 24.013, el art. 15 establece que, si la parte empleadora despidiere sin causa justificada a la trabajadora dentro de los dos años desde que se le hubiere cursado de modo justificado la intimación prevista en el art. 11, la trabajadora despedida tendrá derecho a percibir el doble de las indemnizaciones que le hubieren correspondido como consecuencia del despido. Si la empleadora otorgare efectivamente el preaviso, su plazo también se duplicará. La duplicación de las indemnizaciones tendrá igualmente lugar cuando fuere la trabajadora la que hiciere denuncia del contrato de trabajo fundado en justa causa, salvo que la causa invocada no tuviera vinculación con las previstas en los artículos 8, 9 y 10, y que la empleadora acreditare de modo fehaciente que su conducta no ha tenido por objeto inducir a la trabajadora a colocarse en situación de despido.

La Ley 24.013 prevé que las indemnizaciones procederán cuando un/a trabajador/a o la asociación sindical que lo representen cumplimente en forma fehaciente intimar al empleador a fin de que proceda a la inscripción, establezca la fecha real de ingreso o el verdadero monto de las remuneraciones, y proceder a de inmediato y, en todo caso, no después de las 24 horas hábiles siguientes, a remitir a la AFIP copia del requerimiento previsto de la intimación anterior.

La Ley 25.323 establece en su art. 1 que las indemnizaciones previstas en el art. 245 de la LCT, artículo 245 el art. 7 de la Ley 25.013, o las que en el futuro las reemplacen, serán incrementadas al doble cuando se trate de una relación laboral que al momento del despido no esté registrada o lo esté de modo deficiente. El agravamiento indemnizatorio establecido en el presente artículo, no será acumulable a las indemnizaciones previstas por los artículos 8°, 9°, 10 y 15 de la Ley 24.013. En su art. 2 se dispone que cuando el empleador, fehacientemente intimado por el trabajador, no le abonare las indemnizaciones previstas en los arts. 232, 233 y 245 de la LCT y los arts. 6° y 7° de la Ley 25.013, o las que en el futuro las reemplacen, y, consecuentemente, lo obligare a iniciar acciones judiciales o cualquier instancia previa de carácter obligatorio para percibirlas, éstas serán incrementadas en un 50%. Si hubieran existido causas que justificaren la conducta del empleador, los jueces, mediante resolución fundada, podrán reducir prudencialmente el incremento indemnizatorio dispuesto por el presente artículo hasta la eximición de su pago.

El art. 178 de la LCT indica que se presume, salvo prueba en contrario, que el despido de la mujer trabajadora obedece a razones de maternidad o embarazo cuando fuese dispuesto dentro del plazo de 7 y 1/2 meses anteriores o posteriores a la fecha del parto, siempre y cuando la mujer haya cumplido con su obligación de notificar y acreditar en forma el hecho del embarazo así, en su caso, el del nacimiento. En tales condiciones, dará lugar al pago de una indemnización igual a un año de remuneraciones, que se acumulará a la establecida en el art. 245.

CÓMPUTO DEL TIEMPO DE SERVICIO

Cuando se concedan derechos a un/a trabajador/a en función de su antigüedad, se considerará tiempo de servicio al efectivamente trabajado desde el comienzo de la vinculación, el que corresponda a los sucesivos contratos a plazo que hubieren celebrado las partes y el tiempo de servicio anterior, cuando la parte trabajadora, cesada en el trabajo por cualquier causa, reingrese a las órdenes de una misma empleadora, tal como lo establece el art. 18 de la LCT.

TRÁMITES JUDICIALES

En los trámites judiciales el profesional en relación de dependencia goza del beneficio de gratuidad, tanto en el procedimiento judicial, como en el administrativo derivado de la aplicación de la LCT Su vivienda no podrá ser afectada al pago de costas en caso alguno.

ACCIONES RELATIVAS A CRÉDITOS PROVENIENTES DE LAS RELACIONES DE TRABAJO

Las acciones relativas a créditos provenientes de las relaciones individuales de trabajo y, en general, de disposiciones de convenios colectivos, laudos con eficacia de convenios colectivos y disposiciones legales o reglamentarias del trabajo prescriben a los dos años. Esta norma tiene de orden público y el plazo no puede ser modificado por convenciones individuales o colectivas.

En los contratos a plazo determinado, si se produce el despido injustificado dispuesto antes del vencimiento del plazo, dará derecho al trabajador, además de las indemnizaciones que correspondan por la extinción del contrato en tales condiciones, a la de daños y perjuicios, provenientes del derecho común, la que se fijará en función directa de los que justifique haber sufrido quien los alegue o los que, a falta de demostración, fije el juez o tribunal prudencialmente, por la sola ruptura anticipada del contrato.

PREAVISO

El preaviso es un previo aviso que se realiza con anterioridad a la disolución de un contrato. Un contrato de trabajo no podrá ser disuelto por voluntad de una de las partes, sin previo aviso, o en su defecto indemnización, además de la que corresponda al trabajador por su antigüedad en el empleo, cuando el contrato se disuelva por voluntad del empleador.

El art. 231 de la LCT establece que el preaviso, cuando las partes no lo fijen en un término mayor, deberá darse con la anticipación siguiente:

a) Por la parte trabajadora, de un mes.
b) Por la empleadora, de un mes cuando la trabajadora.

Si se omite el preaviso, la parte que lo omite o lo otorgue de modo insuficiente, deberá abonar a la otra una indemnización sustitutiva, equivalente a la remuneración que correspondería al trabajador durante los plazos señalados. La notificación del preaviso se prueba por escrito.

Los regímenes de preaviso y de despido contemplados por la LCT no se aplican al personal trabajador de la construcción, ya que éste se halla regido por la Ley 22.250.

EXTINCIÓN DE CONTRATO DE TRABAJO

El contrato de trabajo puede extinguirse por:

1) **Renuncia del/de la trabajador/a** (art. 240); esta renuncia, medie o no preaviso, como requisito para su validez, deberá formalizarse mediante despacho telegráfico colacionado cursado personalmente por el trabajador a su empleador o ante la autoridad administrativa del trabajo.
2) **Voluntad concurrente de las partes** (art. 241; las partes, por mutuo acuerdo, podrán extinguir el contrato de trabajo. El acto deberá formalizarse mediante escritura pública o ante la autoridad judicial o administrativa del trabajo).
3) **Justa causa** (arts. 242, 243; una de las partes podrá hacer denuncia del contrato de trabajo en caso de inobservancia por parte de la otra de las obligaciones resultantes del mismo que configuren injuria y que, por su gravedad, no consienta la prosecución de la relación); de no existir justa causa, se procederá conforme el art. 245 de la LCT;
4) **Abandono del trabajo** (art. 244; se toma al abandono como acto de incumplimiento de la parte trabajadora, y previa constitución en mora, mediante intimación hecha en forma fehaciente a que se reintegre al trabajo, por el plazo que impongan las modalidades que resulten en cada caso);

5) **Causa de fuerza mayor o por falta o disminución de trabajo no imputable a la empleadora** fehacientemente justificada (art. 247; la parte trabajadora tendrá derecho a percibir una indemnización equivalente a la mitad de la prevista en el art. 245 de la LCT);
6) **Despido indirecto** (art. 246);
7) **Fallecimiento del/de la trabajador/a** (art. 248, las personas enumeradas en el art. 38 del Decreto-Ley 18.037/69 (t.o. 1974) tendrán derecho, mediante la sola acreditación del vínculo, en el orden y prelación allí establecido, a percibir una indemnización igual a la prevista en el art. 247 de la LCT).
8) **Fallecimiento de la empleadora** (art. 249, cuando sus condiciones personales o legales, actividad profesional y otras circunstancias hayan sido la causa determinante de la relación laboral y sin las cuales ésta no podría proseguir; en este caso, la parte trabajadora tendrá derecho a percibir la indemnización prevista en el art. 247 de esta ley).
9) **Concurso o quiebra de la empleadora** (art. 252, y si la quiebra fuera debida a causas no imputables al mismo, la indemnización correspondiente al trabajador será la prevista en el art. 247);
10) **Acogimiento al régimen previsional** (art. 252, a partir de que la parte trabajadora cumpla 70 años de edad y reúna los requisitos necesarios para acceder a la Prestación Básica Universal establecida en el art. 17, inc. a) de la Ley 24.241 y sus modificaciones, la empleadora podrá intimarlo a que inicie los trámites pertinentes, extendiéndole los certificados de servicios y demás documentación necesaria a esos fines. A partir de ese momento, la empleadora deberá mantener la relación de trabajo hasta que la parte trabajadora obtenga el beneficio y por un plazo máximo de un año. Lo dispuesto en el párrafo precedente no afecta el derecho de la parte trabajadora de solicitar el beneficio previsional con anterioridad al cumplimiento de los 70 años de edad. Concedido el beneficio o vencido dicho plazo, el contrato de trabajo quedará extinguido sin obligación para el empleador del pago de la indemnización por antigüedad que prevean las leyes o estatutos profesionales. La intimación a que se refiere el primer párrafo de este artículo implicará la notificación del preaviso establecido por la presente

ley o disposiciones similares contenidas en otros estatutos, cuyo plazo se considerará comprendido dentro del término durante el cual el empleador deberá mantener la relación de trabajo.

11) **Incapacidad e inhabilidad** (art. 254, cuando un/a trabajador/a fuese despedido por incapacidad física o mental para cumplir con sus obligaciones, y la misma fuese sobreviniente a la iniciación de la prestación de los servicios, la situación estará regida por lo dispuesto en el art. 212 de la LCT, es decir, si del accidente o enfermedad resultase una disminución definitiva en la capacidad laboral de la parte trabajadora y éste no estuviere en condiciones de realizar las tareas que anteriormente cumplía, la empleadora deberá asignarle otras que pueda ejecutar sin disminución de su remuneración).

CONTRATO DE TRABAJO POR EQUIPO

El art. 102 de la LCT establece que el contrato por el cual una sociedad, asociación, comunidad o grupo de personas, con o sin personalidad jurídica, se obligue a la prestación de servicios, obras o actos propios de una relación de trabajo por parte de sus integrantes, a favor de un tercero, en forma permanente y exclusiva, será considerado contrato de trabajo por equipo y cada uno de sus integrantes trabajador/a dependiente del tercero a quien se hubieran prestado efectivamente los mismos.

DURACIÓN DEL CONTRATO

Un contrato de trabajo se considera celebrado por tiempo indeterminado, salvo que su término resulte de las siguientes circunstancias:

a) Que se haya fijado en forma expresa y por escrito el tiempo de su duración.
b) Que las modalidades de las tareas o de la actividad, razonablemente apreciadas, así lo justifiquen. No obstante, debe tenerse en cuenta que la formalización de contratos por plazo determinado en forma sucesiva,

que exceda de las exigencias correspondientes, convierte al contrato en uno por tiempo indeterminado, tal como lo establece el art. 90 de la LCT.

El contrato por tiempo indeterminado dura hasta que la parte trabajadora se encuentre en condiciones de gozar de los beneficios que le asignan los regímenes de seguridad social, por límites de edad y años de servicios, salvo que se configuren algunas de las causales de extinción, previstas en la LCT.

La prueba de que el contrato es por tiempo determinado está a cargo del empleador, según el art. 92 de la LCT. El contrato de trabajo a plazo fijo durará hasta el vencimiento del plazo convenido, no pudiendo celebrarse por más de cinco años.

CERTIFICADO DE SERVICIOS

Al finalizar el vínculo contractual laboral, (sea por la causa que fuere), y conforme el art. 80 de la LCT en su segunda parte, el empleador deberá entregar al trabajador un certificado de trabajo en el cual se indique el tiempo de prestación de servicios, su naturaleza, constancia de los sueldos percibidos y de los aportes y contribuciones efectuados con destino a los organismos de seguridad social.

Este certificado deber ser entregado en el plazo de 30 días corridos, y no cumplir con esta disposición habilita al trabajador para reclamar la entrega del mismo por medio fehaciente, debiendo ser entregado en el plazo de dos días hábiles desde la recepción de la intimación. Si la parte empleadora no cumple con la entrega del certificado en los citados plazos, al trabajador le corresponde una indemnización equivalente a tres veces la mejor remuneración mensual, normal y habitual percibida por la parte trabajadora durante el último año o durante el tiempo de prestación del servicio si este fuera menor. La parte empleadora debe poner el certificado de servicios a disposición del trabajador en la sede de la empresa, en todo momento, y notificando debidamente a la trabajadora, dándose por cumplida esta obligación, aunque la parte trabajadora no lo retire o lo rechace por hallarse el certificado mal confeccionado. Estando vigente la relación de trabajo y en determinadas circunstancias, la trabajadora podrá solicitar la entrega del certificado.

El certificado de trabajo posee doble fin: uno es que la trabajadora puede acreditar ante un nuevo empleador su historia laboral, y el otro es que, al momento de jubilarse, puede acreditar, ante los organismos de la seguridad social, los años de aportes al sistema.

LA LEY MÁS BENIGNA

En caso de duda sobre aplicación de normas legales o convencionales prevalecerá la más favorable al trabajador, según el art. 9 de la L.C.T. Si la duda recayese en la interpretación o alcance de la ley, los jueces o encargados de aplicarla se decidirán en el sentido más favorable a la trabajadora.

IRRENUNCIABILIDAD DE DERECHOS ESTABLECIDOS EN LA LCT

No pueden renunciarse los derechos que confiere la LCT; su art. 12 establece:

> *Será nula y sin valor toda convención de partes que suprima o reduzca los derechos previstos en esta ley, los estatutos profesionales, las convenciones colectivas o los contratos individuales de trabajo, ya sea al tiempo de su celebración o de su ejecución, o del ejercicio de derechos provenientes de su extinción.*

Por otra parte, expresa el art. 13 de la LCT:

> *Las cláusulas del contrato de trabajo que modifiquen en perjuicio del trabajador normas imperativas consagradas por leyes o convenciones colectivas de trabajo serán nulas y se considerarán substituidas de pleno derecho por éstas.*

Si en la contratación de un profesional se ha procedido con simulación o fraude a la ley laboral, se declarará nulo el contrato y la relación quedará regida por la LCT.

GASTOS Y DAÑOS SUFRIDOS POR EL TRABAJADOR MIENTRAS CUMPLE EL CONTRATO DE TRABAJO

El art. 76 de la LCT establece que la empleadora deberá reintegrar a la trabajadora los gastos suplidos por éste para el cumplimiento adecuado del trabajo, y resarcirlo de los daños sufridos en sus bienes por el hecho y en ocasión del mismo.

OCUPACIÓN DEL TRABAJADOR

La parte empleadora deberá garantizar a la trabajadora ocupación efectiva, de acuerdo a su calificación o categoría profesional, salvo que el incumplimiento responda a motivos fundados que impidan la satisfacción de tal deber.

La parte trabajadora debe observar todos aquellos deberes de fidelidad que deriven de la índole de las tareas que tenga asignadas, guardando reserva o secreto de las informaciones a que tenga acceso y que exijan tal comportamiento de su parte. La parte trabajadora debe abstenerse de ejecutar negociaciones por cuenta propia o ajena, que pudieran afectar los intereses del empleador, salvo autorización de éste.

TRANSFERENCIA DEL ESTABLECIMIENTO

El art. 225 de la LCT expresa que en caso de transferencia por cualquier título del establecimiento, pasarán al sucesor o adquirente todas las obligaciones emergentes del contrato de trabajo que el transmitente tuviera con el trabajador al tiempo de la transferencia, aún aquellas que se originen con motivo de la misma. En estos casos, el contrato de trabajo continuará con el sucesor o el adquirente, y la trabajadora conservará la antigüedad adquirida con el transmitente y los derechos que de ella se deriven.

Son responsables por el contrato de trabajo en caso de transferencia del establecimiento, tanto el transmitente como el adquirente y en forma solidaria, respecto de las obligaciones emergentes del contrato de trabajo.

PRIMACÍA DE LA REALIDAD

El Derecho Laboral es netamente tuitivo, es decir, protector de la parte más débil en la relación laboral, ya que no existe un trato entre iguales.
Así, por el principio de la primacía de la realidad, ante una divergencia entre lo que se halla documentado y lo que ocurre en la realidad, prevalece lo que realmente ocurre. A través de los hechos se reconoce la esencia de una relación, prescindiendo de la apariencia con la cual se haya pretendido enmascarar a esa relación.
El principio de primacía de la realidad se basa siempre en una cuestión objetiva. Este principio se aplica cuando, por ejemplo, se tiene un contrato contrario a la norma laboral, siendo el caso de un contrato de servicios o de obra, que encubre una relación de dependencia; aquí, un/a trabajador/a –muchas veces– debe facturar por el trabajo que realiza, cuando en realidad debería cobrar un sueldo. Sea que concurra al establecimiento pocos días a la semana, en tanto fuera de esos días concurra a otro.
Muchas veces se contrata a una persona bajo el aspecto de un contrato de servicios, debiendo dicha persona poseer número de CUIT y aportando en forma personal al sistema previsional. Este trabajador cumple un horario fijo, deba cumplir tareas, sin facultad de seleccionarlas o rechazarlas. Pero la realidad demuestra que se trata de un contrato de servicios que encubre una relación de dependencia.
Todo acuerdo entre partes que constituya fraude o simulación a la ley laboral será nulo y sin ningún valor, y las cláusulas nulas serán automáticamente sustituidas por las cláusulas válidas provenientes de la aplicación de las normas pertinentes (arts. 7, 13 y 14 de la LCT).
Se busca anular toda práctica fraudulenta que sirva para eludir la ley laboral, los aportes y contribuciones a la seguridad social.
No obstante lo dispuesto en el art. 1252 del CCyC que en su párrafo final expresa "Los servicios prestados en relación de dependencia se rigen por las normas del derecho laboral.", debe siempre analizarse cada caso particular.

COLOFÓN

Por lo general, muchas veces se observa que existen quienes prestan servicios bajo el aspecto de un contrato de obra o de servicios, que no es más que una relación de dependencia encubierta.

Debe tenerse en cuenta que ciertos aspectos de la relación de dependencia podrán manifestarse claramente, u otros no tanto, pero siempre se trata de elementos que serán tenidos en cuenta por un juez, y que serán suministrados por las partes. Si el juzgador debe decidir si existe o no relación de dependencia para declarar si una relación es o no laboral, de no existir un elemento formal, recurrirá a toda prueba que las partes suministren.

Esto puede llevar a que si la parte "contratada" acredita en sede judicial que existió un vínculo de dependencia laboral, la empleadora deberá abonar todos los aportes y contribuciones de la Seguridad Social y Obras Sociales, amén de las indemnizaciones de la LCT, de la Ley de Empleo y multas.

RÉGIMEN PARTICULAR DE LA INDUSTRIA DE LA CONSTRUCCIÓN
NORMAS APLICABLES A LA INDUSTRIA DE LA CONSTRUCCIÓN

En la construcción, se aplican las siguientes normas:

- Ley 22.250, con sus normas complementarias y modificatorias;
- Ley 20.744 (LCT), en tanto sus disposiciones no colisionen con la Ley 22.250;
- Convenio Colectivo de Trabajo (CCT) 76/75;
- Normas del Instituto de Estadística y Registro de la Industria de la Construcción (IERIC).

El régimen del personal de la industria de la construcción está integrado no sólo por la normativa especial, sino también, por aquellas normas de la LCT que cumplan con las reglas de compatibilidad y mayor favorabilidad hacia la parte trabajadora.

EL CONVENIO COLECTIVO DE TRABAJO 76/75

La Ley 14.250 establece los **Convenios Colectivos de Trabajo (CCT)**, siendo éstos un **acuerdo entre partes empleadora y trabajadora de una empresa o sector laboral sobre condiciones de contratación, categorías laborales y modos de remuneración.**

Las partes empleadora y trabajadora suscriben el CCT a través de sus asociaciones, tales como federaciones empresarias o diversas asociaciones por un lado, y sindicatos, centrales obreras, etc., por el otro.

Se lee en el art. 1 de la Ley 14.250:

> *Las convenciones colectivas de trabajo que se celebren entre una asociación profesional de empleadores, un empleador o un grupo de empleadores, y una asociación profesional de trabajadores con personalidad gremial, estarán regidas por las disposiciones de la presente ley.*
>
> *Sus normas también se aplicarán a aquellas convenciones que celebren las asociaciones profesionales de trabajadores con quien represente a una empresa del Estado, a una sociedad del Estado, o a una sociedad anónima con participación estatal mayoritaria o una entidad financiera estatal o mixta comprendida en la ley de entidades financieras...*

En el art. 3 de la Ley 14.250 se establece que:

> *Las convenciones colectivas deberán celebrarse por escrito y consignarán:*
> *a) Lugar y fecha de su celebración.*
> *b) El nombre de los intervinientes y acreditación de su personería.*
> *c) Las actividades y las categorías de trabajadores a que se refieren.*
> *d) La zona de aplicación.*
> *e) El período de vigencia.*

Los CCT deben ser homologados por el Ministerio de Trabajo, Empleo y Seguridad Social (MTESS), según ordenan los arts. 4 y 5 de la citada ley.

Sobre el gremio de la construcción, a partir del 1-6-1975 rige en todo el territorio nacional el **CCT 76/75**, siendo firmado por la Unión Obrera de la Construcción de la República Argentina, por el sector sindical y, por el sector empresario, la Cámara Argentina de la Construcción, la Federación Argentina de Entidades de la Construcción y el Centro de Arquitectos y Constructores. El CCT 76/75 establece en su art. 4 que se regula mediante esta norma la relación de trabajo entre partes empleadora y trabajadora que prestan servicio en la industria de la construcción y ramas subsidiarias por ejemplo, albañiles, yeseros, pintores, calefaccionistas, plomeros, techistas, serenos, etc.

CATEGORIZACIÓN DE TRABAJADORES/AS

El art. 5 del CCT 76/75 establece una categorización de trabajadores/as, respecto de sus habilidades en obra:

- **Oficial Especializado:** oficial, albañil o carpintero/a que lea planos referidos a la especialidad en que actúe, sepa interpretarlos y ejecute todas las demás tareas que cabe requerir a quien tenga esas aptitudes, tales como replantear obras similares.
- **Oficial Albañil:** oficial que se encuentra capacitado para nivelar, aplomar, colocar marcos, ventanas y revestimientos, mampostería en general y contrapiso, ejecutar fajas de revoques, revoque grueso y fino o con material de frente, impermeabilizaciones en general.
- **Medio Oficial Albañil:** personal que ejecuta trabajos de mampostería gruesa, contrapisos y revoques gruesos.
- **Oficial Carpintero:** oficial capacitado para nivelar y aplomar, armar y colocar columnas, vigas, dinteles y entablar. Asimismo está capacitado para hacer escaleras derechas.
- **Medio Oficial Carpintero:** personal capacitado para hacer tableros, puntales con cabeza, entablar, apuntalar y acuñar.
- **Oficial Armador:** oficial capacitado para interpretar planos y planillas de

hierro, hacer y colocar estribos y doblado de hierro en general, de cualquier tipo y empalmar hierro.
- **Medio Oficial Armador:** personal capacitado para doblar y cortar hierros menores.
- **Ayudante:** personal capacitado para realizar tareas generales, no especializadas.
- **Medio Oficial Calchero o canchero:** Es el personal que tiene a su cargo la preparación de los diversos tipos de mezclas para albañilería.

CONTRATACION DE TRABAJADORES/AS, PERÍODO DE PRUEBA, JORNADA DE TRABAJO

La Ley 22.250 y el CCT 76/75 establecen como modos de contratación de trabajadores/as:

a) La contratación por tiempo indeterminado:
b) La contratación para prestación de servicios en una obra determinada por para realizar una tarea específica.

La Ley 22.250 y el CCT 76/75 **no prevén** la aplicación del periodo de prueba en el régimen de la construcción. El **periodo de prueba** (conforme el art. 92 bis de la LCT) no se halla previsto en la Ley 22.250 ni en el CCT 76/75, por lo cual, es inaplicable para el régimen del personal laboral de la construcción.

El personal laboral de la construcción se halla debidamente registrado, conforme los art. 7 y 8 de la Ley 24.013:

- Si está inscripto en el libro especial que prevé el art. 52 de la LCT;
- Si está afiliado a los sistemas de seguridad social, a la obra social correspondiente, y al registro de trabajadores/as beneficiarios/as del sistema integral de prestaciones por desempleo, conforme el art. 18 inc. a de la Ley 24.013.

El art. 10 del CCT 76/75 establece que la jornada diaria normal no podrá exceder de nueve (9) horas. Cuando la jornada se cumpla en forma continuada durante ese período horario al promediar la misma se acordará una pausa paga de veinte minutos. Esta pausa se considerará integrante de la jornada y se afectará a las remuneraciones: en el art. 11 se indica que la extensión normal de la semana laborable no excederá de cuarenta y cuatro (44) horas. La jornada de trabajadores/as que se desempeñan como serenos/as, será de 12 horas corridas en tanto no cumplan otros servicios que los de vigilancia o custodia, o sea, que no lleven aparejada la obligación de ejercer una actividad de otra índole en forma regular o periódica. Si trajera aparejada la obligación de ejercer una actividad de otra índole, la jornada será de nueve (9) horas (conforme el art. 12 del CCT 76/75).

Por otra parte, los menores de catorce (14) a dieciocho (18) años de edad, ya sean aprendices o ayudantes, no cumplirán jornadas mayores de cuatro (4) horas. Los menores de dieciséis (16) a dieciocho (18) años de edad, ya sean aprendices o ayudantes, no cumplirán jornadas mayores de seis (6) horas (conforme el art. 14 del CCT 76/75).

Si existiera **trabajo insalubre**, y en los términos del art. 36 del CCT 76/75, cuando se alterne trabajo insalubre con salubre, cada hora trabajada en el primero se considerará como una (1) hora y veinte (20) minutos y en tal caso el personal no deberá continuar el trabajo insalubre más de tres (3) horas completando con trabajos salubres el resto de la jornada normal. La jornada efectiva, completa de trabajo insalubre, no podrá exceder de seis (6) horas diarias. Para todas las situaciones no previstas expresamente regirán las disposiciones legales y reglamentarias aplicables en la materia.

Respecto de **horas extras**, éstas comprenden las tareas que un/a trabajador/a realiza por encima de la jornada legal. El art. 203 de la LCT dispone que la parte trabajadora no se halla obligada a prestar servicios en horas suplementarias, excepto:

- Cuando se produzcan supuestos de fuerza mayor, que no admiten negativa de la parte trabajadora;
- Cuando existe emergencia empresaria o nacional, admitiendo negativa de la trabajadora si se demuestra perjuicios a su interés.

El Decreto 848/2000 establece que un/a trabajador/a no podrá realizar horas extras que sobrepasen un máximo de 30 horas mensuales y 200 anuales, mas por la Resolución 7/2001 de la Secretaría de Trabajo, los trabajadores de la construcción pueden realizar hasta 48 horas extras mensuales y 320 horas anuales. Se liquidan con recargos del 50 % (en días comunes) y del 100 % (sábados desde las 13, domingos y feriados).

En lo concerniente a **vacaciones** y a **licencias especiales**, el art. 16 del CCT 76/75 dispone que se estará a lo establecido en el art. 164 y siguientes de la LCT, en cuanto resulte compatible con la naturaleza y modalidades de la actividad de la industria de la construcción, y en tanto, a su vez, no sea modificado por lo que se indica a continuación:

a. Los/as trabajadores/as que en el año calendario o en el año aniversario respectivo, no hayan alcanzado a prestar servicios la mitad de los días hábiles, tendrán derecho a gozar de vacaciones en la extensión que se expresa:
    1) Un (1) día por cada veinte (20) días trabajados cuando su antigüedad con la empleadora no exceda de cinco (5) años.
    2) Un (1) día por cada quince (15) días trabajados cuando la antigüedad fuere mayor de cinco (5) años y no excediere de diez (10) años.
    3) Un (1) día por cada diez (10) días trabajados cuando su antigüedad fuere mayor de diez (10) años.
b. Los/as trabajadores/as que no alcancen a prestar servicios durante veinte (20) días, percibirán, con imputación a vacaciones un importe proporcional al tiempo trabajado, fuera cual fuere la antigüedad.

LEY 22.250: EL RÉGIMEN LEGAL DE LA INDUSTRIA DE LA CONSTRUCCIÓN

Desde el 11 de julio de 1980, la Ley 22.250 establece un nuevo régimen jurídico para el personal laboral de la industria de la construcción, sustituyéndose así a la Ley 17.258. Se lee en el art. 35 de la Ley 22.250:

> Las disposiciones de esta ley son de orden público y excluyen las contenidas en la Ley de Contrato de Trabajo en cuanto se refieran a aspectos de la relación laboral contempladas en la presente ley.
>
> En lo demás, aquélla será de aplicación en todo lo que resulte compatible y no se oponga a la naturaleza y modalidades de este régimen jurídico específico.

La construcción es una actividad regulada por normas especiales y puede resultar aplicable el régimen de la LCT en todos los aspectos no contemplados en la Ley 22.250, es decir, siempre y cuando las normas no resulten incompatibles con las de su propio régimen (conforme CNAT, Sala VI Expte N° 9977/09 Sent. Def. N° 63.560 del 16-12-2011. Bordón Carlos Alberto c/ Pasgra S.A. s/despido. Fernández Madrid - Craig).

ÁMBITO DE APLICACIÓN

El art. 1 de la Ley 22.250 comprende dentro del régimen Legal de trabajadores/as de la construcción a:

a) El empleador de la industria de la construcción que ejecute obras de ingeniería o arquitectura, ya se trate de excavaciones, de construcciones nuevas o de modificación, reparación, conservación o demolición de las existentes, de montaje o instalación de partes ya fabricadas, o de vía y obras. También está comprendido aquél que elabore, elementos necesarios o efectúe trabajos destinados exclusivamente para la ejecución de aquellas obras, en instalaciones o dependencias de su propia empresa, establecidas con carácter transitorio y para ese único fin.

b) El empleador de las industrias o de las actividades complementarias o coadyuvantes de la construcción propiamente dicha, únicamente con relación al personal que contrate exclusivamente para ejecutar trabajos en las obras o lugares a que se refiere el inc. a.

c) El trabajador dependiente de los referidos empleadores que, cualquiera fuere la modalidad o denominación que se acuerde a su contratación o la forma de su remuneración, desempeñe sus tareas en las obras o lugares de trabajo determinados en los incs. a y b. Como asimismo el trabajador que se desempeñe en los talleres, depósitos o parques destinados a la conservación, reparación, almacenaje o guarda de los elementos de trabajo utilizados en dichas obras o lugares.

Quedan **excluidos** del ámbito de aplicación de esta ley, conforme su art. 2 indica:

a) El personal de dirección, el administrativo, el técnico, el profesional, el jerárquico y el de supervisión.
b) El propietario del inmueble que no siendo empleador de la industria de la construcción construya, repare o modifique su vivienda individual y los trabajadores ocupados directamente por él a esos efectos.
c) La Administración pública nacional, provincial y las municipalidades, sus entes centralizados, descentralizados o autárquicos.
d) Las empresas del Estado, las empresas estatales con regímenes especiales, las sociedades del Estado, sociedades anónimas con participación estatal mayoritaria, sociedades de economía mixta o de propiedad del Estado o en las que este tenga mayoría accionaria, cuando realicen obras de las señaladas en el art. 1 para uso propio, y por el sistema de administración directa con personal de su propia dotación.

EL IERIC: ÓRGANO DE APLICACIÓN

La Ley 22.250 en su art. 3 creó lo que en sus orígenes se denominó Registro Nacional de la Industria de la Construcción. Mediante el art. 42 del **Decreto 660/96** se dispuso la privatización de los servicios que prestaba el mentado Registro.
El 11 de setiembre de 1996, la Unión Obrera de la Construcción de la República Argentina, la Cámara Argentina de la Construcción y la Unión Argentina de la Construcción como entidades más representativas de los intereses sectoriales que se relacionan con la actividad de la construcción en la República, celebraron un acuerdo de naturaleza paritaria, por el que constituyeron el

INSTITUTO DE ESTADÍSTICA Y REGISTRO DE LA INDUSTRIA DE LA CONSTRUCCIÓN (IERIC), con el objeto de atender a la realización de actividades de estadística, censo y registro en el sector de la construcción, en todo el territorio de la República Argentina, las demás funciones que pudiere encomendarle el gobierno nacional, por aplicación del art. 42 del citado Decreto 660/96.

Luego, a partir del Decreto 1309/96 se transfirieron al **IERIC** las competencias atribuidas al Registro Nacional de la Industria de la Construcción.

Este ente es autárquico, competente en todo el país. Es una entidad pública no estatal sin fines de lucro, regida por el derecho privado, tiene capacidad de derecho privado y se encuentra sometida al control del Ministerio de Trabajo y Seguridad Social de la Nación. En él deberán inscribirse obligatoriamente las partes empleadora y trabajadora comprendidas en el régimen de la Ley 22.250, según lo determinado en el art. 1. La empleadora se inscribirá dentro de los 15 días hábiles de iniciada su actividad como tal y realizará la inscripción del personal laboral dentro de igual plazo contado desde la fecha del ingreso de éste. El IERIC posee su mecanismo de administración, de designación de autoridades, y cuenta con agentes zonales en el interior del país, los que dependerán técnica y funcionalmente del mismo.

Dentro de las atribuciones que posee, el IERIC debe:

- Inscribir y llevar el registro de todas las personas comprendidas en la presente ley de acuerdo a lo establecido por el capítulo I de la misma, otorgando constancias fehacientes de las presentaciones que efectúen los obligados en virtud del art. 3 de esta ley.
- Exigir a todo empleador la exhibición de los libros y demás documentación requerida por esta ley, y por la legislación laboral aplicable a la actividad, al sólo efecto de la verificación del cumplimiento de lo establecido por la presente.
- Expedir y registrar la Libreta de Aportes al Fondo de Cese Laboral u otro instrumento que la sustituya, asegurando su autenticidad.
- Fijar el monto de los aranceles por inscripciones y renovación anual de las mismas por provisión de la libreta de aportes al Fondo de Cese Laboral y emisión de duplicados y por todo otro servicio o suministro que brinde.

- Expedir la libreta de aportes al Fondo de Cese Laboral, asegurando su autenticidad.
- Promover reglas y procedimientos a seguir por las entidades bancarias para optimizar la capitalización de los Fondos de Cese Laboral.
- Realizar un censo de empresas y trabajadores/as de la construcción, como así también de obras.
- Dictar normas que regulen la actividad y permitan cumplir su cometido.

Los recursos económicos y financieros del IERIC provienen:

a) del pago de los aranceles fijados por el Registro de conformidad con lo establecido en el art. 6, inc. e;
b) de la contribución a cargo de los empleadores de conformidad a lo establecido en el art. 12 de la presente ley;
c) del importe de las multas por infracciones cometidas a esta ley, reglamentaciones y normas complementarias;
d) de las herencias, legados, subsidios y subvenciones que se reciban;
e) del producido de las inversiones que realice el Registro;
f) de los saldos sobrantes de ejercicios anteriores.

CONTRIBUCIONES DE EMPLEADORES/AS AL IERIC

El art. 12 de la Ley 22.250 establece que la empleadora deberá efectuar una contribución mensual al IERIC, que consistirá en hasta un 4 % sobre los aportes al Fondo de Cese Laboral, el que será depositada dentro del plazo fijado en el art. 16. En tal oportunidad, se agregará la contribución correspondiente al aporte al mencionado Fondo realizado en efectivo de acuerdo a la previsión establecida por el art. 17 de dicha ley. En caso de mora, la suma adeudada por este concepto será objeto de incrementación en la forma establecida en el primer y segundo párrafos del art. 20, sin perjuicio de la aplicación de las penalidades que pudiera corresponder en virtud de lo previsto en el art. 33, inc. d.

INICIO DE LA ACTIVIDAD

El **Decreto 1342/81** en su art. 1 establece que se considera como fecha de iniciación de la actividad como empleador/a de la industria de la construcción, la coincidente con el día en que procedió a celebrar el primer contrato laboral con uno o más trabajadores/as afectados/as al régimen, con prescindencia de toda otra relacionada con la constitución de sociedad o iniciación de su funcionamiento administrativo o celebración de contratos de ejecución de obras sin comienzo de las mismas.

CREDENCIAL DE REGISTRO LABORAL

Prevista por la Resolución IERIC 16/2009, la antigua libreta manual de fondo de cese laboral dio paso a la credencial de registro laboral. Se trata de un documento plástico cuyo formato es del tamaño de una tarjeta de crédito. Y que incluye un chip que almacena los datos personales del/de la trabajador/a, tales como fecha de inicio de la relación laboral y su historial con la categoría, especialidad y competencias laborales certificadas. Este documento no tiene vencimiento.

La credencial permite consultar en forma instantánea los antecedentes laborales del/de la trabajador/a, realizar trámites administrativos a través de Internet y gestionar la incorporación de trabajadores/as en forma rápida y sencilla.

Por Resolución IERIC 18/2011, toda relación laboral que se conforme bajo el régimen de la Ley 22.250 reconoce como único documento habilitante en lo que respecta al vínculo entre partes de la relación laboral y entre trabajadores/as-empleadores/as con el IERIC, a la credencial de registro laboral.

Al iniciarse la relación laboral, el empleador requerirá del trabajador la presentación de la credencial y este último deberá hacer efectiva su entrega en el término de 5 días hábiles, a partir de la fecha de su ingreso.

El correspondiente trámite deberá ser iniciado por el empleador dentro de los 15 días hábiles contados desde la fecha de ingreso.

La credencial deberá consignar:

1. Los datos de identidad, filiación y domicilio del/de la trabajador/a;
2. Las constancias del número y de la fecha de inscripción del/de la trabajador/a, otorgadas por el IERIC;
3. Las anotaciones correspondientes a los sucesivos contratos laborales celebrados con empleadores/as de la industria de la construcción;
4. Las registraciones de las imposiciones efectuadas para el Fondo de Cese Laboral asentadas por el banco interviniente a la finalización de cada uno de los contratos celebrados.

Si dentro de los 10 días hábiles de su ingreso, un/a trabajador/a no proporciona a su empleador/a los datos exigidos, será intimado a darlos en 48 hs. No cumpliendo este requisito, la relación será dada por concluida, percibiendo únicamente las remuneraciones devengadas durante esos días.

FONDO DE CESE LABORAL

El art. 15 de la Ley 22.250 establece que el Fondo de Cese laboral (antiguamente denominado Fondo de Desempleo) vigente para cada trabajador/a de la industria de la construcción de todo el país se integra con un aporte obligatorio a cargo de la parte empleadora, que deberá realizarlo mensualmente desde el comienzo de la relación laboral.

El sistema de Fondo de Cese laboral reemplaza al régimen de preaviso y despido contemplados por la LCT, por lo cual, el personal laboral de la construcción no goza de indemnización por antigüedad.

El régimen laboral de la construcción no tiene antigüedad, mas si tiene premio por asistencia perfecta (art. 52 del CCT 76/75).

La liquidación final comprenderá horas trabajadas y vacaciones no gozadas. El aporte al Fondo de Cese Laboral se conforma:

1. Durante el primer año de prestación de servicios, el aporte será el equivalente al 12% de la remuneración mensual que perciba cada trabajador/a en concepto de salarios básicos y adicionales establecidos en el CCT de la

actividad, con más los incrementos que hayan sido dispuestos por el Poder Ejecutivo nacional en forma general o que hayan sido concedidos por la empleadora en forma voluntaria, sobre los salarios básicos.

2. A partir del año de antigüedad, dicho aporte será del 8%.

El aporte se depositará en cuenta bancaria a nombre del/de la trabajador/a, dentro de los primeros 15 días del mes siguiente a aquél en que se haya devengado la remuneración.

El Fondo de Cese Laboral constituirá un patrimonio inalienable e irrenunciable de cada trabajador/a, no pudiendo ser embargado, cedido ni gravado salvo por imposición de cuota alimentaria y una vez producido el desempleo.

Mensualmente la parte empleadora deberá entregar a la trabajadora constancia fehaciente del depósito de los aportes al Fondo de Cese Laboral.

La Ley 22.250 ha establecido un mecanismo económico-financiero (fondo de desempleo) destinado a solventar la estabilidad del personal laboral de la construcción, mecanismo que ha recibido distintos calificativos (ahorro obligatorio, salario diferido, seguro de desempleo, fondo de garantía del tiempo de antigüedad), pero que en su esencia, se revela como congruente con los propósitos constitucionales, porque tiende a reemplazar los mecanismos resarcitorios de la LCT, sirviendo como indemnización proporcional al tiempo de trabajo, lo que lleva a merituar, que en definitiva se cumple la garantía del art. 14 bis de la Constitución Nacional (conf. 13-5-83, Martínez, José y otros c/ Inhouds Klein Construcciones SA, LT XXXI – 926 y, en sentido análogo, Sala VII, causa Bravo, Alejandro D. c/ Corio, Daniel y otro, 14-4-1998, DT 1998 B, pág. 2084-2086, CNAT, Sala IV, 27-2-1987, T y SS, 1987-627 entre muchas otras).

CUÁNDO SE DISPONE DEL FONDO DE CESE LABORAL

Según el art. 17 de la Ley 22.250, al cese de la relación laboral y cualquiera fuese su causa, la parte trabajadora dispondrá del Fondo de Cese Laboral, debiendo la parte que resuelva rescindir el contrato, comunicar a la otra su decisión en forma fehaciente.

Producida la cesación, la empleadora deberá hacerle entrega de la libreta de aporte con la acreditación de los correspondientes depósitos y de la actualización a que hubiere lugar, según lo determinado en el art. 30, dentro del término de 48 horas de finalizada la relación laboral. Únicamente en caso se abonará en forma directa el aporte que corresponda a la remuneración por la cantidad de días trabajados durante el lapso respecto del cual no haya vencido el plazo para el depósito previsto por el art. 16.

En caso de fallecimiento o concurso de la empleadora, sus sucesores/as, la sindicatura o liquidadora, deberán proceder a la entrega de aquel instrumento o en su defecto al pago de los aportes al Fondo de Cese Laboral no depositados, en la forma establecida por esta ley, dentro de un plazo máximo de 30 días hábiles contados a partir del cese de la relación laboral, salvo que por las circunstancias del caso, la autoridad administrativa de aplicación o la judicial otorgare un plazo mayor, el que no podrá exceder de 90 días hábiles.

Si cesare la relación laboral por fallecimiento o concurso de la empleadora, la trabajadora, sus sucesores/as o beneficiarios/as, percibirán el Fondo de Cese Laboral mediante la presentación ante la institución bancaria de la prueba de alguna de aquellas circunstancias. En caso de concurso servirá como constancia la que extienda la sindicatura o liquidadora.

La percepción del Fondo de Cese laboral no excluye el derecho de las indemnizaciones y beneficios establecidos en la Ley 22.250.

Por otra parte, en el art. 18 de la ley, se indica que el incumplimiento de las obligaciones impuestas en el art. 17 en tiempo propio, producirá la mora automática, quedando expedita la acción judicial para que a la trabajadora se le haga entrega de la libreta, se le depositen los aportes correspondientes o se le efectúe el pago directo cuando así corresponda.

Si ante el incumplimiento de lo dispuesto por el artículo 17, la trabajadora intimare a la empleadora por dos días hábiles constituyéndolo en mora, se hará acreedora a una indemnización, que la autoridad judicial graduará prudencialmente apreciando las circunstancias del caso y cuyo monto no será inferior al equivalente a 30 días de la retribución mensual del/de la trabajador/a, que se menciona en el segundo párrafo del art. 15, ni podrá exceder al de 90 días de dicha retribución. La reparación así determinada, será incrementada con el importe correspondiente a 30 días de la retribución citada, en el supuesto que se acreditare incumplimiento de la empleadora a la obligación de inscripción resultante de lo dispuesto en el art. 13. Todo ello, sin perjuicio del cumplimiento por parte de la empleadora de las disposiciones de la Ley 22.250.

SEGURO DE DESEMPLEO

El personal laboral comprendido en el régimen de la Industria de la Construcción gozan de los beneficios de la **Ley 25.371** que ha instituido el **Sistema Integrado de Prestaciones por Desempleo.**

Mediante la mentada norma, se ha creado el **Sistema Integrado de Prestaciones por Desempleo para los Trabajadores Comprendidos en el Régimen Nacional de la Industria de la Construcción.**

De acuerdo a esta norma legal, ante la situación de despido o de cese de actividades por finalización de sus tareas en obra, el personal laboral podrá cobrar este beneficio de inmediato, si no percibió el fondo de cese laboral o desde los 60 días, si cobró dicho fondo.

Por otra parte, en tanto duren las prestaciones dinerarias, el personal laboral gozará también de beneficios adicionales tales como las prestaciones médico asistenciales de la obra social y las asignaciones familiares.

CONTENIDOS MINIMOS DE UN RECIBO DE SUELDO

En el art. 140 de la LCT se mencionan los requisitos mínimos que debe contener el recibo de sueldo emitido por la empresa. En el mismo deberá figurar la información referente al empleador, al empleado, a la composición de la remuneración del empleado y otros datos obligatorios exigidos por la ley Básicamente, los rubros que conforman una liquidación de sueldos para un/a trabajador/a de la construcción, se observan en el siguiente ejemplo:

DETALLE CONCEPTOS	UNIDADES	HABERES	DESCUENTOS
Sueldo básico	88	7436,00	
Presentismo	20	1487,20	
Día Feriado	1	811,20	
Jubilación	11		1070,78
Ley 19.032	3 %		292,03
Obra Social	3 %		292,03
Aporte solidario UOCRA	1,5 %		146,02
Seguro de vida			281,49
		9734,40	2082,35
TOTAL A ABONAR			7652,05

- **Sueldo básico:** Surge del multiplicar las horas trabajadas en la primera quincena por el valor de la hora de la categoría para el periodo que se liquida.
- **Presentismo:** El art. 52 del CCT 76/75 establece que a un/a trabajador/a que registre asistencia perfecta durante la quincena se le abonará un adicional equivalente al 20% del salario básico correspondiente a la categoría en la cual preste servicios.
- **Día Feriado:** Indica el emolumento a cobrar por haber trabajado durante esa jornada.
- **Jubilación:** Retención que se destina al Sistema Integrado Previsional Argentino (SIPA), con el fin de crear un fondo de ahorro de pensión para el momento de acogerse a los beneficios jubilatorios.
- **Ley 19.032:** Retención que se destina al Instituto nacional de Seguridad Social para Jubilados y Pensionados (INSSJP-PAMI). Los fondos que se recaudan se destinan a brindar servicios de atención médica, social y asistencia a adultos/as mayores.

- **Obra Social:** Retención que se destina a prestación por servicios de salud. Se deposita en la Administración Federal de Ingresos Públicos (AFIP), que destina un porcentaje del mismo a la Administración Nacional del Seguro de Salud (ANSSAL).
- **Aporte solidario UOCRA:** Concepto que retiene la empleadora, y cuyo porcentaje es el 2.5% para afiliados/as al sindicato y 1,5 % para quienes no estén afiliados/as.
- **Seguro de vida:** Surge del art. 108 del CCT 76/75, como aporte del personal laboral.

PERCEPCIÓN DE SUELDOS

Según el art. 19 de la Ley 22.250, bajo ningún concepto un/a trabajador/a percibirá su sueldo con cifras inferiores a las fijadas por el CCT y normas salariales aplicables. Si la empleadora se atrasase en el pago de los haberes o los hiciere efectivos en cantidad insuficiente, el/la trabajador/a tendrá derecho a reclamar además de las remuneraciones o diferencias debidas, una reparación equivalente al doble de la suma que, según el caso, resultare adeudársele, siempre que mediante intimación fehaciente formulada dentro de los 10 días hábiles contados a partir del momento en que legalmente deba efectuársele el pago de las remuneraciones correspondientes al período a que se refiera la reglamentación, y a condición de que la empleadora no regularice el pago en los 3 días hábiles subsiguientes al requerimiento.

En las situaciones contempladas por este artículo la sanción pecuniaria a favor del/de la trabajador/a procederá medie o no rescisión del contrato.

AUSENCIA DEL TRABAJO POR ENFERMEDAD

Según el art. 21 de la Ley 22.250 que en los casos de ausencia de sus tareas con motivo de accidentes o enfermedades inculpables, un/a trabajador/a percibirá el salario básico y adicionales cuando correspondieren, establecidos para su categoría en el CCT, con más los incrementos que hayan sido dispuestos por el Poder Ejecutivo Nacional o que hayan sido concedidos por la empleadora en forma voluntaria sobre los salarios básicos, durante los días laborables, por un período de hasta 3 meses si su antigüedad en el empleo fuere menor de 5 años y de hasta 6 meses si fuera mayor. La recidiva de enfermedades crónicas no será considerada enfermedad, salvo que se manifestara transcurridos los 2 años. Salvo casos de fuerza mayor, el/la trabajador/a deberá dar aviso de la enfermedad o accidente y del lugar en que se encuentra, en el transcurso de la primera jornada de trabajo respecto de la cual estuviere imposibilitado de concurrir por alguna de esas causas. Mientras no lo haga, perderá el derecho a percibir la remuneración correspondiente, salvo que la existencia de la enfermedad o accidente, teniendo en consideración su carácter y gravedad, resulte luego inequívocamente acreditada. El personal laboral estará obligado a someterse al control médico que se efectúe por el facultativo designado por la empleadora.

En tanto duren las ausencias justificadas en el art. 21, la empleadora continuará depositando los aportes al Fondo de Cese Laboral, en base a las remuneraciones liquidadas como se indica en el mismo artículo. Si la empleadora rescindiera el contrato laboral durante los períodos referidos en el artículo anterior, deberá abonar las remuneraciones y hacer efectivos los aportes con destino al Fondo de Cese Laboral, correspondientes a todo el tiempo que faltare para el vencimiento de dichos períodos; con más los aumentos que durante el período de suspensión fueren acordados a los de su misma categoría por aplicación de una norma legal, CCT o decisión de la empleadora.

FALLECIMIENTO DEL/DEL LA TRABAJADOR/A

Según el art. 23 de la Ley 22.250, si fallece un trabajador/a, el Fondo de Cese Laboral será entregado sin trámite judicial de ninguna naturaleza al cónyuge sobreviviente, a quienes sean descendientes o ascendientes en el orden y proporción establecidos en el CCyC. En caso de no existir aquéllos, será de aplicación lo determinado en el art. 48 de la LCT, en cuanto a la persona beneficiaria del Fondo de Cese Laboral.

Además, el art. 26 de la misma ley establece que en caso de fallecimiento de un/a trabajador/a, su cónyuge, sus sucesores/as o beneficiarios/as conforme lo establecido en el art. 23, percibirán de la empleadora, dentro de los 19 días hábiles contados a partir de la fecha en que se acredite fehacientemente la defunción, una indemnización equivalente a 200 horas de trabajo, de acuerdo a su categoría y remuneración calculada según se establece en el segundo párrafo del art. 15, a la fecha del fallecimiento y cualquiera fuere su antigüedad.

Si dentro de los 60 días hábiles del fallecimiento del/de la trabajador/a nadie –sean cónyuge, descendientes, ascendientes o beneficiarios– se presenta a percibir el Fondo de Cese Laboral, la libreta de aportes será entregada por la empleadora al IERIC.

TRABAJOS EN DÍAS NO HÁBILES

Según el art. 25 de la Ley 22.250, cuando la obra por su naturaleza, magnitud o características especiales o la de los trabajos a realizarse en ella, requiera como necesidad impostergable ocupar trabajadores/as en días sábado después de las 13 horas, domingo o feriado) nacional, el Ministerio de Trabajo de la Nación podrá autorizar para cada obra el trabajo en esos días, mediante el pago del salario, sin recargo alguno, respecto de los días sábado y domingo. En tales supuestos, el personal laboral tendrá derecho a un descanso compensatorio continuado equivalente a media jornada por cada día sábado trabajado después de las 13 horas y una jornada completa por cada día domingo o feriado nacional trabajado, cuyo otorgamiento no podrá ser diferido más allá de los 21 días corridos de trabajo, computados desde el último día de descanso gozado.

Si la empleadora omitiere acordar el descanso compensatorio a que se refiere el párrafo anterior en tiempo y forma, el/la trabajador/a dispondrá de un plazo de 7 días corridos para ejercitar ese derecho, el que se computará a partir de la expiración del plazo en que debió ser otorgado. El/la trabajador/a deberá comunicar con 24 horas de anticipación, y en forma fehaciente, a la empleadora la iniciación del descanso compensatorio. Ocurridas estas circunstancias, la empleadora estará obligada a abonar el salario habitual por cada día de descanso trabajado con el 100% de recargo.

CERTIFICADOS DE SERVICIOS Y LA LEY 22.250

En el régimen de la construcción, la empleadora debe hacer entrega de los certificados de servicio según el art. 80 de la LCT, Sobre la Ley 22.250, la obligación de entrega del mencionado certificado no resulta incompatible con la naturaleza y modalidades de la actividad en cuestión (cfr. CNAT, Sala I, Expte. N° 18406/02 Sent. Def. N° 81844 del 29-6-2004, Garay Chaparro, Demetrio c/ Britez, Heriberto y otros s/ despido).

SUSPENSIÓN DE TRABAJADOR/AS

El art. 27 de la Ley 22.250 dispone que la empleadora podrá suspender a un trabajador/a hasta 20 días en el año, contados a partir de la primera suspensión. Para que la suspensión sea válida debe ser fehacientemente notificada y contener plazo fijo. Durante el período de suspensión, la empleadora deberá continuar efectuando el aporte previsto en el Fondo de Cese Laboral. La norma legal se aparta del régimen de suspensión previsto en la LCT y, se observa la inexigibilidad de invocar causa (a diferencia de lo previsto en el art. 218 de la LCT) por parte del empleador al disponerla y, como contrapartida la abreviación del plazo que no puede superar 20 días en el año.

TRABAJOS SUBCONTRATADOS Y RESPONSABILIDAD SOLIDARIA FRENTE A TRABAJADORES/AS DE LA CONSTRUCCIÓN

El art. 32 de la Ley 22.250 establece:

> *Quien contrate o subcontrate los servicios de contratistas o subcontratistas de la construcción, deberá requerir de éstos la constancia de su inscripción en Registro*

Nacional de la Industria de la Construcción y comunicar a éste la iniciación de la obra y su ubicación.

Los empresarios, los propietarios y los profesionales, cuando se desempeñen como constructores de obra que contraten contratistas o subcontratistas que no hayan acreditado su inscripción en el Registro Nacional, serán, por esa sola omisión, responsables solidariamente de las obligaciones de dichos contratistas o subcontratistas respecto al personal que ocuparen en la obra y que fueren emergentes de la relación laboral referida a la misma.

Por su parte, la LCT en su art. 3º, indica en su art. 30, reformado por la Ley 25.013, de 1998:

Quienes cedan total o parcialmente a otros el establecimiento o explotación habilitado a su nombre, o contraten o subcontraten, cualquiera sea el acto que le dé origen, trabajos o servicios correspondientes a la actividad normal y específica propia del establecimiento, dentro o fuera de su ámbito, deberán exigir a sus contratistas o subcontratistas el adecuado cumplimiento de las normas relativas al trabajo y los organismos de seguridad social.

Los cedentes, contratistas o subcontratistas deberán exigir además a sus cesionarios o subcontratistas el número del Código Único de Identificación Laboral de cada uno de los trabajadores que presten servicios y la constancia de pago de las remuneraciones, copia firmada de los comprobantes de pago mensuales al sistema de la seguridad social, una cuenta corriente bancaria de la cual sea titular y una cobertura por riesgos del trabajo. Esta responsabilidad del principal de ejercer el control sobre el cumplimiento de las obligaciones que tienen los cesionarios o subcontratistas respecto de cada uno de los trabajadores que presten servicios, no podrá delegarse en terceros y deberá ser exhibido cada uno de los comprobantes y constancias a pedido del trabajador y/o de la autoridad administrativa. El incumplimiento de alguno de los requisitos harán responsable solidariamente al principal por las obligaciones de los cesionarios, contratistas o subcontratistas respecto del personal que ocuparen en la prestación de dichos trabajos o servicios y que fueren emergentes de la relación laboral incluyendo su *extinción y de las obligaciones de la seguridad social". Las disposiciones insertas en este artículo resultan aplicables al régimen de solidaridad específico previsto en el artículo 32 de la Ley 22.250.*

Antes de la reforma del art. 30 de la Ley 20.744 mediante la Ley 25.013, la responsabilidad frente a un/a trabajador/a de la construcción tanto de la contratista como del comitente, se regía en particular por el art. 32 de la Ley 22.250. El incumplimiento hace responsable al comitente en forma solidaria frente al trabajador por todas las obligaciones derivadas de la relación laboral.
El art. 30 de la LCT (vigente junto al art. 32 de la Ley 22.250, que impone requerir al contratista o subcontratista la constancia de inscripción al IERIC) pone mayor carga al comitente, ya que dispone que los cedentes, contratistas o subcontratistas deberán exigir además a sus cesionarios o subcontratistas lo siguiente:

1) El CUIL de cada trabajador/a;
2) Cuenta bancaria de la cual sea titular;
3) Constancias de pago de haberes;
4) Constancia de pago de cobertura de ART
5) Copia debidamente firmada de pago mensual al sistema de seguridad social de los/as trabajadores/as.

Así, el comitente debe solicitar estas constancias a la contratista, y que deberán ser exhibidas tanto al/a la trabajador/a como a la autoridad administrativa que lo disponga. Estas exigencias se extienden a cualquier subcontratista que a su vez resulten ocupados por la contratista principal.
Al requerirse el cumplimiento en forma mensual, se evita que la contratista muestre una situación antes de contratar, y que vaya cambiando una vez firmado un contrato; por ello, se busca que el comitente, al imponerle una carga extra –de la cual se aliviana el Estado–, verifique periódicamente el cumplimiento de las normas, según lo normado en el art. 30 de la LCT y el art. 32 de la Ley 22.250.

En este caso, sin perjuicio de la existencia de dichas normas, aun buscando mayor seguridad para el personal laboral, resulta extremadamente severo imponer al comitente la responsabilidad solidaria si se verifica el cumplimiento parcial de los artículos citados.

Ahora bien, si bien el art. 17 de la Ley 25.013 modificó el art. 30 de la LCT, tal directriz no resultaría sin más aplicable a todos los casos, correspondiendo su proyección a partir de la doctrina jurisprudencial de la CSJN a través del fallo "Rodríguez c/ Cía. Embotelladora Argentina" y del fallo "Luna c/ Rigel (CSJN L 201 XXX-XXIII del 2/7/93) en la cual existe una tendencia restrictiva en la interpretación judicial respecto del art. 30 citado. Desde esta perspectiva cabría distinguir entre objeto y actividad de la empresa que se intenta responsabilizar (cfr. CNAT Sala II Expte N° 17.932/00 Sent. Def. N° 90.932 del 25/9/20 02 "Guillén, Héctor y otros c/ Blanco Ingeniería SA y otros s/ despido" Bermúdez - González). Es decir, no se puede aplicar a cualquier caso, correspondiendo analizar en cada situación concreta la solución respectiva ya que la responsabilidad solidaria del art. 30 de la LCT. no es automáticamente aplicable en cualquier caso que haya contratos de colaboración o vinculación interempresaria

CUANDO NO SE APLICA LA LEY 22.250: RESPONSABILIDAD DE PROPIETARIOS/AS POR RECLAMOS LABORALES

El plenario "Loza, José A. c/ Villalba", Francisco de la CNAT de 1988 (publicado en: DT 1989-A, 215 - LA LEY 1989-A, 606 - DJ1989-1, 752) estableció que "El propietario que no se desempeña como constructor de obra, no responde en los términos del artículo 32 de la Ley 22.250", es decir, no responde por las obligaciones de dichos contratistas o subcontratistas respecto al personal que ocuparen en la obra y que fueren emergentes de la relación laboral referida a la misma.
A su vez, el art. 2° inc. b) de la Ley 22.250, excluye de su ámbito de aplicación al propietario del inmueble que no siendo empleador de la industria de la construcción construya, repare o modifique su vivienda individual y los trab ajadores ocupados directamente por él a esos efectos.

Muchas veces surgen planteos de índole laboral cuando una empresa cons tructora se declara en impotencia patrimonial, y uno o más trabajadores quieren accionar contra el dueño de la obra.

La jurisprudencia, interpretando el art. 2º inc. b) de la Ley 22.250, rechaza la responsabilidad de titulares o propietarios/as de los inmuebles por los reclamos laborales dentro del marco legal. El citado art. 2º, inciso b) deja al margen de su ámbito de aplicación material a **un/a propietario/a (persona humana o jurídica) que no siendo empresario de la construcción, construya, repare, o modifique su vivienda individual e incluso el local o negocio que él mismo explota** (cfr. CNAT Sala VIII, Gallardo, Alfredo O. c/ COTO CICSA y otro. DT Nº 8, pág. 1249).

De este modo, queda claro que en obras hechas en su vivienda particular o en locales y negocios propios, el/la propietario/a del inmueble –persona humana o jurídica cuya actividad no es la construcción– no es responsable por los reclamos de un trabajador de la empresa constructora basados en la Ley 22.250. Y es dicha empresa quien ha de asumir toda la responsabilidad por incumplimientos.

Haciendo uso del art. 2º inc. b) de la Ley 22.250, cuando el/la propietario/a contrate directamente a trabajadores/as (como empresarios/as unipersonales), quien está expuesto a un reclamo judicial es el/la propietario/a, aunque fuera de la citada ley.

DIRECTOR/A DE OBRA Y CONTRATISTA NO SON LO MISMO

Respecto a ser parte de la relación laboral y al control de medidas de seguridad en la industria de la construcción, y leyendo en modo correcto ciertas disposiciones legales (tales como la Ley 22.250 y el Decreto 911/96), un/a director/a de obra no solamente no es parte de la relación laboral, sino que se halla excluido/a de su control. Igual situación se aplica a la representación técnica. El art. 75 de la Ley 20.744 y los arts. 2 inc. a) y 35 de la Ley 22.250) hacen un adecuado soporte al respecto.

El Decreto 911/96 es sumamente claro al establecer que:

- Impone solidaridad por incumplimientos entre comitentes y contratistas, excluyendo a la dirección de obra.
- Todo profesional de la arquitectura o ingeniería civil, para ejercer control de medidas de seguridad e higiene, debe capacitarse (según los arts. 4, 13, 15 y 16 inc. c) de su primer anexo)

Debe considerarse además, que el art. 16, en el primer anexo del Decreto 911/96 estable en su párrafo final:

El ejercicio de la dirección de las prestaciones de Higiene y Seguridad será incompatible con el desempeño de cualquier otra actividad o función en la misma obra en construcción.

Así, se observa que quien realice funciones de dirección de obra no puede ocuparse de la planificación y control de aspectos inherentes a la seguridad e higiene. Por otra parte, la Resolución de la SRT 1830/05 establece que "El ejercicio de la dirección de las prestaciones de Higiene y Seguridad será incompatible con el desempeño de cualquier otra actividad o función en la misma obra en construcción". Con esto, queda así decretada una incompatibilidad funcional para el director de obras, encargado de proyecto o representante técnico de planificar y controlar tales medidas de seguridad en la misma obra donde desempeñan aquellos roles. Vale decir, el director de obra, en su propia obra, debe velar por la seguridad, pero bajo ningún aspecto se halla obligado a controlar –de manera directa– el cumplimiento de medidas de seguridad e higiene que estará a cargo de la empresa constructora, que es quien ejerce la tenencia de la obra.

Para ser contratista, empresario o constructor no se requiere poseer título alguno. Cualquier persona humana o jurídica, incluso por el dueño o beneficiario de la obra, puede ser contratista. La construcción configura ejercicio del comercio o industria lícita, y bajo ningún concepto forma parte del ejercicio profesional de la arquitectura o ingeniería. Los municipios muchas veces exigen que, en obras en las que hay contratos separados o bien administración por parte del comitente, que un profesional a cargo de la dirección de obra firme como constructor en la caratula de los planos a presentarse. Esta situación exhibe al profesional como constructor sin serlo, por lo que es conveniente, que deba acordarse expresamente que la firma de los planos como constructor, es al solo efecto de la registración de planos, a fin de evitar que se interprete el rol profesional como un rol empresarial.

INFRACCIONES

Las infracciones a la Ley 22.250 están contempladas en la Disposición 245/95 (B. O. 11/9/1995) que establece un régimen único de sanciones vigente en todo el territorio nacional.
Son obligaciones de un/a empleador/a de la construcción:

- Estar inscripto en la AFIP como EMPLEADOR/A;
- Abonar mensualmente el aporte de AUTONOMOS según la escala correspondiente a las diferentes categorías.
- Dar el alta temprana de los trabajadores (Resol. 899/2000).
- Solicitar CUIL del personal laboral o bien inscribirlos, solicitando para dicho personal el número de CUIL; el personal que se incorpore deberá aportar la documentación necesaria para su inscripción: Fotocopia DNI y del CUIL, de los documentos de los familiares a cargo (cónyuge e hijos), y partidas de nacimiento para verificar la correspondencia del pago de las asignaciones familiares.
- Estar inscripto en el IERIC.
- Abonar en el IERIC el arancel de inscripción o de renovación anual y la contribución patronal mensual, dentro de los primeros 15 días del mes siguiente a aquel en que se haya devengado la remuneración.
- Contratar una Aseguradora de Riesgos de Trabajo (ART) y dar el alta de trabajadores/as (por lo menos 5 días antes de comenzar la obra).
- Abonar mensualmente los aportes y contribuciones (AFIP-SUSS) en banco, presentando el formulario de declaración jurada para el ingreso de las cargas sociales de acuerdo al número de CUIT, en forma conjunta con

el pago correspondiente a la ART elegida; la empleadora debe inscribirse en la UOCRA-OSPECON para que el personal laboral pueda acceder a la obra social.

- Abonar mensualmente la cuota sindical obligatoria para el personal afiliado; en caso de no afiliarse deberá hacerse una nota firmada por el/la trabajador/a declarando que no quiere afiliarse al sindicato.
- Realizar al personal el examen preocupacional obligatorio; puede solicitar a la Superintendencia de Riesgo del Trabajo indicar establecimiento en el cual pueden hacerse los exámenes.
- Contratar un Seguro de Vida Obligatorio a favor de cada integrante del personal laboral (según Decreto N° 1567/74).
- Gestionar la apertura de cuentas de ahorro para los trabajadores, y las libretas de Fondo de Desempleo;
- Depositar mensualmente los Aportes al Fondo de Cese Laboral dentro de los primeros 15 días del mes siguiente a aquel en que se haya devengado la remuneración;
- Dar cumplimiento a la Escala Salarial Vigente para liquidación de remuneraciones.
- Llevar y hacer rubricar el libro previsto en el art. 52 de la LCT.

Dependientes del Ministerio de Trabajo y Seguridad Social, la Dirección Nacional de Relaciones del Trabajo (DNRT), junto a la Administración Nacional de la Seguridad Social (ANSeS), constatan los aportes y contribuciones presuntamente omitidos por la empleadora. En el supuesto de que el/la trabajador/a careciera de CUIL, esta será asignada de oficio.

Siempre se notifica a la empleadora para que presente en tiempo y forma las declaraciones juradas omitidas o rectificativas salvando la omisión incurrida. De no cumplirse, el organismo interviniente remitirá a la AFIP un informe de lo actuado, realizando la determinación e intimación formal.

TRABAJO INFORMAL o NO REGISTRADO

En nuestro país, muchas personas trabajan informalmente, no figurando en registro oficial alguno, careciendo de CUIL, sin ningún derecho a percibir haberes jubilatorios ni pensiones, salario familiar, sin derecho a la atención médica de la obra social, ni mucho menos a percibir el seguro de accidentes de trabajo y de desempleo, si son despedidos de su empleo. El modo más frecuente de probar un vínculo laboral irregular es a través de testigos, a quienes les conste la presencia del trabajador en el lugar donde habitualmente desarrolla actividades. También cualquier tipo de recibo o vale firmado ayuda en este sentido.

La empresa que contrata informalmente no realiza contribuciones patronales ni previsionales, asignaciones familiares, fondo de empleo, PAMI y riesgos del trabajo y obras sociales. Ello deriva en una pérdida para el estado de miles de millones de pesos anuales, en concepto de menos recaudación en seguridad social. Respecto de las causas del empleo informal, se tiene a las empresas que tomaron personal bajo la forma de contratos de servicios y no en relación de dependencia, siendo que, en muchos casos, esa contratación no guarda formalidades que protejan el vínculo de trabajo. La recesión llevó a las empresas a contratar personal "tercerizado" o eventual, y a reducir su número de empleados regularizados, aun con el riesgo que ello implica. Asimismo, los subsidios que el estado otorga a través de planes sociales no cubren seguridad social.

Antes de denunciar trabajo informal, el/la trabajador/a debe solicitar en la AnSES su historia laboral. Si en la copia que se le proporciona no está inscripto como trabajador/a, o bien aun teniendo CUIL no aparece aporte alguno de su empleador/a, se evidencia que dicho/a trabajador/a posee un vínculo informal. Posteriormente, el/la trabajador/a debe denunciar la situación ante la AFIP, que intima a la empleadora a que regularice la situación del trabajador, desde la fecha de inicio del trabajo, en el plazo de 30 días. Pasado ese plazo, la AFIP puede ingresar a sus declaraciones juradas. Luego, la AFIP encarga una inspección a la empresa y luego le ejecuta una determinación de deuda; puede la AFIP imponer una multa cuatro veces mayor al valor evadido.

La denuncia puede ser anónima, y la AFIP reserva la identidad del denunciante. Quien trabaje bajo relación de dependencia sin estar registrado, tiene facultades para solicitar a su empleador/a a que procede a su regularización. Si la parte empleadora no cumple con lo exigido, podrá ser demandada judicialmente.

En su edición del 2-1-2003, el diario Clarín informó cifras alarmantes sobre el trabajo informal o no registrado:

> *En la Argentina, en el campo laboral, el único empleo que estuvo creciendo y en forma ininterrumpida es el informal tanto de asalariados como de cuentapropistas no registrados ("en negro"). Son datos del INDEC, difundidos el jueves, que marcan el fuerte avance de la precarización y empobrecimiento de la fuerza de trabajo. Y unido al deterioro de los salarios, fue bajando la participación de las remuneraciones del trabajo asalariado en el valor de la producción.*
>
> *Los datos oficiales indican que, desde el inicio de la serie en 2016 hasta fines de 2019, los puestos de trabajo de los asalariados registrados se mantuvieron casi sin variantes en 10.615.000. En tanto, los "no registrados" aumentaron en 318.000 (de 4.760.000 a 5.078.000) y los no asalariados ("independientes") sumaron 536.000 más (de 4.963.000 a 5.499.000).*
>
> *En parte esto se produjo porque cónyuges y/o hijos salieron a buscar trabajo para compensar el deterioro de los ingresos familiares del jefe de hogar. Y lo que encontraron fueron empleos de poca duración, como "changas", informales o de pocas horas ("sub-ocupación") o pasaron directamente a integrar el numeroso contingente de los desocupados.*
>
> *Así, todos los puestos de trabajo que se generaron fueron precarios y "en negro", sin Seguridad Social (jubilación, Salud y seguro de accidentes de trabajo) en sus dos variantes: asalariados y por cuenta propia. De los 5.499.000 que se desempeñan en el cuentapropismo, según el Ministerio de Trabajo, los monotributistas registrados suman 1.610.000; y los autónomos 392.400. Son 2 millones registrados sobre 5,5 millones.*

De aquí se desprende que casi 3,5 millones de cuentapropistas informales y 5.078.000 asalariados "en negro" hacen una fuerza laboral informal de 8,5 millones. Estos números explican, en una gran parte, que 8 millones de personas o una de cada 2 familias estén cobrando el bono de $ 10.000, uno de cuyos requisitos era encontrarse en situación de "vulnerabilidad" económica y social.

Con relación a 2018, durante el año pasado este deterioro se acentuó porque los puestos de trabajo asalariados registrados cayeron el 0,9% (unos 100.000 menos), los no registrados aumentaron el 2,5% (125.000 personas más) y los puestos de trabajo no asalariados el 7,6% (390.000 más).

Las actividades con mayores registros de informalidad son personal doméstico (1.219.000 puestos de trabajo), construcción (516.000), agro (655.000), comercio (689.000) e industria (518.000)

A su vez entre el personal doméstico, el agro y la construcción son más los puestos de trabajo de asalariados "no registrados" que los registrados. Y entre los puestos laborales por cuenta propia sobresalen el comercio, construcción, agro y actividades inmobiliarias.

Este retroceso laboral fue acompañado de un deterioro de los ingresos y en la participación de la remuneración del trabajo en el valor de producción: de representar a fin de 2016 el 51,8% de la "torta", descendió al 45,7% en 2019.

Este achique en la porción de la "torta" en el valor de producción se explica por la caída de los salarios de los trabajadores registrados y en mayor medida por la baja salarial de los "no registrados" que, en promedio, cobran un 50% menos. Y por el retroceso de los puestos de trabajo asalariados en favor del cuentapropismo.

Es otro dato que ilustra a mayor desigualdad social y descenso de una porción importante de clase media por debajo de la línea de pobreza. Para el INDEC, en el cuarto trimestre de 2019, la pobreza alcanzó al 37,9% de la población urbana.

Todas estas cifras son anteriores a la irrupción del coronavirus y a la declaración de la cuarentena que colocaron a toda la economía en un parate adicional con enormes pérdidas y hasta rebaja en los salarios e ingresos del trabajo independiente.

RÉGIMEN PREVISIONAL DIFERENCIAL PARA TRABAJADORES/AS DE LA INDUSTRIA DE LA CONSTRUCCIÓN

La Ley 26.494 ha establecido un régimen previsional diferencial para los trabajadores de la industria de la construcción encuadrados en el marco de lo dispuesto en el inciso c) del art. 1° de la Ley 22.250.

Así, quienes trabajen en la industria de la construcción gozará de un régimen previsional diferencial, pudiendo acceder a la jubilación cuando alcancen la edad de 55 años, sin distinción de sexo, en tanto acrediten 300 meses de servicios con aportes computables a uno o más regímenes del sistema de reciprocidad previsional, de los cuales –al menos– el 80% de los últimos 180 meses deben haber sido prestados en la precitada industria.

Asimismo, se fija una contribución patronal adicional a la establecida en el Sistema Integrado Previsional Argentino, a cargo de partes empleadoras comprendidas en los incisos a) y b) del art. 1° de la Ley 22.250, a aplicarse sobre la remuneración imponible del personal laboral comprendido en el presente régimen. Esta contribución patronal adicional será de un 2% durante el primer año desde la vigencia de la presente ley, de 3% durante el segundo año contado desde la misma fecha, de 4% durante el tercer año contado desde la misma fecha, y de 5% a partir del cuarto año.

El requisito de edad, respecto de los trabajadores varones, regirá a partir del cuarto año de vigencia de la presente ley, fijándose durante el primer año de vigencia la edad mínima de 60 años; durante el segundo año de vigencia la edad mínima de 57 años, durante el tercer año la edad mínima de 56 años para acceder al beneficio. Esta gradualidad no será aplicable para las trabajadoras, las que podrán acceder al beneficio a los 55 años, a partir de la entrada en vigencia de la presente ley.

CONTROL DE LAS NORMAS LABORALES

El cumplimiento de la normativa laboral vigente en el ámbito geográfico de la Ciudad de Buenos Aires es controlado por la **Dirección General de Protección del Trabajo**, que asume la tarea de rubricar los libros de registro de personal, y todo instrumento individual de contralor, en virtud del **Convenio de Entendimiento y Acciones Conjuntas en Materia de Inspección del Trabajo** y Fortalecimiento de la Autoridad Administrativa del Trabajo suscripto entre el Ministerio de Trabajo, Empleo y Formación de Recursos Humanos de la Nación y el GCBA.

Capítulo 11

Seguridad e higiene en la construcción

El Decreto 911/96 establece que una **obra de construcción** es todo "... trabajo de ingeniería y arquitectura realizado sobre inmuebles, propios o de terceros, públicos o privados, comprendiendo excavaciones, demoliciones, construcciones, remodelaciones, mejoras, refuncionalizaciones, grandes mantenimientos, montajes e instalaciones de equipos y toda otra tarea que se derive de, o se vincule a, la actividad principal de las empresas constructoras...".

Esta definición enumera algunas de las tareas más frecuentes que se desarrollan en las obras, como asimismo menciona a las empresas constructoras como uno de los actores involucrados.

La seguridad en obra no solamente abarca la faz proyectual, que debe eliminar todo riesgo de afectación en la salud de quienes trabajan en la obra total y de terceros, sino también la instrumentación de estrategias que reduzcan al mínimo posible los riesgos que entrañan los trabajos que se efectúan en la construcción.

La construcción es una actividad riesgosa, que puede producir accidentes laborales y enfermedades, originadas en el mismo sitio de trabajo.

Como primera consideración, el personal laboral de la construcción no está exento de sufrir una lesión, que le produzca incapacidad parcial o total –sea permanente o temporaria– o muerte.

Y en segundo plano, los recursos materiales –maquinaria, equipamiento, elementos de protección, etc.– también pueden verse afectados, generándose pérdidas económicas por días improductivos, y hasta la paralización total de la actividad. La pérdida del capital humano, la baja en la calidad de los trabajos y el encarecimiento del precio final del producto inciden en las pérdidas referidas.

Se ha comprobado estadísticamente que las muertes por accidentes laborales y las lesiones del personal operario son más elevadas en su número durante la etapa de construcción que cuando una obra se mantiene o se colapsa, siendo en este último caso una situación no dable frecuentemente.

La construcción ocupa un sitio destacado en cuanto atañe a víctimas por accidentes de trabajo.

Y cada obra posee complejidades: no debe dejarse de lado que cada obra es distinta a otra, no solamente en cuanto a su tipo o destino, sino además a su complejidad, tecnología, organización, mano de obra empleada, etc. Las grandes obras no tienen un número elevado de accidentes, dado que los servicios de seguridad e higiene asignados son producto de una mayor atención a la prevención de accidentes, aunque algunas tareas presentan habitualmente tasas de accidentes más elevadas que el promedio de la obra.

La causa de los accidentes puede encontrarse en las condiciones de trabajo, que a su vez afectan a las tareas a desarrollarse en la obra, al uso de maquinarias, instalaciones, servicios, y la excesiva confianza que el personal toma respecto de su tarea, que muchas veces le hace abandonar hábitos preventivos, prescindiendo a veces hasta del uso de los elementos de protección personal. Pero no debe pensarse sólo en reducir la tasa de siniestralidad en la obra atendiendo a un criterio meramente económico, sino además por la puesta en práctica de un criterio de respeto por la vida. Ello implica el compromiso del Estado, empresas y sindicatos para proponer, instrumentar y evaluar estrategias preventivas que reduzcan los accidentes de trabajo y las enfermedades profesionales.

Aunque siempre debe estarse a la contratación de tareas hecha entre las partes, la responsabilidad recae en forma inicial sobre el comitente y la constructora o contratista.

EL SEGURO

Se considera **seguro** a aquella garantía contra un daño inevitable e imprevisto, destinada a reparar materialmente –en parte o en su totalidad– las consecuencias del daño que destruye o menoscaba la vida y el patrimonio de las personas. Así, el seguro, por sí solo, no evita el riesgo, sino que resarce al asegurado. En nuestro país, la **Ley 17.418** rige la celebración de los contratos de seguro. Expresa su art. 1:

> *Hay contrato de seguro cuando el asegurador se obliga mediante una prima o cotización, a resarcir un desafío o cumplir la prestación convenida si ocurre el evento previsto.*

El daño sufrido por una persona o un bien se denomina siniestro, que puede ser parcial o total, y es un acontecimiento que origina los daños previstos en la póliza, motivando así la aparición del principio indemnizatorio.

Para comprender este contenido, el siguiente **glosario** ayuda a comprender el contrato de seguro:

a) **ASEGURADO/A:** es el titular del interés asegurable, que puede ser también el beneficiario (quien percibe la indemnización del seguro) o **TOMADOR/A** (el obligado al pago de la prima). En un seguro por cuenta ajena, el asegurador tiene derecho a exigir el pago de la prima al asegurado, si el tomador ha caído en insolvencia. Puede existir un **BENEFICIARIO/A**, que es una persona que percibirá la indemnización revista en el contrato de seguro. El asegurado y el beneficiario generalmente coinciden, no siendo así en los seguros de vida, cuando se asegura la propia vida en beneficio de otra persona. Si bien asegurado y beneficiario generalmente coinciden, aunque como figuras van separadas si se asegura la propia vida en beneficio de otra persona. El tomador se diferencia del asegurado cuando estipula el seguro por cuenta de un tercero o por cuenta "de quien corresponda".

b) **ASEGURADOR/A:** asume la cobertura del riesgo. Sólo las sociedades anónimas, las cooperativas y las sociedades de seguros mutuos pueden actuar como aseguradores. También puede asegurar el Estado. Todo asegurador debe, para entrar en funciones, estar autorizado por la Superintendencia de Seguros de la Nación, entidad que fiscaliza, establece las condiciones de las pólizas y monto de las primas, determina las inversiones y reservas que deben efectuar y controla su administración y situación económica y financiera, y fiscaliza el funcionamiento de aseguradoras.

Salvo prohibición expresa de la ley, el contrato de seguro puede tener por objeto toda clase de riesgos si existe interés asegurable.

CONTRATO DE SEGURO. CONCEPTO

El art. 1 de la Ley 17.418 señala que existe contrato de seguro Cuando un/a asegurador/a se obliga mediante una prima o cotización, a resarcir un desafío o cumplir la prestación convenida si ocurre el evento previsto. Dicho contrato de seguro puede tener por objeto toda clase de riesgos si existe interés asegurable, salvo prohibición expresa de la ley.

Un contrato de seguro es nulo si al tiempo de su celebración el siniestro se hubiera producido o desaparecido la posibilidad de que se produjera.

CLASIFICACIÓN DEL CONTRATO DE SEGURO

En cuanto a cómo se clasifica el contrato de seguro, se dice que dicho contrato es:

- **Consensual**, pues requiere del acuerdo de voluntades con prescindencia de la firma y entrega de la póliza del asegurado.
- **Bilateral**, que ha sido puesto en duda, ya que la prestación del asegurador se concreta cuando se produce el evento previsto.
- **Oneroso**, ya que el asegurador paga la prima o cotización en razón de que el asegurador le pagaría la indemnización convenida si el evento previsto se produce, promesa que da razón de pago de la prima.
- **Aleatorio**, pues si bien la posibilidad de riesgo habrá de datar prevista estadísticamente, nada quita su aleatoriedad.
- **De ejecución diferida**, dado que la prestación del asegurador se produce en una relación duradera cuya función de satisfacer la necesidad de segu-

ridad del asegurado no tiene lugar solamente al momento del siniestro, sino que ella se aplica por toda la vida del contrato.

La propuesta del contrato de seguro, cualquiera sea su forma, no obliga a la asegurada ni a la aseguradora. La propuesta puede supeditarse al previo conocimiento de las condiciones generales.
La propuesta de prórroga del contrato se considera aceptada por la aseguradora si no la rechaza dentro de los quince días de su recepción. Esta disposición no se aplica a los seguros de personas.

RETICENCIA

Toda declaración falsa o toda reticencia de circunstancias conocidas por la asegurada, aun hechas de buena fe, que a juicio de peritos hubiese impedido el contrato o modificado sus condiciones, si la aseguradora hubiese sido cerciorado del verdadero estado del riesgo, hace nulo el contrato.
El asegurador debe impugnar el contrato dentro de los tres meses de haber conocido la reticencia o falsedad.
A juicio de la aseguradora, en casos de reticencia que prevén ciertos contratos de seguro, se observará lo normado en los arts. 6 al 10.

PÓLIZA

Una póliza es el **documento que plasma el contrato de seguro entre partes asegurada y aseguradora**. La prueba de un contrato de seguro se manifiesta en la póliza, aunque todos los demás medios de prueba serán admitidos, si hay principio de prueba por escrito.
La póliza es un documento que la aseguradora entregará a la tomadora. Dicha póliza deberá contener los nombres y domicilios de las partes, el interés o la persona asegurada; los riesgos asumidos; el momento desde el cual éstos se asumen y el plazo; la prima o cotización, la suma asegurada, y las condiciones generales del contrato. Podrán incluirse en la póliza condiciones particulares.

Cuando el seguro se contratase simultáneamente con varias aseguradoras podrá emitirse una sola póliza.

DENUNCIAS Y DECLARACIONES

Las denuncias y declaraciones impuestas por esta ley o por el contrato, se consideran cumplidas si se expiden dentro del término fijado. Las partes incurren en mora por el mero vencimiento del plazo.
La aseguradora no puede invocar las consecuencias desventajosas de la omisión o del retardo de una declaración, denuncia o notificación, si a la época en que debió realizarse tenía conocimiento de las circunstancias a las que ellas se refieren.

COMPETENCIA Y DOMICILIO

El domicilio en el que las partes deben efectuar las denuncias y declaraciones previstas en la ley o en el contrato es el último declarado.
Se prohíbe la constitución de domicilio especial. Es admisible la prórroga de la jurisdicción dentro del país.

PLAZOS

Se presume que el período de seguro es de un año salvo que por la naturaleza del riesgo la prima se calcule por tiempo distinto.
La responsabilidad de la aseguradora comienza a las doce horas del día en el que se inicia la cobertura y termina a las doce horas del último día del plazo establecido, salvo pacto en contrario.
Estas disposiciones no se aplican al seguro de vida.
Las obligaciones de la aseguradora comienzan a las doce horas del día prefijado y terminan a las doce horas del último día de plazo.
No obstante el plazo pactado, cualquiera de las partes puede rescindir el contrato antes de su vencimiento, con reintegro a la tomadora de la prima proporcional por el plazo no corrido.

POR CUENTA AJENA

Excepto lo previsto para los seguros de vida, el contrato puede celebrarse por cuenta ajena, con o sin designación del tercero asegurado. En caso de duda, se presume que ha sido celebrado por cuenta propia.
Cuando se contrate por cuenta de quien corresponda o de otra manera quede indeterminado si se trata de un seguro por cuenta propia o ajena se aplicarán las disposiciones de esta Sección cuando resulte que se aseguró un interés ajeno.

PRIMA

Prima es el **precio que recibe la aseguradora por parte de la asegurada, en virtud de las obligaciones que asume.** La tomadora es la obligada al pago de la prima.
En el seguro por cuenta ajena, el asegurador tiene derecho a exigir el pago de la prima a la asegurada, si la tomadora ha caído en insolvencia.
La prima se pagará en el domicilio de la aseguradora o en el lugar convenido por las partes.
La prima es debida desde la celebración del contrato, pero no es exigible sino contra entrega de la póliza, salvo que se haya emitido un certificado o instrumento provisorio de cobertura.
Si el pago de la primera prima o de la prima única no se efectuara oportunamente, la aseguradora no será responsable por el siniestro ocurrido antes del pago.

CADUCIDAD

Cuando por esta ley no se ha determinado el efecto del incumplimiento de una carga u obligación impuesta al asegurado, las partes pueden convenir la caducidad de los derechos de la asegurada.

EL RIESGO

La posibilidad de que en el futuro sobrevenga un evento incierto se denomina riesgo. Se dice que riesgo es la combinación de la probabilidad de que ocurra un determinado evento peligroso y de la magnitud de sus consecuencias. A modo de ejemplo, si se trabaja en lugares insalubres, existe el riesgo de contraer una enfermedad; si se trabaja en altura, existe el riesgo de caída.

El riesgo se establece en tres categorías.

1) **Convencionales:** son aquellos que están relacionados con la actividad y los equipos existentes en cualquier sector (por ejemplo, las tareas en instalaciones eléctricas, en movimiento de suelos, los trabajos en altura, etc.).
2) **Específicos:** están asociados a la utilización o manipulación de productos que pueden ocasionar daños (tal el caso de la manipulación de productos radiactivos, o de alta toxicidad).
3) **Mayores:** están relacionados con accidentes y situaciones poco frecuentas, aunque no por ello dejan de ser graves (tal el caso de un accidente en una central nuclear, una represa, etc.).

Las fuentes de exposición a un riesgo son:

- **Físicas:** ruido, calor, frío, radiaciones, etc.
- **Químicas:** compuestos químicos en general.
- **Biológicas:** virus, bacterias, animales, etc.
- **Fisiológicas:** posturas de trabajo en general.
- **Psicológicas:** aislamiento, tareas de mucha exigencia, etc.

Todo riesgo existente puede minimizarse mediante la adopción de criterios, que puede establecerse como:

a) **Sustitutivo:** consiste en la eliminación de riesgos mediante el reemplazo de elementos peligrosos por otros que no lo sean, o bien que no lo sean tanto (por ejemplo, sustituir un producto inflamable por otro que no lo es).

b) **Técnico:** consiste en la protección del personal laboral mediante barreras, siendo éstas elementos de protección personal o general.

c) **Organizativo:** consisten en aislar a las personas de todo factor causador de daños, sea por la no exposición al mentado factor como asimismo por la adopción de una adecuada metodología de trabajo y estrategias preventivas.

El personal laboral debe ser informado de los riesgos existentes en su puesto de trabajo.

La existencia del riesgo sirve de presupuesto necesario para que exista un contrato de seguro.

El riesgo, así, puede asegurarse, y si sobreviene el hecho eventual (previsto en determinadas condiciones de tiempo, causas, y lugar del suceso), se produce la obligación de indemnizar por parte de la aseguradora.

RIESGOS EXCLUIDOS

Se dice que hay exclusión cuando el asegurador manifiesta en forma expresa en el contrato, su voluntad de "no cubrir ciertos riesgos". Muchas delimitaciones surgen de la póliza y en otros casos son establecidas por ley. Por ejemplo, el suicido voluntario es un riesgo excluido en los seguros de vida, en seguros de daños, el vicio o riesgo de la cosa.

AGRAVACIÓN DEL RIESGO

Toda agravación del riesgo asumido que, si hubiese existido al tiempo de la celebración, si a juicio pericial hubiera impedido el contrato o modificado sus condiciones, es causa especial de rescisión del mismo.

La tomadora debe denunciar a la aseguradora las agravaciones causadas por un hecho suyo, antes de que se produzcan; y las debidas a un hecho ajeno, inmediatamente después de conocerlas.

Cuando la agravación se deba a un hecho de la tomadora, la cobertura queda suspendida. La aseguradora, en el término de siete días, deberá notificar su decisión de rescindir. Los artículos 40 al 45 amplían modalidades sobre el agravamiento del riesgo y el contrato de seguro.

SINIESTRO. SU DENUNCIA

Se denomina **siniestro a todo daño de cualquier importancia que puede ser indemnizado por una compañía aseguradora.** Verificándose la ocurrencia del riesgo previsto en el contrato, la asegurada queda en condiciones de reclamar a la aseguradora la indemnización acordada, conforme lo establecido en la póliza.

Según el art. 46 de la ley, la tomadora (o derecho habiente en su caso) comunicará a la aseguradora el acaecimiento del siniestro dentro de los tres días de ser conocido. La aseguradora no podrá alegar el retardo o la omisión si interviene en el mismo plazo en las operaciones de salvamento o de comprobación del siniestro o del daño. Además, la asegurada está obligada a suministrar a la aseguradora, a su pedido, la información necesaria para verificar el siniestro o la extensión de la prestación a su cargo y a permitirle las indagaciones necesarias a tal fin.

La aseguradora puede requerir prueba instrumental, en cuanto sea razonable que la suministre la asegurada. No es válido convenir la limitación de los medios de prueba, ni supeditar la prestación de la aseguradora a un reconocimiento, transacción o sentencia pasada en autoridad de cosa juzgada, sin perjuicio de la aplicación de las disposiciones legales sobre cuestiones prejudiciales.

La aseguradora puede examinar las actuaciones administrativas o judiciales motivadas o relacionadas con la investigación del siniestro, o constituirse en parte civil en la causa criminal.

La asegurada pierde el derecho a ser indemnizada, en el supuesto de incumplimiento de la carga prevista en el párrafo 1 del art. 46, salvo que acredite caso fortuito, fuerza mayor o imposibilidad de hecho sin culpa o negligencia.

Asimismo, la asegurada pierde el derecho a ser indemnizada si deja de cumplir maliciosamente las cargas previstas en el párrafo 2 del artículo 46, o exagera fraudulentamente los daños o emplea pruebas falsas para acreditar los daños.

VENCIMIENTO DE LA OBLIGACIÓN DEL ASEGURADOR

En los seguros de daños patrimoniales, el crédito de la asegurada se pagará dentro de los quince días de fijado el monto de la indemnización o de la aceptación de la indemnización ofrecida una vez vencido el plazo del art. 56.

RESCISIÓN POR SINIESTRO

Cuando el siniestro sólo causa un daño parcial, ambas partes pueden rescindir unilateralmente el contrato hasta el momento del pago de la indemnización. Si el asegurador opta por rescindir, su responsabilidad cesará quince días después de haber notificado su decisión al asegurado, y reembolsará la prima por el tiempo no transcurrido del período en curso en proporción al remanente de la suma asegurada.
Si el asegurado opta por la rescisión, el asegurador conservará el derecho a la prima por el período en curso, y reembolsará la percibida por los períodos futuros. Cuando el contrato no se rescinde el asegurador sólo responderá en el futuro por el remanente de la suma asegurada, salvo estipulación en contrario.

INTERVENCIÓN DE AUXILIARES EN LA CELEBRACIÓN DEL CONTRATO

Un/a productor/a o agente de seguro, cualquiera sea su vinculación con la aseguradora autorizada por ésta para la mediación, sólo está facultado/a con respecto a las operaciones en las cuales interviene, para:

a) Recibir propuestas de celebración y modificación de contratos de seguro;
b) Entregar los instrumentos emitidos por el asegurador, referentes a contratos o sus prórrogas.

c) Aceptar el pago de la prima si se halla en posesión de un recibo del asegurador. La firma puede ser facsimilar.

Cuando la aseguradora designa un representante o agente con facultades para actuar en su nombre, se aplican las reglas del mandato. La facultad para celebrar seguros autoriza también para pactar modificaciones o prórrogas, para recibir notificaciones y formular declaraciones de rescisión, salvo limitación expresa. Si un/a representante o agente de seguro es designado/a para un determinado distrito o zona, sus facultades se limitan a negocios o actos jurídicos que se refieran a contratos de seguro respecto de cosas que se hallen en el distrito o zona, o con las personas que tienen allí su residencia habitual.

DETERMINACIÓN DE LA INDEMNIZACIÓN. JUICIO PERICIAL

La aseguradora debe pronunciarse acerca del derecho de la asegurada dentro de los treinta días de recibida la información complementaria prevista en los párrafos 2 y 3 del art. 46. La omisión de pronunciarse importa aceptación.
Son nulas las cláusulas compromisorias incluidas en la póliza. La valuación del daño puede someterse a juicio pericial..

PRESCRIPCIÓN

Las acciones fundadas en el contrato de seguro prescriben en el plazo de un año, computado desde que la correspondiente obligación es exigible.
El plazo de la prescripción no puede ser abreviado. Tampoco es válido fijar plazo para interponer acción judicial.

SEGUROS PATRIMONIALES

Según el art. 60, puede ser objeto de estos seguros cualquier riesgo, si existe interés económico lícito de que un siniestro no ocurra.

La aseguradora se obliga a resarcir, conforme al contrato, el daño patrimonial causado por el siniestro sin incluir el lucro cesante, salvo cuando haya sido expresamente convenido.

Responde sólo hasta el monto de la suma asegurada, salvo que la ley o el contrato dispongan diversamente.

El valor del bien a que se refiere el seguro se puede fijar en un importe determinado, que expresamente se indicará como tasación.

La estimación será el valor del bien al momento del siniestro excepto que el asegurador acredite que supera notablemente este valor.

Si el contrato incluye una universalidad o conjunto de cosas, comprende las cosas que se incorporen posteriormente a esa universalidad o conjunto.

Si al tiempo del siniestro el valor asegurado excede del valor asegurable, el asegurador sólo está obligado a resarcir el perjuicio efectivamente sufrido; no obstante, tiene derecho a percibir la totalidad de la prima.

Si el valor asegurado es inferior al valor asegurable, el asegurador sólo indemnizará el daño en la proporción que resulte de ambos valores, salvo pacto en contrario.

La aseguradora no indemnizará los daños o pérdidas producidos por vicio propio de la cosa, salvo pacto en contrario.

Si el vicio hubiere agravado el daño, el asegurador indemnizará sin incluir el daño causado por el vicio, salvo pacto en contrario.

PLURALIDAD DE SEGUROS

Quien asegura el mismo interés y el mismo riesgo con más de una aseguradora, deberá notificar a cada una de ellas la existencia de los demás contratos celebrados, individualizando a la aseguradora y la suma asegurada, bajo pena de caducidad, salvo pacto en contrario.

En caso de siniestro, cuando no existan estipulaciones especiales en el contrato o entre las aseguradoras se entiende que cada aseguradora contribuye proporcionalmente al monto de su contrato hasta la concurrencia de la indemnización debida. La liquidación de los daños se hará considerando los contratos vigentes al tiempo del siniestro. La aseguradora que abona una suma mayor que la proporcionalmente a su cargo, tiene acción contra el asegurado y contra las demás aseguradoras para efectuar el correspondiente reajuste.

Puede estipularse que una o más aseguradoras respondan sólo subsidiariamente o cuando el daño exceda de una suma determinada.

La asegurada no puede pretender en el conjunto una indemnización que supere el monto del daño sufrido. Si se celebró el seguro plural con la intención de un enriquecimiento indebido, son nulos los contratos celebrados con esa intención; sin perjuicio del derecho de las aseguradoras a percibir la prima devengada en el período durante el cual conocieron esa intención, si la ignoraban al tiempo de la celebración.

Si la asegurada celebra el contrato sin conocer la existencia de otro anterior, puede solicitar la rescisión del más reciente o la reducción de la suma asegurada al monto no cubierto por el primer contrato con disminución proporcional de la prima. El pedido debe hacerse inmediatamente de conocido el seguro y antes de siniestro.

Si los contratos se celebraron simultáneamente, sólo puede exigir la reducción a prorrata de las sumas aseguradas.

PROVOCACIÓN DEL SINIESTRO

La aseguradora queda liberada si la tomadora o la beneficiaria provoca el siniestro dolosamente o por culpa grave. Quedan excluidos los actos realizados para precaver el siniestro o atenuar sus consecuencias, o por un deber de humanidad generalmente aceptado.

La aseguradora no cubre los daños causados por hechos de guerra civil o internacional, o por motín o tumulto popular, salvo convención en contrario.

SALVAMENTO Y VERIFICACIÓN DE DAÑOS

La asegurada está obligada a proveer lo necesario, en la medida de sus posibilidades, para evitar o disminuir el daño y a observar las instrucciones de la aseguradora. Si la asegurada viola esta obligación dolosamente o por culpa grave, la aseguradora queda liberado de su obligación de indemnizar en la medida que el daño habría resultado menor sin esa violación.

Los gastos necesarios para verificar el siniestro y liquidar el daño indemnizable son a cargo de la aseguradora en cuanto no hayan sido causados por indicaciones inexactas del asegurado.

SUBROGACIÓN

Los derechos que correspondan a la parte asegurada contra un tercero, en razón del siniestro, se transfieren a la aseguradora hasta el monto de la indemnización abonada. La asegurada es responsable de todo acto que perjudique este derecho de la aseguradora.

La aseguradora no puede valerse de la subrogación en perjuicio de la asegurada.

La subrogación es inaplicable en los seguros de personas.

DESAPARICIÓN DEL INTERÉS O CAMBIO DEL TITULAR

Cuando no exista el interés asegurado al tiempo de comenzar la vigencia de la cobertura contratada, la tomadora queda liberada de su obligación de pagar la prima; pero la aseguradora tiene derecho al reembolso de los gastos, más un adicional que no podrá exceder del cinco por ciento de la prima.

SEGURO DE INCENDIO

La aseguradora indemnizará el daño causado a los bienes por la acción directa o indirecta del fuego, por las medidas para extinguirlo, las de demolición, de evacuación, u otras análogas.

La indemnización también debe cubrir los bienes asegurados que se extravíen durante el incendio.

La aseguradora no responde por el daño si el incendio o la explosión es causado por terremoto.

Los daños causados por explosión o rayo quedan equiparados a los de incendio.

El monto del resarcimiento debido por el asegurador se determina:

a) Para los edificios, por su valor a la época del siniestro, salvo cuando se convenga la reconstrucción;
b) Para las mercaderías producidas por el mismo asegurado según el costo de fabricación; para otras mercaderías, por el precio de adquisición. En ambos casos tales valores no pueden ser superiores al precio de venta al tiempo del siniestro;
c) Para los animales por el valor que tenían al tiempo del siniestro; para materias primas frutos cosechados y otros productos naturales, según los precios medios en el día del siniestro;
d) Para el moblaje y menaje del hogar y otros objetos de uso, herramientas y máquinas, por su valor al tiempo del siniestro. Sin embargo, podrá convenirse que se indemnizará según su valor de reposición.

SEGUROS DE RESPONSABILIDAD CIVIL

La aseguradora se obliga a mantener indemne a la asegurada por cuanto deba a un tercero en razón de la responsabilidad prevista en el contrato, a consecuencia de un hecho acaecido en el plazo convenido.

La garantía de la aseguradora comprende:

a) El pago de los gastos y costas judiciales y extrajudiciales para resistir la pretensión del tercero. Cuando la aseguradora deposite en pago la suma asegurada y el importe de los gastos y costas devengados hasta ese momento, dejando a la asegurada la dirección exclusiva de la causa, se liberará de los gastos y costas que se devenguen posteriormente;
b) el pago de las costas de la defensa en el proceso penal cuando la aseguradora asuma esa defensa.

La indemnización debida por la aseguradora no incluye las penas aplicadas por autoridad judicial o administrativa.

El seguro de responsabilidad por el ejercicio de una industria o comercio, comprende la responsabilidad de las personas con funciones de dirección.

La asegurada no tiene derecho a ser indemnizada cuando provoque dolosamente o por culpa grave el hecho del que nace su responsabilidad. La asegurada debe denunciar el hecho del que nace su eventual responsabilidad en el término de tres días de producido, si es conocido por ella o debía conocerlo; o desde la reclamación del tercero, si antes no lo conocía. Dará noticia inmediata a la aseguradora cuando el tercero haga valer judicialmente su derecho.

La aseguradora cumplirá la condenación judicial en la parte a su cargo en los términos procesales.

La asegurada no puede reconocer su responsabilidad ni celebrar transacción sin anuencia de la aseguradora. Cuando esos actos se celebren con intervención de la aseguradora, ésta entregará los fondos que correspondan según el contrato, en término útil para el cumplimiento diligente de las obligaciones asumidas.

La aseguradora no se libera cuando una asegurada, en la interrogación judicial, reconozca hechos de los que derive su responsabilidad.

La aseguradora puede examinar las actuaciones administrativas o judiciales motivadas o relacionadas con la investigación del siniestro y constituirse en parte civil en la causa criminal.

El crédito del damnificado tiene privilegio sobre la suma asegurada y sus accesorios, con preferencia sobre la asegurada y cualquier acreedor de ésta aun en caso de quiebra o de concurso civil.

La damnificada puede citar en garantía a la aseguradora hasta que se reciba la causa a prueba. En tal caso debe interponer la demanda ante el juez del lugar del hecho o del domicilio de la aseguradora.

La sentencia que se dicte hará cosa juzgada respecto de la aseguradora y será ejecutable contra él en la medida del seguro. En este juicio o la ejecución de la sentencia, la aseguradora no podrá oponer las defensas nacidas después del siniestro. También la asegurada puede citar en garantía a la aseguradora en el mismo plazo y con idénticos efectos.

SEGUROS DE TRANSPORTE

El seguro de los riesgos de transporte por tierra se regirá por las disposiciones de esta ley y subsidiariamente por las relativas a los seguros marítimos. El seguro de los riesgos de transporte por ríos y aguas interiores se regirá por las disposiciones relativas a los seguros marítimos con las modificaciones establecidas en esta ley. La aseguradora puede asumir cualquier riesgo a que estén expuestos los vehículos de transporte, las mercaderías o la responsabilidad del transportador.
La aseguradora no responde de los daños si el viaje se ha efectuado sin necesidad por rutas o caminos extraordinarios o de una manera que no sea común. El seguro se puede convenir por tiempo o por viaje.

SEGURO DE PERSONAS

Los seguros de personas se clasifican como:

a) **El seguro se puede** celebrar sobre la vida del contratante o de un tercero. La asegurada es la persona humana sobre la vida de la cual se contrata el seguro. Es beneficiaria toda persona designada por el tomador en la póliza que percibirán las indemnizaciones que correspondan.
Si cubre el caso de muerte, se requerirá el consentimiento por escrito del tercero o de su representante legal si fuera incapaz. Es prohibido el seguro para el caso de muerte de los interdictos y de los menores de 14 años.
La asegurada puede rescindir el contrato sin limitación alguna después del primer período de seguro. El contrato se juzgará rescindido si no se paga la prima en los términos convenidos.
El tercero beneficiario a título oneroso, se halla facultado para pagar la prima. El suicidio voluntario de la persona cuya vida se asegura, libera a la aseguradora, salvo que el contrato haya estado en vigor ininterrumpidamente por tres años.
En el seguro sobre la vida de un tercero, la aseguradora se libera si la muerte ha sido deliberadamente provocada por un acto ilícito del contratante.

Pierde todo derecho el beneficiario que provoca deliberadamente la muerte de la asegurada con un acto ilícito.

La aseguradora se libera si la persona cuya vida sea segura, la pierde en empresa criminal o por aplicación legítima de la pena de muerte.

Designadas varias personas sin indicación de cuota parte, se entiende que el beneficio es por partes iguales.

Cuando se designe a hijos/as se entiende a aquellos/as concebidos/as y sobrevivientes al tiempo de ocurrido el evento previsto.

Cuando se designe a los herederos, se entiende a los que por ley suceden al contratante, si no hubiere otorgado testamento, si lo hubiere otorgado, se tendrá por designados a los herederos instituidos. Si no se fija cuota parte, el beneficio se distribuirá conforme a las cuotas hereditarias.

Cuando el contratante no designe beneficiario/a o por cualquier causa la designación se haga ineficaz o quede sin efecto, se entiende que designó a sus herederos/as. La quiebra o el concurso civil de la asegurada no afecta al contrato de seguro. Los acreedores sólo pueden hacer valer sus acciones sobre el crédito por rescate ejercido por el fallido o concursado o sobre el capital que deba percibir si se produjo el evento previsto.

b) **Seguro de accidentes personales**

En el seguro de accidentes personales se aplican los artículos 132, 133 y 143 a 147 inclusive, referentes al seguro sobre la vida. El asegurado en cuanto le sea posible, debe impedir o reducir las consecuencias del siniestro, y observar las instrucciones del asegurador al respecto, en cuanto sean razonables.

Cuando el siniestro o sus consecuencias se deben establecer por peritos, el dictamen de éstos no es obligatorio si se aparta evidentemente de la real situación de hecho o del procedimiento pactado. Anulando el peritaje la verificación de aquellos extremos se hará judicialmente.

La aseguradora se libera si la asegurada o la beneficiaria provoca el accidente dolosamente o por culpa grave o lo sufre en empresa criminal.

c) **Seguro colectivo**

En el caso de contratación de seguro colectivo sobre la vida o de accidentes personales en interés exclusivo de los integrantes del grupo, éstos o sus beneficiarios tienen un derecho propio contra el asegurador desde que ocurre el evento previsto.

El contrato fijará las condiciones de incorporación al grupo asegurado que se producirá cuando aquéllas se cumplan.

Si se exige examen médico previo, la incorporación queda supeditada a esa revisación. Esta se efectuará por el asegurador dentro de los quince días de la respectiva comunicación.

Quienes dejan de pertenecer definitivamente al grupo asegurado, quedan excluidos del seguro desde ese momento, salvo pacto en contrario.

SEGUROS OBLIGATORIOS Y USUALES

Existen seguros que deben cubrirse por disposiciones legales (incendio, accidentes de trabajo, calderas, vida obligatorio) o por conveniencia personal (responsabilidad civil, trabajos de altura, cristales, dinero en tránsito, etc.). Puede asegurarse además al edificio contra cualquier otro tipo de riesgos, sin discriminar partes propias o privadas, según lo disponga el consorcio.

Los seguros pueden contratarse libremente, aunque en algunos casos, las leyes establecen la obligatoriedad de cubrir ciertos riesgos:

- **Seguro de Vida:** Esta cobertura consiste en una contratación por parte de un empleador para sus dependientes, y que aumenta la suma a cobrar por el Seguro Obligatorio.
- **Seguro de Responsabilidad Civil:** Esta cobertura se contrata para cubrir las responsabilidades emergentes no solamente del uso normal de una cosa cualquiera, sino además, de tareas de obra, refacciones o reparaciones o mantenimiento que se realicen en cualquier sitio.
- **Seguro de Incendio:** puede cubrir además riesgos tales como derrumbe, incendio y daños materiales por terremoto, por granizo y daños materiales

como consecuencia de huracán, vendaval, ciclón y/o tornado. Puede incluir remoción de escombros. Y pueden asegurarse vidrios, cristales, espejos, y cualquier bien mueble situado en partes comunes. Asimismo pueden asegurarse riesgos por desprendimientos de partes de aeronaves y choques de aeronaves contra un inmueble.

- **Seguro de Vida Obligatorio,** que se contrata para todo el personal dependiente, no aquel que es especialmente contratado.
- **Seguro de accidentes o lesiones del personal del Comitente y de la Dirección de Obra:** este seguro cubre la responsabilidad del contratista, comitente y dirección de obra, ante la aparición de reclamos por daños y perjuicios a causa de accidentes del personal del comitente y de la dirección de obra. El costo de este seguro se agrega a los gastos de la obra.
- **Seguro de accidentes del personal del Contratista:** este seguro cubre la responsabilidad del contratista, comitente y dirección de obra, ante la aparición de reclamos por daños y perjuicios a causa de accidentes del personal del contratista. El costo de este seguro se agrega a los gastos de la obra..
- **Seguro de Caución o Garantía sustitutiva del fondo de reparo:** se genera cuando sustituye al fondo de garantía o de reparo que retiene el comitente del contratista, ante la eventualidad de aparición de vicios entre el lapso que media entre la recepción provisional y definitiva.

La contratación de un seguro se realiza sobre la base del tipo de obra. Será necesario en todo momento hallarse económicamente resguardado, puesto que si bien puede producirse un siniestro de exclusiva responsabilidad del contratista, tanto el comitente como la Dirección de obra pueden ser demandados para que se hagan cargo del resarcimiento.

Debe tenerse siempre especial cuidado en cuanto a la fijación en un contrato de seguro por las sumas aseguradas, como asimismo la solvencia de la compañía aseguradora y el pago en fecha de las cuotas pactadas.

SEGUROS DE RESPONSABILIDAD PROFESIONAL

Muchas profesiones se han visto afectadas por malas prácticas de aquellos que la ejercen, de modo que producen distintos tipos de afectaciones a terceros. La medicina fue la primera rama en la cual comenzó a instrumentarse los denominados **seguros de mala praxis** en los cuales los médicos resguardaban su patrimonio de acuerdo, en virtud de cualquier hecho u omisión que derivaba en una demanda judicial por su intervención en el ejercicio de su profesión.

El riesgo que implica la labor profesional de alguna manera puede ser algo que en su medida se vea morigerado, más teniendo en cuenta que responder por las consecuencias de una ruina de obra podría ser económicamente nefasto tanto para la empresa como para el profesional. Un seguro puede ayudar a paliar una situación como la descripta. Muchos países obligan a la contratación de este tipo de seguros para profesionales.

Entonces, el seguro de responsabilidad profesional viene a resarcir un siniestro, manteniendo indemne el patrimonio del asegurado, siempre que el daño haya ocurrido durante el período de vigencia de la póliza, que cubre al profesional de la construcción por cuanto esté obligado a pagar a un tercero (o a sus derechohabientes) por los daños y perjuicios producidos por los actos y/u omisiones que generen responsabilidad civil.

El/la damnificado/a –o sus derechohabientes– debe formular el reclamo y notificarlo fehacientemente por escrito al asegurado o a la aseguradora durante el período de vigencia de esa póliza o bien durante el período de extensión de denuncias, en el caso de que se hubiere contratado.

Es de destacar que, como en todo contrato de seguro, la cobertura puede excluir situaciones determinadas, que pueden básicamente enumerarse como:

1) Daños causados por la actuación de personas que no son profesionales o aun siéndolo, estén inhabilitados para ejercer la profesión.
2) Daños causados por inobservancia de las normas urbanas de códigos de planeamiento, edificaciones, y análogas.
3) Daños causados por incumplimiento contractual.

LAS NORMAS LEGALES DE SEGURIDAD E HIGIENE

Con el propósito de establecer normativas sobre Seguridad, Higiene y Medicina del Trabajo, en 1972 fue promulgada la **Ley 19.587**, denominada comúnmente **Ley de Seguridad e Higiene**, siendo **reglamentada por el Decreto 351/79**. Estas normas, de carácter obligatorio, tienen como objetivo fundamental proteger la salud y la integridad psicofísica de los trabajadores/as, y a ella deben ajustarse todo tipo de establecimientos o empresas, cualquiera sea su naturaleza, e independientemente de la calidad de trabajadores/as que se desempeñan en ella o el tipo de trabajo que realicen.

En la construcción, el **Decreto 351/79** trajo no pocos inconvenientes para su aplicación, lo que motivó la sanción de la Resolución 1069 del Ministerio de Trabajo, que establecía una gran cantidad de medidas a tomar en las tareas de obra el ambiente, los métodos, y el uso de equipos de protección necesarios para prevenir los accidentes y enfermedades del trabajo. En 1996, la Resolución 1069 fue sustituida por el **Decreto 911** del año **1996** y que junto a la **Ley 24.577** de Riesgos de Trabajo y las Resoluciones de la SRT, conforma la legislación nacional en materia de seguridad en obras.

No debe pensarse en la posibilidad cero de accidentes de trabajo, sino de reducir al mínimo posible la cantidad de riesgos que deriven en el accidente o en la aparición de la enfermedad profesional. Y esa reducción se plasma en el estudio de los mecanismos de prevención, que se vuelcan en la síntesis llamada Programa de Seguridad.

LEY 19587 - LEY DE SEGURIDAD E HIGIENE (LSH)

La **LSH, en su art. 1**, establece que las condiciones de higiene y seguridad en el trabajo se ajustar en todo el territorio de la República, a las normas de la presente ley y de las reglamentaciones que en su consecuencia se dicten. Sus disposiciones se aplicarán a todos los establecimientos y explotaciones, persigan o no fines de lucro, cualesquiera sean la naturaleza económica de las actividades, el medio donde ellas se ejecuten, el carácter de los centros y puestos de trabajo y la índole de las maquinarias, elementos, dispositivos o procedimientos que se utilicen o adopten.

PRINCIPIOS BASICOS DE LA LSH

A los fines de la aplicación de la LSH, en su art. 5 se consideran como básicos los siguientes principios y métodos de ejecución:

a) creación de servicios de higiene y seguridad en el trabajo y de medicina del trabajo de carácter preventivo y asistencial;
b) institucionalización gradual de un sistema de reglamentaciones, generales o particulares, atendiendo a condiciones ambientales o factores ecológicos y a la incidencia de las áreas o factores de riesgo;
c) sectorialización de los reglamentos en función de ramas de actividad, especialidades profesionales y dimensión de las empresas;
d) distinción a todos los efectos de esta ley entre actividades normales, penosas, riesgosas o determinantes de vejez o agotamiento prematuros, y/o las desarrolladas en lugares o ambientes insalubres;
e) normalización de los términos utilizados en higiene y seguridad, estableciéndose definiciones concretas y uniformes para la clasificación de los accidentes, lesiones y enfermedades del trabajo;
f) investigación de los factores determinantes de los accidentes y enfermedades del trabajo, especialmente de los físicos, fisiológicos y sicológicos;
g) realización y centralización de estadísticas normalizadas sobre accidentes y enfermedades del trabajo como antecedentes para el estudio de las causas determinantes y los modos de prevención;
h) estudio y adopción de medidas para proteger la salud y la vida del personal laboral en el ámbito de sus ocupaciones, especialmente en lo que atañe a los servicios prestados en tareas penosas, riesgosas o determinantes de vejez o agotamiento prematuros y/o las desarrolladas en lugares o ambientes insalubres;

i) aplicación de técnicas de corrección de los ambientes de trabajo en los casos en que los niveles de los elementos agresores, nocivos para la salud, sean permanentes durante la jornada de labor;
j) fijación de principios orientadores en materia de selección e ingreso de personal en función de los riesgos a que den lugar las respectivas tareas, operaciones y manualidades profesionales;
k) determinación de condiciones mínimas de higiene y seguridad para autorizar el funcionamiento de las empresas o establecimientos;
l) adopción y aplicación, por intermedio de la autoridad competente, de los medios científicos y técnicos adecuados y actualizados que hagan a los objetivos de esta ley;
m) participación en todos los programas de higiene y seguridad de las instituciones especializadas, públicas y privadas, y de las asociaciones profesionales de empleadores/as y de trabajadores/as con personería gremial;
n) observancia de las recomendaciones internacionales en cuanto se adapten a las características propias del país y ratificación, en las condiciones previstas precedentemente, de los convenios internacionales en la materia;
ñ) difusión y publicidad de las recomendaciones y técnicas de prevención que resulten universalmente aconsejables o adecuadas;
o) realización de exámenes médicos preocupacionales y periódicos, de acuerdo a las normas que se establezcan en las respectivas reglamentaciones.

CONSIDERACIONES PRIMORDIALES

Las reglamentaciones de las condiciones de higiene de los ambientes de trabajo deberán considerar primordialmente, según el art. 6 de la LSH:

a) características de diseño de plantas industriales, establecimientos, locales, centros y puestos de trabajo, maquinarias, equipos y procedimientos seguidos en el trabajo;
b) factores físicos: cubaje, ventilación, temperatura, carga térmica, presión, humedad, iluminación, ruidos, vibraciones y radiaciones ionizantes;

c) contaminación ambiental; agentes físicos y/o químicos y biológicos;
d) efluentes industriales.

A su vez, el art 7 de la LSH establece que las reglamentaciones de las condiciones de seguridad en el trabajo deberán considerar primordialmente:

a) instalaciones, artefactos y accesorios, útiles y herramientas, ubicación y conservación;
b) protección de máquinas, instalaciones y artefactos;
c) instalaciones eléctricas;
d) equipos de protección individual de los trabajadores;
e) prevención de accidentes del trabajo y enfermedades del trabajo;
f) identificación y rotulado de sustancial nocivas y señalamiento de lugares peligrosos y singularmente peligrosos;
g) prevención y protección contra incendios y cualquier clase de siniestros.

OBJETIVOS DE LA HIGIENE Y SEGURIDAD EN OBRAS

El art. 4 de la LSH establece que la higiene y seguridad en el trabajo comprenderá las normas técnicas y medidas sanitarias, precautorias, de tutela o de cualquier otra índole que tengan por objeto:

a) proteger la vida, preservar y mantener la integridad psicofísica de los trabajadores;
b) prevenir, reducir, eliminar o aislar los riesgos de los distintos centros o puestos de trabajo;
c) estimular y desarrollar una actitud positiva respecto de la prevención de los accidentes o enfermedades que puedan derivarse de la actividad laboral.

Por otra parte, según ordena el art. 75 de la LCT, la empleadora está obligada a observar las normas legales sobre higiene y seguridad en el trabajo. y a hacer observar las pausas y limitaciones a la duración del trabajo establecidas en el ordenamiento legal. Los daños que sufra un/a trabajador/a como consecuencia del incumplimiento de las obligaciones del apartado anterior, se regirán por las normas que regulan la reparación de los daños provocados por accidentes en el trabajo y enfermedades profesionales, dando lugar únicamente a las prestaciones en ellas establecidas.

MEDICINA LABORAL

La ley establece la existencia de un **servicio de medicina laboral** a cargo de un especialista en la materia, que deberá cumplir exigencias tales como:

- La realización de los exámenes de ingreso, periódicos (anuales), de readmisión y de egreso a todo el personal.
- Mantener actualizado todo el legajo médico de cada trabajador/a.
- Representar a la empleadora ante las juntas médicas y ante los organismos oficiales que así lo requieran.
- Mantener actualizado un registro de accidentes de trabajo y enfermedades profesionales.

La ley establece además, que, en el caso de contar con menos de 150 trabajadores/as, la empresa debe contratar un servicio de medicina laboral externo, siendo éste el encargado de realizar todos los controles perfectamente determinados en el Decreto 351/79, como así también los exámenes médicos periódicos anuales, los controles de enfermedades que se deben volcar a su libreta médica, etc.

LEY DE RIESGOS DE TRABAJO (LRT)

En las obras, los casos de muerte, incapacidad, y necesidad de atención médica para el personal afectado por un accidente laboral, antiguamente estaban contemplados por la Ley 9688. Más tarde, dicha ley fue sustituida por la Ley 9688. Más tarde, dicha ley fue suplantada por la Ley 24.028, hasta la entrada en vigencia de la Ley 24.557, denominada Ley de Riesgos del Trabajo donde se busca dar forma legal a los conceptos de la anterior ley con los principios regulados por la Ley 19.587 de seguridad e Higiene.

En 1995 se promulgó la **Ley 24.557**, llamada **Ley de Riesgos de Trabajo (LRT)**, cuyo objetivo es reducir la siniestralidad a través de una modalidad preventiva de los riesgos del trabajo. Su Decreto Reglamentario 170/96 determina entre otros aspectos, **la obligatoriedad de afiliación a las Aseguradoras de Riesgos de Trabajo (ART) y el acuerdo y cumplimiento de Planes de Mejoramiento entre el Empleador y la respectiva ART.**

En donde exista personal en relación de dependencia, el Decreto 1338/96 **determina contar con Servicios de Seguridad e Higiene en el Trabajo y cumplir los Planes de Mejoramiento acordados con las respectivas ART.**

Los Servicios de Seguridad e Higiene deben ser prestados por Profesionales Habilitados, siendo responsables de los respectivos servicios. A su vez, estos servicios se deben complementar con acciones técnicas y educativas, coincidentes con las políticas fijadas y tendientes a determinar, promover y mantener adecuadas condiciones ambientales en los lugares de trabajo, llevando registro de las acciones ejecutadas.

La LRT fue creada para prevenir riesgos y reparar daños derivados del trabajo, y tiene por objetivos:

- Reducir la siniestralidad laboral a través de la prevención de los riesgos derivados del trabajo;
- Reparar los daños derivados de accidentes de trabajo y de enfermedades profesionales, incluyendo la rehabilitación del personal damnificado;
- Promover la recalificación y la recolocación del personal damnificado;
- Promover la negociación colectiva laboral para la mejora de las medidas de prevención y de las prestaciones reparadoras.

Tanto la empleadora como el personal laboral y las ART están obligados a adoptar las medidas legalmente previstas para prevenir eficazmente los riesgos del trabajo.

La LRT traslada la responsabilidad de la empleadora por enfermedades y riesgos del trabajo y la traslada a la ART, que deben realizar un contralor del personal a cargo del empleador; vale decir que la ART ejerce el servicio de medicina laboral para el empleador.

AMBITO DE APLICACIÓN

La LRT rige para todos aquellos que contraten a trabajadores/as incluidos en su ámbito de aplicación, y están obligatoriamente incluidos/as en dicho ámbito:

a) Funcionarios/as y trabajadores/as del sector público nacional, de las provincias y sus municipios y del Gobierno de la Ciudad de Buenos Aires;
b) Los/as trabajadores/as en relación de dependencia del sector privado;
c) Las personas obligadas a prestar un servicio de carga pública.

CONTINGENCIAS QUE CUBRE LA LEY DE RIESGOS DE TRABAJO

La obra posee, debido a sus características propias, un alto nivel de siniestralidad. En nuestras actividades diarias, existe la posibilidad de que sobrevenga tanto un **accidente** como un **incidente**.

Es **accidente** –del latín *accidens*– un **evento no planeado ni controlado, que sucede o surge de manera inesperada, ya que no forma parte de lo natural o lo esencial de la cosa en cuestión**; es un suceso que puede alterar una secuencia lógica de una actividad, y que genera lesiones a una o más personas.

Es **incidente** –del latín *incidens*– aquello que sucede durante el desarrollo de un asunto, y que cambia el rumbo de éste último.

Un incidente puede derivar en la producción de daños materiales. En cambio, el accidente puede derivar en la generación de lesiones mínimas, o importantes (que a su vez produzcan incapacidad temporal o permanente –y que sean parciales o totales–), o bien, la muerte de la persona.

En el ámbito laboral, un **accidente de trabajo** es un acontecimiento no deseado que da por resultado un daño físico (lesión, enfermedad profesional, daños,

muerte u otras pérdidas) a una persona o un daño a la propiedad (equipos, materiales y/o ambientales) en el lugar de trabajo, y que se extiende hasta el tránsito desde el hogar hasta el lugar de trabajo, y viceversa. Por lo general, es la consecuencia de un contacto con una fuente de energía (sea ésta cinética, mecánica, eléctrica, química, térmica, etc.) por sobre la capacidad límite del cuerpo o estructura. En el mismo ámbito, un **incidente** es un evento no deseado que, bajo circunstancias diferentes, pudo haber resultado en un daño físico a una persona o un daño a la propiedad; aun existiendo una reunión de circunstancias para que el acontecimiento termine en accidente, éste finalmente no ocurre.
La LRT cubre las siguientes contingencias:

1) **ACCIDENTES DE TRABAJO:** El art. 6 inc. 1 de la LRT expresa: "Se considera accidente de trabajo a todo acontecimiento súbito y violento ocurrido por el hecho o en ocasión del trabajo, o en el trayecto entre el domicilio del trabajador y el lugar de trabajo...".

2) **ACCIDENTES IN ITINERE:** la norma también prevé que el accidente pueda haberse producido en el trayecto entre el domicilio del trabajador y el lugar de trabajo siempre y cuando el damnificado no hubiere interrumpido o alterado dicho trayecto por causas ajenas al trabajo. Un/a trabajador/a podrá declarar por escrito ante el empleador, y éste dentro de las setenta y dos (72) horas ante el asegurador, que el itinere se modifica por razones de estudio, concurrencia a otro empleo o atención de familiar directo enfermo y no conviviente, debiendo prestar el pertinente certificado a requerimiento de la empleadora dentro de los tres (3) días hábiles requeridos.

3) **ENFERMEDADES PROFESIONALES:** Se considera **enfermedad a la alteración** más o menos grave de la salud de una persona, y que puede producirse por causas congénitas o por estar sometida en forma casual a la acción directa o indirecta de un agente —sustancia que posee propiedades capaces de producir efectos nocivos en la salud. Asimismo, es considerada como enfermedad profesional aquella que padece

una persona y que ve su origen durante el desempeño directo en un trabajo o actividad; la enfermedad profesional es considerada como tal cuando es comprobable estadísticamente una relación entre ella y el ámbito de trabajo. La LRT indica en su art. 2 incs. a y b): "Se consideran enfermedades profesionales aquellas que se encuentran incluidas en el listado que elaborará y revisará el Poder Ejecutivo, conforme al procedimiento del art. 40 apartado 3 de esta ley. El listado identificará agente de riesgo, cuadros clínicos, exposición y actividades en capacidad de determinar la enfermedad profesional. Las enfermedades no incluidas en el listado, como sus consecuencias, no serán consideradas resarcibles, con la única excepción de lo dispuesto en los incisos siguientes: 2 b) Serán igualmente consideradas enfermedades profesionales aquellas otras que, en cada caso concreto, la Comisión Médica Central determine como provocadas por causa directa e inmediata de la ejecución del trabajo, excluyendo la influencia de los factores atribuibles al trabajador o ajenos al trabajo". Para atribuir el carácter de profesional a una enfermedad es necesario establecer la conjunción de un agente, una enfermedad, una relación de causalidad y de un grado de exposición. Esto permite la confección de **listados de enfermedades** que serán reconocidas como tales y las condiciones de su reconocimiento. Al considerar estos elementos se pueden ver las condiciones de generación de las enfermedades profesionales y, en consecuencia, cómo pueden evitarse. Nace con ello el concepto de **daño a la salud**, siendo éste la aparición de modificaciones bioquímicas, fisiológicas o anatómicas que constituyen fases previas a la enfermedad y que pueden ser reversibles, con tratamientos adecuados o bien mediante el cese de la exposición al agente causal del daño detectado. En general estas modificaciones no son percibidas por quienes las experimentan y no constituyen síntomas, sino que deben ser buscadas con métodos diagnósticos orientados a su búsqueda.

Deben diferenciarse los **accidentes y enfermedades inculpables** de los **accidentes y enfermedades profesionales**: en los primeros, se trata de una causa no laboral, por ejemplo, una fractura haciendo deporte o por un accidente doméstico, o bien un cuadro gripal, cuya prestación está a cargo de la obra social a la cual esté afiliado un/a trabajador/a.

Los accidentes de trabajo y las enfermedades profesionales causados por dolo del/de la trabajador/a o por fuerza mayor extraña al trabajo están excluidos de la ley. Asimismo, se excluyen las incapacidades del trabajador preexistentes a la iniciación de la relación laboral y acreditadas en el examen preocupacional efectuado según las pautas establecidas por la autoridad de aplicación.

Se tiene como síntesis que las ART no cubren enfermedades o accidentes inculpables (no las controla ni indemniza). Estas situaciones ajenas al aspecto laboral debieran estar controlada por el **servicio de medicina laboral**.

Para determinar la naturaleza laboral del accidente o profesional de la enfermedad, el carácter y grado de la incapacidad, y el contenido y alcances de las prestaciones en especie, el art. 21 de la LRT determina el cumplimiento del art. 51 de la Ley 24.241, que crea las **Comisiones Médicas Locales** y la **Comisión Médica Central**. Estas comisiones podrán, asimismo, revisar el tipo, carácter y grado de la incapacidad, y, en las materias de su competencia, resolver cualquier discrepancia que pudiera surgir entre la ART y el damnificado o sus derechohabientes. El reconocimiento del carácter de profesional de una enfermedad es un proceso de varias etapas; una corresponde al conocimiento del medio ambiente y condiciones de trabajo, otra al conocimiento clínico-biológico y otras al marco legislativo y médico legal que permite establecer las diferencias entre las enfermedades profesionales y comunes.

SEGURIDAD E HIGIENE Y LA RESPONSABILIDAD DE PROFESIONALES

Más allá de lo expresado en este capítulo, cuando en una obra se detecta alguna infracción (e incluso un accidente), la dirección de obra puede ser cuestionada, lo que inevitablemente lo lleva a que deba realizar descargos para deslindar responsabilidades.

Es importante que la dirección de obra no autorice a iniciar la obra hasta que el plan de seguridad e higiene no haya sido aprobado, que se haya designado al responsable del área y hasta que el contratista instrumente todas las medidas de seguridad que surjan del mentado plan.

Obviamente, si la dirección de obra detecta falencias en la puesta en marcha de las medidas de higiene y seguridad, o bien si considera que éstas no son suficientes, y más allá de que estas responsabilidades no le competen, debe informar (de manera fehaciente) inmediatamente al contratista y al responsable de seguridad e higiene. En el caso de que no se verifique la subsanación de las falencias detectadas, la dirección de obra debe ordenar la paralización inmediata de todo tipo de tareas.

INCAPACIDAD LABORAL

La incapacidad se define como la falta de aptitud o capacidad para desarrollar en forma directa y habitual tareas laborales. La LRT establece que la incapacidad laboral puede clasificarse como:

1) **ILT (Incapacidad Laboral Temporaria, art. 7 LRT):** La ILT se produce cuando el/la trabajador/a sufrió un accidente o enfermedad profesional que le impide temporariamente la realización de sus tareas. La situación de ILT cesa por:
    • Alta médica;
    • Declaración de Incapacidad Laboral Permanente (ILP);
    • Transcurso de un año desde la primera manifestación invalidante;
    • Muerte del damnificado.

2) **ILP (Incapacidad Laboral Permanente, art. 8 LRT):** La ILP se produce cuando el/la trabajador/a sufrió un accidente o enfermedad profesional que le originó una disminución de su capacidad laboral, que le durará durante el resto de su vida.
    • La ILP será total cuando la disminución de la capacidad laborativa permanente fuere igual o superior al 66 %.
    • La ILP será parcial, cuando fuere inferior a este porcentaje. El grado de incapacidad laboral permanente será determinado por las comisiones

médicas de esta ley, en base a tablas de evaluaciones, que ponderarán entre otros factores, la edad del trabajador, el tipo de actividad y las posibilidades de reubicación laboral. La incapacidad permanente puede ser parcial (IPP) o total (IPT), ambas consideradas en los arts. 14 y 15 de la LRT, respectivamente.

En los dos casos se establece el monto de la prestación, en tanto dure el carácter transitorio y definitivo de la incapacidad.
La percepción de prestaciones dinerarias por ILP es compatible con el desempeño de actividades remuneradas.
Además, la ley contempla la situación de gran invalidez, cuando el trabajador en situación de incapacidad laboral permanente total necesite la asistencia continua de otra persona para realizar los actos elementales de su vida.

RÉGIMEN DE PRESTACIONES

La LRT las establece de dos tipos:

- **DINERARIAS:** Las prestaciones dinerarias de esta ley gozan de las franquicias y privilegios de los créditos por alimentos. Poseen como característica la irrenunciabilidad y no pueden ser cedidas ni enajenadas.
- **PRESTACIONES EN ESPECIE:** Según el art. 20 de la LRT, podrán las ART otorgar prestaciones en especie, siendo esta:
    a) Asistencia médica y farmacéutica;
    b) Prótesis y ortopedia;
    c) Rehabilitación;
    d) Recalificación profesional;
    e) Servicio funerario.

De producirse la muerte de un/a damnificado/a, los derechohabientes accederán a la pensión por fallecimiento prevista en el régimen previsional al que estuviera afiliado el damnificado y a la prestación de pago mensual complementaria prevista en el art. 15 ap. 2 de la LRT. Se consideran derechohabientes a los efectos de esta ley a las personas enumeradas en el artículo 53 de la Ley 24.241, quienes concurrirán en el orden de prelación y condiciones allí señaladas.

El derecho a recibir las prestaciones de esta ley comienza a partir de la denuncia de los hechos generadores de daños derivados del trabajo.

INCUMPLIMIENTO DE LA LEY

Según el art. 5 inc. de la LRT, si un accidente de trabajo o enfermedad profesional se producen como consecuencia de incumplimientos por parte de la empleadora de la normativa de higiene y seguridad en el trabajo, ésta deberá pagar una multa dineraria al Fondo de Garantía, instituido por el art. 33 de la LRT.

Por otra parte, declarada judicialmente la insuficiencia patrimonial de la empleadora no asegurada, o en su caso autoasegurada, para asumir las obligaciones a su cargo, las prestaciones serán financiadas por la Superintendencia de Riesgos de Trabajo, con cargo al Fondo de Garantía de la LRT.

La insuficiencia patrimonial de la empleadora será probada a través del procedimiento sumarísimo previsto para las acciones meramente declarativas conforme se encuentre regulado en las distintas jurisdicciones donde la misma deba acreditarse.

LAS ASEGURADORAS DE RIESGOS DE TRABAJO (ART)

Hasta la entrada en vigencia de la LRT, la contratación de seguros por accidentes de trabajo era voluntaria. Las aseguradoras ofrecían al mercado tres tipos de coberturas, y diversos precios según cada compañía:

1. Seguro básico (muerte e incapacidad permanente);
2. Seguro básico y prestación médica;
3. Seguro básico y prestación médica y jornales caídos.

Actualmente, la LRT tiende promover la reducción de los niveles de siniestros laborales y de enfermedades profesionales mediante la modalidad de prevención. Las ART son entidades de derecho privado creadas por la Ley 24.557, cuyas funciones consisten en brindar las prestaciones y demás acciones previstas por la ley, en forma integral, homogénea y obligatoria a todas las empresas públicas y privadas del país que cuenten con personal en relación de dependencia. Deben las ART disponer, con carácter de servicio propio o bien contratado, de la infraestructura necesaria para proveer adecuadamente las prestaciones previstas en esta ley.

El seguro pasa a ser obligatorio de única cobertura, y cubre prestaciones:

- En **dinero**, consistente en el pago de jornales e indemnizaciones;
- En **especie**, que comprende asistencia médica y farmacéutica, provisión de prótesis y ortopedia, rehabilitación, recalificación profesional y servicio funerario.

La ley prevé la realización de un Plan de Mejoramiento de Higiene y Seguridad en el cual se establecen modificaciones que el empleador realice en su establecimiento para adecuarlos a la normativa legal vigente. Para dar cumplimiento a la normativa legal, la ART, a través de periódicas inspecciones, verifica que el área de trabajo se encuentre en perfectas condiciones de mantenimiento y seguridad; en cada inspección se harán constar aquellas partes del área que deben ser revisadas, y aquellas que cumplen con las condiciones exigidas.
Es deber de la ART:

- Promover la prevención de los riesgos de trabajo, visitando los edificios y asesorándolos al consorcio en materia de Higiene y Seguridad del Trabajo.
- Registrar los accidentes que se produzcan.

OBJETIVOS DE LAS ART

Las ART tienen como objetivos:

- La promoción del desarrollo de la actividad laboral en un medioambiente de trabajo sano;
- Asesoramiento a la empleadora en materia de prevención de riesgos e higiene, a fin de mejorar gradualmente el nivel de seguridad en el trabajo.

AFILIACIÓN A LA ART

Toda empleadora podrá afiliarse a cualquier ART, y se rescinde esa contratación cuando dicha empleadora se afilie a otra ART, o bien si se incorpora al régimen de autoseguro; ninguna ART podrá rechazar la afiliación de ninguna empleadora incluida en su ámbito de actuación.

La ART se financia con una cuota mensual que estará a cargo de la empleadora, y con ella costean las prestaciones; esa cuota debe ser declarada y abonada conjuntamente con los aportes y contribuciones.

Toda ART brinda cobertura integral, homogénea y obligatoria a todas las empresas públicas y privadas del país que tengan personal en relación de dependencia. Asimismo, las empresas deben afiliarse en forma obligatoria a una ART aunque eligiendo la ART que más le convenga. Ninguna ART puede rechazar ningún pedido de afiliación, ni tampoco exigir a los/as trabajadores/as examen médico alguno.

EL AUTOASEGURO

No toda empleadora tiene obligatoriedad de inscribirse en una ART, por lo que pasa a estar autoasegurada, siempre que tengan solvencia económica para afrontar las prestaciones que impone la ley. Son autoasegurados el **Estado Nacional, las provincias y sus municipios y el Gobierno de la Ciudad de Buenos Aires.**

LA SUPERINTENDENCIA DE RIESGOS DE TRABAJO (SRT)

El art. 35 de la LRT crea la Superintendencia de Riesgos del Trabajo (SRT), entidad autárquica en jurisdicción del Ministerio de Trabajo y Seguridad Social de la

Nación, siendo un **organismo que vigila el correcto desarrollo de la actividad laboral, a cuyos efectos establece resoluciones y verifica su cumplimiento.** En el caso de detectar irregularidades en un establecimiento laboral, la ART puede denunciarlas ante la SRT.

Si se produce un accidente laboral debido a incumplimientos de las normas, la SRT podrá aplicar costosas multas a la empleadora. Asimismo, en este caso, la ART podrá cubrir las prestaciones al personal afectado, sin perjuicio de exigirle posteriormente responsabilidad al empleador.

Son funciones de la SRT:

a) Controlar el cumplimiento de las normas de higiene y seguridad en el trabajo pudiendo dictar las disposiciones complementarias que resulten de delegaciones de esta ley o de los decretos reglamentarios;
b) Supervisar y fiscalizar el funcionamiento de las ART;
c) Imponer las sanciones previstas en esta ley;
d) Requerir la información necesaria para el cumplimiento de sus competencias, pudiendo peticionar órdenes de allanamiento y el auxilio de la fuerza pública;
e) Dictar su reglamento interno, administrar su patrimonio, gestionar el Fondo de Garantía, determinar su estructura organizativa y su régimen interno de gestión de recursos humanos;
f) Mantener el Registro Nacional de Incapacidades Laborales en el cual se registrarán los datos identificatorios del damnificado y su empresa, época del infortunio, prestaciones abonadas, incapacidades reclamadas, y además, deberá elaborar los índices de siniestralidad;
g) Supervisar y fiscalizar a las empresas autoaseguradas y el cumplimiento de las normas de higiene y seguridad del trabajo en ellas.

Las inspecciones a cargo de la SRT controlan el cumplimiento de las normas de Salud y Seguridad en el Trabajo por parte de los empleadores autoasegurados y de las ART. En caso de ser necesario, pueden no sólo requerir la información necesaria para el cumplimiento de las tareas de su competencia, sino además solicitar órdenes de allanamiento y requerir el auxilio de la fuerza pública, clausurar los lugares de trabajo en los supuestos legalmente previstos y ordenar la suspensión inmediata de tareas que impliquen un riesgo grave e inminente para la salud y seguridad de los trabajadores.

Por otra parte, la LRT indica que la Superintendencia de Seguros de la Nación tendrá las funciones que le confieren esta ley, la Ley 20.091, y sus reglamentos.

RESPONSABILIDAD CIVIL DE LA EMPLEADORA

Antes de la sanción de la LRT existía el llamado **derecho de opción**, por el cual el trabajador podía exigir una reparación integral por la vía civil, o bien iniciar una acción laboral; esta opción se vio disipada con el nuevo orden legal.

Aun hoy, la siniestralidad laboral sigue siendo alta, y algunos artículos de la LRT sufrieron reveses judiciales.

Puede ocurrir que algunas empresas no inviertan en higiene y seguridad en sus establecimientos, ni en la capacitación de sus trabajadores. También puede ocurrir que la empresa que paga su alícuota a la ART se desentiende de toda política preventiva y reparatoria.

Toda persona que trabaje en la industria de la construcción desarrollan una actividad cuya alta siniestralidad se traduce en casi 150 muertos anuales, sin contar a los trabajadores no registrados o de empresas irregularmente no afiliadas.

En un mercado de las ART que mueve más de 500 millones de pesos al año, se tiene que existen casi 5 millones de trabajadores afiliados a las ART y con un 80 % de las empresas que no ha cumplido con el plan de mejoramiento.

EL CASO GENERAL

La LRT traslada a las ART la responsabilidad del empleador por enfermedades y riesgos del trabajo. Las ART ejercen así el controlor del personal a cargo del empleador, lo que lleva a concluir que las ART ejercen el servicio de medicina laboral para el empleador.

Hoy, las normas cubren solamente el contralor de la salud del personal enfermo o accidentado y las prevenciones que se deben tomar para que no ocurran eventos dañosos derivados del trabajo: al efecto, se tiene el listado de enfermedades y accidentes laborales.

Las ART no cubren enfermedades o accidentes inculpables, por lo tanto, no indemnizan daños en la salud de los empleados cuando ellos no derivan del empleo o del lapso *"in itinere"*, a modo de ejemplo, las ART no cubren ni controlan un estado febril, una lipotimia, un dolor de muelas, etc., que puedan padecer el trabajador durante el fin de semana, descansando: de allí la necesidad de que el empleador debe contar con un servicio médico contratado al efecto, sea que fuese por visita o por abono, en forma permanente.

En casi la generalidad de los casos, no se contrata el servicio de medicina laboral, no habiendo así un contralor médico del empleador, lo que de alguna manera permite que otro criterio profesional médico sea el que prevalezca; de este modo, un tratamiento médico del personal laboral enfermo o accidentado, es prescripto por el médico de la Obra social a la que esté inscripto dicho trabajador.

EL DECRETO 911/96

Esta norma posee vigencia en todo el territorio nacional y tiene por objetivo normalizar las condiciones de Seguridad e Higiene en todas las obras de construcción a través del Reglamento de Higiene y Seguridad, siendo éste un anexo del citado decreto.

El Decreto 911/96 se suma a las Leyes 22.250, LRT, y reglamenta a la LSH.

La reglamentación comprende no sólo el área física de construcción de la obra en sí, sino además los sectores, funciones y dependencias conexas, tales como obradores, depósitos, talleres, servicios auxiliares y oficinas técnicas y administrativas.

LA OBRA

El art. 2 del Decreto 911/96, a sus efectos, incluye en el concepto de obra de construcción a todo trabajo de ingeniería y arquitectura realizado sobre inmuebles, propios o de terceros, públicos o privados, comprendiendo excavaciones, demoliciones, construcciones, remodelaciones, mejoras, refuncionalizaciones, grandes mantenimientos, montajes e instalaciones de equipos y toda otra tarea que se derive de, o se vincule a, la actividad principal de las empresas constructoras.

SUJETOS DE LA LEY

Están sujetos al cumplimiento del Decreto 911/96:

a) Empleadores/as de la construcción de obras, así como aquellos que elaboren elementos, o que efectúen trabajos exclusivamente para dichas obras en instalaciones y otras dependencias de carácter transitorio establecidas para ese fin, bien sea como contratista o subcontratista.

b) Empleadores/as de industrias o actividades complementarias o subsidiarias de la industria de la construcción propiamente dicha, sólo en relación al personal que contrate exclusivamente para ejecutar trabajos en las obras mencionadas en el inciso a).

c) Personal dependiente de las referidas empleadoras que –cualquiera fuere la modalidad o denominación que se aplique a su contratación o la forma de su remuneración– desempeñe sus tareas en forma permanente, temporaria, eventual o a plazo fijo en las obras o en los lugares definidos en los incisos a) y b). Asimismo, el personal que se desempeña en talleres, en depósitos o en parques, en operación de vehículos de transporte, en lugares y actividades conexas a la actividad principal de la construcción.

d) Todo personal laboral encuadrado en el régimen de la Ley 22.250.

QUIÉNES DEBEN CUMPLIR LAS NORMAS

1) **Comitente:** El cumplimiento de las normas también abarca al comitente, quien será solidariamente responsable, juntamente con la o las contratistas. Siempre el comitente debe velar para que en el contrato de construc-

ción se incluya la obligatoriedad del Contratista de acreditar, antes de la iniciación de la obra, la contratación del seguro que cubra los riesgos de trabajo del personal afectado a la misma en los términos de la LRT o, en su caso, de la existencia de autoseguro y notificar oportunamente a la SRT el eventual incumplimiento de dicho requisito.

2) **Empleador/a:** Es empleadora la persona humana o jurídica, privada o pública, que utiliza la actividad de una o más personas en virtud de un contrato o relación de trabajo. Sin perjuicio de los distintos niveles jerárquicos y de autoridad de cada empresa y de los restantes obligados definidos en la normativa de aplicación. La empleadora es la principal y directa responsable de la no observancia de la normativa legal vigente aplicada a la construcción de obras. En sus obligaciones está a cargo de:
• La creación y mantenimiento de Condiciones y Medio Ambiente de Trabajo que aseguren la protección física y mental y el bienestar de los trabajadores;
• La reducción de la siniestralidad laboral a través de la prevención de los riesgos derivados del trabajo y de la capacitación específica.

3) **Trabajador/a:** Un/a trabajador/a posee los siguientes derechos:
a) Gozar de Condiciones y Medio Ambiente de Trabajo que garanticen la preservación de su salud y su seguridad.
b) Someterse a los exámenes periódicos de salud establecidos en las normas de aplicación.
c) Recibir información completa y fehaciente sobre los resultados de sus exámenes de salud, conforme a las reglas que rigen la ética médica.
d) Someterse a los procesos terapéuticos prescriptos para el tratamiento de enfermedades y lesiones del trabajo y sus consecuencias.

Asimismo, el/la trabajador/a está obligado a:

a) Cumplir con las normas de prevención establecidas legalmente y en los planes y programas de prevención.

b) Asistir a los cursos de capacitación que se dicten durante las horas de trabajo.
c) Usar los equipos de protección personal o colectiva y observar las medidas de prevención.
d) Utilizar en forma correcta los materiales, máquinas, herramientas, dispositivos y cualquier otro medio o elemento con que desarrolle su actividad laboral.
e) Observar las indicaciones de los carteles y avisos que indiquen medidas de protección y colaborar en el cuidado de los mismos.
f) Colaborar en la organización de programas de formación y educación en materia de salud y seguridad.
g) Informar a la empleadora todo hecho o circunstancia riesgosa inherente a sus puestos de trabajo.

Los objetivos de esta norma deben cumplirse empleando acciones y recursos materiales y humanos adecuados.

Además, en los plazos que por ley se establezcan, el ámbito laboral de obras y empresas deben estar perfectamente adecuados a lo normado en la LSH y el Decreto 911/96.

La empleadora debe asignar una cantidad mensual de horas profesionales en función del:

- Número de trabajadores/as;
- Categoría de la actividad;
- Grado de cumplimiento de las normas específicas del Decreto 911/96, que correspondan a cada establecimiento.

La SRT establecerá las pautas para su determinación.

Además, el empleador deberá prever la asignación de Técnicos en Higiene y Seguridad, con título habilitante reconocido por la autoridad competente, en función de las necesidades de cada establecimiento, como auxiliares de los responsables citados en el artículo 16 del Decreto 911/96.

OBRAS DOS O MÁS CONTRATISTAS

Si en una obra, dos o más contratistas o subcontratistas desarrollen actividades simultáneamente, la coordinación de las actividades de Higiene y Seguridad y de Medicina del Trabajo estará bajo la responsabilidad del contratista principal, o del Comitente, si existiera pluralidad de contratistas. En los instrumentos de dicha coordinación deberá constar la obligación de la totalidad de los responsables respecto al cumplimiento de la normativa específica y de los planes de mejoramiento, si los hubiere.

CAPACITACIÓN EN HIGIENE Y SEGURIDAD

Es responsabilidad de la empleadora la capacitación brindada a sus trabajadores/as en materia de Higiene y Seguridad y en la prevención de enfermedades y accidentes del trabajo.
El art. 10 del Decreto 911/96 prevé que la capacitación se pueda efectuar a través de clases, cursos y otras acciones eficaces, que pueden incluir:

- material didáctico gráfico y escrito;
- medios audiovisuales;
- avisos y letreros informativos.

Todos los sectores de la empresa (superior, intermedio y operativo), en sus distintos niveles, tienen la obligación de capacitarse, contando con una programación adecuada y con intervención de los Servicios de Higiene y Seguridad y de Medicina del Trabajo.
Pero la capacitación no deberá realizarse de manera abstracta, sino que deberá adecuarse e integrarse a las tareas que cada trabajador desarrolle en la obra, por lo cual los roles y las líneas de mando y obediencia, deben estar perfectamente definidos.

PRESTACIONES DE MEDICINA Y DE HIGIENE Y SEGURIDAD

Con el fin de prevenir todo daño físico, la LSH, en el art. 5 inc. a establece la creación de servicios de higiene y seguridad en el trabajo y de medicina del trabajo de carácter preventivo y asistencial.
El Decreto 1338/96 en su art. 3 establece que ambos servicios podrán carácter interno o externo según la voluntad de la empleadora.
El art. 19 del Decreto 911/96 establece que las prestaciones de Higiene y Seguridad en el Trabajo pueden ser de dos tipos:

a) **Internas,** cuando el servicio se halla integrado a la estructura de la empresa, dirigido por los graduados universitarios enumerados en el artículo 16 del Decreto 911/96, con capacidad operativa suficiente en personal, instalaciones y medios para atender las misiones y funciones que la ley les asigne. Este servicio podrá limitarse a una obra determinada y a sus dependencias y servicios auxiliares o extender su área de responsabilidad a todos los ámbitos de trabajo de una misma empresa.
b) **Externas,** cuando el servicio que asume la responsabilidad establecida por ley puede prestarlo a empresas, con capacidad operativa suficiente en personal, instalaciones y medios.

SERVICIOS DE HIGIENE Y SEGURIDAD (SHS)

La prestación de SHS en el Trabajo tiene como misión fundamental instrumentar políticas de establecimiento, promoción y mantenimiento de adecuadas condiciones ambientales en los lugares de trabajo, tendientes a lograr el más alto nivel de seguridad compatible con la naturaleza de las tareas.
Según el art. 10 del Decreto 1338/96, la dirección de los SHS en el Trabajo estará a cargo de profesionales universitarios, a saber:

a) Ingenieros/as laborales.
b) Licenciados/as en Higiene y Seguridad en el Trabajo.

c) Ingenieros/as y químicos/as con curso de posgrado en Higiene y Seguridad en el Trabajo de no menos de cuatrocientas (400) horas de duración, desarrollados en universidades estatales o privadas.

d) Técnicos/as en Higiene y Seguridad, reconocidos por la Resolución M.T. y S.S. N° 313 de fecha 26 de abril de 1983.

e) Todo profesional que a la fecha de vigencia del presente Decreto se encuentre habilitado por la autoridad competente para ejercer dicha función, En todos los casos, quienes desempeñen tareas en el ámbito de los Servicios de Higiene y Seguridad en el Trabajo deberán encontrarse inscriptos en el Registro habilitado a tal fin por la SRT.

Los profesionales que dirijan las prestaciones de Higiene y Seguridad en el Trabajo, serán responsables de las obligaciones fijadas por ley en lo que hace a su misión y funciones específicas, sin perjuicio de obligaciones propias del empleador y restantes responsables definidos en los artículos 3 a 6 del Decreto 911/96.

El art. 20 del Decreto 911/96 prevé la confección de un **legajo técnico**, constituido por la documentación generada por la Prestación de Higiene y Seguridad para el control efectivo de los riesgos emergentes en el desarrollo de la obra. Este legajo contendrá información suficiente, de acuerdo a las características, volumen y condiciones bajo las cuales se desarrollarán los trabajos, para determinar los riesgos más significativos en cada etapa de los mismos.

Además, deberá actualizarse incorporando las modificaciones que se introduzcan en la programación de las tareas que signifiquen alteraciones en el nivel o características de los riesgos para la seguridad del personal.

Deberá estar rubricado por el/la Responsable de Higiene y Seguridad y será exhibido a la autoridad competente, a su requerimiento.

SERVICIOS DE MEDICINA DEL TRABAJO

El Servicio de Medicina del Trabajo –según el art. 5 del Decreto 1338/96– tiene como misión fundamental promover y mantener el más alto nivel de salud de los trabajadores, debiendo ejecutar, entre otras, acciones de educación sanitaria, socorro, vacunación y estudios de ausentismo por morbilidad. Su función es esencialmente de carácter preventivo, sin perjuicio de la prestación de la asistencia inicial de las enfermedades presentadas durante el trabajo y de las emergencias médicas ocurridas en el establecimiento, hasta tanto se encuentre en condiciones de hacerse cargo el servicio médico que corresponda.

Estos Servicios de Medicina del Trabajo deberán estar dirigidos por profesionales universitarios especializados en Medicina del Trabajo con título de Médico del Trabajo.

El citado Decreto1338/96 establece además que las empleadoras deberán disponer de la asignación de horas-médico semanales en el establecimiento, en función del número de trabajadores/as equivalentes.

También los empleadores deberán prever la asignación de personal auxiliar de estos Servicios de Medicina del Trabajo.

La LRT transfiere la responsabilidad de la empleadora por enfermedades y riesgos del trabajo a las ART. Estas ejercen actualmente el contralor de la salud del trabajador enfermo o accidentado y las prevenciones que deben adoptarse para evitar eventos dañosos que derivan del trabajo.

Las ART no cubren enfermedades o accidentes inculpables, vale decir, no indemnizan ni controlan daños en la salud de los trabajadores cuando ellos no derivan del trabajo ni del viaje entre el hogar y el lugar de trabajo, y viceversa. A modo de ejemplo, un malestar estomacal, una fractura que se originó en un accidente hogareño, etc., no serán cubiertos ni controlados por una ART.

Pero un servicio de medicina laboral debe contratarse (aunque no todo empleador lo hace), sea mediante un abono o bien en modo permanente, a fin de controlar si el/las trabajador/a padece alguna dolencia o si se halla en condiciones de prestar servicios.

En casi todos los casos, ante el caso de que un/a trabajador/a enferme, siempre está presente el tratamiento médico prescripto la obra social a la que esté inscripto el empleado. De no contratarse el servicio de medicina laboral, habrá de estarse siempre a lo que el personal médico de una obra social determine.

INFRAESTRUCTURA DE OBRA

A través de la Resolución 231/96, la SRT ha establecido medidas mínimas que deben cumplirse en una obra, por ejemplo:
- El establecimiento de sanitarios y vestuarios para el personal.
- La provisión de elementos de protección personal.
- Medidas de prevención ante caída de personas o cosas.
- La protección del sistema eléctrico.
- La confección del legajo técnico.
- La capacitación sobre seguridad e higiene.
- La señalización de obra.
- La protección contra incendio.

Además, el inicio de la obra debe ser denunciado ante la ART, en virtud de lo ordenado por la Resolución 51/97 de la SRT; esa denuncia debe incluir un programa de seguridad que debe ser confeccionado por el contratista; en esta Resolución, se autoriza a las ART a prestar ellas mismas los servicios de seguridad e higiene coordinadamente con la empresa que ejecute la obra. Los puntos a considerar respecto de cubrir las diversas áreas de la obra son:

1) **TRANSPORTE DEL PERSONAL:** En obras donde se utilicen medios de transporte, los vehículos utilizados para tal fin deberán cumplir con los siguientes requisitos:
   a) serán cubiertos.
   b) dispondrán de asientos fijos.
   c) serán acondicionados e higienizados adecuadamente.
   d) no transportarán simultáneamente, en un mismo habitáculo, trabajadores y materiales o equipos, salvo que existan separaciones adecuadas para uno u otro fin.
   e) cumplirán con lo establecido en el capítulo "Vehículos y Maquinarias de Obra" del decreto 911/96.
   f) dispondrán de escaleras para ascenso y descenso del personal.

2) **VIVIENDAS PARA EL PERSONAL:** Una obra, dada su magnitud, puede requerir que el personal deba ser alojado en ella, teniendo en cuenta que los trabajadores se hallan muy alejados de sus viviendas, de modo que no se justifique el traslado desde los hogares hacia la obra o al revés. De ser así, el empleado debe proveer un adecuado alojamiento, que deberá satisfacer las condiciones que el art. 22 del Decreto 911/96 establecen, debiéndose considerar:

a) Los dormitorios podrán ser modulares o mampuestos, con una altura mínima de 2,60m y una superficie mínima de 6m² para dormitorio individual y de 9m² para dormitorio doble.

b) Las terminaciones de pisos, paredes y techos, deben estar resueltos con materiales que permitan una fácil limpieza y desinfección.

c) Dispondrán de extintores de incendio en cantidad y calidad adecuadas a los posibles riesgos de incendio y a las características constructivas del alojamiento.

d) La limpieza diaria del alojamiento y la desinfección general del mismo estará a cargo de la empleadora.

e) Contarán con iluminación natural y artificial adecuada.

f) El área de ventilación tendrá una superficie mínima equivalente a unaoctava parte de la del dormitorio. Se asegurará que en los locales se produzcan cuatro renovaciones de aire por hora.

g) Todas las aberturas al exterior deberán cerrar de modo tal de evitar filtraciones de aire y agua.

h) Deberán construirse y equiparse tomando adecuadas precauciones de confort, en función de la zona geográfica de ubicación.

i) Las habitaciones contarán con el amoblamiento adecuado e individual, con su ropa de cama y aseo, que asegure el buen descanso e higienización de sus ocupantes.

j) La ropa de cama que hubiere utilizado algún trabajador/a afectado/a de enfermedad infecto contagiosa deberá incinerarse.

k) Se efectuarán tareas de control y lucha contra roedores y vectores, así como de enfermedades transmisibles.

3) **INSTALACIONES SANITARIAS:** El art. 23 del Decreto 911/96 establece que los frentes de obra, talleres, oficinas, campamentos y otras instalaciones, deberán disponer de servicios sanitarios adecuados e independientes para cada sexo, en cantidad suficiente y proporcional al número de personas que trabajen en ellos. La proporción de servicios sanitarios será de la siguiente manera, según el art. 24 del Decreto citado, debiendo haber cada quince (15) trabajadores:
a) Un (1) inodoro a la turca.
b) Un (1) mingitorio.
c) Dos (2) lavabos.
d) Cinco (5) duchas con agua caliente y fría

En el caso de obras extendidas, la provisión mínima será de un retrete y lavabo con agua fría en cada uno de sus frentes.
Si el personal laboral reside temporariamente en la obra, no será exigible la inclusión de duchas en los servicios sanitarios de obra –frentes de obra y servicios auxiliares– admitiéndose que las mismas formen parte del grupo sanitario de los alojamientos.

Los servicios sanitarios deberán contar con:
a) Caudal de agua suficiente, acorde a la cantidad de artefactos y de trabajadores.
b) Pisos lisos, antideslizantes y con desagüe adecuado.
c) Paredes, techos y pisos de material de fácil limpieza y desinfección.
d) Puertas con herrajes que permitan el cierre interior y que aseguren el cierre del vano en las tres cuartas partes de su altura.
e) Iluminación y ventilación adecuadas.
f) Limpieza diaria, desinfección periódica y restantes medidas que impidan la proliferación de enfermedades infecto-contagiosas y transmisibles por vía dérmica.

Si un frente de obra es móvil, debe preverse que los servicios sanitarios también sean desplazables, cumpliendo lo desarrollado en este párrafo.

4) **VESTUARIOS:** Según lo normado en el art. 28 del Decreto 911/96, serán exigibles los vestuarios cuando el personal no viva al pie de obra. Las dimensiones de los vestuarios –cuyo destino es únicamente el previsto– serán acordes a la cantidad de trabajadores empleados en la obra, y se mantendrán en buenas condiciones de higiene. En los vestuarios habrá armarios individuales incombustibles para cada uno de los trabajadores de la obra. Si se desarrollan tareas donde se utilicen sustancias tóxicas, irritantes o agresivas en cualquiera de sus formas o se las manipule de cualquier manera, los armarios individuales serán dobles, destinándose uno a la ropa y equipo de trabajo y el otro a la vestimenta de calle.

5) **COMEDOR:** Debe existir en la obra un local adecuado para alimentación, provistos de mesas y bancos en número acorde a la cantidad total de personal en obra por turno y a la disposición geográfica de la obra. Este local debe estar permanentemente higienizado.

6) **COCINA:** En caso de existir cocina en la obra, ésta deberá cumplir las medidas de higiene y limpieza que garanticen la calidad de la comida de los trabajadores. Las cocinas deberán estar equipadas con mesada, bacha con agua fría y caliente, campana de extracción de humos y heladeras. Además, los trabajadores a cargo de la preparación de alimentos deben contar con el apto otorgado por el Servicio de Medicina del Trabajo a través de exámenes periódicos. Se les proveerá de delantal, gorro, guantes y barbijo cuando así corresponda.

7) **EVACUACIÓN DE DESECHOS CLOACALES U ORGÁNICOS:** conforme lo indican los arts. 33 a 36, se busca evitar contaminación del suelo y de fuentes de abastecimientos de agua; se regula el tratamiento de residuos sólidos, y recolección de desperdicios orgánicos,

8) **AGUA DE USO Y CONSUMO HUMANO:** Se entiende por agua para uso y consumo humano la que se emplea para beber, higienizarse y preparar alimentos. Debe cumplir con los requisitos establecidos para el agua potable por las autoridades competentes. Se regula el suministro y almacenamiento de agua potable.

NORMAS GENERALES APLICABLES EN OBRA

El capítulo 6 expresa que deben cumplirse determinadas condiciones generales en el ámbito laboral, donde debe preverse:

1) manipulación y almacenamiento de materiales;
2) orden y limpieza en la obra;
3) circulación (peatonal y vehicular);
4) calefacción, iluminación y ventilación;
5) protecciones contra caída de objetos y materiales y contra la caída de personas.

PREVENCIÓN CONTRA LA CAÍDA DE PERSONAS

El art. 52 del Decreto 911/96 prevé la prevención contra la caída de personas de la siguiente manera:

a) **ABERTURAS EN EL PISO.** Se deben proteger con:
- cubiertas sólidas transitables, incluso para vehículos. Si se construye con barras tipo reja, el espacio entre barras no será superior a 5 cm.
- barandas estables y resistentes, de 1,00 m de altura, con travesaños intermedios y zócalos de 15 cm de altura.
- cualquier otro medio eficaz.

b) **ABERTURAS EN LAS PAREDES AL EXTERIOR CON DESNIVEL.** Se deben proteger con:

- barandas, travesaños y zócalos, según los descripto en el ítem a).
- cuando existan aberturas en las paredes de dimensiones reducidas y se encuentren por encima del nivel del piso a 1,00 m de altura como máximo, se admitirá el uso de travesaños cruzados como elementos de protección.
- cuando los paramentos no hayan sido construidos y no se utilicen barandas, travesaños y zócalos como protección contra la caída de personas, se instalarán redes protectoras por debajo del plano de trabajo. Estas deben cubrir todas las posibles trayectorias de caídas. Estas redes salvavidas tendrán una resistencia adecuada en función de las cargas a soportar y serán de un material cuyas características resistan las agresiones ambientales del lugar donde se instalen. Deberán estar provistas de medios seguros de anclaje a puntos de amarre fijo. Se colocarán como máximo a 3,00 m por debajo del plano de trabajo, medido en su flecha máxima.
- es obligatoria la identificación y señalización de todos los lugares que en obra presenten riesgo de caída de personas y la instalación de adecuadas protecciones.

c) **CONTRA LA CAÍDA DE PERSONAS AL AGUA**

Será obligatorio proveer al personal laboral de chalecos salvavidas y demás elementos de protección personal que para el caso se consideren apropiados. Asimismo, se preverá la existencia de medios de salvamento, en su caso, tales como redes, botes con personal a bordo y boyas salvavidas.

d) **CONTRA LA CAÍDA DE PERSONAS A DISTINTO NIVEL**

Comprende esta protección aquellas tareas que involucren circular o trabajar a un nivel cuya diferencia de cota sea igual o mayor a 2,00 m con respecto del plano horizontal inferior más próximo, y se observarán aun cuando el trabajador cuente con equipos y elementos de protección personal.

Pero si la tarea es de corta duración y no presenta un elevado riesgo a juicio del responsable de Higiene y Seguridad, las medidas de seguridad colectivas no serán de aplicación obligatoria. En estos casos, los cinturones de seguridad anclados en puntos fijos y la permanencia en el lugar de trabajo de dos trabajadores y la directa supervisión del responsable de la tarea, serán las mínimas medidas de seguridad obligatorias a tomar.

TRABAJOS EN POZOS DE ASCENSORES, CAJAS DE ESCALERAS Y PLENOS

Durante la instalación o el cambio de ascensores, o cualquier otro trabajo efectuado en una caja o pozo, se deberá instalar una cubierta a un piso por encima de aquél donde se efectúa el trabajo, para proteger al personal contra la caída de objetos. Dicha cubierta protegerá toda abertura y tendrá adecuada resistencia mecánica. Además, se ordena instalar una red protectora o elemento de similares características acorde a lo establecido en el capítulo "Lugares de trabajo", ítem "Protección contra la caída de personas", así como la provisión de equipos y elementos de protección personal acorde al riesgo y de acuerdo a lo estipulado en el capítulo correspondiente.

TRABAJOS EN LA VÍA PÚBLICA

Deberán señalizarse, vallarse o cercarse las áreas de trabajo para evitar que se vea afectada la seguridad de los trabajadores por el tránsito de peatones y vehículos.

SEÑALIZACIÓN

Estos sistemas de señalización (carteles, vallas, balizas, cadenas, sirenas, tarjetas, etc.), se mantendrán, modificarán y adecuarán según la evolución de los trabajos y sus riesgos emergentes, de acuerdo a normas nacionales o internacionales reconocidas.
El/la responsable de Higiene y Seguridad indicará los sitios a señalar y las características de la señalización a colocar, según las particularidades de la obra.
Las señales visuales serán confeccionadas en forma tal que sean fácilmente visibles a distancia y en las condiciones que se pretenden sean observadas.
Se utilizarán leyendas en idioma español, pictogramas, ideogramas, etc., que

no ofrezcan dudas en su interpretación y usando colores contrastantes con el fondo. La señalización de los lugares de acceso, caminos de obra, salidas y rutas de escape deberán adecuarse al avance de la obra.

Quienes trabajen en la construcción de carreteras en uso deben estar provistos de equipos de alta visibilidad de acuerdo a lo establecido en el Capítulo de "Equipos y elementos de protección personal" y protegidos de la circulación vehicular mediante vallados, señales, luces, vigías u otras medidas eficaces.

Cuando vehículos y máquinas de obra deban trabajar maniobrando con ocupación parcial o total de la vía pública habilitada al tránsito, además de instalar señales fonoluminosas se deben asignar señaleros en la medida de lo necesario.

Las partes móviles de máquinas y equipos de obra serán señalizadas de manera tal que se advierta fácilmente cuál es la parte en movimiento y cuál la que permanece en reposo.

Las cañerías por las que circulen fluidos se pintarán con los colores establecidos en la Norma IRAM correspondiente.

INSTALACIONES ELÉCTRICAS

Regula la norma los siguientes rubros:

1. Niveles de tensión.
2. Distancias de seguridad.
3. Trabajos y maniobras en instalaciones de baja, media y alta tensión
4. Trabajos sin tensión.
5. Ejecución de trabajos en proximidad de instalaciones de media tensión y alta tensión en servicio.
6. Trabajos y maniobras en dispositivos y locales eléctricos.
7. Mantenimiento de las Instalaciones.

PREVENCIÓN Y PROTECCIÓN CONTRA INCENDIOS

Los objetivos a cumplir –según el art. 89 del Decreto 911/96– son:

a) Impedir la iniciación del fuego, su propagación y los efectos de los productos de la combustión.
b) Asegurar la evacuación de las personas.
c) Capacitar al personal en la prevención y extinción del incendio.
d) Prever las instalaciones de detección y extinción.
e) Facilitar el acceso y la acción de los bomberos.

Debe tenerse en cuenta además que:

a) Es necesaria una periódica inspección de los equipos y materiales de prevención y extinción de incendios.
b) Los tubos de evacuación de humos y las chimeneas deben aislarse térmicamente.
c) Deberán existir avisos visibles que indiquen los números de teléfonos y direcciones de los puestos de ayuda más próximos –bomberos, asistencia médica y otros– junto a los aparatos telefónicos y áreas de salida.

DEPÓSITO DE INFLAMABLES

En los depósitos de combustibles sólidos, minerales, líquidos y gaseosos debe cumplirse con lo establecido en la Ley N° 13.660 y su reglamentación, además de cumplimentar con los artículos siguientes. Debe preverse el adecuado almacenamiento, transporte, manipulación y uso de sustancias inflamables. Las sustancias propensas a calentamiento espontáneo, deben almacenarse conforme a sus características particulares para evitar su ignición.

EQUIPOS Y ELEMENTOS DE PROTECCIÓN PERSONAL (EPP)

Los EPP se entregarán a los trabajadores, quienes deberán usarlos de manera obligatoria. Los EPP serán individuales, y no serán intercambiables. El personal laboral deberá haber sido previamente capacitado y entrenado en el uso y conservación de dichos equipos y elementos, tal lo especifica el art. 98 del

Decreto 911/96. A fines de evitar riesgos adicionales, se prohíbe la utilización de elementos y accesorios (bufandas, pulseras, cadenas, corbatas, etc.). En su caso, el cabello deberá usarse recogido o cubierto.

La deficiencia de equipos o elementos utilizados que ocasionen un accidente o enfermedad, será responsabilidad del fabricante, importador o vendedor de tales equipos.

Los equipos y elementos de protección personal deberán ser destruidos al término de su vida útil.

Un EPP está diseñado para minimizar las consecuencias de las agresiones de agentes externos, y que contribuye a complementar el plan de seguridad diseñado para el lugar de trabajo.

Debe tenerse en cuenta que un EPP posee limitaciones respecto de resguardar de todos los peligros que lo rodean.

Un EPP debe ser periódicamente inspeccionado, por lo cual:

- Un equipo defectuoso debe renovarse. Un casco que presente defectos, que haya protegido de un impacto severo, un protector ocular sucio o rayado, un protector respiratorio que permite el paso de agentes contaminantes, deben ser dados de baja.
- Un equipo debe ser guardado y cuidado de manera razonable.
- Un equipo debe estar limpio y desinfectado.

1. **SOBRE LA INDUMENTARIA GENERAL.** La vestimenta utilizada por el personal laboral:

    a) Será de tela flexible, de fácil limpieza y desinfección y adecuada a las condiciones del puesto de trabajo.

    b) Ajustará bien el cuerpo del trabajador sin perjuicio de su comodidad y facilidad de movimiento.

    c) Las mangas serán cortas o, en su defecto, ajustarán adecuadamente.

    Toda indumentaria y calzado de trabajo se adecuará a las circunstancias climáticas y topográficas de donde se emplace la obra.

    Llegado el caso, se utilizará indumentaria de tela incombustible o resistente a sustancias agresivas. Según los requerimientos específicos de las tareas, se dotará a los trabajadores de delantales, mandiles, petos, chalecos, fajas, cinturones anchos y otros elementos de protección.

2. **PROTECCIÓN FACIAL Y OCULAR.** Anteojos de seguridad, antiparras, protectores faciales para trabajos de soldadura y corte de sus cristales filtrantes específicos y cubiertas completas o capuchones, ideales para trabajos con exposición a:
- Partículas sólidas y/o líquidos.
- Exposición a radiaciones nocivas (soldadura oxiacetilénica o eléctrica, etc.)
- Exposición a atmósferas contaminadas.

La protección ocular se adecuará según la tarea a desarrollar y en función de prevenir riesgos de:
a) Radiaciones nocivas.
b) Proyección o exposición de material particulado sólido, proyección de líquidos y vapores, gases o aerosoles.

La protección de la vista se efectuará con el empleo de pantallas, anteojos de seguridad y otros elementos que cumplan con lo establecido en los ítems siguientes:
a) Las pantallas contra la proyección de objetos deben ser de material transparente, sin estrías, rayas o deformaciones, o de malla metálica fina; provistas con un visor de material inastillable. Las utilizadas contra la acción del calor serán de materiales aislantes, reflectantes y resistentes a la temperatura que deba soportar.
b) Las lentes para los anteojos de seguridad deben ser resistentes al riesgo, transparentes, ópticamente neutras, libres de burbujas, ondulaciones u otros defectos y las incoloras transmitirán no menos del 89% de las radiaciones incidentes.
c) Sus armazones serán livianos, indeformables al calor, incombustibles, de diseño anatómico y de probada resistencia.

d) Para el caso de tener que proteger la vista de elementos gaseosos o líquidos, el protector ocular deberá apoyar sobre la piel a efectos de evitar el ingreso de dichos contaminantes a la vista.

e) Si el/la trabajador/a necesitase cristales correctores, se le proporcionarán anteojos protectores con la adecuada graduación óptica u otros que puedan ser superpuestos a los graduados del propio interesado.

f) Cuando se trabaje con vapores, gases o aerosoles, los protectores deberán ser completamente cerrados y bien ajustados al rostro, con materiales de bordes flexibles. En los casos de partículas gruesas, serán como los anteriores, permitiendo la ventilación indirecta.

3. **PROTECCIÓN CRANEANA.** Será indispensable el uso de casco de seguridad (art. 107 del Decreto 911/96), tengan éstos ala completa alrededor, o con visera únicamente en el frente, fabricados con material de resistencia adecuada a los riesgos inherentes a la tarea a realizar. Deberá utilizarse casco cuando se esté trabajando en sectores en donde exista el riesgo de:
   • Caída de objetos
   • Posible contacto de la cabeza con conductores eléctricos expuestos.

4. **PROTECCIÓN DE MIEMBROS SUPERIORES E INFERIORES.** Cuando se esté expuesto a peligros tales como el contacto con sustancias peligrosas, cortes y raspaduras severas, o bien quemaduras químicas o térmicas, la protección de los miembros superiores se efectuará mediante guantes, manoplas, mitones y protectores de brazo acorde a la tarea a realizar. Cualquiera de los protectores utilizados deberá permitir la adecuada movilidad de las extremidades. Además, cuando el personal laboral deba manipular sustancias nocivas que puedan afectar la piel, se le deberá proveer de cremas protectoras adecuadas.

Para la protección de los miembros inferiores se proveerá al personal de calzados de seguridad (zapatos, botines o botas, conforme los riesgos a proteger) y polainas cuando la tarea que realice así lo justifique.

Si está expuesto a:

- Caída de elementos pesados y objetos punzantes.
- Pinchaduras.
- Cables o conexiones eléctricas expuestas.
- Manipulación de productos químicos o hidrocarburos.

Cuando exista riesgo capaz de determinar traumatismo directo de los pies, el calzado de seguridad llevará puntera con refuerzo de acero. Si el riesgo es determinado por productos químicos o líquidos corrosivos, el calzado será confeccionado con elementos adecuados especialmente la plataforma, y cuando se efectúen tareas de manipulación de elementos calientes se proveerá al calzado la correspondiente aislación

5. **PROTECCIÓN AUDITIVA.** Protectores internos (tapones) y protectores externos (orejeras o auriculares). Cuando esté expuesto a: ruidos molestos, irritantes o que le causan dolor. Respecto de la protección auditiva, en tanto no puedan reducirse los niveles establecidos en el artículo correspondiente del Decreto 911/96, será obligatorio proveer de elementos de protección acorde al nivel y características del ruido.
- Si existen intervalos breves de sonido que puedan causarle daño.
- Si el nivel sonoro continuo equivalente supera los 85 del dBA o por ejemplo si una persona que está a menos de 1 metro no lo escucha por el nivel de ruido existente.

6. **PROTECCIÓN DE VÍAS RESPIRATORIAS: RESPIRADORES PARA PARTÍCULAS (BARBIJOS), SEMIMÁSCARAS, MÁSCARAS COMPLETAS (PROVEEN TAMBIÉN DE PROTECCIÓN OCULAR) Y EQUIPOS AUTÓNOMOS.** Cuando la concentración de polvo, de diferentes gases y/o vapores presentes en el aire superen los valores estipulados en la legislación vigente. En función del tipo de agresor, tendremos que emplear un filtro de retención para partículas sólidas, de retención química (material gaseoso y vapores) o uno de retención combinada. De acuerdo al grado de protección requerido utilizaremos barbijos, semimáscaras, máscaras o equipos autónomos. Se contará con equipos de

protección respiratoria en tareas realizadas en ambientes con gases, vapores, humo, nieblas, polvos, fibras, aerosoles, etc. En el caso de que la contaminación ambiental no pueda ser evitada o exista déficit de oxígeno, se empleará obligatoriamente equipos respiradores con inyección de aire a presión.

7. **PROTECCIÓN ANTE CAÍDAS.** Cuando se efectúen trabajos con riesgo de caída a distinto nivel será obligatorio, a partir de una diferencia de nivel de 2,50 m, el uso de cinturones de seguridad provistos de anillas por donde pasará el cabo de vida, las que no podrán estar sujetas por medio de remaches. Los cinturones de seguridad se revisarán siempre antes de su uso, desechando los que presenten cortes, grietas o demás modificaciones que comprometan su resistencia, calculada para el peso del cuerpo humano en caída libre con recorrido de 5m.

Se verificará cuidadosamente el sistema de anclaje, su resistencia y la longitud de los cabos salvavidas será la más corta posible conforme con la tarea que se ha de ejecutar.

NORMAS HIGIÉNICO-AMBIENTALES EN OBRA

En el capítulo 7 del decreto 911/96, se establecen las medias que deberán adoptarse cuando se realicen:
- TRABAJOS EN CONDICIONES HIPERBÁRICAS (cajones de aire comprimido).
- CONTAMINACIÓN AMBIENTAL (operaciones y procesos que produzcan la contaminación del ambiente con gases, vapores, polvos, fibras, aerosoles o emanaciones de cualquier tipo, líquidos y sólidos, radiaciones).
- VENTILACIÓN En locales o espacios confinados de las obras, todo lugar que no recibe ventilación natural.
- TRABAJOS CON RADIACIONES IONIZANTES Y NO IONIZANTES (equipos generadores de rayos X).
- RUIDOS Y VIBRACIONES (ningún trabajador podrá estar expuesto, sin la utilización de protección auditiva adecuada, a una dosis de nivel sonoro continuo preestablecida).

- ILUMINACIÓN (luz adecuada según la tarea a realizar).
- ILUMINACIÓN DE EMERGENCIA.
- CARGA TÉRMICA.

NORMAS DE PREVENCIÓN EN LAS DISTINTAS ETAPAS DE OBRA

En el capítulo 8 se prevén las distintas medidas que deben llevarse a cabo cuando se realizan tareas de:
- DEMOLICIÓN
- TRABAJOS CON EXPLOSIVOS
- EXCAVACIONES Y TRABAJOS SUBTERRÁNEOS.
- EXCAVACIONES.
- TUNELES Y GALERIAS SUBTERRÁNEAS.
- SUBMURACIÓN.
- TRABAJOS CON PILOTES Y TABLESTACAS.
- TRABAJOS CON HORMIGÓN.
- TUBERÍAS Y BOMBAS PARA EL TRANSPORTE DE HORMIGÓN.
- TRABAJOS CON PINTURAS.

NORMAS DE PREVENCIÓN EN LAS INSTALACIONES Y EQUIPOS DE OBRA

El capítulo 9, en sus arts. 185 al 377 establece las medidas que sobre seguridad deben cumplir:
- Silos y tolvas
- Herramientas
- Escaleras y sus protecciones
- Andamios
- Silletas
- Caballetes
- Pasarelas y rampas
- Vehículos y maquinaria automotriz
- Hormigoneras

- Aparatos elevadores
- Cabinas
- Grúas
- Autoelevadores y equipos similares
- Montacargas
- Ascensores y montacargas que transportan personas
- Cables, cadenas, cuerdas y ganchos
- Cuerdas
- Cadenas
- Eslingas
- Transportadores
- Soldadura y corte a gas
- Cilindros de gases a presión
- Reguladores
- Mangueras
- Boquillas y sopletes
- Generadores de vapor
- Compresores
- Cilindros de gases a presión
- Conductos de vapor y de gas
- Dispositivos de seguridad
- Máquinas y equipos de transformación de energía
- Motores

OBLIGACIONES DE LA EMPRESA

La LCT en su art. 75 inc. 1, indica que la empleadora está obligada **a observar las normas legales sobre higiene y seguridad en el trabajo. y a hacer observar las pausas y limitaciones a la duración del trabajo establecidas en el ordenamiento legal**.

Toda empresa debe cumplir con las siguientes exigencias:

a) Contar con un Servicio de Higiene, Seguridad y Medicina Laboral dirigido por un profesional habilitado;
b) Contar con un seguro por accidentes de trabajo contratando a una ART;
c) Avisar a la ART con cinco días de anticipación la fecha de inicio de obra (según Res. 51/97);
d) Confeccionar y presentar un **Programa de Seguridad** ante la ART. Este programa debe presentarse cuando la obra tiene las siguientes características:
- Excavaciones.
- Demoliciones.
- Construcciones que indistintamente superen los mil metros cuadrados (1000 m²) de superficie cubierta.
- Trabajos que se realicen a más de 4,00 m de altura.
- Tareas sobre o en proximidades de líneas o equipos energizados con Media o Alta tensión.
- Aquellas obras, que debido a sus características, la ART del empleador lo solicite.

La empleadora, en carácter de contratista principal o de comitente, debe coordinar un Programa de Seguridad Único para toda la obra; dicho programa contemplará todas las tareas a realizar tanto por el personal propio como también los de las empresas subcontratistas.

Si en obra existiera más de un contratista principal, la confección del Programa de Seguridad será realizada en forma conjunta. Igualmente, las empleadoras que actúen como subcontratistas, deben notificar el inicio de obra y confeccionar y presentar ante la ART el Programa de Seguridad propio.

EXÁMENES MÉDICOS

La Resolución 43/97 de la SRT establece los requisitos y condiciones bajo las cuales deben ser efectuados los diferentes exámenes de salud del personal laboral. Debe la empleadora estar en contacto con su ART a fin que conocer los pasos a seguir tanto para los exámenes periódicos como para los restantes controles. Los exámenes médicos se realizan en función de los agentes de riesgo a que está expuesto el personal. En este aspecto, se establecen los siguientes exámenes de salud:

1. **Exámenes obligatorios de ingreso y de egreso:**
   - El examen obligatorio preocupacional determina la aptitud del personal laboral en forma previa al inicio de la relación laboral, conforme sus condiciones psicofísicas para el desempeño de las actividades que se le requerirán. En ningún caso, pueden ser utilizados como elementos discriminatorios para el empleo. La empleadora es responsable por la realización de estos controles médicos, independientemente de que pueda convenir con su ART la realización de ellos, aunque debe hacerlo el Servicio de Medicina del Trabajo. Estos exámenes deben permitir detectar patologías preexistentes para aquellos trabajos en los que eventualmente estuvieren presentes agentes de riesgo (según el Decreto Nº 658/96). Según la LRT, si este examen evidencia una incapacidad física preexistente, los exámenes podrán ser fiscalizados en organismos públicos autorizados por la SRT.
   - Los exámenes previos a la finalización de la relación laboral se realizan para comprobar el estado de salud del personal laboral frente a los elementos de riesgo a los que hubiere estado expuesto al momento de la desvinculación laboral. Estos exámenes permiten el tratamiento oportuno de las enfermedades profesionales al igual que la detección de eventuales secuelas incapacitantes. Estos exámenes son optativos, debiéndose llevar a cabo entre los diez (10) días anteriores y los treinta (30) días posteriores a la terminación de la relación laboral.

2. **Exámenes obligatorios periódicos:**
   - Se realizan para detectar precozmente afecciones producidas por aquellos agentes de riesgo (según Decreto Nº 658/96), a los cuales el personal laboral se encuentre expuesto con motivo de sus tareas, con el propósito de evitar el desarrollo de enfermedades profesionales. El control estará a

cargo de la ART, sin perjuicio que ésta pueda convenir con la empleadora su realización.

3. **Exámenes previos a la transferencia de actividad**
   - Estos exámenes son obligatorios cuando un/a trabajador/a cambia de actividad, por lo que estaría expuesto a distintos agentes de riesgo no relacionados con la actividad anterior. La responsabilidad de su realización corresponde a la empleadora.

4. **Exámenes posteriores a ausencias prolongadas**
   - Se realizan para detectar las patologías eventualmente sobrevenidas durante la ausencia. Son optativos, y sólo pueden ser efectuados en forma previa al reinicio de las actividades. La responsabilidad de efectuar los mismos corresponde a cada ART. Los casos de ausencia prolongada deben ser notificados por los empleadores en los plazos y modalidades que cada ART establezca.

Los exámenes en cuestión deben ser efectuados en centros habilitados por la autoridad sanitaria y bajo la responsabilidad de profesional médico laboral, debidamente habilitado ante la autoridad competente.

RESPONSABLES POR LA HIGIENE Y SEGURIDAD

La seguridad e Higiene en una obra, sea grande o pequeña, debe atender a un criterio de planificación basado en las normas legales, con anterioridad al inicio de los trabajos, evitando improvisaciones y requiriendo el aporte de todos los recursos humanos intervinientes.

La responsabilidad por mantener al sitio de trabajo como un ámbito en el cual tanto el accidente laboral como la aparición de enfermedades profesionales se vean minimizados, es un compromiso que involucra a todos los actores que intervienen en la obra, tanto quienes desarrollan allí su actividad como aquellos que tienen por función controlar.

- En la etapa de **proyecto**, cada diseñador/a debe tener en cuenta que el diseño de la obra es el punto de partida de un modo de ejecución de obra: cada rubro interviniente requerirá la adopción de determinadas medidas de prevención. Igual criterio habrá de adoptarse al diseñar el obrador, respecto de la utilización de maquinarias, riesgos derivados del uso de las mismas, emisión de ruidos, gases, etc., y de la infraestructura del mismo (comedores, servicios, pañoles, almacenamiento).
- La **empresa constructora** debe no solamente programar la secuencia laboral y el ritmo de las tareas sino además controlar el modo de trabajo del personal afectado a la obra, que debe estar correctamente entrenado y que debe contar con los elementos adecuados para las tareas. Esto hace que jefes de sectores, capataces, deban necesariamente intervenir en el curso de la acción tendiente a la instrumentación de las medidas preventivas. Igual actitud han de tomar los encargados del mantenimiento periódico de equipos y enseres utilizados en las tareas. De ahí se desprende que en muchas empresas se constituyen los Comités de Trabajo sobre Seguridad e Higiene, en el cual se trabaja informando y debatiendo acerca de las normativas y los riesgos propios de cada tarea. No está contemplada en la legislación esta modalidad, aunque muchas empresas lo llevan a la práctica.
- El **personal laboral** debe no solamente estar entrenado acerca de su labor específica, sino además deben cumplir con las normas de seguridad adoptadas y deben acatar las instrucciones de quien lo supervise.
- En la medida que cuenten con personal idóneo, y ejerciendo una sana influencia sobre los trabajadores para que éstos demanden medidas de seguridad concretas, los **Sindicatos** deben también controlar por el cumplimiento de las normas.

SERVICIO DE HIGIENE Y SEGURIDAD EN EL TRABAJO

Por la **Resolución SRT 35/98**, si varias empresas trabajan en la misma obra, el Contratista Principal o el Comitente coordinará un Programa de Seguridad único para toda la obra; dicho programa debe contemplar todas las tareas que fueren a realizarse por parte de todos los contratistas, sin excepción.

Según la **Resolución SRT 319/99**, las personas humanas o jurídicas que actúan como Comitentes o Contratistas Principales en las actividades de construcción comprendidas en el Decreto 911/96, deben en forma obligatoria instrumentar un Servicio de Higiene y Seguridad en el Trabajo. De existir varios contratistas en la misma obra, el Servicio de Higiene y Seguridad del Comitente debe coordinar los Servicios de HST de los Contratistas (si es que no está a cargo del contratista principal).

La **Resolución SRT 231/96** determina la cantidad de personal especializado en Higiene y Seguridad en el Trabajo que se requiere para instrumentar el programa de seguridad, siempre teniendo en cuenta el riesgo intrínseco de la actividad, la cantidad de personal y los frentes de trabajos simultáneos que se pueden presentar. El Servicio puede ser interno (se observa en las grandes obras, cuyas empresas posee dicho servicio) o externo, y se encarga de atender las siguientes tareas, que ordenan a la organización del obrador y el estudio preventivo de las tareas en la obra:

- Control del cumplimiento de las medidas de higiene y seguridad en los trabajos.
- Entrenamiento del personal afectado a las tareas.
- Gestión de puestos de primeros auxilios y servicios contra incendios.
- Control del almacenamiento y uso de explosivos (si se requieren en obra).
- Control del movimiento vehicular.
- Registro y procesamiento estadístico de datos sobre accidentes y enfermedades profesionales.

El Servicio de Higiene y Seguridad no imparte órdenes a quienes ejecutan las tareas –a efectos de no romper cadena de autoridad– pues estos poseen jefes directos, aunque se justificará la intervención oportuna si se evidencia un riesgo inminente, debiendo si es necesario proceder a interrumpir las tareas, y dar aviso a la empresa.

La SRT ha sancionado la **Resolución 552/01**, que reglamenta un nuevo formulario tipo para la denuncia de obra, en el cual debe detallarse el registro de visitas en obra y la notificación acerca de cuándo se extienden o suspenden las tareas.

INICIO DE OBRA Y PROGRAMA DE SEGURIDAD

La Resolución 552/01 de la SRT establece un nuevo modo de denunciar el inicio de obra, e indica además nuevos requisitos a cumplir por las ART: mantener un registro de visitas en obra y notificar cuando se extiende o suspende una obra.

PROGRAMAS DE LA SRT

La SRT ha desarrollado los siguientes programas:

- Programa de Empleadores con Siniestralidad Elevada (PESE)
- Programa para la Prevención de accidentes de trabajo y enfermedades profesionales en las PyMES
- Programa de Autoseguro
- Programa de Construcción
- Programa de Riesgos por Actividad
- Programas Nacionales de Prevención por Rama de Actividad (ProNaPre)

El **Programa de Empleadores de Alta Siniestralidad (PESE)** está previsto para realizar el seguimiento y control de los empleadores con altos niveles de siniestralidad con el fin de establecer acciones específicas de prevención de los riesgos derivados del trabajo para disminuir la siniestralidad y mejorar las condiciones de salud y seguridad en el ambiente de trabajo. Se encuentra regulado por la Resolución SRT 363/16.
Para ser incluidos en este programa la empleadora debe superar, en el año calendario anterior, un porcentaje establecido por la SRT del *índice compuesto de incidencia de accidentes de trabajo y enfermedades profesionales*, siempre

que tengan un promedio anual de trabajadores igual o mayor a 50. Aquellos empleadores que estén incluidos en el PESE deberán cumplimentar una serie de obligaciones propias del programa, cuyo ciclo dura 2 años.
Son obligaciones de las partes:

- **Del empleador:** confeccionar el Informe General del Empleador (IG.), suscribir un Plan de Reducción de la Siniestralidad (PRS) con plan de visitas, actualizar el Relevamiento General de Riesgos Laborales (RGRL) y permitir a la ART realizar las visitas en el establecimiento.
- **De la ART:** notificar a la empleadora su inclusión en el PESE, remitir el IGE y el PRS a la SRT, cumplir con el plan de visitas establecido e informarlas a la SRT, y cumplir con los plazos otorgados.

El **Programa para la prevención de accidentes de trabajo y enfermedades profesionales de las PyMEs** se creó con el objeto de reducir los accidentes de trabajo y las enfermedades profesionales en las empresas con una dotación de personal comprendido entre 11 y 49 trabajadores/as, mediante el mejoramiento de las condiciones y medio ambiente de trabajo. El mismo se regula a través de la Resolución SRT 1/05, modificada por Resolución SRT N° 1579/05.
Para ser incluidos en el programa, la empleadora deberá superar en un 30% el *índice de incidencia de accidentes de trabajo –excluidos los in itinere–* y enfermedades profesionales del sector al cual pertenecen según su actividad y deberán cumplimentar una serie de obligaciones mientras dure su inclusión. Este diseño persigue la disminución efectiva del número y gravedad de las contingencias y en consecuencia, el fortalecimiento de las PyMEs al promover la mejora en las prácticas de trabajo.
El **Programa de Autoaseguro** fue creado con el fin de permitirle a la empleadora optar por el régimen del autoseguro de los riesgos del trabajo, prescindiendo de la obligación de contar con una ART. Para ello, resulta indispensable cumplir con todos los requisitos establecidos en la normativa: solvencia económica financiera y contar con los servicios necesarios para otorgar las prestaciones en especie. El mismo se encuentra regulado en la Resolución SRT 3528/2015.

Por otra parte, la Ley 27.348 crea el Autoseguro Provincial, permitiendo que las provincias, los municipios y la Ciudad Autónoma de Buenos Aires, tengan la opción de autoasegurarse sin necesidad de contar con una ART, siempre garantizando la estructura suficiente para el adecuado otorgamiento de las prestaciones médicas, dinerarias, asistenciales y preventivas establecidas en la Ley 24.557.

El **Programa de Construcción** fue creado para contemplar situaciones especiales en la industria de la construcción, y que incluyen sus riesgos específicos. Este programa tiene por objeto controlar cuestiones concretas tales como los programas de seguridad, los avisos de obras, planes de visitas y su seguimiento en plazo, ello con el fin de prevenir los riesgos del trabajo. La normativa que la contempla es:

- Decreto 911/96
- Resolución SRT 51/97
- Resolución SRT 35/98
- Resolución SRT 319/99
- Resolución SRT 552/01
- Resolución SRT 550/11
- Resolución SRT 503/14

Aquellos empleadores/as que desarrollen actividades de obras en general, demoliciones, excavaciones, ejecuciones de submuraciones, movimientos de suelos, excavaciones de cielo abierto, deberán cumplir con las obligaciones establecidas en la normativa específica.

El **Programa de Riesgos por Actividad** fue creado para aquellos empleadores/as que no se encuentren dentro de la órbita de control de un Programa específico. La normativa que lo regula son las resoluciones SRT 552/01, 463/09 y 741/10. El objetivo del programa es lograr la prevención controlando las acciones y seguimiento de las ART tanto en el asesoramiento que deben brindar –sobre la determinación de la existencia de riesgos y potenciales efectos en la salud o el establecimiento, sobre la normativa vigente, en la selección de los elementos de protección personal, y en el suministro de información de seguridad en el empleo de productos químicos y biológicos– como en las visitas que deben realizar según el tipo de actividad que desarrollen. Los **Programas Nacionales de Prevención por Rama de Actividad (ProNaPre)** fueron creados por la Resolución SRT 770/13. De esta manera el organismo busca tener una mirada que abarque la variedad y complejidad de cada una de las ramas de actividad que conllevan sus riesgos específicos, y de esta manera consensuar medidas preventivas adecuadas. Esta resolución invita a conformar comisiones de trabajo con la participación activa de los sectores sociales que intervienen en cada una de las ramas productivas, con el objetivo de reducir los accidentes de trabajo, las enfermedades profesionales y mejorar las condiciones del medio ambiente laboral.

Las Comisiones de trabajo están conformadas por organizaciones sindicales, organizaciones empresariales, autoridades de trabajo jurisdiccionales (ministerios, secretarías y subsecretarías, etc.), las ART y la SRT.

Las Comisiones de Trabajo tienen, entre otras las siguientes funciones: la elaboración de guías de observación de problemas, *check list*, la realización de manuales de buenas prácticas por sector, la elaboración de mapas de riesgos, la participación en la elaboración de políticas de prevención, la elaboración de fichas técnicas para riesgos específicos por actividad, brindar asesoramiento sobre temas de aplicación de normativa en las comisiones de trabajo, y realizar visitas a establecimientos en las cuales participan todas partes que están en la comisión cuatripartita.

RESOLUCIONES IMPORTANTES DE LA SRT

Con el propósito de mejorar la actividad, la SRT establece normas que deben cumplirse obligatoriamente, siendo las más importantes de ellas:

- **Resolución SRT 231/96:** Es reglamentaria del Decreto 911/96. Establece que las condiciones básicas de Higiene y Seguridad que se deben cumplir en una obra en construcción desde el comienzo de la misma, la asignación de horas profesionales en las obras según la cantidad de personal y los contenidos mínimos del legajo técnico.

- **Resolución SRT 51/97:** Es reglamentaria del Decreto 911/96. Establece la obligatoriedad de presentar el aviso de obra ante la ART cinco días antes de su iniciación; establece además las características y contenidos de los Programas de Seguridad que las empresas deben presentar ante la ART (ésta debe controlar y aprobar), y las obligaciones de control de dicho programa por parte del servicio de Seguridad e Higiene de la empresa y la ART. El Programa de Seguridad como parte del Legajo Técnico, que debe incluir:
  a) la memoria descriptiva de la obra;
  b) un programa de prevención de accidentes de trabajo y enfermedades profesionales según los riesgos previstos en cada etapa de obra;
  c) el programa de capacitación del personal en materia de higiene y seguridad;
  d) el registro de las evaluaciones efectuadas sobre contaminantes;
  e) el organigrama del Servicio de Higiene y Seguridad en el trabajo;
  f) los planos del obrador y sus servicios auxiliares.
- **Resolución SRT 35/98:** Es reglamentaria del Decreto 911/96 y amplía alcances de la Resolución SRT 51/97. Crea el Programa de Seguridad Único coordinado por el contratista principal y/o comitente, y obligaciones de control de dicho programa por parte del servicio de Seguridad e Higiene de la empresa y la ART, de corresponder.
- **Resolución SRT 319/99:** Es reglamentaria del Decreto 911/96 y amplia alcances de las Resoluciones SRT 51/97 y 35/98: establece la obligatoriedad del comitente de coordinar las acciones de higiene y seguridad ante ausencia de contratista principal. Crea además la figura de la obra repetitiva y de corta duración y define para éstas el contenido del Programa de Seguridad. Establece un plazo máximo de cinco días para que las ART aprueben o rechacen los Programas de Seguridad.
- **Resolución SRT 552/01:** Es reglamentaria del Decreto 911/96 y las Resoluciones SRT 51/97, 35/98 y 319/99: crea un modelo de aviso de obra, obliga a las ART a enviar a la SRT los avisos de obra, y define obligaciones de aviso y control para las ART.

- **Resolución SRT 1830/05:** Sustituye el art. 16 del Decreto 911/96, estableciendo que las prestaciones de Higiene y Seguridad deberán estar dirigidas por graduados universitarios, a saber:
  a) Ingenieros/as Laborales.
  b) Licenciados/as en Higiene y Seguridad en el Trabajo.
  c) Ingenieros/as Químicos/as y Arquitectos/a con cursos de posgrado en Higiene y Seguridad en el Trabajo de no menos de 400 horas de duración, con autorización dada por organismos oficiales con competencia y desarrollados en Universidades estatales o privadas.
  d) Graduados/as universitarios/as que a la fecha del dictado de la presente reglamentación posean incumbencias profesionales habilitantes para el ejercicio de dicha función.
  e) Técnicos/as en Higiene y Seguridad reconocidos por la Resolución MTESS 313 del 11-5-1983.

El ejercicio de la dirección de las prestaciones de Higiene y Seguridad será incompatible con el desempeño de cualquier otra actividad o función en la misma obra en construcción.

- **Resolución SRT 295/03:** La ergonomía es el término aplicado al campo de los estudios y diseños de artefactos que al ser manipulados puedan prevenir daños y enfermedades, mejorándose así la realización del trabajo. Se busca asegurar que los trabajos y tareas se diseñen para ser compatibles con la capacidad de los trabajadores. La norma, así, aprueba especificaciones técnicas sobre ergonomía y levantamiento manual de cargas.
- **Resolución SRT 1/05 (modificado por Resolución 1579/2005):** Establece el Programa para la Prevención de Accidentes de Trabajo y Enfermedades Profesionales en PyMES, con el propósito de reducir en estas empresas, al menos en un 10 los accidentes de trabajo y las enfermedades profesionales, mediante el mejoramiento de las condiciones y medio ambiente de trabajo. El Programa será de aplicación para aquella empleadora que cuente con una dotación de personal comprendida entre 11 y 49

personas, que hayan registrado un índice de incidencia de accidentes de trabajo -excluidos los *in itinere*- y enfermedades profesionales superior en un 30 % al índice de incidencia de accidentes de trabajo y enfermedades profesionales del sector al cual pertenecen según su actividad, con un rango de tolerancia error de estimación en más o en menos de un 5 %.

- **Resolución SRT 463/09:** Aprueba la Solicitud de Afiliación y el Contrato Tipo de Afiliación y crea el Registro de Cumplimiento de Normas de Salud, Higiene y Seguridad en el Trabajo.
- **Resolución SRT 559/09:** Refiere a empleadores/as que resulten incluidos en el "Programa de Rehabilitación para Empresas con Establecimientos que registren Alta Siniestralidad". La inclusión de una empleadora en este Programa es definida por la SRT, que considerará a tal fin a toda empleadora que cuente con un promedio anual igual o mayor a 50 trabajadores/as y que hayan registrado, en el año calendario anterior, un índice de incidencia de siniestralidad superior, en un 10%, al índice de incidencia correspondiente al sector de actividad al que pertenezcan; o que hubieren registrado un accidente mortal en sus establecimientos. Para calcular ese índice, se computarán los accidentes laborales y enfermedades profesionales denunciadas, tanto respecto al personal propio como del personal tercerizado que cumpla funciones en el establecimiento, excluyéndose los accidentes *in itinere*.
- **Resolución SRT 1642/09:** Se crea la Comisión de Trabajo para Empresas con establecimientos que registren alta siniestralidad en la actividad de la construcción. La Comisión de Trabajo tendrá las siguientes funciones:
a) Convocar a empleadores/as que formen parte de la muestra a participar de una reunión, impulsada por el MTESS junto a la S.R.T., con la presencia de las ART correspondientes, las ATL, representantes de la UOCRA y de la CAC.
b) Informar a cada empleador el estado de situación referente a su condición de Empresa con establecimientos que registren alta Siniestralidad.
c) Efectuar un diagnóstico inicial del estado de cumplimiento a las normas de seguridad vigentes y las condiciones y medio ambiente de trabajo.

d) Comunicar a la empleadora de la visita a la obra dentro de los plazos fijados por la Comisión, la que estará a cargo de los equipos técnicos seleccionados por la Comisión de Trabajo, las A.T.L. y en caso de corresponder, las ART, La UOCRA y la CAC participarán en calidad de veedores.

e) La SRT contribuirá con los recursos para llevar a cabo la Capacitación de los trabajadores involucrados en las empresas seleccionadas y, asimismo, se llevará a cabo la tarea de Capacitación del personal comprendido en el artículo 3º de la presente.

Las empleadoras que formen parte de la muestra deberán elaborar un "Permiso de Trabajo Seguro" instrumentado en el Anexo I de la presente resolución, el que deberá ser confeccionado en forma previa al inicio de las tareas de:

a) excavación;

b) demolición;

c) trabajos en altura que superen los 4 metros a partir de la cota cero o nivel inmediato inferior a la superficie de trabajo; d) realicen tareas sobre o en proximidades de líneas o equipos energizados con Media o Alta Tensión, definidas M.T. y A.T. según el reglamento del organismo regulador en materia de electricidad. El mismo deberá ser rubricado por la empleadora y el Representante del Servicio de Higiene y Seguridad.

- **Resolución SRT 741/10:** Procedimiento para el envío de información que deberán remitir las ART a la SRT.
- **Resolución SRT 550/11:** Establece un mecanismo de intervención más eficiente para las etapas de demolición de edificaciones existentes, excavación para subsuelos y ejecución de submuraciones, con el fin de mejorar las medidas de seguridad preventivas, correctivas y de control en las obras en construcción. Aprueba el listado de Acciones Primarias para trabajos de demolición y de excavaciones para realizar subsuelos, que deberá llevar a cabo la empresa constructora y el Servicio de Higiene y Seguridad en el Trabajo. Establece que cuando se ejecuten trabajos de excavación para ejecución de subsuelos, como así también tareas de submuración de muros, la documentación necesaria que deberá incorporarse en el Legajo Técnico de

la obra. Además, establece el Plan de Visitas para verificar el cumplimento de los Programas de Seguridad por parte de las ART.

- **Resolución SRT 299/11:** Determina que los elementos de protección personal suministrados por la empleadora a su personal deberán contar, en los casos que la posea, con la certificación emitida por aquellos Organismos que hayan sido reconocidos para la emisión de certificaciones de producto, por marca de conformidad o lote. Crea además el formulario "Constancia de Entrega de Ropa de Trabajo y Elementos de Protección Personal" que con su Instructivo forma parte como Anexo de la presente resolución.
- **Resolución SRT 770/13:** Creación del Programa Nacional de Prevención por Rama de Actividad, cuyo objetivo principal será el desarrollo y programación de políticas activas de prevención primaria, secundaria y terciaria, de manera conjunta o independiente con las organizaciones empresariales, las organizaciones sindicales, las administradoras de trabajo locales y las ART.
- **Resolución SRT 3528/15:** Establece los requerimientos que deben cumplir los empleadores privados para funcionar como autoasegurados en el sistema de riesgos del trabajo.
- **Resolución SRT 363/16:** Establece un nuevo programa para el tratamiento de los empleadores con altos niveles de siniestralidad, el cual se denominará Programa de Empleadores con Siniestralidad Elevada (PESE) mediante el cual se dirigirán acciones específicas de prevención de los riesgos derivados del trabajo, al segmento de empleadores que cumpla con las condiciones fijadas en la presente resolución, con la finalidad de disminuir la siniestralidad laboral y mejorar las condiciones de salud y seguridad en el ambiente de trabajo.

PROGRAMA DE SEGURIDAD

La seguridad e Higiene en la obra debe encarar una labor discriminada en tres niveles:

1) **Preventivo:** deben estudiarse y analizarse los riesgos.
2) **Protectivo:** deben adoptarse las medidas de protección personal o colectiva

3) **Dispositivo:** deben tenerse preparadas en la obra los modos de dar respuesta a los accidentes.

Una vez que se cuenta con el Programa de Seguridad, se tendrá una guía de control de las tareas, tanto por parte del Comitente como por la ART.
El Programa de Seguridad debe ser confeccionado antes del inicio de la obra, y debe detallar los procedimientos de ejecución según el criterio de prevención, debe definir además el riesgo previsible en cada etapa de las tareas, y asimismo debe indicar las medidas a adoptar para la disminución de riesgos.
También, el programa puede dividirse por niveles, atendiendo cada uno a las distintas etapas de la obra; puede existir un Plan general y Planes Derivados del General, respecto de los trabajos de los distintos gremios intervinientes.
El Programa debe ser firmado por la empresa constructora, la dirección de obra, el o la responsable de seguridad e higiene y debe ser aprobado por la ART.

PROGRAMA SOBRE RIESGOS DEL TRABAJO

La SRT en su Resolución 552/02 ordena ejecutar acciones que se encuadren en el Programa Trabajo Seguro para Todos (TST), con el fin de cumplir las obligaciones en materia de prevención de riesgos por parte de las ART.
Deben cumplirse las disposiciones contenidas en las resoluciones de la SRT 231/96, 51/97, 35/98 y 319/99, debiendo los empleadores entregar a su ART en el término de cinco días hábiles antes de iniciar la obra, el Aviso de inicio de obra en los términos del formulario que integra la resolución.
Una vez recibido el Aviso de inicio obra, la ART deberán comunicar a la SRT sobre todas las obras de construcción que comprendan:

- Movimientos de suelos (debe comunicarse dentro de las 48 hs.);
- Demoliciones (debe comunicarse dentro de las 48 hs.);
- Uso de medios de izaje, montacargas o montapersonas (debe comunicarse dentro de los diez días hábiles, al igual que los supuestos que siguen);
- Uso de silletas o andamios colgantes;

- Superen los 1000 m² de superficie cubierta;
- Superen los 4,00 m de altura a partir de la cota cero y realicen tareas sobre o en proximidades de líneas o equipos energizados con media o alta tensión.

También deben denunciarse las obras que reúnan los requisitos antes mencionados y que se hubieran iniciado dentro de los seis meses anteriores a la entrada en vigencia de la resolución y que continúen en plena tarea. En este caso, las ART tendrán 30 días corridos desde el inicio de la vigencia de la norma para comunicar el inicio de obra.

Las ART deben mantener un registro que contendrá los datos de la empleadora, la ubicación de la obra, fecha de visitas, y la detección de incumplimientos.

Si una empleadora considera que la obra no se verá concluida en el plazo que originalmente ha informado a la ART, antes de los cinco días hábiles del plazo original deberá informar la alteración del plazo, indicando la nueva fecha de culminación. Debe también informarse a la ART si una obra se debe suspender por más de tres días, y asimismo indicar la fecha posible de recomienzo de las tareas.

La SRT debe informar periódicamente a la autoridad laboral competente los comienzos y finalización de obras de construcción, y también los incumplimientos a la normativa de higiene y seguridad. De ese modo, puede procederse a la fiscalización y control de las actividades desarrolladas por las ART.

El incumplimiento de la empleadora respecto de las normas legales dará lugar a la sanción correspondiente.

SERVICIO EXTERNO DE SEGURIDAD E HIGIENE

Muchas empresas se dedican a brindar servicios de Seguridad e Higiene, cubriendo el servicio completo o brindarle servicios de mediciones, capacitaciones y/o estudios específicos. Estos servicios comprenden:

- Realización de Programas de Seguridad según resoluciones 319/99, 51/97 y 35/98, detallando las tareas a ejecutar en la obra; se presenta en la ART correspondiente para su aprobación.

- Visitas Técnicas.
- Capacitación al personal de la empresa.
- Mediciones de iluminación y de sonido.
- Estudios específicos (contaminación por polvo en suspensión, asbestosis, análisis de agua, estudios de efluentes sólidos, líquidos y gaseosos, análisis de suelos, carga térmica, etc.).
- Plan de evacuación.
- Carga de Fuego.
- Revisión de Matafuegos.
- Asesoramiento en la determinación del equipo y elementos de protección personal.

ORGANISMOS DE CONTROL

En la Ciudad Autónoma de Buenos Aires son organismos de control:

- **Superintendencia de Riesgos del Trabajo (SRT):** tiene a su cargo inspecciones, en las cuales puede llamar la atención sobre situaciones de riesgo, intimando a su inmediata corrección.
- **Gobierno de la Ciudad de Buenos Aires (GCBA):** actúa de igual modo que la SRT; también aplica sanciones económicas, y suspende tareas en forma parcial o total.
- **Aseguradora de Riesgos de Trabajo (ART):** actúa de igual modo que la SRT; denuncia incumplimientos a la Superintendencia de Riesgos del Trabajo; aumenta o disminuye la prima de seguros según riesgos y/o accidentes ocurridos.
- **Unión Obrera de la Construcción de la República Argentina (UOCRA)**, que únicamente denuncia situaciones riesgosas ante la SRT o GCBA.

En la Provincia de Buenos Aires, además de la SRT, ART y UOCRA, el **Ministerio de Trabajo** realiza iguales funciones que el GCBA.

RELACIÓN ENTRE SEGURIDAD EN OBRA Y CONTRATACIÓN DEL PERSONAL

La responsabilidad del profesional comprende no solamente aquellas que le son propias de su tarea sino además velar para que en la obra se controlen las medidas de seguridad. Frecuentemente se da el caso en el cual el profesional –que por imprudencia o por el cuestionable criterio de tomar una obra de cualquier manera– deja librada totalmente al comitente la contratación de la mano de obra, pudiendo ésta ser idónea o no, pero que no cumple con ninguna de las disposiciones legales vigentes, es decir, trabajadores informales o no registrados, cuya condición les impide acceder a la cobertura de un seguro personal o de una ART.

En una obra en la cual el personal se halla precarizadamente contratado, y aun siendo que dirigir una obra no es lo mismo que construirla, la dirección de obra podría ver comprometida su responsabilidad.

En aquellas obras en las cuales la informalidad es la regla, y más allá de que ejercer la dirección de obra es incompatible con dirigir y controlar prestaciones de higiene y seguridad, son repetidos los casos en donde ciertos "contratistas" desaparecen cuando sobreviene una contingencia, quedando de esta forma el profesional totalmente indefenso, víctima de su propia incapacidad para prevenir. Y no es excusable que el profesional atribuya situaciones como la descripta a la presión del comitente para disminuir costos, a la falta de trabajo, etc., porque tales excusas pueden llevarlo –tarde o temprano– a ver seriamente comprometida su responsabilidad profesional. Si en la obra deben reducirse costos, deben buscarse los medios para evitar que el recorte no recaigan sobre la regularización laboral ni la seguridad de obra.

IMPORTANCIA DE LOS ROLES EN LA OBRA

Sobre los roles en la obra, es importante no solamente diferenciarlos ante el comitente, sino además hacerlos constar expresamente en todo acuerdo que el comitente celebre con otros contratistas.

Asimismo, respecto de la importancia de la contratación responsable de gremios responsables, por parte del comitente, es conveniente que el profesional verifique:

1) **Que los contratistas estén inscriptos en la AFIP (Administración Federal de Ingresos Públicos) y en el IERIC**, controlando las constancias de inscripción. Estas inscripciones habilitan a los trabajadores a acceder a seguros personales o de ART, y a las previsiones sociales que correspondan.
2) **Que dichos contratistas estén asegurados.** Es de aclarar que mediante la Resolución SRT 51/97 se debe denunciar ante la ART el inicio de obra, presentando un programa de seguridad que debe ser confeccionado por el contratista; en esta Resolución, se autoriza a las ART a prestar ellas mismas los servicios de seguridad e higiene coordinadamente con la empresa que ejecute la obra.
3) **Que las tareas que los comitentes acuerden con empresarios** estén volcadas expresamente en un contrato.

En tanto que los roles de obra estén diferenciados y delimitados, y en tanto todos los involucrados cumpla con la ley, no solamente el profesional desempeñará eficientemente su tarea, sino que en el trabajo se vea reducido el margen de riesgo, con la consiguiente tranquilidad para todos los que llevan a cabo las tareas de obra.

Por otra parte, en muchas sentencias judiciales, no se ha extendido responsabilidad a la dirección de obra, pues no se la considera guardiana o tenedora de la obra, y asimismo se ha considerado la ausencia del deber de autoprotección de la víctima, criterios que en este libro, se apoyan.

SOBRE RESPONSABILIDAD Y SEGURIDAD

La obra es la síntesis de una serie de tareas que van desde la simple y artesanal fabricación de un ladrillo hasta la colocación de materiales de ultima tecnología. Ello demanda un exhaustivo análisis de las diversas etapas en las que se desarrollará la obra, por lo cual debe partirse de tener muy en claro cómo será ese proyecto que se materializará en lo futuro.

La construcción es una de las actividades que posee un alto grado de siniestralidad; se habla de una industria donde se produce una gran cantidad de accidentes laborales, que van desde una incapacidad temporaria o permanente hasta la muerte.

La Argentina posee un índice de accidentes que derivan en la muerte de aproximadamente 30 trabajadores/as al mes.

No existe una única causa de estos accidentes, y bien podemos mencionar varias de ellas, a saber:

a) Inadecuados microclimas laborales: gran parte de las tareas están siempre realizándose a cielo abierto, sufriendo los trabajadores las inclemencias del tiempo, altos extremos climáticos en toda época del año, con el agregado de la intervención de numerosos gremios actuando muchas veces en superposición.
b) Alta informalidad en la contratación de personal (trabajadores en negro).
c) Ausencia de contratos escritos.
d) Indefinición sobre ciertos roles (contratistas principales, subcontratistas).
e) Carencia de mano de obra estable y calificada, que muchas veces desconoce el manejo de ciertas máquinas y equipos, o bien su mantenimiento.
f) Ausencia de capacitación en prevención de riesgos ocupacionales, tanto de empleadores/as como del personal.
g) Presencia de trabajadores en obra que no se relacionan con la construcción, pero que efectúan algún tipo de trabajo en obra, tal el caso de quienes instalan carpinterías metálicas en obra, siendo personal traído por el proveedor, y que es ajeno a las tareas de obra.
h) Inadecuación de la legislación a los tiempos actuales, incluso en la definición de roles que se deben desempeñar en la obra.
i) Ausencia de controles médicos del personal, sean preocupacionales o periódicos, para el tipo de trabajo que realiza la empresa constructora y/o los contratistas o subcontratistas.
j) Permanente improvisación. Muchas tareas que no se hallan debidamente especificados, tanto en legajos técnicos como en el pliego de condiciones

(cláusulas específicas) quedan libradas a la más simple improvisación, sustituyendo lo esencial por un falso criterio pragmático.
k) Inobservancia de la normativa legal vigente para la actividad en materia de medicina e higiene y seguridad por parte de empleadores/as de la construcción.
l) Ignorancia sobre cuestiones de prevención por parte de los profesionales de la construcción en todas las áreas y niveles.

En nuestro país y en el resto del mundo, la construcción es una actividad que encierra un gran riesgo para la salud de los trabajadores que forman parte del sistema. Por ello, es indispensable el desarrollo global de políticas preventivas que tiendan a la disminución de los riesgos. Y se hace necesario que el estado asuma el rol que le corresponde, pues debe garantizar un adecuado marco jurídico para la prevención de riesgos; pero no solamente debe contarse con dicho marco, sino que además debe crearse una *cultura de la prevención*, para lo cual debe partirse de la falta de conciencia de los actores involucrados en la construcción, desde el Estado hasta el personal laboral.

Según estadísticas de la Organización Internacional del Trabajo (OIT) en el mundo fallecen 3300 trabajadores/as por día, y 160 millones están heridos o sufren enfermedades profesionales. Muchas veces, por cuidar su trabajo, el trabajador se expone demasiado a determinadas actividades, con gran riesgo para su vida; un empresario inescrupuloso no paga ese costo de prevención, y la variable siempre es el trabajador. Si el Estado cumple sus funciones de manera insuficiente, seguirán siendo muchas las empresas que no cumple las normas de seguridad; siendo la tarifa el 1,5 % de los salarios; seguirá siendo 38 % el total de las empresas que no dieron aviso del inicio de obra a la ART, y de las que dieron aviso, las ART visitaron a la mitad de ellas. A veces las empresas avisan el inicio de obra, pero con fecha distinta a la de su inicio real. O bien avisan el inicio, pero sin enviar el Plan de Seguridad.

Una obra es un todo: una acción global; y esa gran acción global se divide en acciones particulares, cuyo riesgo debe estudiarse. Cada obra posee distintas fases, y debe siempre estudiarse el nivel de riesgo que presenta cada fase, pues no hacerlo significa arriesgar la vida del trabajador y la estabilidad de la empresa.

La seguridad y la prevención no solamente han de constituirse como una cultura, sino que además deben ser condición de empleo. Por ello, el personal que no respeta ni cumple las normas de seguridad debe ser despedido. Ya ningún trabajador debe decir "me molesta el casco, me incomoda el arnés". Y si bien nadie está libre de sufrir un accidente, esa posibilidad debe ser minimizada con la prevención. Así, el accidente debe quedar reducido a la fatalidad, pues el riesgo de trabajo debe acotarse.

Desde el aspecto preventivo, por no haber desarrollado eficientemente una *cultura de la prevención*, nuestro país no es un buen ejemplo, ya que la prevención no debe ser considerada como una materia a rendir, sino que debe ser un criterio rector en todo orden de vida.

La industria de la construcción posee características peculiares: en muchos casos, se tiene a personal precarizado, no registrado, que trabaja para una empleadora durante el tiempo que una obra tarda en construirse. Pero el sector de la construcción debe atacar la falta de cultura preventiva. Una empresa constructora que capacite no solamente hace un buen negocio, sino que además cuida la vida. Una **acción preventiva** requiere siempre:

a) Su estudio;
b) La prevención;
c) La capacitación;
d) La difusión.

Una **básica capacitación de los trabajadores** debe consistir en:

1) Charlas diarias: un capataz –que ha de ser el superior inmediato del trabajador– debe tener no menos de diez minutos diarios para organizar el frente de trabajo.
2) Cursos cortos, rápidos y flexibles. Deben estar a cargo de un instructor o un capataz.

3) Volanteadas en la obra o avisos mediante correos electrónicos, o mensajerías por teléfonos celulares, en ocasión de actividades o de un accidente acaecido en la obra o en otras.

La capacitación es el fundamento de la prevención. Debe siempre al estudiarse las fases de una obra realizar un diagnóstico de los riesgos emergentes. Luego se hace una corrección de lo diagnosticado, y luego se diseña la estrategia preventiva. Más tarde, se controlan los resultados, en donde lo supuesto debe hacerse realidad. Sino, se deberán replantear las medidas de prevención.

La política a aplicar debe ser activa, no declamatoria. Un departamento de seguridad no debe ser el centro de la emanación de decisiones sino un encargado de ejecutar políticas; por otra parte, el tamaño de las empresas no es obstáculo al desarrollo de un plan de seguridad.

En el caso de tratar costos de obra, la prevención está ligada a los costos. Y un accidente en la obra genera consecuencias tales como:

- Tiempo que pierde el accidentado;
- Paralización de tareas;
- Daños en equipos;
- Interrupción de la producción;
- Caída de ganancias.

La empresa, en pos de prevenir accidentes, siempre habrá de llevar adelante:

1) Una política de seguridad y prevención;
2) Una adecuada provisión de fondos destinados al efecto;
3) La provisión de equipos apropiados;
4) La instrumentación de un programa de seguridad;

Antes de dar inicio a la obra, le empresa debe contar con el programa o plan de seguridad, que deberá presentarse ante la ART correspondiente; debe entregar a todo el personal elementos de protección personal: casco, botines, guantes, protección visual y auditiva, todo bajo recibo; debe entregar a todo el personal ropa de trabajo, también bajo recibo; debe colocar barandas de protección en todos los sectores con riesgo de caídas a distinto nivel; debe capacitar al personal en temas de Higiene y Seguridad y notificará de los riesgos presentes en las tareas, y registrar en planillas, con fecha y firma, estas capacitaciones. La empresa, en todo momento, debe verificar que el personal que realiza tareas de altura debe tener puesto el arnés de seguridad con su correspondiente cuerda de vida. Asimismo, es importante velar por el mantenimiento del orden y la limpieza de todos los sectores de obra, especialmente en escaleras y zonas de tránsito de operarios.

Respecto de documentación a tener en la obra, la empresa cuidará de tener:

1) Copia del contrato con la ART.
2) Constancia de Aviso de INICIO DE OBRA, sellado y recibido por la ART.
3) Plan de Seguridad, aprobado por la ART.
4) Listado del personal (con datos personales, número de CUIL, y constancia de la ART que indique que ese personal está cubierto por la misma.
5) Legajo técnico de higiene y seguridad.
6) Documentación respaldatoria de la realización de los exámenes preocupacionales.
7) Documentación respaldatoria de la contratación del servicio de higiene y seguridad y del servicio de medicina del trabajo. indicando clínicas o sanatorios cercanos a la obra donde se derivarán los trabajadores en caso de accidente.
8) Número telefónico de los servicios de emergencia de ART.
9) Constancias de capacitación del personal, como así también de la entrega de elementos de protección.

También la empresa verificará el uso y provisión de los elementos de protección colectivos e individuales y que los servicios sanitarios, cada15 trabajadores cuenten con:

a) Un (1) inodoro a la turca.
b) Un (1) mingitorio.

c) Dos (2) lavabos.
d) Cinco (5) duchas con agua caliente y fría.

En el caso de obras extendidas, la provisión mínima será de un retrete y lavabo con agua fría en cada uno de sus frentes.

Un plan de seguridad de obra –**que también debe ser exigido por el comitente**– debe manifestarse en una estrategia educativa con carteles, folletos avisos, sistemas de adiestramiento y sugerencias; no debe olvidarse tener nociones sobre primeros auxilios (por ejemplo, detención de hemorragias, inmovilización ante casos de fracturas, asistencia en casos de intoxicación y toma de pulso, entre otros). No debe olvidarse además que el plan de seguridad debe necesariamente incluir la protección a terceros.

El avance tecnológico impone elaborar nuevos criterios para abordar las tareas de diseño y una adecuada planificación sobre las normas de seguridad.

Estos modos harán posible que la tasa de accidentes laborales pueda verse reducida. Y una vez más debe entenderse que una política preventiva no debe ser una cuestión librada al criterio de solamente quienes ejecutan la obra, sino un compromiso real en el cual el Estado debe ser parte. Y sin olvidar a los profesionales, empresas, trabajadores, sindicatos, que deben asumir el rol de partícipes de estrategias de mejoramiento de las condiciones laborales en la construcción.

ARQUITECTOS/AS Y SU RESPONSABILIDAD SOBRE SEGURIDAD E HIGIENE

Más allá de lo expresado en este capítulo, cuando en una obra se detecta alguna infracción (e incluso un accidente), la dirección de obra puede ser cuestionada, lo que inevitablemente lo lleva a que deba realizar descargos para deslindar responsabilidades.

Es importante que la dirección de obra no autorice a iniciar la obra hasta que el plan de seguridad e higiene no haya sido aprobado, que se haya designado al responsable del área y hasta que el contratista instrumente todas las medidas de seguridad que surjan del mentado plan.

Obviamente, si la dirección de obra detecta falencias en la puesta en marcha de las medidas de higiene y seguridad, o bien si considera que éstas no son suficientes, y más allá de que estas responsabilidades no le competen, debe informar (de manera fehaciente) inmediatamente al contratista y al responsable de seguridad e higiene. En el caso de que no se verifique la subsanación de las falencias detectadas, la dirección de obra debe ordenar la paralización inmediata de todo tipo de tareas.

Capítulo 12
Gestión de obras

En la arquitectura no siempre se ha atendido correctamente al estudio de los factores económicos que deben tenerse en cuenta al construir; aun a sabiendas que una obra de arquitectura es, ante todo, un hecho económico, y lo es aun antes de construirla.

El factor económico no debe comenzar a considerarse recién al contactarse con un grupo inversor para un gran emprendimiento, sino también con un comitente individual que desea que se le proyecte o construya su casa.

CONSTRUCCIÓN DE OBRAS PÚBLICAS Y PRIVADAS

La construcción de obras se realiza siguiendo una dinámica inherente a la proveniencia de los fondos para llevar a cabo la misma. Por ello, las obras se clasifican como **obras públicas** y **obras privadas**.

- Es **obra pública** aquella que se realiza con fondos provenientes del estado, sea nacional, Provincial, o Municipal. Es el mismo Estado quien decide llevar a delante la obra, según leyes específicas, y lo hace según el modo que sigue:

    a) Por cuenta propia: en este caso, el Estado cuenta con personal e infraestructura propia, lo que le permite la ejecución de tareas sin más trámite que el de la decisión de llevar a cabo la construcción.

    b) Por contratación directa: en obras de escaso monto de dinero o bien si se trata de montos muy importantes, el Estado decide la construcción de obras contratando las tareas en forma directa.

c) **Por contratación indirecta:** se trata de casos en los cuales, el monto de dinero a gastarse se halla previsto en ley, por lo que la obra debe adjudicarse en forma indirecta, mediante el mecanismo de la licitación.

d) **Por concesión de obra pública:** se trata de la construcción de la obra y posterior explotación temporal, que se adjudica en forma indirecta a aquel que ofrezcan las condiciones más ventajosas para el Estado.

e) **Por fideicomiso:** modalidad cuyo desarrollo se hará más adelante.

- Es **obra privada** aquella que se realiza con fondos que no pertenecen al Estado, sino que es de personas humanas o jurídicas particulares. Las obras privadas tienen por destino el aprovechamiento para quien las encarga, pudiendo este aprovechamiento consistir en un emprendimiento inmobiliario.

LICITACIÓN

Tratándose de adjudicación de obras, vemos que no solamente puede hacerse por trato directo, sino a través de la llamada **licitación**. Es licitar **ofrecer precio por una cosa que es de la calidad que se exige**. Equivale ello a un **concurso de precios para llevar a cabo la construcción de una obra**.

Los tipos de licitación son:

- **Abierta:** es aquella en la cual cualquier empresario puede presentar ofertas.
- **Cerrada:** se trata de aquella en la cual un número reducido de empresas es invitado a licitar.
- **Pública:** refiere a la licitación que es llamada por el Estado nacional, provincial o municipal, para realizar una obra pública.
- **Privada:** refiere a aquella que es convocada por una persona distinta al Estado.

Las bases de una licitación pueden establecerse conforme el siguiente itemizado:

- **Objeto del llamado:** indica este ítem el tipo de obra a licitar.
- **Ofertantes:** indica los requisitos que deben cumplir las empresas que deseen participar.
- **Pliego de condiciones:** se establece aquí las características del mentado pliego y el lugar en el cual se puede retirar.
- **Consultas:** en este ítem se indica a quién realizar consulta, como asimismo el modo de dirigir consultas, y dentro de cual lapso.
- **Propuestas:** se indica cómo, cuándo, y dónde deben entregarse las propuestas de oferta.
- **Adjudicación de la obra:** se indica lugar, fecha y hora de la apertura de los sobres de las distintas ofertas.
- **Suscripción del contrato:** se indican las fechas para la firma del contrato.
- **Orden de aplicación de los documentos técnicos:** en este ítem se establece un orden de prioridad para la documentación, para evitar controversias entre los elementos que la componen.

CONCESIÓN

La concesión de una obra pública es un acto administrativo de otorgamiento de un **derecho** de explotación de **bienes** y **servicios** durante un cierto periodo. Conceder es *dar, otorgar*. La concesión puede ser otorgada por una empresa a otra (en el ámbito privado) o por el Estado a una compañía privada.
Las modalidades de la concesión, son:

- **Peaje:** se trata de una contribución que el concesionario exige a los administrados para utilizar las obras. Cuando se recupera el precio pagado, la explotación de la obra estará a cargo del Estado.
- **Contribución por mejoras:** se trata de obras que son pagadas por quienes se benefician con ellas o por quienes ven un incremento en el valor de sus propiedades que se logra gracias a esas obras. La contribución a abonar debe ser equitativa y razonable, y se abona solamente hasta llegar a cubrir el aumento de valor según cada caso particular.

La concesión se **extingue** por:

- **Rescisión:** se produce cuando por causas de fuerza mayor no es posible cumplir con la concesión y sin existir responsabilidad de las partes, éstas llegan a un acuerdo y extinguen el contrato.
- **Revocación:** la concesión se revoca sin indemnización para el concesionario cuando existe violación de una norma legal.
- **Rescate:** la Administración revoca la concesión por razones de interés público, pero siempre indemnizando al concesionario.
- **Caducidad:** la declara el Estado, previa intimación al concesionario ante incumplimientos reiterados del mismo.

FINANCIAMIENTO Y ECONOMÍA

La construcción de un edificio es el resultado de la materialización de un deseo de un comitente, que es quien va a hacer uso de una obra de arquitectura.

Se tiene así que es el comitente, quien acude a un profesional de la construcción para que satisfaga sus necesidades, respecto de esa obra arquitectónica. Pero no siempre se trata de que un comitente busca que le proyecten, dirijan y construyan una obra para sí y para su grupo familiar o bien para satisfacer determinados destinos, de la más variada especie. También, existen quienes desean construir una obra de arquitectura, que habrán de estar destinadas a su posterior venta.

Se trata entonces de dar respuesta a una **inversión de capitales**, que tiene por fin obtener un **rédito económico** sobre la base de un emprendimiento inmobiliario, tarea que no solamente compete al profesional y al comitente (que muchas veces es un grupo inversor) sino además a la empresa constructora, y a operadores inmobiliarios.

A lo largo de su obra, Jorge Víctor Rivarola hizo una distinción entre **problema financiero** y **problema económico** en la construcción de edificios, problemas que han de resolverse en forma conjunta y que se influyen recíprocamente:

- El **problema financiero** se centra en cómo afrontar los gastos que demande la construcción de la obra. Debe contarse previamente con el presupuesto de la obra, más todo gasto que haya de incidir sobre el precio real una vez que el edificio esté terminado.
- El **problema económico** se centra en el mantenimiento de la obra ya construida y el necesario equilibrio entre lo invertido en ella y su posterior explotación.

Plantear el **problema financiero** impone conocer el presupuesto de la pobra y el capital disponible, total o parcial.

La inversión de capital genera siempre habrá de considerar un factor económico, por cuanto si para construir se requiere contar con ese capital, éste no siempre se cuenta en su totalidad.

Puede ocurrir una situación ideal: **que el comitente disponga del capital total**. Es más fácil que dicha situación se dé en obras pequeñas. El profesional seguramente habrá de desarrollar un proyecto acorde a la disponibilidad del comitente, debiendo estudiar los modos de trabajos de obra e inversiones parciales de capital. Así, se buscará generar un rendimiento de capital que vaya permitiendo al comitente asegurarse afrontar gastos imprevistos o extras.

Para afrontar el problema financiero, **la situación más frecuente es que el comitente posea un capital parcial,** lo que lleva a acudir a tres recursos posibles: el **préstamo**, la **hipoteca** y la **anticresis**.

1) El **préstamo** o **mutuo** está contemplado en los arts. 1525 a 1532 del CCyC. El art. 1525 expresa: cuando en su art. 1525 expresa: "Hay contrato de mutuo cuando el mutuante se compromete a entregar al mutuario en propiedad, una determinada cantidad de cosas fungibles, y éste se obliga a devolver igual cantidad de cosas de la misma calidad y especie". El mutuo es oneroso, excepto pacto en contrario. Si el mutuo es en dinero, el mutuario debe los intereses compensatorios, que se deben pagar en la misma moneda prestada. Cuando se trata de dinero, se presta dinero y se devuelve dinero, y quien entrega es el acreedor y quien recibe es el deudor, que es el que

tiene la obligación de devolver. Actualmente, puede recurrirse a los bancos, que muchas veces promueven regímenes de préstamos de dinero, por lo general montos cuya cantidad no alcanzan para construir una vivienda, aunque sirven para realzar reformas o tareas de reparaciones. Incluso hoy puede operarse con tarjetas de crédito y de giros en descubierto bancarios, al requerirse cantidades de dinero de escasa relevancia.

2) La **hipoteca** es un derecho real de garantía que recae sobre uno o más inmuebles individualizados que continúan en poder del constituyente y que otorga al acreedor, ante el incumplimiento del deudor, las facultades de persecución y preferencia para cobrar sobre su producido el crédito garantizado, según lo establece el CCyC en el art. 2205.

3) El **anticresis** es un derecho real aquel concedido al acreedor por el deudor, o un tercero por él, poniéndole en posesión de un inmueble, y autorizándolo a percibir los frutos para imputarlos anualmente sobre los intereses del crédito, si son debidos; y en caso de exceder, sobre el capital, o sobre el capital solamente si no se deben intereses (conf. el art. 2212 del CCyC).

En aquellos casos donde no exista capital para construir, podrá utilizarse el **usufructo**, que es el derecho real de usar, gozar y disponer jurídicamente de un bien ajeno, sin alterar su sustancia, conforme lo indica el art. 2129 del CCyC. El propietario de un terreno no dispone del capital necesario, y otra persona es la que pone su capital, construyendo en dicho terreno. Todo bien mueble o inmueble puede ser dado en usufructo, y el usufructuario puede realizar mejoras y reconstruir por vetustez, sin tener derecho a reclamar el pago por las mejoras. En el caso de un terreno, si se construye un edificio, o se reconstruye lo ya edificado, no se altera la esencia, sino que se reafirma la misma. Pueden darse en usufructo terrenos para construir, y de esta construcción puede percibirse renta.

También los contratos de **leasing** y de **fideicomiso** son de utilidad para la construcción de obras, contando con capital parcial.

No contar con capital es una situación poco frecuente, pero que permite a un titular de un terreno acceder a la construcción de obras mediante el usufructo o el fideicomiso.

Estando un edificio en plena construcción, o bien antes de procederse a la misma, en los casos de emprendimientos inmobiliarios, puede producirse la **preventa** de unidades funcionales. Esta modalidad permite al grupo emprendedor conseguir liquidez, de modo que el dinero que ingresa se utiliza en forma in mediata en la construcción. Se trata de que los precios de las unidades a la venta son inferiores a los valores que tendría si se hallaran terminadas, lo que de algún modo induce al público a invertir en la obra, si el precio le parece lo suficientemente atractivo o rentable para hacerlo.

Resolver el problema económico requerirá **conocer para qué se construye**. En algunos casos, será imperioso solucionar dicho problema, ya que hay obras de carácter utilitario en las que hay un uso o explotación directa, y hasta una obtención de renta; la vivienda unifamiliar, edificios comerciales e industriales, shoppings, clubes, sanatorios, hoteles, etc. Y en otras obras, la resolución del problema económico deja de ser imperiosa, para ser puramente **relativa**, y refiere principalmente a toda inversión que se lleve a cabo con fines de bien común: hospitales, escuelas estatales, edificios estatales, etc.

Si el problema económico es de resolución imperiosa, deberá tomarse en consideración:

a) La **amortización** del costo del edificio, pues por el simple transcurso del tiempo o por vetustez puede perder parte o toda su eficiencia, lo que implica que el capital vaya disminuyendo progresivamente. Se entiende por amortización la desvalorización periódica de un bien cuyo valor disminuye con el tiempo o con el uso. Con la amortización, el costo de hacer una inversión se divide entre todos los años de uso de esa inversión. En el aspecto contable, si se adquiere un bien por $ 150.000 que puede utilizarse durante cinco años, se divide el precio de la máquina entre los años y obtenemos que la máquina pierde cada año $ 30.000.

b) El **interés**, que ha de generar todo capital invertido: si quien posee ese capital no lo hubiera invertido en la obra, lo habría destinado a otro emprendimiento que le hubiera generado interés. El interés es el índice utilizado para medir la rentabilidad de los ahorros o también el costo de un crédito. Se expresa generalmente como un porcentaje. Considerando una de dinero y un plazo para su devolución, el **tipo de interés** indica cuál porcentaje de ese dinero se obtendría como beneficio. Es habitual aplicar un interés sobre períodos de un año, aunque pueden utilizarse períodos diferentes, tales como meses o días.

También debe siempre conocer la renta o utilidad monetaria que puede obtenerse del edificio, sea que fuese:

1) **Renta bruta:** ingresos totales provenientes de la explotación en el uso del inmueble, en cierta unidad de tiempo.
2) **Renta neta:** producto obtenido de la renta neta disminuida por una serie de elementos a considerar especialmente, y que son:

    a) **Quebrantos**, que consisten en situaciones que afectan negativamente la expectativa de renta prevista, consistentes en aumentos impositivos, desvalorización imprevista (en los casos de venta del inmueble), coyuntura económica nacional que lleva a disminuir precio de alquileres, etc.

    b) **Gravámenes**, que agrupan a los impuestos y servidumbres onerosas.

    c) **Gastos de mantenimiento del inmueble**, que puede derivar en sumas de dinero importantes.

INTERESES

Así como los bienes y servicios se adquieren abonando un precio por ellos, usar dinero ajeno durante un lapso determinado también tiene precio, y se mide en porcentajes y generalmente se expresa en términos anuales y porcentuales. Un interés puede definirse como el precio del dinero. Es interés el **precio a pagar por utilizar una cantidad de dinero durante un tiempo determinado.**
Entonces, el valor del interés se calcula como un porcentaje a pagar como contraprestación por el uso de una cantidad determinada de dinero en una operación financiera.
Toda tasa de interés se calcula en porcentajes, y se aplica en forma mensual o anual.

A modo de ejemplo, si una persona desea generar ingresos a partir de sus ahorros, puede depositarlos en una cuenta bancaria, y el banco, con el paso de los meses le otorgará una ganancia mensual calculada con relación al dinero depositado y el tiempo en el cual se comprometa a dejar ese monto en depósito.

Tipos de intereses
Los intereses se clasifican como:

- **Punitorios:** Cuando un organismo fiscal no recauda dinero por incumplimiento de quien debe tributar, se ve obligado a recurrir a la vía judicial para poder percibir su acreencia. Equivale esto a considerar que, si un/a contribuyente conserva dinero que le pertenece al Fisco, éste tiene derecho a percibir un interés, ya que el Fisco no presta dinero. Son intereses punitorios aquellos devengados desde el momento en el cual un organismo fiscal presenta una demanda judicial para percibir todo crédito en su favor, y que aún no pudo cobrar.
- **Compensatorios:** Usar un capital ajeno conlleva una contraprestación por dicho uso. Surgen así los intereses compensatorios, que consisten en una obligación que abona el deudor al acreedor como precio por el dinero prestado. Si entre deudor y acreedor no se acordó una tasa de interés compensatorio, se habrá de aplicar aquella que determine una ley, y si no está determinada en una ley, será un juez quien resuelva al respecto, ordenando aplicar una determinada tasa.
- **Moratorios:** Los **intereses moratorios o intereses por mora** son los intereses que se aplican por incumplimiento del deudor. A diferencia con el interés compensatorio, éste es parte es parte del cumplimiento, ya que se aplica casi siempre a vínculos contractuales, en tanto que el interés moratorio siempre es debido, aun sin haberse pactado previamente. Ante un caso de incumplimiento, los jueces pueden fijar tasas de intereses por mora.

Tipos de tasas de interés

Los tipos de tasas de interés siempre dependen del mercado, es decir, dependen de la ley de oferta y demanda. Si la tasa de interés es baja, hay mayor demanda de recursos financieros, y s la tasa es alta, será menor la demanda de estos recursos financieros. En cuanto a la oferta, si la tasa de interés es baja, habrá poca predisposición a conceder préstamos, y si la tasa es alta, habrá mayor predisposición. Y si bien el valor de la tasa de interés surge del equilibrio entre oferta y demanda, otras variables que influyen son las expectativas inflacionarias, las políticas públicas económicas, etc.

Las tasas de interés de usual aplicación son:

- Activa: Consiste en el precio que se cobra por el dinero que se presta.
- Pasiva: Es el precio que una institución bancaria o crediticia abona por el dinero que recibe en calidad de depósito o préstamo.
- Fija: Es aquella que se fija al momento de la concertación del crédito. Una vez acordada, dicha tasa es invariable.
- Flotante: se abona durante el tiempo en el cual se halle vigente un préstamo y varía en función de una tasa de interés de referencia.

PROYECTOS DE INVERSIÓN

Dado que el sistema de producción de obras no ha sido ajeno a advenimiento del marketing, tampoco quedó fuera del management. De ello se desprende la importancia de los proyectos de inversión para la construcción de obras.

Antiguamente, las obras de pequeña y mediana escala debía emplazarse en un buen terreno, y debía estar sostenida con un buen presupuesto, cuya base servía para obtener la diferencia entre el valor de venta y el valor de costo de la obra como así también la rentabilidad del emprendimiento. Todo emprendimiento era vendible, las circunstancias sociales y económicas de nuestro país hicieron que muchos argentinos pudieran acceder a la vivienda propia. Había pleno empleo, y eso generaba un poder adquisitivo que permitía vivir dignamente.

Económicamente, el país ha sufrido los embates de la **inflación**, que puede definirse como un desajuste en el nivel de precios al consumidor por el aumento continuo de los mismos. Desde el plano político se ha intentado muchas veces de luchar contra la inflación. Y el ciudadano común ha encontrado en la construcción una forma de hacer frente al embate inflacionario.

Aunque muchas veces, los altos índices inflacionarios tornaron imposible cualquier actividad inherente a la construcción, por lo cual muchas veces era conveniente invertir en otras ramas de la economía, pues generaban tasas de interés que permitían –aunque no del todo– sobrellevar el trance económico: plazos fijos, bonos, etc.

Aun existiendo potencial económico para realizar emprendimientos constructivos, no deben éstos ejecutarse en forma intempestiva, puesto que el conjunto de adquirentes no solamente se ha reducido en cantidad sino también en calidad. La crisis económica ha generado una racionalización en las preferencias de los compradores. Y eso llevó a que aparezcan los **estudios de mercado** como nuevos protagonistas de la construcción. Actualmente, la tendencia establece contar con un proyecto que satisfaga necesidades de un sector del mercado. Y esto implica conocer previamente quienes componen el público que va a adquirir aquello que se construirá.

No solamente se trata de saber quiénes serán los adquirentes, sino saber cuántos son, si esos cuántos verán satisfecha su demanda, a cuál nivel socioeconómico pertenecen, cuáles actividades realizan, cuál es su edad promedio, cómo informarles sobre ese emprendimiento (publicidad, marketing) y sobre su superioridad del emprendimiento sobre otros similares en el mercado (se trata de hacer notar las ventajas, según la óptica de un potencial comprador).

Elaborar un proyecto de inversión impone desarrollar una dinámica metódica, que responda a pautas tales como:

1) Conocer el sitio de posible emplazamiento de la obra;
2) Cantidad de dinero a aportar;
3) Costo del financiamiento bancario.
4) Plan de ingresos por venta o financiación del emprendimiento.

5) Plan de egresos del emprendimiento.
6) Saldo de dinero sobrante mensual.
7) Saldo de dinero sobrante acumulado.

Así, el proyecto de inversión requiere del profesional de la construcción abrir una nueva mirada que le permita asimilar conocimientos de disciplinas que son propias del campo empresarial, pero que sin duda serán de gran utilidad a efectos de apuntalar el nuevo rol que impone desarrollar actualmente.

¿UN NUEVO ROL PROFESIONAL?

Para el profesional de la construcción, una de las formas de obtención de trabajo más frecuentes que se han manifestado en los últimos años es la del **profesional-comitente**, por cuanto **un/a profesional construye por su propia cuenta o forma parte de un grupo inversor que busca en la construcción una forma de obtener una mejor rentabilidad de un capital disponible.**

En este caso, un grupo inversor cuenta entre sus integrantes a un/a profesional –más eventualmente su equipo de trabajo– que habrá de proyectar, dirigir y hasta construir la obra. Algunas veces, el inversionista que observa que quien más está interesado en la obra forma parte de su grupo, mayor habrá de ser su pre-disposición a invertir su capital en construir.

Un grupo inversor no busca –en forma específica– invertir su capital en la construcción. Este inversor no busca experimentar con su capital en un emprendimiento urbano inmobiliario solamente por amor al arte o a la arquitectura, sino que busca una mejor rentabilidad para su capital. Y si su capital se compone de dinero, buscará que éste se invierta en aquel emprendimiento que le permita una buena rentabilidad: buscará colocar su dinero en aquella inversión que le permita obtener una mejor tasa de interés.

Cuando una entidad bancaria ofrece una apreciable tasa de interés, es frecuente observar que el inversor busca colocar su dinero en los bancos. En épocas en las cuales un préstamo hipotecario ofrecido a particulares genera una tasa de interés razonable, también se observa una predisposición a prestar dinero en esos términos contractuales. Pero si la construcción ofrece una tasa de retorno que permita –aun contando los lapsos de espera por la venta de inmuebles– obtener una buena tasa de interés, el inversor seguramente se volcará a la construcción como un modo de lograr un mejor rendimiento de su capital.

Para ello, la labor del profesional resulta de especial relevancia, porque deberá emplear su destreza al momento de convencer al inversor de que la construcción de un emprendimiento arquitectónico determinado le ofrecerá un mejor rendimiento de su capital. Entonces, el profesional de la construcción, sin abandonar su rol primario, debe manejar conocimientos propios de otras disciplinas que le permitan manejarse empresarialmente.

Los proyectos de inversión son estrategias para construir, que deben incorporarse al conocimiento de todo profesional.

LEASING

El leasing es una herramienta legal que contribuye al desarrollo de la pequeña y mediana empresa como así también a la realización de proyectos públicos o privados.

Conforme el art. 1227 del CCyC, en el contrato de leasing el dador conviene transferir al tomador la tenencia de un bien cierto y determinado para su uso y goce, contra el pago de un canon, confiriéndole una opción de compra por un precio. Pueden ser objeto del contrato cosas muebles e inmuebles, marcas, patentes o modelos industriales y software, de propiedad del dador o sobre los que el dador tenga la facultad de dar en leasing.

En este esquema, la **tomadora** (cliente) es la empresa productiva que requiere los bienes de capital, que alquila un bien de capital durante un periodo determinado con una opción de compra a su finalización, que está convenida al comienzo de la operatoria, y es la **dadora** la entidad de destino específico que lo ofrece, que adquiere el bien y lo cede a un tercero en alquiler, transfiriendo la tenencia de uso y goce del mismo. De este modo, cualquier persona puede disponer del uso de un bien, sin ser propietaria del mismo pagando un canon mensual en concepto de alquiler.

El Leasing permite financiar el uso y la adquisición de bienes por el 100% de su precio, y tiene por objetivos:

- Mejoramiento de la competitividad.
- Evitar la obsolescencia tecnológica.
- Renovación de bienes de capital.
- Incremento del potencial productivo

Muchas veces, la adquisición de bienes de capital requiere importantes esfuerzos financieros que importan la inmovilización de capital de trabajo y/o la disponibilidad de líneas de crédito de largo plazo que no llegar a financiar el valor total de dichos bienes, lo que se logra a través del sistema de leasing. De esta forma, las empresas pueden incorporar bienes que necesitan, sin inmovilizar capital de trabajo, a cambio de un alquiler, y utilizándolo como si fuese de su propiedad.

En aquellas naciones con economías más desarrolladas el leasing es muy eficaz para financiar inversiones.

En nuestro país, el leasing ve su marco legal en los arts. 1227 al 1250 del CCyC. Existen dos tipos de leasing:

1) **Financiero:** en esta modalidad, se busca adquirir el bien, tras la cancelación del último pago del canon pactado.
2) **Operativo:** se tiene en este caso un valor de canon más disminuido, y ya no se busca tanto la propiedad final del bien. Es aplicable esta modalidad cuando se busca contar con objetos en leasing que estén permanentemente actualizados.

Son objeto de un contrato de leasing los bienes muebles e inmuebles, marcas, patentes o modelos industriales y software, nuevos o usados, sean nacionales o importados.

Respecto de bienes inmuebles, nuevo o usados, el **leasing inmobiliario** es una forma de financiamiento para la compra de viviendas, nuevas o usadas; aquí, una persona arrienda una propiedad con compromiso de adquirirla una vez cumplido el plazo pactado y completado el precio de la vivienda.

FIDEICOMISO

El fideicomiso es un sistema difundido en todo el mundo y presente en muchas ramas de la economía, incluso en el sector inmobiliario, y se ha perfilado como una herramienta útil para generar nuevos proyectos de inversión.
El fideicomiso ve su marco legal en los arts. 1666 al 1707 del CCyC, las Resoluciones de la Comisión Nacional de Valores 271/95 y siguientes, y el Decreto 780/95. Se lee en el art. 1666 del CCyC:

> *Hay contrato de fideicomiso cuando una parte, llamada fiduciante, transmite o se compromete a transmitir la propiedad de bienes a otra persona denominada fiduciario, quien se obliga a ejercerla en beneficio de otra llamada beneficiario, que se designa en el contrato, y a transmitirla al cumplimiento de un plazo o condición al fideicomisario.*

En su funcionamiento, el fideicomiso muestra a una propietaria de ciertos bienes –que pueden ser acciones, bienes inmuebles, etc.–, que los transmite a otra persona a fines de que desarrolle una actividad cuyos resultados están destinados al beneficiario que se designe en el contrato; así, una vez cumplido el objetivo del fideicomiso, los bienes pasarán a poder de aquel que se ha designado en el contrato.
Los sujetos de esta modalidad contractual son:

- **Fiduciante, fideicomitente, constituyente o cedente:** es quien transmite los bienes en fideicomiso y estipula las condiciones del contrato.
- **Fiduciario/a o fideicomitido/a:** es quien los recibe en carácter de propiedad fiduciaria con obligación de dar a los bienes el destino previsto en el contrato. En todo fideicomiso se elige una fiduciaria, que cumplir el mandato dado por las partes. El fiduciario puede ejercer todas las acciones que

correspondan para la defensa de los bienes fideicometidos, tanto contra terceros como contra el beneficiario. Su tarea es remunerada.
- **Beneficiario/a:** es quien recibe los beneficios de la administración fiduciaria.
- **Fideicomisario/a:** es la destinataria final de los bienes una vez cumplido el plazo o condición estipulada en el contrato. Por lo general, beneficiaria y fideicomisaria son la misma persona.

El fideicomiso común se celebra en un instrumento privado, que no requiere intervención alguna de instituciones reguladoras; en el caso de tratarse de bienes registrables, los registros correspondientes deberán tomar razón de la transferencia fiduciaria de la propiedad a nombre de la fiduciaria.

Es objeto de fideicomiso todo bien inmueble, mueble, registrable o no, dinero, títulos valores, etc., en tanto se puedan individualizar; si a la fecha de celebración del fideicomiso no resulte posible su individualización, se describirán los requisitos y características que deban reunir.

Aquellos bienes fideicomitidos son propiedad fiduciaria, y conforman un patrimonio separado del patrimonio fiduciario y del fiduciante; quedan dichos bienes exentos de las acciones de los acreedores del fiduciario.

Existen varios tipos de fideicomiso. En este libro, se trata unicamente el **fideicomiso inmobiliario** que consiste en transmitir una propiedad, pudiendo hacerse un uso limitado de la misma, para restituirla luego al transmitente o a un tercero por aquel indicado. Puede citarse como ejemplo al propietario de un terreno y a una empresa constructora que en dicho terreno edificará un inmueble para ser sometido al derecho real de Propiedad Horizontal: la empresa construye, y posteriormente abona el valor del terreno con las unidades funcionales terminadas.

FIDEICOMISO INMOBILIARIO

En el fideicomiso inmobiliario pueden verse figuras tales como la propietaria del terreno, las entidades crediticias, empresas constructoras, profesionales de la construcción, organismos de control de edificaciones, etc.; aquí, una entidad financiera puede tener al inmueble como propiedad fiduciaria, garantizando el correcto desarrollo del emprendimiento.

El art. 1667 del CCyC establece que el contrato de fideicomiso inmobiliario debe contener:

a) la individualización de los bienes objeto del contrato. En caso de no resultar posible tal individualización a la fecha de la celebración del fideicomiso, debe constar la descripción de los requisitos y características que deben reunir los bienes;

b) la determinación del modo en que otros bienes pueden ser incorporados al fideicomiso, en su caso;

c) el plazo o condición a que se sujeta la propiedad fiduciaria;

d) la identificación del beneficiario, o la manera de determinarlo conforme con el art. 1671 (El beneficiario puede ser una persona humana o jurídica, que puede existir o no al tiempo del otorgamiento del contrato; en este último caso deben constar los datos que permitan su individualización futura. Pueden ser beneficiarias el fiduciante, la fiduciaria o la fideicomisaria).

e) el destino de los bienes a la finalización del fideicomiso, con indicación del fideicomisario a quien deben transmitirse o la manera de determinarlo conforme con el art. 1672 (el fideicomisario es la persona a quien se transmite la propiedad al concluir el fideicomiso. Puede ser el fiduciante, el beneficiario, o una persona distinta de ellos. No puede ser fideicomisario el fiduciario).

f) los derechos y obligaciones de la fiduciaria y el modo de sustituirla, si cesa.

El fideicomiso inmobiliario reúne dos negocios distintos. En uno de ellos se trasmite una propiedad y en el otro se permite un uso limitado del bien adquirido, para restituirlo luego al transmitente o a un tercero por aquel indicado.

La fiduciaria funciona como una administración que recibe un inmueble por parte de la fiduciante. A dicho inmueble se lo administra, y en el mismo se desarrolla un emprendimiento de construcción, y éste se venderá posteriormente. Se trata básicamente de contar, según el ejemplo con un Sr. "A" (fiduciante) que es dueño de un terreno, que transmite a un grupo inversor (fiduciaria) para que allí construya inmuebles afectados al derecho real de Propiedad Horizontal, que serán vendidos al público en general (beneficiaria).

- Existe un terreno, propiedad de una persona (fiduciante), quien transfiere el dominio de dicho terreno a otra persona desarrolladora de un emprendimiento inmobiliario (fiduciario) bajo la forma del fideicomiso. Esto se da en forma de contrato de fideicomiso entre la fiduciaria (quien tiene el dominio fiduciario del inmueble, patrimonio separado de aquel que sea del fiduciario y del fiduciante) y el o las fiduciantes;
- Así, la fiduciante –originaria dueña del terreno– obtiene de la fiduciaria un derecho sobre el resultado que se genere en el fondo fiduciario. Puede tratarse de metros cuadrados construidos del emprendimiento.
- Y la fiduciaria puede proveerse de recursos para financiar el emprendimiento, que provienen de:
a) La preventa de unidades, por lo que se produce la entrada al fideicomiso de dinero durante la etapa de construcción. Pueden aportar un porcentaje durante la construcción, y el saldo remanente puede ser financiado.
b) La financiación mediante un préstamo con garantía hipotecaria.

Terminado el emprendimiento, la fiduciaria enajena aquellas unidades del emprendimiento que permitan cancelar el préstamo, y dará la propiedad de los cuadrados que fueron previamente acordados con la fiduciante (dueña del terreno) y dará también la propiedad de las distintas unidades a quienes fueron adquiriendo unidades mientras se construía el emprendimiento (beneficiarias); al transferir las unidades terminadas también se pueden constituir hipotecas, por el saldo de precio remanente.

Los bienes fideicomitidos quedarán exentos de las acciones de los acreedores del fiduciario. Constituyen un patrimonio separado del patrimonio de la fiduciaria, de la fiduciante, de la beneficiaria y de la fideicomisaria (art. 1685 del CCyC). Aquel bien que es objeto del fideicomiso inmobiliario **no ingresa al patrimonio personal de la fiduciaria,** ya que éste sólo tiene la titularidad formal, con el dominio del inmueble inscripto a su nombre, ya sea para cumplir los fines convenidos o para transferirlos al fideicomisario o a quien corresponda, al producirse su extinción.

Se da entonces que si a la fiduciaria o a la fiduciante –por ejemplo– se los declara en quiebra, ésta no afecta al fideicomiso. Existe entonces una separación de patrimonios. Si en una sociedad por acciones, un titular de éstas es declarado en quiebra, se ven afectadas las acciones. No ocurre lo mismo en el fideicomiso, pues los bienes fideicomitidos siempre permanecen asignados al fin para el cual fueron destinados.

La fiduciaria tiene derecho a reembolso de gastos y a una retribución, que incluso puede establecerse en el contrato; si ello no se ha fijado, el monto de a retribución puede decidirla un Juez.

La fiduciaria debe siempre rendir cuentas con una periodicidad no mayor a un año. El contrato no puededispensar a la fiduciaria de la omisión de rendir cuentas, ni de la culpa o dolo en que puedan incurrir él o sus dependientes, ni de la prohibición de adquirir para sí los bienes fideicomitidos (según el art. 1676 del CCyC).

La **extinción** del fideicomiso (según el art. 1697 del CCyC) se da por:

a) el cumplimiento del plazo o la condición a que se ha sometido, o el vencimiento del plazo máximo legal (30 años);
b) la revocación del fiduciante, si se ha reservado expresamente esa facultad; la revocación no tiene efecto retroactivo; la revocación es ineficaz en los fideicomisos financieros después de haberse iniciado la oferta pública de los certificados de participación o de los títulos de deuda;
c) cualquier otra causal prevista en el contrato.

Producida la extinción del fideicomiso, la fiduciaria está obligada a entregar los bienes fideicomitidos a la fideicomisaria o a sus sucesores, a otorgar los instrumentos y a contribuir a las inscripciones registrales que correspondan. El fideicomiso puede combinarse con el leasing. Contando con el ejemplo ya citado, un Sr. "A" (fiduciante) es dueño de un terreno, que transmite a un grupo inversor (fiduciaria) para que allí construya inmuebles afectados a Propiedad Horizontal, que serán vendidos al público en general (beneficiaria); previo a todo, el fideicomiso debe contemplar que la fiduciaria puede vender los inmuebles bajo la modalidad del Leasing; así, en un cierto momento, la beneficiaria podrá ejercer su opción de compra.

Capítulo 13
Patologías de obra

GENERALIDADES

El inicio de la vida profesional genera una particular situación para todo profesional, ya que por una parte, se siente plenamente capaz de hacer frente a todo requerimiento proyectual adquirido en las casas de Estudio, para lo cual pone a prueba todo su bagaje de conocimientos sobre el diseño; pero por otro lado, debe iniciar un largo camino destinado a conocer y aprender a diario cómo se materializa ese diseño, lo cual no es difícil, pero que requiere gran atención por parte de quien se interesa en ello.

En el ámbito académico, se observa una disociación entre las disciplinas de proyecto y las de materialización; es una constante en el aprendizaje de las carreras profesionales de la construcción, donde el diseño y las materias técnicas nunca van de la mano, como si no fueran parte de un todo, que es la obra de arquitectura.

Todo joven profesional enfrenta a esa problemática, que le será muy difícil de encarar si previamente no adopta una posición abierta hacia los temas que dentro de su quehacer, no los tiene suficientemente asimilados. Todo profesional que se precie de tal debe ser un auténtico investigador. En la construcción, investigar no solamente consiste en explorar las posibilidades del diseño de todo aquello que contiene al hombre, sino cómo además elaborar adecuadamente el soporte tecnológico de esa necesidad de habitar. Conocer los sistemas y materiales constructivos en profundidad es de importancia vital, aunque eso no implica un total enciclopedismo constructivo, sino que significa adoptar una constante filosófica de búsqueda permanente y de perfeccionamiento y revisión de los conocimientos para cada caso particular en el que se debe actuar, haciendo realidad la labor del proyectista, es decir, construyendo la obra de arquitectura. Es en definitiva descubrir, conocer, investigar, aplicar. También, durante ese periodo de aprendizaje, hemos descubierto que el campo de la labor profesional se encuentra acotado, limitado por una serie de condicionantes, que no son solamente tecnológicos, sino por las restricciones legales y administrativas que regulan la actuación del profesional. Tanto en el proyecto de las obras como en su construcción, prescribiendo asimismo las normas que deben cumplir los materiales a emplear en la materialización citada.

Por lo general dentro de las carreras profesionales de la construcción y en más de un caso, se ha detectado que los temas legales son poco menos que inescrutables. El contacto del futuro profesional con esa realidad que le presentará una variedad de problemas de compleja solución se presenta en forma parcializada durante ese lapso de aprendizaje. Quizá en asignaturas en las cuales se estudian temas legales ese futuro profesional pueda aproximarse, aunque sea teóricamente, a la realidad y a la inserción en el medio, pero ese enfoque –en definitiva– no es sino una pequeña aproximación hacia lo que sin duda lo espera tras la obtención del título.

La falencia en el conocimiento de los temas legales lleva a que muchos profesionales se muevan con dificultad en la obra, hecho que se traduce en ordenes imprecisas a la contratista; o bien pueden existir profesionales que son diestros en el manejo de la obra pero que son poco hábiles en el estudio de las prescripciones técnicas y legales. En ambos casos –con todas sus variantes posibles– la inobservancia de las reglas del arte, el desconocimiento de los materiales, y de las reglamentaciones, hacen que la obra, en algún momento de su vida, pueda evidenciar un vicio que dé lugar a lo que denominamos patología.

La patología puede ver su origen en un vicio, un defecto, que hasta puede derivar en ruina. Varios pueden ser los orígenes de esos defectos, que además hasta pueden traer consecuencias penales.

LA APARICIÓN DE UNA PATOLOGÍA

Cuando se verifica la existencia de una patología constructiva, según su magnitud, toda situación se modifica porque ya nada parece ser lo que aparenta ni lo que debiera ser, porque todo deja de ser regular en la obra, porque un material deja de tener el comportamiento previsto, porque la obra ya no satisface una demanda dentro de un parámetro normal, porque no se ha ejecutado correctamente el proyecto, no ha habido un adecuado control de la ejecución de la obra, no ha habido un buen control de calidad. Cualquiera de las suposiciones a priori es perfectamente válida antes de comenzar a analizar las causas del problema. Y cualquiera de ellas permite situarnos sobre un punto de partida desde el cual poder elaborar una solución posible.

El tratamiento de una determinada patología constituye en algunos casos verdaderos desafíos, pero no por eso se debe dejar de pensar que todo problema, incluso aquel más difícil y complicado, tiene solución. El estudio de cómo abordar una patología lleva a una necesidad: la de concientizar a profesionales y constructores sobre cómo generar un mecanismo preventivo.

El edificio debe mantenerse en ciertas condiciones de estabilidad y funcionalidad, y debe ser útil a quien lo posee y/o lo usa. Las Normas IRAM N° 11.547/76, 11.553/69 y 11.558/80 dan cuenta de ese requerimiento, puesto que la patología no solamente se lee como una alteración de la estabilidad a la que se ha hecho mención, sino también que puede ser el origen de un riesgo para la vida de ocupantes y terceros.

PATOLOGÍAS MÁS FRECUENTES

No constituyendo las únicas detectables, son de muy frecuente aparición en los edificios las patologías relacionadas con:

- **AGUA:** Los problemas originados por las filtraciones de agua ven su origen tanto en la etapa de demolición como durante la construcción. Por lo general, en muchas obras no se observan mínimas condiciones de higiene, por lo cual se obturan las bocas de desagüe abiertas o embudos de lluvia, situaciones que últimamente en países como el nuestro se dan a menudo. Esto hace que pisos enteros se llenen de agua, y se inunden, en muchos casos llevando el agua por escaleras, o bien filtrándose a través de entrepisos, dañando obra construida, refaccionada, o áreas a no intervenir. En otro orden, el trabajo de instalaciones sanitarias que se haya ejecutado con materiales inadecuados, o con deficiente mano de obra, lleva a que en determinado momento las cañerías demuestren pérdida del fluido. Lo mismo ocurre con las instalaciones de gas.

- **ASENTAMIENTO POR SUBMURACIONES:** En las obras se producen excavaciones y movimiento de tierra. Ello lleva a efectuar tareas de apuntalamiento de modo de no dañar bienes linderos. Un movimiento de tierra por asentamiento es un hecho muy frecuente en las obras nuevas, y además de los resquebrajamientos de muros, debemos agregar también que muchas veces se rompen cañerías, lo que torna más onerosa la reparación.
- **PROBLEMAS EN MUROS DIVISORIOS Y/O MEDIANEROS:** Las demoliciones requieren casi siempre de maquinaria que debe ser indefectiblemente manejada por idóneos. En algunas obras, un mal manejo de palas cargadoras frontales o de retroexcavadoras originaron sucesos no solamente dañosos en lo material sino además luctuosos. La utilización de máquinas y herramientas tales como el martillo neumático ha potenciado la capacidad de picar revoques existente, y de canaletear muros para la colocación de vigas y columnas de hormigón armado. Y la utilización de estas herramientas conlleva un especial cuidado en el manejo, puesto que un martillo neumático mal utilizado puede romper cañerías de agua, que inevitablemente pueden originar filtraciones de múltiples y variadas consecuencias. Y muchas veces, no existiendo martillos neumáticos, la fuerza bruta humana logra que se originen situaciones igualmente desagradables.
- **VICIOS OCULTOS:** Se ha tratado el tema de los vicios ocultos en estas páginas, y bueno es destacar que este tipo de problemas se presentan muy a menudo en edificios recientemente construidos. Desprendimiento de cielorrasos, levantamiento de pisos de parquet, humedades del más variado

origen, etc., reglas del arte de construir que no se respetan en lo más elemental, dado que "la obra debe terminarse rápido, y como sea, porque hay que vender".

- **INCENDIO:** Los incendios en las obras se originan mayormente por defectos en la mano de obra o de los materiales utilizados en las instalaciones, aunque muchas veces se originan en la dejadez o imprudencia de quienes trabajan en la obra, generando fuego en lugares donde no se debe trabajar con llama.

RECOMENDACIONES

Habría que hacer una consideración particular, respecto de aquello que es patológico, y aquello que no lo es. Se tiene que la patología es una falla o un conjunto de ellas que afectan una parte o el todo de una obra. Pero en la obra se unen un conjunto de componentes heterogéneos, con distinta capacidad de repuesta y, por ende, distinta vida útil unos de otros. Es dable suponer que las respuestas serán distintas en todos los casos.

Los vicios de obra –producto del error, la omisión, la intención– son imputables a aquel que los ha originado, debiendo afrontar su responsabilidad. La responsabilidad civil opera respecto de daños que sufren comitentes o terceros (linderos, transeúntes); en este caso, se trata del incumplimiento contractual por parte del profesional, o por parte del constructor, que genera responsabilidad por daños y perjuicios.

De la lectura del art. 1273 del CCyC debemos extraer que para toda obra destinada a larga duración debe construirse respetando las reglas del arte, utilizando materiales nobles y genuinos. Cuando se dice larga duración, debemos inferir que todo material o sistema constructivo no posee perennidad, es decir, que no dura eternamente, sino que cuando construimos una obra, lo hacemos para que dure muchos años, es decir, construimos elementos destinados a larga duración. Aun mejorando los sistemas constructivos, no se construye nada que posea perennidad. Debe tenerse en cuenta que los materiales no son inalterables, cosa que debe tenerse en cuenta respecto de verificar el comportamiento de los mismos durante el lapso postcontractual. Todo material posee una determinada vida útil, por lo que pasado cierto lapso, puede perder propiedades, que lo hacen impropio para su continuo uso.

Pero además de la consideración sobre la vida útil, ésta puede incrementarse sustancialmente gracias al mantenimiento que puede prodigarse. Tal es el ejemplo de la preservación de la madera, o de las carpinterías de chapa, o de todo elemento ferroso.

Un material de mala calidad por defectos de variada índole o un sistema constructivo mal ejecutado constituye vicio. Pero si un material es genuino o el sistema constructivo es eficiente, durante el lapso postcontractual solamente deben verificarse deterioros que sean atribuibles al mero, ordinario y correcto uso.

Capítulo 14
Honorarios profesionales y sistema previsional

INTRODUCCIÓN

En la antigüedad, **la labor del profesional de la arquitectura era recompensada con honores**, que significaban un lugar en la corte de las dinastías gobernantes, o bien la unión nupcial con las hijas de los monarcas de turno, modalidad corriente en el antiguo Egipto.

En la antigua Roma, las prestaciones profesionales tenían carácter gratuito, calificación de la que deriva el vocablo *honorarios*, denominando a la retribución que reciben estos profesionales en pago de los servicios que brindan. Se consideraba que el servicio prestado por los profesionales no debía equipararse al salario, sino que merecía, en cambio, un presente, que se daba como reconocimiento. Este "regalo honorífico" implicaba el honorario. Dado que la tarea profesional era gratuita, se estableció que nunca los honorarios debían ser objeto de contrato alguno.

Era considerado honor el acceder a un cierto beneficio personal por la labor efectuada. Aunque con el correr del tiempo, la complejidad de las interacciones de la vida diaria produjo un cambio en la retribución al profesional, por el cual el honor fue sustituido por una suma de valores dinerarios, que servían para su cotidiano sustento.

Este valor dinerario se diferencia del sueldo o salario dado que éstos últimos son emolumentos que una persona recibe si mantiene una relación de dependencia, es decir, si está bajo la órbita de un empleador, que es quien le abona ese sueldo. El profesional liberal civil ve recompensada su tarea con el pago de un monto de dinero que hace honor a su trabajo, es decir, un honorario.

El artículo 1627 del antiguo Código Civil expresaba:

> *El que hiciere algún trabajo, o prestare algún servicio a otro, puede demandar el precio, aunque ningún precio se hubiese ajustado, siempre que tal servicio o trabajo sea de su profesión o modo de vivir. En tal caso, entiéndese que ajustaron el precio de costumbre para ser determinado por árbitros.*
>
> *Las partes podrán ajustar libremente el precio de los servicios, sin que dicha facultad pueda ser cercenada por leyes locales. Cuando el precio por los servicios prestados deba ser establecido judicialmente sobre la base de la aplicación de normas locales, su determinación deberá adecuarse a la labor cumplida por el prestador del servicio, los jueces deberán reducir equitativamente ese precio, por debajo del valor que resultare de la aplicación estricta de los mínimos arancelarios locales, si esta última condujere a una evidente e injustificada desproporción entre la retribución resultante y la importancia de la labor cumplida.*

El CCyC en su art. 1251, al nombrar al **contrato de obra o de servicios**, sienta una base para el cobro de un precio cuando en la parte final del mentado artículo se lee: "El contrato es gratuito si las partes así lo pactan o cuando por las circunstancias del caso puede presumirse la intención de beneficiar". Aun así, la presunción de onerosidad de la tarea profesional existe. Y esa presunción requiere que exista una licitud del servicio que se pretende, y asimismo que dicho servicio constituya el modo de subsistencia de quien lo presta.

Respecto de la onerosidad del trabajo profesional, no es necesario que ello se convenga expresamente, siendo que, al demostrarse la realización del servicio, debe abonarse su precio. Obviamente, el trabajo profesional, para ser merecedor de un pago, no solamente debe ser objeto de un encargo por parte de un comitente, sino además debe ser posible y lícito, y además propio de la actividad o modo de vivir del que los prestó.

Es el honorario una retribución no solamente por la labor del profesional en cuanto a su esfuerzo intelectual y a su capacidad de hacer, sino por la responsabilidad que asume por su tarea.

Por otra parte, el arancel de honorarios constituye la base mínima del honorario, por el cual se parte de un honorario mínimo que se exige según la envergadura de la tarea profesional. En nuestro país, siendo que la CN establece en su art. 121 que "Las provincias conservan todo el poder no delegado por esta Constitución al Gobierno Federal, y el que expresamente se hayan reservado por pactos especiales al tiempo de su incorporación", se evidencia que la creación de leyes sobre ejercicio profesional y leyes arancelarias, poseen carácter local; la estimación del honorario profesional se realiza no sólo en función del tiempo empleado, sino además con base en la responsabilidad por la tarea a cargo; y aquel que encarga la confección de planos para una obra, tiene la obligación de pagarlos, aun cuando éstos sean rechazados, si el comitente los aprovecha, o cuando el rechazo es injustificado, aunque la construcción no se lleve a cabo, si fueron aceptados. Y debe darse la condición de existencia de título habilitante del profesional para el reclamo eventual por sus honorarios. Es importante siempre convenir un precio, pues es un elemento esencial de la encomienda de trabajo. Puede determinarse el precio antes de la prestación de los servicios o la realización de la obra, durante el curso de ellos o después de prestados. Si se ha encomendado un trabajo, sea bajo contrato, o bien ante un presupuesto, el precio debe probarse por escrito. Y de no haberse pactado un precio, el art. 1255 del CCyC establece que debe pagarse el precio fijado por ley, por los usos o, en su defecto, por decisión judicial.

Es de estilo fijar un honorario sobre la base de un porcentaje del costo de la construcción, incluso tal modo aparece en las escalas legales arancelarias. Aun así, en apariencia simple, requiere conocer todo lo que el costo de construcción incluye.

LOS HONORARIOS COMO PRECIO DE LA TAREA PROFESIONAL

El precio es un elemento esencial en los contratos de obra y servicios, y se determina antes de la prestación de los servicios, durante el curso de ellos, o después de prestados. El precio puede determinarse antes de la prestación de los servicios o la realización de la obra, incluso durante el curso de las tareas o bien después de prestadas. Es precio el valor pecuniario en que algo se estima. El precio estará establecido de común acuerdo, y conforma el honorario profesional.

Si se ha celebrado un contrato o una encomienda de trabajo, el precio debe probarse expresamente.

Dado que ningún trabajo se presume gratuito, si las partes contratantes no convinieron fijar expresamente valor de honorarios, éstos pueden considerarse conforme leyes arancelarias. La desregulación arancelaria permite fijar libremente el valor de honorarios. Por el art. 1255 del CCyC, cuando no hay precio convenido, también puede pagarse el precio según usos.

Se entenderá que el precio, salvo plazos estipulados en el contrato, debe abonarse al hacer entrega de la obra, aunque en este caso, se trata de una obra intelectual, plasmada en documentación sobre soporte adecuado. No obstante, podrán determinarse aumentos del precio, por lo que es conveniente no solamente que el comitente esté de acuerdo en lo que abonará por demás, sino también contar con cláusulas contractuales que contemplen dichas situaciones. Una vez fijado el precio, se estará a lo establecido por la Ley 23.928, que prohíbe expresamente cualquier mayor costo, actualización o indexación sobre todo tipo de contratos.

PRECIO DE COSTUMBRE Y NORMAS ARANCELARIAS

El CCyC dice en su art. 1255 que si las partes no determinaron previamente el precio del contrato —sea de obra o de servicios— se entenderá que ajustaron el precio de costumbre —que es el precio de mercado, común y corriente–, para ser determinado por árbitros. En este caso, ante una disputa judicial, es importante la intervención de peritos, que ayuden a aportar claridad para que un juez dicte una sentencia justa.

Y si el precio no resulta ser "el de costumbre", podrá consistir en un precio que es el resultado de una apreciación, según el caso que se trate.

La sanción de las normas arancelarias, con sus disposiciones de orden público, suplantaron, de algún modo, las regulaciones de honorarios según los precios de costumbre.

Un arancel es siempre una referencia para situaciones controversiales en las cuales deben fijarse honorarios.

NORMAS ARANCELARIAS

El art. 2, primer párrafo, del Decreto-Ley 7887/55, define a los honorarios **como la retribución o el pago de los servicios profesionales prestados al comitente**. El **Decreto-Ley 7887/55 de la jurisdicción nacional** impone un arancelamiento del honorario profesional para profesionales de la arquitectura, agrimensura e ingeniería, y define el alcance de las posibles tareas profesionales y el pago de honorarios por las mismas según las etapas de trabajo realizadas. Este decreto fue adoptado como norma en algunas provincias. La normativa de aranceles para la jurisdicción nacional tenía orden público, tal como lo indican:

- El **Decreto-Ley 7887/55** (artículo 1, último párrafo).
- El **Decreto-Ley 16.146/57** (agregado).
- La **Ley 21.165**, que establece un índice de actualización semestral de los honorarios regulados.

Es importante tener en cuenta que **quien tenga o crea tener derechos al cobro de honorarios debe contar con los elementos de prueba necesarios para probar dicho derecho**.
Muchas provincias poseen su propio régimen arancelario. En la **Provincia de Buenos Aires** los honorarios son arancelados en el **Decreto 6964/65**.

LA ENCOMIENDA PROFESIONAL Y LA CONTRATACIÓN DE TAREAS

Los consejos profesionales, en aras de cumplir con el control del ejercicio profesional, certifican que aquellos matriculados estén debidamente habilitados para ejercer tareas de su incumbencia, esto es, que no posean sanciones.
En la Ciudad de Buenos Aires, el Consejo Profesional de Arquitectura y Urbanismo (CPAU) y el Consejo Profesional de Ingeniería Civil (CPIC) certifican en un documento llamado Encomienda Profesional que un/a profesional matriculado/a posee habilitación para realizar la tarea encomendada, cumpliendo con los requisitos del Decreto-Ley 6070/58. La **Encomienda profesional** es un documento

en el cual consta el tipo de tarea profesional encargada, y lleva las firmas del comitente, del profesional, y la certificación del Consejo.

Es recomendable que antes de celebrar la encomienda se realice una nota de encargo, siendo ésta un documento fehaciente que prueba la conformidad del comitente por el encargo de tareas que constan en la misma.

La certificación de la encomienda se agrega a los expedientes de obras que se tramitan en el ámbito de la Ciudad de Buenos Aires.

En la provincia de Buenos Aires, el cumplimiento de las normas legales de la profesión es controlado por el Colegio de Arquitectos de la Provincia de Buenos Aires (CAPBA), el Colegio de Ingenieros y el Colegio de Técnicos de la Provincia de Buenos Aires. Estas entidades exigen la presentación de una contratación de tareas, en la cual debe detallarse la tarea profesional encomendada, y el monto de honorarios acordado, que debe ser igual o superior al mínimo establecido por el arancel; sobre el monto de honorarios debe ingresarse el porcentaje de aportes previsionales a ingresar en las **Caja de Previsión Social para Agrimensores, Arquitectos, Ingenieros y Técnicos de la Provincia de Buenos Aires**, que funciona en virtud de la Ley Provincial 12.490 del año 2000. Firmada por un comitente y un/a profesional, la contratación es certificada por la entidad de control y presentada en los expedientes que tramitan en los municipios de la Provincia.

La encomienda y la contratación difieren del contrato profesional en cuanto éste último puede contener mayor número y especificación sobre las cláusulas que lo integran, siempre que no contravengan las disposiciones contenidas en las leyes y decretos que rigen el ejercicio de la profesión.

En la Ciudad De Buenos Aires, el comitente puede verificar en el momento de la contratación del profesional el estado de su matrícula. Esto se realiza solicitando **el Registro de Tareas en el CPAU**.

LA ENCOMIENDA PROFESIONAL Y LA LEY 24.441

En jurisdicción nacional, la Encomienda es un documento que acredita en forma fehaciente la relación entre un comitente y un/a profesional, respecto de las tareas que el primero encarga y el segundo acepta. Y es plenamente eficaz cuando en una instancia judicial, se solicita que el CPAU informe sobre la existencia o no de la Encomienda de Tareas registrada para una determinada obra. Por otra parte, y ante la posibilidad de que no exista contrato expreso, la encomienda profesional cobra mayor importancia, por ser el único documento firmado entre las partes, máxime considerando que quienes firman la encomienda, se notifican de la existencia del Arancel de Honorarios (Decreto Ley 7887/55), a aplicarse en los casos en los que no se ha pactado un precio de la tarea encomendada.

En la jurisdicción nacional, la Ley 24.441 introdujo importantes reformas acerca de la presentación de encomiendas en expedientes municipales. El art. 93 de la Ley 24.441 expresa: "Derógase la intervención del Consejo Profesional respectivo en la extensión del certificado de encomienda de tareas profesionales, previsto en el apartado 4, inciso a), del artículo 2.1.2.2. del Código de la Edificación (ordenanza 33.387, oficializada por ordenanza 33.515)". En el art. 94 de la misma ley se lee: "Prohíbese a los colegios profesionales de agrimensura, arquitectura e ingeniería exigir a sus matriculados, en forma previa a la realización de actividades en que éstos asuman responsabilidad profesional, cualquier clase de certificado de habilitación y registro de encomienda".

No obstante lo expuesto, la encomienda es un instrumento importante como medio de prueba de un vínculo contractual entre comitente y profesional, por cuanto en los expedientes se siguen presentando encomiendas sin que revista obligatoriedad su presentación.

COBRO INDIRECTO DE HONORARIOS

Mediante esta modalidad –vigente en algunas provincias como Mendoza, Santa Fe y Río Negro–, los honorarios son depositados en el colegio o consejo en el cual se halla matriculado el profesional. La entidad fiscaliza así el pago del honorario, que es retirado luego por el profesional.

CLASIFICACIÓN DE LAS OBRAS DE ARQUITECTURA

En la jurisdicción nacional el art. 48 del Decreto-Ley 7887/55) dispone dos categorías para las obras:

- 1ra. **Categoría:** Obras en general.
- 2da. **Categoría:** Muebles, exposiciones, y obras de decoración interior y exterior.

Cada provincia tiene su propia normativa arancelaria.

DETERMINACIÓN DE HONORARIOS

En jurisdicción nacional, los honorarios por proyecto y dirección de obra se calculan en forma proporcional al costo definitivo de la obra, siendo éste la suma de todos los gastos necesarios para realizarla, excluyendo dentro de los gastos al costo del terreno y los honorarios mismos (art. 50 primer párrafo Decreto-ley 7887/55). Se agrega además que cuando el comitente provea total o parcialmente materiales, mano de obra o transportes, se computarán sus valores sobre la base de los precios corrientes en plaza.
Los honorarios profesionales deben servir no solamente como utilidad, sino además deben proveer a cubrir gastos operativos.
Asimismo debieran incluir algún medio de ajuste para aplicar en casos de modificaciones al proyecto o para atender a cuestiones no previstas que deba enfrentar el profesional.

HONORARIOS Y EL CONTRATO EXPRESO

Un contrato profesional no requiere formalidad especial alguna, y puede celebrarse en la forma que las partes acuerden; obviamente, en una instancia judicial el juez valorará la admisión de elementos que le permitan convencerse de que ha existido un contrato.

A veces puede ocurrir que el profesional pactó verbalmente la encomienda de tareas, y al entregarlas, el comitente se niega a recibirlas. También en este caso, el profesional tiene derecho al cobro de honorarios, aunque le cabe la carga de probar que ha existido una serie de gestiones previas a favor de lo que oportunamente el comitente le ha solicitado; se está así en presencia de preliminares a la formación del contrato mismo, que generan un caso de responsabilidad precontractual que daría lugar a responder por el daño causado y el lucro cesante (cfr. CNCiv, Sala A, 25-10-1996. Peralta Urquiza, Jorge c/Conindar San Luis S.A., L.L. 1997-E-873).

En obras de arquitectura de Primera Categoría, se establece que el monto de los honorarios se cobrará siguiendo esta modalidad:

- Un 9 % hasta un valor de obra que no exceda de $ 455.420.
- Un 7 % sobre el monto de obra que exceda de $ 455.420 y que no llegue a $ 4.554.200 (Ej: si una obra cuesta $ 600.000, sobre los primeros $ 455.420 se calcula un 9 %, y sobre los restantes $ 144.580, el 7 %; los resultados de ambos porcentajes se suman y conforman el 100 de los honorarios.
- Un 5 % sobre el excedente de $ 4.554.200 (siguiendo la modalidad acumulativa de los porcentuales anteriores).

Del mismo modo, en obras de arquitectura de Segunda Categoría, se establece que el monto de los honorarios se cobrará:

- Un 15 % hasta $455.420.
- Un 10 % de $455.420 a $4.554.200.
- Un 5 % sobre el excedente.

SUBDIVISIÓN DE LOS HONORARIOS

En jurisdicción nacional, el art 51 del Decreto-Ley 7887/55 dispone que a fines de la apreciación de tareas parciales, el importe total de los honorarios se considerará dividido de acuerdo con los siguientes cuadros:

En Obras de Arquitectura:

- Croquis preliminares (guion para exposiciones)   5 %
- Croquis preliminares y anteproyecto   20 %
- Croquis preliminares, anteproyecto, planos generales de construcción y de detalles   40 %
- Croquis preliminares, anteproyecto, planos generales de construcción, de detalles y de estructura   60 %
- Dirección de obra   40 %

Los honorarios por Proyecto totalizan el 60 % los mismos, y queda el 40 % para las tareas de Dirección de Obra.

En Obras de ingeniería: Se dividen en obras de 1ra. 2da. y 3ra. Categoría.

- Croquis Preliminares   10 %
- Croquis Preliminares y Anteproyecto   40 %
- Croquis Preliminares Anteproyecto, y Proyecto   70 %
- Dirección de Obra   30 %

Refiriéndonos al costo definitivo de una obra que no fue realizada, podrán usarse los valores que surgen del presupuesto global (en el supuesto de anteproyecto) o del presupuesto detallado (proyecto), o aún del valor de la licitación o adjudicación. En casos de encomienda de proyecto y dirección, con obra finalizada, no habrá inconvenientes en la aplicación de las tasas de honorarios. Antes de fijar el costo definitivo de la obra, los pagos en concepto de honorarios se consideran a cuenta, dado que, al terminarse la obra, el profesional debe percibir el saldo ajustado al costo definitivo de la misma.

El hecho de pagar honorarios por anteproyecto o planos generales no da derecho al comitente a hacer uso de los mismos, salvo que así se convenga. En ese caso corresponderá abonar un adicional del 15 % del total de los honorarios (art. 51 inciso 4 Decreto-Ley 7887/55).

En la Provincia de Buenos Aires, para determinar costo de una obra a fin de calcular los honorarios, se procede:

- En primer lugar, a aplicar el art. 5 del Tít. VIII, Cap. II, en el cual se dispone que el arancel establece en cada caso los honorarios mínimos para la labor profesional y se determinará, para cualquier especialidad y categoría, por aplicación en forma acumulativa sobre los valores en juego de la tabla XVII.
- Dentro del capítulo recién mencionado, el art. 6 establece que las tasas se aplicarán sobre el costo total de la obra, que se establecerá guardando el siguiente orden de prelación:
a) Sumatoria de las inversiones reales (costo real).
b) Precio contratado para su ejecución.
c) Cuando no se adjudique la obra, se considerará el precio o cotización más conveniente que resulte del estudio de las propuestas.
d) Según el presupuesto detallado integrante del proyecto.
e) Según el presupuesto global.

El art. 25 del Tít. I del Decreto 696/65 establece que las normas arancelarias no serán de aplicación en las contrataciones referentes a viviendas familiares de hasta 70 m² cubiertos, cuando constituyan la única propiedad del dueño de la obra. En estos casos, los honorarios por proyecto o dirección quedarán sujetos a la convención de partes.

Al comenzar una obra, jamás puede conocerse cual habrá de ser su costo definitivo. Muchos son los factores que pueden afectar al precio de la obra y no todos pueden ser previstos en su totalidad por el comitente, quien a veces no sabe si la obra va a culminar de un modo previsible, sino que tampoco a veces saber si la obra va a comenzar.

Conforme la doctrina oficial del Colegio de Arquitectos de la Provincia de Buenos Aires, y que creemos aplicable a todos los casos, si la obra aumenta su costo, los honorarios deben aumentar en la misma proporción. Entonces, al llegar al fin de la obra, la remuneración que corresponde al proyecto y a la dirección de obra deben integrarse con los pagos que surjan de las alícuotas a la liquidación final, practicándose ésta última sobre todo el detalle del costo de obra. Por eso, todo pago que reciba el profesional en tanto dure la obra, se han de considerar a cuenta de la mayor cantidad de honorarios que pudieran devengarse.

GASTOS ESPECIALES

Los honorarios profesionales solamente retribuyen la tarea intelectual del profesional a cargo del proyecto y/o de la dirección de obra. No están incluidos en los honorarios otros rubros tales como el valor del terreno, sellados e impuestos municipales y –bajo ningún concepto– adquisiciones y pagos que corren por cuenta del propietario de la obra. De estarse ante esta situación, es procedente exigir el reembolso de lo abonado (cfr. CNCiv, Sala F, 10-6-1997, Arturi, Patricia c/ Boville, Fernando y otro. LL, 1997-F, 471).

Gastos como traslados, llamados de larga distancia, copias de documentación en gran cantidad, tareas fuera de horarios normales, etc., pueden no estar estipulados en los contratos, y bien puede el profesional exigir del comitente su reembolso.

El costo de muchas tareas excede la encomienda de trabajo, como por ejemplo, el estudio de suelos, ensayos de materiales, asesoramiento legal de alta complejidad, etc., y deben ser soportados por el comitente.

El art. 60 del Decreto-Ley 7887/55 define a los gastos especiales a consultas con otros especialistas, sondeos, exploraciones, ensayos, gastos de viajes y estada, cálculo de estructuras o proyección de instalaciones especiales, sueldos de sobrestantes o apuntadores de obra, maquetas, postales a larga distancia, copias de documentación que excedan el número de tres en casos comunes o todas las copias en casos especiales, sellados o impuestos sobre planos y cualquier otro gasto extraordinario. Estos gastos son originados por el ejercicio profesional, no están comprendidos en los honorarios y deberán ser abonados por el comitente. Pueden también considerarse como gastos especiales los asesoramientos profesionales sobre instalaciones diversas.

REMUNERACIÓN DEL SOBRESTANTE DE OBRA

La sobrestancia en las obras no es una tarea profesional, por lo que la remuneración de un/a sobrestante se pacta de común acuerdo entre las partes, situación que se producía aun antes de la desregulación de honorarios.

En obras por administración y/o contratos separados, si juicio de la Dirección de Obra o por acuerdo con el comitente, se nombra un sobrestante, su remuneración es un gasto especial a cargo del comitente, conforme el art. 60 del Arancel de Honorarios, Decreto Ley 7887/55. Bajo ningún concepto constituye esta remuneración un costo de obra a efectos de calcular el honorario del profesional que proyecta y/o dirige.

REMUNERACIÓN DEL SUPERVISOR DE OBRA

No existe normativa que prevé el alcance de la tarea de supervisión de obra, pero se ve encuadrada en el asesoramiento y control e informe al comitente. La supervisión de obra jamás asume responsabilidades respecto de tareas de proyecto y dirección de obra, ni imparte órdenes a empresa constructora o personal de la misma.

Se puede ejemplificar la supervisión con el caso del profesional proyectista que ejerce un control sobre otro profesional director de obra o sobre una empresa constructora. Las tareas y obligaciones del profesional supervisor deben ser enunciadas con el mayor detalle posible.

Sobre los honorarios de la supervisión, el arancel profesional según Decreto-Ley 7887/55 no prevé su remuneración, pero tomando como base el honorario del director de obra, bien puede practicarse una reducción proporcional razonable, por la cual un/a supervisor/a perciba honorarios que no superen el 40 % de los honorarios que perciba el director de la obra, o bien cobrar un monto de dinero por días de trabajo en el terreno. Todo ello sin perjuicio de que el supervisor convenga un monto de honorarios con el comitente.

OBRAS ENCOMENDADAS Y NO EJECUTADAS

Puede tenerse el caso por el cual la obra se ha encargado, y por determinadas razones, no se ha realizado. Para comprender mejor el problema, se observan los siguientes supuestos:

a) Casos en los que se indemniza al Profesional

El comitente, por propia voluntad, puede ordenar la disminución del ritmo de los trabajos, su suspensión transitoria o bien desistir de la ejecución de la obra, conforme el art. 1261 del CCyC. Esta situación hace que la empresa pueda pedir una compensación económica y hasta la rescisión contractual. Y también el comitente deberá indemnizar a la dirección de obra por todos sus gastos, trabajo y utilidad que pudiera obtener por el contrato, en concepto de lucro cesante:

> *El comitente puede desistir del contrato por su sola voluntad, aunque la ejecución haya comenzado; pero debe indemnizar al prestador todos los gastos y trabajos realizados y la utilidad que hubiera podido obtener.*
> *El juez puede reducir equitativamente la utilidad si la aplicación estricta de la norma conduce a una notoria injusticia"* (art. 1261 del CCyC).

El art. 51 inc. 3 del Decreto-Ley 7887/55 establece que si el comitente decide interrumpir la tarea encomendada al profesional, abonará los porcentajes establecidos en el cuadro del art. 51 inc. a) para las obras de arquitectura, y si el desistimiento tuviese lugar durante el proceso de cualquiera de las etapas, el comitente abonará las anteriores completas, más una parte proporcional de los trabajos ejecutados de la etapa no terminada, además del 20 % del importe de los honorarios por los trabajos encomendados y no ejecutados. El porcentaje se aplicará sobre el presupuesto aceptado, en su defecto sobre el más bajo, en caso de haber una licitación no adjudicada, o en su orden sobre el presupuesto oficial o sobre el presupuesto estimativo (Párrafo final del inciso 3, artículo citado).

Se trata en este caso de la interrupción de la tarea encomendada al profesional, no importando si el comitente ha resuelto también interrumpir la obra o si la prosigue con otro profesional. Es posible plantear en sede judicial percibir un importe superior por daño emergente, lucro cesante o agravio moral, con el fin de reparación del daño integral causado por la conducta del comitente.

En la Provincia de Buenos Aires, si la interrupción se produce por voluntad o inacción del comitente, los honorarios serán los correspondientes a la totalidad del trabajo encomendado, norma que jurisprudencialmente ha encontrado límites en su aplicación. Se ha observado la aplicación de una reducción de los montos exigidos en una demanda siendo que se trató de una etapa de la encomienda que no llegó a tener principio de ejecución; aun con la vigencia del art. 24 inc. a) del Decreto 6965/65 de la Provincia de Buenos Aires –prevé el pago de honorarios por la totalidad del trabajo encomendado– se estaría produciendo un enriquecimiento sin causa para el profesional, al que se le abonaría honorarios totales por una actividad que no llegó a comenzarse (cfr., CNCivil, Sala B, 27-3-1980. Brozzi, Aristóbulo c/ Yafar, César J. y otros).

Cabe tener en cuenta que desistir de una obra es una facultad discrecional, en la cual ni siquiera hace falta expresar motivos o justificaciones, pero que igual acarrea consecuencias indemnizatorias (por el art. 1261 del CCyC).

Si entre comitente y profesional no logran ponerse de acuerdo para fijar el monto de la indemnización, quedará recurrir a la vía judicial.

Sobre honorarios, si la construcción de una obra se frustra por la imposibilidad de obtener un préstamo ya acordado, si se ha contratado a un profesional arquitecto para realizar el proyecto de la obra y si dicho proyecto se hizo, la situación no implica que el profesional se ve impedido de cobrar sus honorarios, pues la frustración del préstamo no constituye un hecho inevitable (CNCiv, Cohen, José c/Asociación Gremial de Sanidad Ferroviaria y otro).

Puede llegar a considerarse la Teoría de la Imprevisión –art. 1091 del CCyC– para no aplicar indemnización, siempre y cuando ocurran los acontecimientos extraordinarios e imprevisibles que allí se mencionan, y que originen una situación por la cual el cumplimiento de la obligación contractual a cargo de una de las partes se torna excesivamente onerosa, en cuyo caso, la parte perjudicada puede demandar la resolución del contrato o bien pedir un reajuste equitativo en las prestaciones.

b) **Casos en los que no se indemniza al profesional**
No se aplica la indemnización prevista por el art. 51 inc. 3 del Decreto-Ley 7887/55, para obra encomendada y no ejecutada cuando la interrupción obedece a un incumplimiento contractual por parte del/de la profesional, que facultará al comitente a resolver el contrato. Si el/la profesional no ha atendido la marcha de las obras, o no ha sido diligente respecto de las obligaciones asumidas, el comitente puede dar por extinguido el vínculo contractual; debe recordarse que si se cumplieron parte de las prestaciones, las que se hayan cumplido quedarán firmes y producirán, en cuanto a ellas, los efectos correspondientes.

La prueba del incumplimiento debe acreditarla el comitente, pero éste debe estar al día con el cumplimiento de sus obligaciones:

> *Excepto disposición legal o convencional en contrario, se aplican a la rescisión unilateral, a la revocación y a la resolución las siguientes reglas generales: ... c. la otra parte puede oponerse a la extinción si, al tiempo de la declaración, el declarante no ha cumplido, o no está en situación de cumplir, la prestación que debía realizar para poder ejercer la facultad de extinguir el contrato;...* (art. 1078 del CCyC).

Es importante que el comitente intime al/a la profesional a que cumpla con aquello a lo que se obligó, en el plazo legal y bajo apercibimiento de extinción del vínculo contractual, dado que si decide contratar a un tercero para que continúe las tareas al cargo del profesional que no ha cumplido, **sin haberlo intimado previamente**, se considerará que el comitente desistió unilateralmente de seguir con el contrato (cfr. CNCiv., Sala F, Chavat, Pablo c/Alvarez, Andrés. LL, Doctrina Judicial N° 6 Boletín del 11-2-1998).

Puede llegar a considerarse la teoría de la imprevisión –art. 1091 del CCyC– para no aplicar indemnización, siempre y cuando ocurran los acontecimientos extraordinarios e imprevisibles que allí se mencionan, y que originen una situación por la cual el cumplimiento de la obligación contractual a cargo de una de las partes se torna excesivamente onerosa, en cuyo caso, la parte perjudicada puede demandar la resolución del contrato o bien pedir un reajuste equitativo en las prestaciones. Para aplicar la teoría de la imprevisión, debe producirse la ruptura de la equivalencia de las prestaciones prometidas por gravitación de alternativas de la evolución económica o técnica, pero no cuando cualquiera sea la causa que lo determine (CNCiv, Sala B, Isgut, Elías c/ Laso, Roque F. y otros).

INCREMENTOS Y REDUCCIONES DE HONORARIOS

En jurisdicción nacional, los honorarios mínimos corresponden a obras que se ejecutarán:

a) Por contratos separados con dos o más contratistas, siempre que no haya un contrato de más del 75 % del valor de la obra.
b) Por a coste y costas, con un contratista principal.
c) Por unidad, a liquidar sobre la base de mediciones de lo ejecutado y precios unitarios previamente establecidos.

a) INCREMENTOS

Los honorarios por Dirección de obra, en jurisdicción nacional, se incrementan en un 25 % si dicha tarea se hace sobre planos preparados por otro profesional (art. 51 inciso 5 Decreto-Ley 7887/55).

En la Provincia de Buenos Aires, en este caso el incremento es del 50 % del honorario correspondiente a Dirección de Obra, salvo el caso de dirección de obras proyectadas por organismos oficiales, para planes de viviendas individuales y de interés social (Decreto 1111 del 29-3-1974).

En obras que el profesional administra en forma directa, si el/la profesional provee materiales, contrata a la mano de obra –como mandatario del comitente–, y fiscaliza la provisión de materiales y mano de obra, se cobrarán honorarios adicionales representativos del 10 % del costo de los trabajos que se ejecuten por este sistema (art. 52 inciso 3 Decreto-Ley 7887/55).

En la Provincia de Buenos Aires existe la Dirección Ejecutiva de Obra, siendo ésta la función que el profesional desempeña –en obras por administración– como director y constructor, proveyendo y fiscalizando los materiales, mano de obra y subcontratistas (art. 4 inciso b del Título VIII Decreto 6964/65). La retribución por esta función es del 200 %, sobre el honorario correspondiente a dirección de obra, de acuerdo con lo dispuesto por el art. 9 inciso d de la normativa provincial.

En la Provincia de Buenos Aires, en las obras por a coste y costas se adiciona en concepto de suplemento de dirección el 10 % del valor de los trabajos (art. 9 inciso b, Título VIII Decreto 6964/65).

En obras contratos separados –cuando hay varios contratistas encargados de la construcción de diversas etapas de la obra– el honorario correspondiente a dirección de obra se incrementa en un 100 %, (s/Res. 2326 del C.P.I., 16-5-1977).

b) REDUCCIONES

En obras contratadas por el sistema de ajuste alzado, con un contratista principal cuyo contrato
equivale a más del 75 % del costo de la obra, el importe de los honorarios correspondientes a la dirección será reducido en un 10 % de los mismos (art. 52 inciso 2 Decreto-Ley 7887/55).

UTILIZACIÓN DEL PROYECTO: OBRAS REPETIDAS Y ADAPTADAS

El pago de honorarios por el proyecto da derecho al comitente a ejecutar la obra **una sola vez**.

La repetición de una obra sea repetida exactamente, o la aplicación de ligeras variantes que no impliquen modificaciones sustanciales en los planos de construcción, se calculan:

- Por el proyecto del prototipo, 70 % de los honorarios completos, según las tasas del artículo 50.
- Por el proyecto de cada repetición, 10 % de los honorarios completos.
- Por la Dirección de obra total, 40 % de los honorarios completos (art. 53 inciso 1 Decreto-Ley 7887/55).

Cuando en forma inicial se encarga un prototipo, los honorarios por proyecto se incrementan un 10 % sobre lo normado en el art. 51 inc. a, adicionándose un10 % de los honorarios completos por cada repetición.

Pero si se realiza un encargo simple, que luego de finalizada la obra –por diversas necesidades, y con acuerdo del profesional– se convierte en un prototipo, se hará valer la norma para incrementar los honorarios por el proyecto original, como para establecer un honorario mínimo por cada repetición.

En el caso de la Provincia de Buenos Aires, la norma arancelaria prevé la obtención de valores de honorarios por proyecto y dirección para obras repetidas. Una vez desglosados ambos conceptos, el honorario correspondiente a dirección se multiplicará por la cantidad de veces que se repita la obra y el correspondiente a proyecto, se multiplicará por un coeficiente obtenido de una tabla y que se basa en la cantidad de veces que se repita el proyecto.

HONORARIOS EN TAREAS DETERMINADAS

Algunas de las tareas previstas en jurisdicción nacional, son:

- **OBRAS DE REFECCIÓN:** En la jurisdicción nacional, este tipo de honorarios se calcula según la tabla correspondiente, más un adicional del 50 % de los mismos (art. 54 primer párrafo del Decreto-Ley 7887/55).

- **DOCUMENTACIÓN PARA TRAMITACIONES:** Cuando el profesional ejecute planos y planillas y gestione su aprobación por las autoridades municipales, percibirá en concepto de honorarios un adicional del 0,3 % del costo definitivo de la obra. Este adicional se aplica además a la preparación de documentación para la gestión de créditos hipotecarios (Art. 58 del Decreto-Ley 7887/55).

- **TASACIONES:** Según el art. 77 primer párrafo del Decreto-Ley 7887/55, se establecen honorarios mínimos a partir de los cuales se establecen porcentajes acumulativos decrecientes, con relación al valor de la cosa tasada, que debe ser establecido por el profesional.

En tasaciones judiciales, cuando se realice un dictamen pericial en asuntos judiciales, habrá que adicionar un 25 % al monto de los honorarios. (art. 80 Decreto-Ley 7887/55).

En el Decreto-Ley 16.146/57 (art. 6) se dispone que en la regulación judicial de honorarios a peritos/as judiciales, dicha regulación podrá apartarse de las reglas arancelarias, mediante resolución fundada, en los casos en que el monto resultante no sea equitativo en relación con el valor de lo cuestionado. También en el Decreto 181/92 y la Ley 24.432, se ha establecido que los magistrados podrán regular los honorarios de auxiliares de la justicia apartándose de las escalas arancelarias si éstas determinan honorarios desproporcionados en función de la labor desempeñada.

Por otra parte, en la Provincia de Buenos Aires siempre que exista actuación judicial, el honorario que fija el arancel será aumentado en un 25 % (art. 8 del Título I del Decreto 6964/65).

- **ARBITRAJES:** El arbitraje es un modo alternativo de resolución de controversias. Comprende el estudio de las diferencias entre partes sometidas a esta clase de juicio, y el fallo que de tal estudio se desprende, ya sea que el profesional actúe como árbitro de derecho o amigable componedor. Los honorarios se determinarán teniendo en cuenta los siguientes factores:
1) Extensión de los cuestionarios y grado de responsabilidad.
2) Valor del bien o de la cosa. Sobre este valor se aplicará el porcentaje que corresponda según la tabla del art. 88.

- **ASISTENCIAS TÉCNICAS:** Es asistencia técnica una consulta efectuada sobre una documentación, presupuesto, tarea de obra, etc., que ha sido realizada por otro profesional. Esta consulta no requiere un estudio pormenorizado sobre el asunto, sino que se configura como una opinión profesional. Se cobran honorarios por consulta en un monto equivalente al 10 % de los honorarios que pudieran corresponder por croquis preliminares, anteproyectos, proyectos, dirección de obra, informes técnicos y cualquier otra

tarea realizada por otro profesional que constituya el objeto de la consulta (art. 90 primera parte del Decreto-Ley 7887/55). Las formas más comunes de asistencia técnica son las del:
1. Profesional consultor.
2. Profesional asesor de concursos.
3. Profesional jurado de concursos.

- **REPRESENTACIONES TÉCNICAS: Es representante técnico/a quien asume la responsabilidad que implica una construcción, una instalación o la provisión de equipos y/o materiales para construcciones.** La Representación Técnica deberá **preparar los planes de trabajo; supervisar asiduamente la marcha de los mismos; responsabilizarse por los planos, cálculos, planillas, etc., de estructuras, instalaciones, etc.; preparar toda la documentación técnica necesaria, como especificaciones, confección de subcontratos, etc.**; coordinar a los distintos subcontratistas y proveedores, etc., según el art. 93 del Decreto-Ley 7887/55.

RENUNCIA AL COBRO DE HONORARIOS

Puede renunciarse al derecho a percibir honorarios una vez realizados los trabajos. Legalmente no se presume la intención de renunciar. Por otra parte, la renuncia puede ser retractada mientras no haya sido aceptada, conforme lo ordena el art. 947 del CCyC.

PAGO DE LOS HONORARIOS

Al hablar de una obligación, el pago de un honorario profesional –en el lugar donde debe y en el tiempo que corresponde– constituye el cumplimiento de la prestación que hace al objeto de la obligación y produce la extinción de la misma, según los arts. 865 y concordantes del CCyC.
Sobre el **lugar de pago**, éste será el lugar establecido por acuerdo de las partes, de manera expresa o tácita, conforme art. 873 del CCyC en el contrato. Se lee en

el art. 874 del CCyC que si nada se ha indicado, el lugar de pago es el domicilio del deudor al tiempo del nacimiento de la obligación. Si el deudor se muda, el acreedor tiene derecho a exigir el pago en el domicilio actual o en el anterior. Igual opción corresponde al deudor, cuando el lugar de pago sea el domicilio del acreedor. Esta regla no se aplica a las obligaciones:

a) de dar cosa cierta; en este caso, el lugar de pago es donde la cosa se encuentra habitualmente;
b) de obligaciones bilaterales de cumplimiento simultáneo; en este supuesto, lugar de pago es donde debe cumplirse la prestación principal.

Sobre el tiempo, deberá atenerse a lo que especifican las etapas de pago. Según el arancel, se entiende que:

1. Al aprobarse el anteproyecto se abona el 20 % del porcentaje aplicado al valor estimado de la obra.
2. A la terminación del proyecto, deberán haberse acreditado pagos a cuenta
3. hasta cubrir el 60 % del total de honorarios.
4. Durante la ejecución de la obra, deberá abonarse el 40 % de los honorarios en pagos proporcionales a los certificados de la obra.

Debe aclararse que los honorarios profesionales, al tomarse sobre un costo estimativo de obra, deben ajustarse al costo definitivo de la misma en virtud de su finalización (art. 59 inciso e) del Decreto-Ley 7887/55).

DERECHO DE RETENCIÓN

Por el art. 2587 del CCyC, "Todo acreedor de una obligación cierta y exigible puede conservar en su poder la cosa que debe restituir al deudor, hasta el pago de lo que éste le adeude en razón de la cosa". El derecho de retención es la **facultad que corresponde al tenedor de una cosa ajena, para conservar la posesión de ella hasta el pago de una deuda.**

Se tiene así que la deuda ha de ser el origen del derecho de retención, sea por un contrato (por el cual exista posesión de la cosa de otro por un tercero) o por un hecho que produzca obligaciones respecto al tenedor de dicha cosa por el cual no es necesaria la existencia de contrato para que nazca el derecho de retención.

El ejercicio de la retención no requiere autorización judicial ni manifestación previa del retenedor.

Quien ejerza la retención debe:

- conservar la cosa y efectuar las mejoras necesarias a costa del deudor;
- restituir la cosa al concluir la retención y rendir cuentas al deudor de cuanto hubiera percibido en concepto de frutos.

La retención concluye por:

- extinción del crédito garantizado;
- pérdida total de la cosa retenida;
- renuncia;
- entrega o abandono voluntario de la cosa. No renace aunque la cosa vuelva a su poder;
- confusión de las calidades de retenedor y propietario de la cosa, excepto disposición legal en contrario;
- falta de cumplimiento de las obligaciones del retenedor o si incurre en abuso de su derecho.

Los jueces podrán en casos determinados, autorizar a que se sustituya el derecho de retención por una garantía suficiente.

Por el art. 2592 inc. d del CCyC, el derecho de retención no impide que otros acreedores (o el propio retenedor) embarguen la cosa retenida, y hagan la venta judicial de ella. En estos casos, el derecho del retenedor se traslada al precio obtenido en la subasta, con el privilegio correspondiente. El art, 2582 del CCyC dice en su inc. d que los retenedores tienen privilegio especial sobre los bienes por razón de la cosa retenida, sobre ésta o sobre las sumas depositadas o seguridades constituidas para liberarla.

En la construcción, el derecho de retención puede hacerse:

a) Sobre la **documentación de obra**, si al proyectista se le adeudan honorarios, ejerciéndolo dicho proyectista;
b) Sobre la **obra**, si al constructor se le adeudan pagos, ejerciéndolo el mismo constructor o empresa. Debe tenerse en cuenta que el contratista o empresa es quien detenta la tenencia de la obra. De ahí que, ante la falta de pago, puede ejercer su derecho a retener. El art. 2582 del CCyC dice en su inc. a que tienen privilegio especial los gastos hechos para la construcción, mejora o conservación de una cosa, sobre ésta, incluyendo el crédito por expensas comunes en la propiedad horizontal.

En caso de adeudar honorarios a la dirección de obra, éste puede retener tareas, no concurriendo a la obra.

De intervenir un juez, éste puede autorizar que se sustituya el derecho de retención por una garantía suficiente.

El derecho de retención prevalece sobre los privilegios especiales, incluso el hipotecario, siempre que haya comenzado a ejercerse desde antes del nacimiento del crédito privilegiado.

EL IMPUESTO AL VALOR AGREGADO y LOS HONORARIOS

El monto de honorarios profesionales siempre debe calcularse sobre el costo final de la obra, que debe incluir el Impuesto al Valor Agregado (IVA).

Vigente desde 1975, el IVA grava por una parte, los costos de construcción y por la otra, los honorarios que perciben los profesionales que ante la AFIP revisten la condición de *responsable inscripto*.

Dado que el art. 50 del Decreto-Ley 7887/55 define como monto de la obra la suma de todos los gastos necesarios para realizarla con excepción del costo del terreno y los honorarios mismos, **se considera que el IVA facturado por empresas, contratistas y subcontratistas varios y proveedores de materiales, mano de obra y equipos, integra siempre el costo de la obra, sea cual fuere la condición del comitente ante el IVA y sea que el impuesto figure en las certificaciones o facturas en forma desagregada o englobado en los precios.** El documento A-115 del CPAU dispone: *El impuesto al valor agregado, englobado o discriminado, comprendido en las facturas de empresas, contratista y proveedores, integra en todos los casos el monto de obra.* **El IVA es un gasto necesario para realizar una obra,** y así lo dictaminó la Junta Central de Consejos Profesionales, que en su Resolución del 11-12-1979 consideró al IVA sobre los costos de construcción como monto de obra.

Así, el IVA –sea que figure englobado o discriminado en las facturas de contratistas y proveedores– integra en todos los casos el monto de obra y sobre dicho monto corresponde que se calculen los honorarios, conforme el documento A-115 y la doctrina de la Junta Central de Consejos Profesionales, que también es la doctrina del CPAU.

Debido a que no tiene aceptación unánime el citado criterio, es conveniente que el/la profesional aclare, al presupuestar su tarea profesional, si el precio de su tarea incluye o no el IVA.

Un/a arquitecto/a cuya condición de contribuyente ante la AFIP es la de Responsable Monotributo o monotributista está exento de pagar IVA y de cumplir las tramitaciones a que obliga este tributo.

En la Provincia de Buenos Aires, la Resolución 2420/77 del Consejo Profesional de Ingeniería de dicha provincia resolvió que:

1) La definición de "costo total de la obra" contenido en el Decreto 6964/65, Título VIII, art. 1°, es de carácter amplio, por lo que incluye las cargas impositivas.
2) Se computará el IVA en la suma de los valores de todos los ítems gravados, para determinar el costo total de la obra.

PRESCRIPCIÓN DEL COBRO

El plazo durante el cual puede el/la profesional reclamar sus honorarios ante la falta de pago por parte de los comitentes es de cinco años, según el art. 2560 del CCyC. El transcurso del plazo de prescripción comienza el día en que la prestación es exigible, según el art. 2554 del CCyC.
En el caso de haberse encomendado un proyecto, el plazo de prescripción para su pago comienza a contarse desde que se suscribió la encomienda o bien desde la presentación del expediente ante el Colegio o Consejo Profesional y/o el Municipio o ente de control.
Para la dirección de obra, pueden pactarse fechas determinadas de pago de los honorarios según avance de obra; en este caso, en cada certificación, el profesional debe tomar nota de la fecha en la cual se certificó pues desde la misma se comienza a contar plazos de prescripción. En algunos casos, el plazo debe contarse desde la finalización de la obra o bien desde la fecha del certificado de final de obra.
Según el art. 2558 del CCyC, el transcurso del plazo de prescripción para reclamar honorarios por servicios que han sido prestados en procedimientos judiciales, arbitrales o de mediación, comienza a correr desde que vence el plazo fijado en resolución firme que los regula; si no fija plazo, desde que adquiere firmeza.
Si los honorarios no son regulados, el plazo comienza a correr desde que queda firme la resolución que pone fin al proceso; si la prestación del servicio profesional concluye antes, desde que el acreedor tiene conocimiento de esa circunstancia.

PRIVILEGIOS PARA EL COBRO DE HONORARIOS

Define el art. 2573 del CCyC al privilegio como la calidad que corresponde a un crédito de ser pagado con preferencia a otro. Puede ejercitarse mientras la cosa afectada al privilegio permanece en el patrimonio del deudor, excepto disposición legal en contrario y el supuesto de subrogación real en los casos que la ley admite. El privilegio no puede ser ejercido sobre cosas inembargables declaradas tales por la ley.

El deudor no puede crear a favor de un acreedor un derecho para ser pagado con preferencia a otro, sino del modo como la ley lo establece.

Si bien todo acreedor debe estar en un pie de igualdad respecto del reclamo a un deudor frente al patrimonio de éste último, se considerará que la ley establece en algunos casos la modalidad de preferencia al cobro o privilegios. Este privilegio se basa en el principio por el cual arquitectos/as, constructoras y contratistas contribuyeron con su trabajo a construir una obra, convirtiendo un conjunto de materiales en un todo coherente que satisface un fin determinado. El titular de un privilegio cobra primero excluyendo a todos los demás, que recién participarán de lo obtenido por la venta o remate del bien hasta que un acreedor privilegiado vea íntegramente satisfecha su acreencia. Cuando concurren privilegiados del mismo rango, cobran proporcionalmente.

La LCT consagra el privilegio de los empleados y obreros del subcontratista. El artículo 136 de la citada ley expresa que "... los trabajadores contratados por contratistas o intermediarios tendrán derecho a exigir al empleador principal solidario, para los cuales dichos contratistas o intermediarios presten servicios o ejecuten obras, que retengan, de lo que deben percibir éstos, y les hagan pago del importe de lo adeudado en concepto de remuneraciones u otros derechos apreciables en dinero provenientes de la relación laboral...".

En el art. 2582 del CCyC se lee:

> Tienen privilegio especial sobre los bienes que en cada caso se indica:
> a. los gastos hechos para la construcción, mejora o conservación de una cosa, sobre ésta. Se incluye el crédito por expensas comunes en la propiedad horizontal;
> b. los créditos por remuneraciones debidas al trabajador por seis meses y los provenientes de indemnizaciones por accidentes de trabajo, antigüedad o despido, falta de preaviso y fondo de desempleo, sobre las mercaderías, materias primas y maquinarias que, siendo de propiedad del deudor, se encuentren en el establecimiento donde presta sus servicios o que sirven para su explotación. Cuando se trata de dependientes ocupados por el propietario en la edificación, reconstrucción o reparación de inmuebles, el privilegio recae sobre éstos;

c. *los impuestos, tasas y contribuciones de mejoras que se aplican particularmente a determinados bienes, sobre éstos;*
d. *lo adeudado al retenedor por razón de la cosa retenida, sobre ésta o sobre las sumas depositadas o seguridades constituidas para liberarla;*
e. *los créditos garantizados con hipoteca, anticresis, prenda con o sin desplazamiento, warrant y los correspondientes a debentures y obligaciones negociables con garantía especial o flotante;*
f. *los privilegios establecidos en la Ley de Navegación, el Código Aeronáutico, la Ley de Entidades Financieras, la Ley de Seguros y el Código de Minería.*

Existen tres tipos de acreedores:

1) **Privilegiados:** la ley les da preferencia en el cobro.
2) **Acreedores** con derecho real de garantía.
3) **Quirografarios,** siendo éstos los deudores comunes, sin preferencia y que cobran cuando hayan cobrado los privilegiados y aquellos con derecho real de garantía. Y si el patrimonio del deudor no alcanza, cobra a prorrata.

Los privilegios especiales tienen la prelación que resulta de los incisos del artículo 2582, excepto los siguientes supuestos:

a) los créditos mencionados en el inciso f) del art. 2582 tienen el orden previsto en sus respectivos ordenamientos;
b) el crédito del retenedor prevalece sobre los créditos con privilegio especial si la retención comienza a ser ejercida antes de nacer los créditos privilegiados;
c) el privilegio de los créditos con garantía real prevalece sobre los créditos fiscales y el de los gastos de construcción, mejora o conservación, incluidos los créditos por expensas comunes en la propiedad horizontal, si los créditos se devengaron con posterioridad a la constitución de la garantía;
d) los créditos fiscales y los derivados de la construcción, mejora o conservación, incluidos los créditos por expensas comunes en la propiedad horizontal, prevalecen sobre los créditos laborales posteriores a su nacimiento;

e) los créditos con garantía real prevalecen sobre los créditos laborales devengados con posterioridad a la constitución de la garantía;
f) si concurren créditos comprendidos en un mismo inciso y sobre idénticos bienes, se liquidan a prorrata.

PRIVILEGIO ANTE QUIEBRA O CONCURSO DEL COMITENTE

La actividad profesional no es ajena a la posibilidad del comitente de que pueda concursarse o quebrar.

El profesional —a cargo del proyecto, la dirección de la obra o la construcción— entonces, pasa a ser parte de la masa de acreedores.

Se partirá del principio de igualdad entre los acreedores, aunque existirán acreedores privilegiados o no. Los acreedores privilegiados cobran la totalidad de sus acreencias del producto de la realización de un bien determinado. Y luego, los acreedores comunes o quirografarios cobrarán lo que quede.

El art. 241 de la Ley 24.522 establece que los gastos hechos para la construcción, mejora o conservación de una cosa, tienen privilegio especial sobre ésta mientras exista en poder del concursado. Por esto, deben considerarse como privilegiados a los honorarios de los arquitectos e ingenieros que han intervenido en la construcción o refacción del inmueble.

Entonces, más allá de la normativa legal que la establece como obligatoria, se ha de considerar a la actividad del profesional como indispensable para la realización de la obra, pues la dirección de obra cumple el rol de vigilancia del cumplimiento de las normas edilicias.

Desde el punto de vista legal, no puede construirse sin la participación de un profesional matriculado; entonces, su tarea se halla ligada a los gastos de construcción y por ello cuenta con el privilegio que ampara el art. 241 de la Ley 24.522.

DESREGULACIÓN DE HONORARIOS EN JURISDICCIÓN NACIONAL

A comienzos de la década de 1990, la política oficial sobre los honorarios profesionales propuso una desregulación de los mismos, de manera de no trabar un libre convenio entre partes, de modo que podían apartarse de las escalas vigentes. La desregulación permite que las disposiciones de orden público vigentes en materia de honorarios, retribuciones por servicios profesionales, puedan ser dejadas de lado por aquellos que lo deseen (Decreto 2284/91 Arts. 8 y 11), y está basada en las siguientes normas:

- **Decreto Nº 2284 de 1991:** Los honorarios fijados por normativa arancelaria eran de orden público hasta la sanción de este decreto, que en su artículo 8 expresa:
"Déjanse sin efecto las declaraciones de orden público establecidas en materia de aranceles, escalas o tarifas que fijen honorarios, comisiones o cualquier otra forma de retribución de servicios profesionales, no comprendidos en la legislación laboral o en convenios colectivos de trabajo, en cualquier clase de actividad, incluyendo los mercados de activos financieros u otros títulos, establecidos, aprobados u homologados por leyes, decretos o resoluciones". "Ninguna entidad pública o privada podrá impedir, trabar ni obstaculizar directa o indirectamente la libre contratación de honorarios, comisiones o toda otra forma de retribución, no comprendidos en la legislación laboral o en convenios colectivos de trabajo, por la prestación de servicios de cualquier índole, cuando las partes deseen apartarse de las escalas vigentes" (Art. 11 decreto 2284/91).
Este decreto deroga las declaraciones de orden público establecidas en materia de honorarios; así, al justipreciar una tarea profesional, dicho justiprecio será resultado del acuerdo entre el profesional y su cliente, pudiendo apartarse de las escalas vigentes, y sin que el resto de la norma quede sin efecto. Ante la no existencia de un convenio de honorarios se aplicarán los mínimos arancelarios. En las jurisdicciones donde exista regulación de honorarios, si se pactan por debajo de los mínimos arancelarios, pueden declararse nulos en sede judicial.
- **Ley de Reforma del Estado y Emergencia Administrativa 23.696.**
- **Ley de Emergencia Económica 23.697 del 25/9/1989.**
- **Ley 23.928.**

- **Decreto 2476 del 26/11/1990.**
- **Decreto 240 del 23/3/1999,** que en materia de orden público de aranceles y honorarios, cobros centralizados e intervención de entidad pública o privada en la contratación de honorarios deroga el orden público del Decreto 7887/55; en materia de definiciones sobre tareas profesionales, bien pueden utilizarse como referencia todas sus disposiciones. La importancia del orden público en materia de aranceles surgía por el art. 21 del C.C., que dispone que las convenciones particulares no pueden dejar sin efecto las leyes en cuya observancia estén interesados el orden público y las buenas costumbres.

Por su parte, el CCyC, art. 1255 expresa en modo contundente:

Las leyes arancelarias no pueden cercenar la facultad de las partes de determinar el precio de las obras o de los servicios. Cuando dicho precio debe ser establecido judicialmente sobre la base de la aplicación de dichas leyes, su determinación debe adecuarse a la labor cumplida por el prestador. Si la aplicación estricta de los aranceles locales conduce a una evidente e injustificada desproporción entre la retribución resultante y la importancia de la labor cumplida, el juez puede fijar equitativamente la retribución.

La contratación de tareas profesionales y el pago de honorarios profesionales, conforme lo indica el CCyC en su art. 1255, puede realizarse sin sujetarse a las escalas previstas en las normas arancelarias.

PERCEPCIÓN DE HONORARIOS EN AUSENCIA DE CONTRATO ESCRITO

Cuando no se han acordado montos de honorarios y se llega a una instancia juidicial –por ausencia de contrato escrito o encomienda de tareas registrada–, son los jueces quienes determinan el monto de los honorarios. De existir leyes que rigen el asunto particular, los jueces aplican directamente la ley que rige en cada jurisdicción.

Si una tarea no se halla completa, el/la profesional debe percibir honorarios en forma proporcional a lo realizado.

GARANTÍAS DE CUMPLIMIENTO

No es frecuente que un comitente retenga al/a la profesional un porcentaje de sus honorarios como fondo de garantía por proyecto y dirección de obra. Pero no obstante puede perfectamente ser pactada tal modalidad entre las partes.

EL HONORARIO Y SU COBRO POR VÍA JUDICIAL

La contratación de tareas profesionales debe contener siempre la modalidad de cobro de los honorarios. Ante una situación de imposibilidad de percibir los honorarios correspondientes, el profesional puede hacer uso de acciones legales. En este caso, el reclamo tendiente al cobro de honorarios profesionales debe sustanciarse en el fuero civil.

Es conveniente que el/la profesional se asegure mismamente la solvencia de quien lo contrata. Por ello, la averiguación de los antecedentes comerciales del comitente, y hasta puede incluirse la obtención de informes sobre el lugar en el cual se emplazará la obra. Este tipo de informes se solicitan en el Registro de la Propiedad Inmueble, y brinda datos sobre la titularidad propietaria que se ejerce sobre un inmueble, y asimismo si un/a titular propietario/a está alcanzado por algun tipo de gravamen (hipoteca, por ejemplo) o medida cautelar decretada en juicio (inhibición de comprar y vender, embargo).

A efectos de conocer el estado de propiedad del terreno o inmueble en cuestión, en la Ciudad de Buenos Aires, el Decreto 466/99 en su art. 54 establece que los arquitectos están autorizados para solicitar informes en el Registro de la Propiedad Inmueble, junto con profesionales como los abogados, agrimensores, ingenieros, etc.:

"A los efectos establecidos en el artículo 21 de la ley N° 17.801 y sus modificatorias, podrán conocer los asientos registrales, además de sus titulares:

a) El Poder Judicial de la Nación, de las provincias, Poder Judicial de la Ciudad Autónoma de Buenos Aires y Ministerios públicos.

b) Quienes ejerzan las profesiones de escribano, abogado, procurador, agrimensor, ingeniero, arquitecto, contador público o martillero.

c) Los organismos del Estado nacional o provincial, del Gobierno de la Ciudad Autónoma de Buenos Aires y de las Municipalidades.

d) Quienes no estando comprendidos en la enumeración precedente, acrediten tener interés legítimo, a juicio de la Dirección del Registro".

CUANDO EL COMITENTE ES EL ESTADO

Cuando el Estado Nacional contrata la elaboración de un proyecto para una obra pública, deberá aplicarse a este contrato la Ley 13.064 de Obras Públicas, aunque supletoriamente se apliquen las reglas del CCyC (cfr. CSJN. Fallos, Tomo 182, pág. 502/547; SCBA, LL, Tomo 102, pág. 275/276); en este caso, la contratación requiere una formalidad escrita para la celebración del contrato, aun no siendo imperioso contarse con una escritura pública (art. 21 de la Ley 13.064), y no siendo necesaria ninguna formalidad en un contrato con un comitente privado. En caso de no haberse celebrado un contrato por escrito, la administración pública no se ve eximida de responder, dado que le está prohibido dañar a otro o a sus intereses, y porque el contrato de obra pública es fundamentalmente un contrato de buena fe (LL, T. 122, pág. 714 y T.78, pág. 335).

Queda a cargo del profesional probar que existieron diligencias precontractuales, lo que quedará a criterio del juzgador.

LA LEY DE CONVERTIBILIDAD Y LA ACTUALIZACIÓN DE HONORARIOS PROFESIONALES

Durante mucho tiempo, los honorarios profesionales se pactaban en moneda extranjera, tal el caso del dólar estadounidense, divisa cuya cotización sufrió incrementos notorios a lo largo del tiempo. Si las obligaciones de un contrato se tornan excesivamente onerosas, es de aplicación el art. 1091 del CCyC:

Si en un contrato conmutativo de ejecución diferida o permanente, la prestación a cargo de una de las partes se torna excesivamente onerosa, por una alteración extraordinaria de las circunstancias existentes al tiempo de su celebración, sobrevenida por causas ajenas a las partes y al riesgo asumido por la que es afectada, ésta tiene derecho a plantear extrajudicialmente, o pedir ante un juez, por acción o como excepción, la resolución total o parcial del contrato, o su adecuación...

Los cambios económicos sufridos en el país desde Enero de 2002 dejaron una importante secuela en los contratos profesionales suscriptos con anterioridad a esa fecha, siendo que muchos de ellos fueron pactados en Dólares Estadounidenses, moneda que estaba cotizada a razón de un peso por unidad. En los casos que resten efectuar pagos pactados en Dólares estadounidenses, es aplicable el art. 8° del Decreto 214/02, refiriendo a obligaciones contraídas en moneda extranjera no vinculadas con el sistema financiero. Se estableció así para todo contrato en dólares –incluyendo locación de obra o locación de servicios– la relación de conversión U$S 1 a $ 1 y el ajuste mediante el Coeficiente de Estabilización de Referencia (CER) que creó el art. 4° del mismo Decreto.

De producirse una pérdida de relación entre prestaciones al momento del pago, cualquiera de las partes puede solicitar un reajuste equitativo del precio, dando lugar a la aplicación de la teoría de la imprevisión.

Tras la derogación parcial de la Ley de convertibilidad, y al no existir al día de la fecha ningún mecanismo legal de actualización de montos fijos pactados en contratos, es aconsejable establecer honorarios basados en porcentajes aplicados al monto de la obra. No obstante, puede darse el caso por el cual los honorarios puedan establecerse por hora de trabajo, siendo el costo de dicha hora referenciado por aranceles profesionales o acordados entre las partes.

FUNDAMENTACIÓN DE LOS HONORARIOS

Los honorarios se basan en la responsabilidad profesional en juego y en el tiempo que insumen las tareas a realizar.

Para cotizar el precio de la tarea profesional debe partirse de un presupuesto que tenga cierta entidad, aun siendo estimativo.

Además, antes de poner manos a la obra, deben considerarse ciertos costos de conceptos que a veces son necesarios, tales como transporte, comunicaciones telefónicas, viáticos, investigaciones diversas sobre materiales a emplear, etc. A esto, debe sumarse que ciertos análisis requieren la intervención de especialistas en ciertos rubros de obra (que después eventualmente podrían sumarse al equipo de proyecto). Estos gastos no deben dejarse de lado.

En el caso de proyectar y/o dirigir obra, la modalidad de establecer un porcentaje sobre el total del costo de la obra –exceptuando el valor del terreno– es aconsejable. Calcular honorarios por un porcentaje sobre costo de obra lleva a que, a mayor costo de la misma, mayor será el incremento de nuestros honorarios. Igualmente es posible determinar un honorario mínimo como base ante el supuesto caso de que, una vez aprobado un proyecto y el valor de obra, el comitente decida supresiones que impliquen alteraciones en el proyecto que causen a una disminución de los costos.

Es prudente comenzar a trabajar habiendo percibido un monto de honorarios como anticipo.

Tras acordar forma de pago, es aconsejable que la relación contractual posea forma escrita. Aun sin contar con un contrato escrito, un presupuesto de obra o de tareas aprobado por el comitente –en el cual se fije la forma de pago–, es útil a fines de dejar probada la existencia del vínculo.

En el caso de honorarios por asesoramiento, salvo casos en los cuales la tarea demande un lapso prolongado, suele cobrarse en el acto.

El asesoramiento puede tener honorarios basados en una unidad temporal (por ejemplo, la hora de consulta), asimismo, puede establecerse honorarios según el tipo de asunto a tratar. Hay asesoramientos que se brindan en el estudio profesional o fuera de él. Una mayor onerosidad de los honorarios se produce en tanto el asesoramiento se plasme por escrito, o por la complejidad del análisis a cargo del profesional.

La percepción de honorarios profesionales va seguida de la obligación de emitir facturas o recibos oficiales conforme normas de la AFIP; si se deben emitir recibos informales, por no contar temporalmente con talonarios de facturas o recibos oficiales, en dicho recibo debe constar una leyenda que indique que es canjeable por una factura o recibo oficial.

LOS HONORARIOS Y LOS SOBRECOSTOS DE LA CONSTRUCCIÓN

No es nuevo el debate sobre los honorarios profesionales. Muchas publicaciones y sitios webs destinados a profesionales se han hecho eco de este problema.
Es oportuno recordar una nota publicada en el Diario Clarín, firmada por los Arquitectos Emma Rossanó y Marcelo Corti en su edición del lunes 23 de diciembre de 1996. Aquí se reproducen algunos párrafos que refieren a la problemática del acceso al crédito para la vivienda.

Considerar los honorarios profesionales del arquitecto como un sobrecosto implica una absoluta ignorancia sobre nuestro rol en el proceso productivo de la construcción. Sería una falta de respeto hacia funcionarios y dirigentes tan vinculados a ese proceso que les explicáramos lo que por su función deben conocer mejor que nadie, pero justamente esto es lo que hace más extraño el razonamiento que se efectúa. Un buen proyecto y una buena dirección de obra implican en la práctica un ahorro en los costos finales de obra que suele multiplicar la suma de lo invertido en honorarios. Cuando algunos malos empresarios (de los que están más interesados en los subsidios que en la calidad) pretenden eliminar la función del director de obra, no están buscando un ahorro sino más bien la eliminación de controles y la posibilidad de sobreprecios.

Los verdaderos sobrecostos de la industria de la construcción deben buscarse en la corrupción pública y privada, en el regresivo sistema impositivo aplicado en nuestro país, en la escasa cultura de la calidad manejada por algunos empresarios y en la tendencia del Estado de encarar los planes de vivienda con una visión que solo favorece a las grandes empresas y por consiguiente, los emprendimientos faraónicos. Existe un enorme potencial, hoy desaprovechado, en la capacidad de organización de nuestra gente y en la capacidad profesional del arquitecto argentino, que está en condiciones de construir con niveles de calidad y precio muy competitivos con respecto a los standards que se manejan desde el Estado y las empresas.

¡¡¡HONORARIOS!!!

Carta enviada por el autor al sitio web "En Concreto", del Centro de Arquitectos de San Martín y Tres de Febrero, en Marzo de 2001. Se analizaba la posición del arquitecto ante el cobro de honorarios profesionales.

Y digamos que "historias oficiales" hay demasiadas. Y los arquitectos tenemos nuestras historias oficiales. Y una de ellas está relacionada con este tema en cuestión: el de los honorarios.
Este problema se yergue sobre una raíz muy simple: nosotros los arquitectos. Cuando hace muchos años en la Facultad nos enseñaron y aprendimos las diversas fórmulas y métodos para el cálculo de honorarios mínimos, no necesariamente se forjó una actitud firme respecto de la defensa de ganar nuestro sustento por aquello que hacemos.
No nos sirve calcular honorarios si no sabemos exigirlos de nuestro comitente. Evidentemente esta es una deformación profesional que no se ve en otras carreras, dado que a un médico se le abona lo que establece aun antes de la consulta; y cuando decimos, ante nuestros potenciales comitentes, que nuestro servicio no es gratuito, sus airadas voces se hacen oír, manifestando –en algunos casos– enojo e indignación, debido a que pretendemos cobrar dinero por "simples dibujitos", que nuestras "líneas" no valen nada, y etc., etc. Y de eso somos los responsables.
La defensa del honorario es de nuestra exclusiva responsabilidad, dado que nuestra actitud no ha sido la mejor en este sentido, pero no por eso debemos quedarnos de brazos cruzados sino que debemos tener en cuenta que nunca es tarde para revertir la actitud.
En la medida que no defendamos nuestro derecho a cobrar nuestro trabajo estaremos contribuyendo a fomentar la falsa creencia popular que da cuenta que el arquitecto es alguien totalmente prescindible, que no es necesario tratar con nosotros dado que con "simples dibujitos" y con "mirar cómo trabajan los obreros" pretende que le paguen.
Hace ya un tiempo que un conocido sindicalista de la construcción y un conocido empresario dijeron que los honorarios de los arquitectos sólo sirven para encare-

cer el costo de las obras. Por cierto que seguramente cuentan con una cohorte de serviles y asesoretes que les trabajarán gratis, buscando estar "cerca de los grandes". A tiempo estas expresiones fueron oportunamente repudiadas. Pero sin salir en los medios, dichas expresiones son parte de una "historia oficial" que a diario se construye y que debemos desterrar de nuestro modelo mental, dado que no solamente protestamos por esta situación sino que por si fuera poco la alimentamos con una fatalista resignación a que "es así y nada lo va a cambiar". Todo es posible en la medida que se comience a hacer algo de alguna vez.

Sin duda que no se habla de hacerse rico con una sola obra, sino de tomar conciencia que nuestro trabajo gana en dignidad en cuanto no contribuyamos a su desvalorización. Ojalá que así sea.

LA DEFENSA DE LOS HONORARIOS

Nota escrita por el autor para el sitio web "En Concreto", del Centro de Arquitectos de San Martín y Tres de Febrero, Marzo de 2001.

Obviamente, el haber tenido como materia curricular en la formación universitaria una asignatura donde se traten estos temas no evita que el arquitecto puede verse eventualmente enmarañado en un problema, que en muchos casos puede haberse generado por su exclusivo errado proceder u omisión.

Dentro de los múltiples temas que se tratan en estas asignaturas de la carrera, uno de los más importantes es el tema de los honorarios, y precisamente este tema se presenta como algo muy simple en sí mismo, pero que resulta muchas veces poco práctico a la hora de aplicar.

El honorario es un derecho del profesional. El artículo 1627 del Código Civil consagra el derecho al cobro de honorarios de aquel que pretende ganarse la vida con su arte o profesión. Las distintas normas arancelarias profesionales explican muchos mecanismos de fijación de aranceles mínimos por tarea profesional exigida. Y todo parece entonces tan claro como un cuaderno nuevo y prolijo antes de comenzar las clases. No mucho tiempo después pueden surgir problemas.

El cliente común puede verse confundido cuando tratamos de explicar cómo se descompone un honorario profesional. Poco le importa si el honorario se subdivide en croquis preliminares, anteproyecto, proyecto, dirección, etc. Tampoco puede importarle la diferencia entre honorario profesional y utilidad o beneficio empresario, ya que el cliente toma estos conceptos como gastos propios de la obra, y mucho no le interesa cuál es el destino de este dinero que paga, siempre que estén generados por la naturaleza de los trabajos.

En la mayoría de los casos, cuando el profesional toma a su cargo el proyecto, la dirección y la construcción de la obra, está acostumbrado a exigir del cliente una paga por su labor, cosa que éste último tiene clara. En esa paga –que puede ser un monto fijo sobre el valor de obra, o bien un porcentual– no se distingue qué parte de la misma corresponde al honorario profesional. Por lo tanto, el honorario queda subsumido en una cifra global, que muchas veces el profesional trata de no exponer demasiado públicamente, pues existe una arraigada concepción social que da cuenta lo siguiente: está plenamente aceptado que un empresario obtenga una utilidad por su trabajo, pero no se concibe que un arquitecto cobre dinero por su labor. O mejor dicho, no se acepta que el arquitecto cobre lo que pretende que se le pague.

A esta altura resulta harto repetitivo seguir quejándonos de los clientes que seguramente no cuestionan los honorarios de los médicos (por ejemplo) pero que deslegitima el honorario del arquitecto. Es más de lo mismo seguir quejándonos sobre los comitentes que acerca de los arquitectos consideran que "cómo pretende cobrar por unos dibujos", que "usted pretende que le pague por mirar cómo trabajan los obreros", y otras frases peyorativas. Quejarse, a esta altura, es más de lo mismo. El cliente (o comitente) aparece como el mal necesario del arquitecto, y viceversa. La unión arquitecto-cliente no la produce el espanto aunque tampoco, la produce el amor. Pero sí está claro que es imposible que desarrollemos nuestra tarea profesional sin la existencia del cliente. Como así tampoco los médicos podrían desarrollar su función sin la existencia de la enfermedad. Y es así que muchas el cliente medio requiere la presencia del arquitecto cuando acaba de adquirir un terreno y no sabe qué hacer en él. El contacto con el arquitecto le traerá un renovado ánimo sobre sus deseos. Un croquis preliminar le permitirá dar forma a esos deseos. Y tras la etapa de proyecto, cuando se comienzan a elevar los primeros tramos de muro, el profesional comienza a ser prescindible. Ya está todo dibujado (¿no era que los dibujos no sirven?), así que, ¿para qué seguir con el arquitecto si la obra puede ser dirigida por el comitente? No es conveniente explayarnos sobre las actitudes e intenciones –manifiestas y ocultas– del comitente, dado que eso sería motivo de un congreso. Por ello, vamos a detenernos en el caso concreto del (para algunos) discutible derecho del arquitecto a vivir de su trabajo.

Hay una falla muy visible que se evidencia en la enseñanza universitaria, asumiendo la parte que como docente me toca, pero que extiendo a todo el plan de estudios de la carrera: el estudiante siempre ha realizado diseños para un inexistente comitente ideal, y el honorario, sus fundamentos y sus tablas arancelarias pasan a ser un punto singular de una asignatura que debe aprobarse en un examen, indispensable instancia administrativa en el camino hacia la obtención del título profesional.

Tampoco el cliente posee una idea del rol profesional, de modo que en el imaginario colectivo del cliente medio, el arquitecto es una especie de "intérprete gráfico" de sus ideas (del cliente), que plasma "su gusto" en forma de dibujos, para posteriormente "hacer trámites" en los organismos estatales que permitan el inicio de la obra. Desconoce el cliente las responsabilidades profesionales, pues cree que arquitecto sólo está para dibujar y que se le paga en tanto no pretenda cobrar más de lo que cree que vale. Generaciones enteras de comitentes creen que ése es el rol profesional.

Entonces, se tiene que el arquitecto egresa de la Facultad como un flamante "empleado", carente de mentalidad empresarial cuentapropista, como alguien que da por sentado que su función es satisfacer siempre deseos de los demás, sin pensar que esa satisfacción de deseos ajenos ocupan un tiempo muy valioso de nuestra vida en el cual ponemos todo nuestro bagaje de conocimientos técnicos, justificaciones científicas y la propia experiencia profesional. En la línea más pequeña de un croquis preliminar estamos no solamente dando forma a un plan de necesidades sino también aplicando principios básicos de restricciones al dominio –tanto legales como administrativas–, estamos aplicando las diversas reglamentaciones sobre la construcción que condicionan todo lo que

proyectamos, estamos considerando los fondos que dispone el comitente para hacer frente a la obra. No son simples dibujos los que hacemos. Pero eso se cuestionan. Y allí es donde la carrera universitaria debe impulsar el tema del honorario profesional como un tema transversal en la Facultad. Porque no sirve explicar un mecanismo arancelario de aplicación del honorario si el arquitecto no está plenamente convencido de exigirlos del comitente. No sirve estudiar cada una de las tareas profesionales –principales o accesorias– si en una primera reunión con el cliente éste se retira de nuestro estudio dando por hecho que vamos a trabajar gratis (sin tener ni siquiera asegurada la adjudicación del proyecto y sus etapas) porque en ningún momento nosotros mismos no hemos dejado claro que nuestra tarea lleva un costo. Y más allá de las posturas pro-arancelistas o anti-arancelistas del honorario (que sin duda darían lugar a un congreso), se trata de dejar claro que NUESTRA TAREA PROFESIONAL POSEE UN COSTO PARA QUIEN LA REQUIERE. Sea mucho o poco dinero, es un monto al que tenemos derecho pues sirve a nuestro sustento. Y ese es el honorario.
Por ello, creo que al respecto, debemos tener en cuenta que:

- Los honorarios debe ser no sólo un tema de estudio sino una cuestión de superior interés en el ámbito universitario pues es la retribución por una tarea que se pone al servicio de la sociedad, y que debe impulsarse dentro de la currícula académica el saber cómo dialogar con el cliente o comitente, de modo que en la interacción se dejen en claro los roles de cada uno y el alcance de cada rol. No debe tratarse de realizar esfuerzos aislados, sino de que la Facultad adopte una política común de defensa de los honorarios.
- Que el rol profesional debe ser difundido, de modo de diferenciarnos no solamente de carreras cuyas incumbencias se superponen con las nuestras, sino de lograr crear en la sociedad un real concepto de la función del arquitecto, para que un potencial cliente sepa claramente en manera elemental cuánto el arquitecto puede hacer por él.
- Que en la relación cliente-arquitecto, se establezca la noción de "resolución de problemas": si un potencial cliente se acerca a un arquitecto para requerir de sus servicios, es porque el cliente posee un problema y necesita

del arquitecto para que lo resuelva. Así como cuando aparece una carie que genera dolor de muelas, tenemos un problema, y debe resolver dicho problema nuestro odontólogo de confianza. Esa resolución del problema genera el derecho al cobro de honorarios.

- Ese derecho al cobro de honorarios debe quedar establecido en la primera aproximación con el potencial comitente. El arquitecto no debe dejar pasar la primera aproximación sin dejar aclarado el costo que puede insumir su labor. Si el potencial cliente no lo pregunta antes, el tema debe dejarlo aclarado el profesional, para no generar posteriores equívocos y situaciones molestas.

Indudablemente el camino es largo, como muchos otros caminos que restan recorrer, pero nuestro medio de vida depende de comenzar a transitar la ruta del cambio necesario para revertir una ajena concepción equivocada acerca de nuestro rol profesional.

HONORARIOS Y SENTIDO COMÚN

Muchas veces nos preguntamos sobre una distorsión entre los honorarios profesionales de arquitectos/as y honorarios de profesionales de otras ramas.
No se trata de determinar una situación que genere la oferta y la demanda, sino una relación que equilibre la responsabilidad y el tiempo empleado en las tareas. Una operación inmobiliaria –compraventa de una obra nueva– genera para el corredor interviniente un cuatro por ciento (4 %) de honorarios por comisión que percibe de cada parte, lo que totaliza un ocho por ciento (8 %), tomados sobre el valor de venta del inmueble, no sobre el costo de obra, del cual el profesional percibirá honorarios, muchas veces cuestionados por ciertos comitentes renuentes a reconocer el valor de la tarea profesional.

RÉGIMEN TRIBUTARIO

El impuesto es una **carga que impone el Estado a todos sus habitantes con el objeto de generar recursos económicos para hacer frente a los gastos** que demande el sostenimiento del mismo Estado; es un tributo que se exige en función de la capacidad económica de los obligados a su pago, que son los habitantes de un territorio, al cual el Estado debe necesariamente proveer de servicios vitales mínimos, tales como salud, educación, seguridad, etc.

Las personas físicas o jurídicas, argentinas o extranjeras que desarrollen su actividad en el país, están obligadas a ser contribuyentes. Los profesionales de la arquitectura, como contribuyentes, cuando van a iniciarse en la actividad, deben obtener la **CLAVE ÚNICA DE IDENTIFICACIÓN TRIBUTARIA (CUIT)** en la delegación de la AFIP correspondiente a su domicilio.

Los **impuestos** poseen las siguientes características:

a) **LEGALIDAD:** La aplicación del impuesto es válida su aplicación sólo si es creado mediante una ley.

b) **EQUIDAD o MODERACIÓN,** en virtud de las distintas capacidades contributivas de cada contribuyente; debe contribuir más aquel que puede generar más ingresos.

c) **IGUALDAD y GENERALIDAD:** Art. 16 de la CN: "... La igualdad es la base del impuesto y de las cargas públicas".

d) **NO CONFISCATORIEDAD:** El pago del impuesto, al tener siempre como base la capacidad contributiva, debe ser un reflejo de una justa aplicación. Para hacer frente al pago del impuesto, el contribuyente no debe deshacerse de tu patrimonio.

CLASIFICACIÓN

En una de sus tantas clasificaciones, los impuestos pueden clasificarse como:

a) **Directos:** comprenden aquellos de orden nacional, y se crean por un plazo determinado o bien puede poseer carácter transitorio. Recae en cabeza del contribuyente y no se traslada.

b) **Indirectos:** pueden pertenecer al orden nacional o bien al orden provincial: Tiene por objeto gravar toda etapa de la actividad económica.

APLICACIÓN DEL IMPUESTO

Los impuestos se aplican únicamente a través de una ley, tanto en el orden nacional como en el provincial.

- En el orden nacional, el impuesto es creado por el poder Legislativo, y la aplicación, percepción y fiscalización de los tributos de orden nacional, conforme a las leyes y disposiciones respectivas, es verificado por la **ADMINISTRACIÓN FEDERAL DE INGRESOS PÚBLICOS (AFIP)**, organismo que agrupa a la DIRECCIÓN GENERAL IMPOSITIVA y a la ADUANA .
- En el orden provincial, las provincias no fijan impuestos, sino tasas o contribuciones, válidas en su territorio (por ejemplo: tasa de alumbrado, barrido y limpieza; tasa de seguridad e higiene, etc.).

IMPUESTOS QUE GRAVAN LA PROFESIÓN

Los impuestos que alcanzan al quehacer profesional son:

- **IMPUESTO A LAS GANANCIAS:** Es un impuesto de orden nacional, directo, que grava las utilidades de las personas físicas y jurídicas, que resultan de desarrollar una actividad que suponga un beneficio, tanto en el país como en el extranjero. El impuesto se tributa una vez al año, y se acompaña una declaración jurada en la cual se detalla cómo se ha obtenido el monto que se ingresa al Fisco. Este impuesto posee diversas categorías de gravámenes, a saber:
    - Primera: renta de la tierra (arrendamientos).
    - Segunda: renta del capital (intereses ganados).
    - Tercera: participaciones societarias.
    - Cuarta: trabajo personal.

  Los profesionales de la arquitectura que realizan proyecto y dirección de obra figuran en la cuarta categoría, y se les aplica la liquidación del impuesto de la siguiente manera:

a) Se suman los ingresos totales percibidos durante el año calendario, desde el 1 de Enero hasta el 31 de Diciembre.
b) Se le resta al total anterior los egresos realizados –para el ejercicio de la profesión– durante el año calendario, que hayan sido indispensables para el desempeño de la actividad (movilidad, gastos del automóvil –con ciertos límites–, gastos de estudio, sueldos de empleados, etc.).
c) El resultado anterior es alcanzado por una deducción, fijada por la AFIP, consistente en cargas de familia, residencia en el exterior más de seis meses, etc.
d) Y a esa cifra final se le aplica una alícuota del impuesto, que oscila entre el 9 % y el 35 % y que aumenta progresivamente conforme mayor sea la ganancia del contribuyente.
El pago del impuesto tiene lugar durante el mes de abril, en el año siguiente al del año calendario declarado.
Los contribuyentes monotributistas no están alcanzados por el impuesto a las ganancias.
El impuesto a las ganancias puede también abonarse mediante las retenciones, que son llevadas a cabo por personas humanas o jurídicas que actúan como agente de retención de este gravamen, cada vez que abonan honorarios, servicios u otras prestaciones, y se realiza sobre determinado monto de facturación. El importe de estas retenciones es considerado como pago a cuenta del impuesto y se descuentan del resultado que arroje la declaración jurada anual. La facturación que realice un/a monotributista no está sujeta a retenciones.

- **IMPUESTO A LOS INGRESOS BRUTOS:** Es de orden provincial o regional, y grava el ejercicio de la profesión, con un porcentaje sobre la facturación mensual; En la Ciudad de Buenos Aires, los/las profesionales universitarios/as están exentos; de no ser así, han de tributar una alícuota del 3 % sobre la facturación. En jurisdicción de la Provincia de Buenos Aires, los arquitectos están alcanzados por una alícuota del 3,5 %, y en algunos casos, por una cifra fija mínima bimestral. Los contribuyentes que tributen ingresos brutos tanto en la

Ciudad de Buenos Aires como en el interior, podrán hacerse efectivo el pago de Ingresos Brutos en un pago único, adhiriendo al régimen de **Convenio Multilateral,** en el cual el monto del aporte se desglosa en dos porcentajes: uno mayor que se abona en la jurisdicción donde se efectuó el servicio, y el otro restante en donde se tenga el lugar de trabajo. El impuesto a los ingresos brutos se paga una vez al mes, y anualmente se presenta una declaración jurada. Cada provincia posee su propio régimen de Ingresos Brutos.

- **IMPUESTO SOBRE LOS BIENES PERSONALES:** Este impuesto se liquida anualmente, en la misma fecha que el impuesto a las ganancias; deberá contribuirse si los bienes de los que se es titular superan en su conjunto un monto fijado por la AFIP. Este impuesto también alcanza a monotributistas si sus bienes superan las cifras fijadas; se liquida una vez al año, en la misma fecha que el impuesto a las ganancias.

- **IMPUESTO AL VALOR AGREGADO (IVA):** Es un impuesto nacional, de tipo indirecto, pues traslada la obligación a un tercero. El IVA se calcula como un porcentaje sobre la facturación, y que debe ser ingresado al fisco. Al facturarse, se agrega el porcentaje correspondiente al IVA, y éste se deposita en una entidad bancaria, yendo ese impuesto al Fisco. Mas de realizarse compras con IVA, sólo se deberá tributar la diferencia del IVA entre el facturado y el pagado. Las compras con IVA que se efectúen durante el ejercicio fiscal deben asentarse en libros no rubricados, según orden cronológico, haciendo constar tanto las compras como así también las facturaciones, en otro libro; Se compara la suma del crédito por compras con el débito por ventas; si el primero es mayor que el segundo, queda como saldo a favor del período siguiente; pero si en cambio es mayor el débito fiscal con relación al crédito fiscal por ese período deberá depositarse a favor de la AFIP el saldo resultante. Un/a contribuyente que abone el IVA como responsable inscripto debe efectuar una declaración jurada mensual, obligatoria, independientemente del saldo que arroje, dado que de no hacerlo el contribuyente se hace pasible de una multa por infracción formal, además del reclamo de la deuda y de los intereses que pudieran corresponderle en caso que le corresponda pago.

RESPONSABLE INSCRIPTO EN EL IVA Y RESPONSABLE MONOTRIBUTO

Existen dos formas de inscripción ante el IVA: como responsable Inscripto y como responsable monotributo, del que se ampliará en el párrafo respectivo. La categorización en el régimen general como responsable inscripto es obligatoria para los contribuyentes que facturaron el año calendario anterior un monto establecido por la AFIP. No es obligatorio pertenecer a esta categorización, pero lo es si se trabaja como empresa constructora, ya que, de adquirir materiales, los proveedores sólo discriminan el IVA si el comprador es inscripto en dicho impuesto. El Régimen General (o Responsable Inscripto) obliga a inscribirse en los diversos impuestos, siendo el caso más común la inscripción en el Impuesto a las Ganancias y el IVA –ante la AFIP–, e inscribirse como trabajador/a autónomo/a, para realizar los aportes a la Seguridad Social. En este sistema, el Débito Fiscal generado por el IVA (ventas) puede compensarse con el crédito que se abona al adquirir (compras); el Impuesto a las Ganancias puede no arrojar saldo a pagar. Este sistema recibe un mayor control fiscal, y ello quizá se traduzca en beneficios en el acceso a créditos, ya que se cuenta con declaraciones juradas y registros varios.

Las notas características de este régimen son:

- Debe liquidarse el IVA mensualmente, sea su saldo positivo o negativo.
- Debe liquidarse el Impuesto a las Ganancias anualmente, ingresando saldo y anticipos.
- Deben realizarse aportes previsionales mensualmente, sobre una base imponible presunta que surge de la actividad, de la cantidad de empleados, etc.
- Está sujeto a retenciones por parte de otros contribuyentes, sea en IVA como en Impuesto a las Ganancias, por las operaciones que realicen con éstos.
- Debe obligatoriamente llevarse registros contables (libros IVA) tanto por sus compras como por sus ventas.
- La carga tributaria grava ingresos netos (ingresos menos compras y gastos).

EL MONOTRIBUTO

En 1998, el Congreso de la Nación aprobó una ley de Régimen Simplificado tributario para pequeños contribuyentes, conocido como Monotributo (Ley 24.977); así, este régimen –que establece una base imponible sobre los ingresos y no sobre las ganancias de los contribuyentes– unifica en una sola presentación aquellos montos a tributar por IVA, Impuesto a las Ganancias, y el aporte previsional para trabajadores autónomos. El monto a ingresar es mensual, y permite prescindir de la presentación de la declaración jurada anual del Impuesto a las Ganancias y del IVA.

De esta manera, frente al IVA quedaron dos únicas categorías de contribuyentes: los Monotributistas y los Responsables Inscriptos.

Para ser monotributista, el contribuyente debe reunir una serie de requisitos que van desde los ingresos obtenidos durante el ejercicio fiscal anterior hasta los metros cuadrados de superficie de local afectado a la actividad, pasando incluso por el personal a su cargo.

La Ley 24.977 fue modificada en 2004 por la Ley 25.865, que estableció un nuevo Régimen Simplificado para Pequeños Contribuyentes. Esta modificación alcanzó a todos los contribuyentes que se encontraban dentro del régimen monotributista y a aquellos que decidieron adherirse al nuevo sistema. Por otra parte, los contribuyentes que deseen permanecer en el llamado régimen general, y hacerse cargo de los impuestos arriba señalados y del aporte a autónomos, pueden hacerlo.

La modificación hecha por Ley 25.865 elimina la categoría de Responsables no Inscriptos en el IVA, de modo que este sector pasará a ser responsable inscripto en el IVA, o bien Monotributista.

Pueden ser monotributistas:

a) Personas humanas;
b) Sucesiones indivisas continuadoras de la actividad;
c) Sociedades de hecho(irregulares) de no más de tres socios;
d) Condominios de no más de tres socios;
e) Cooperativas de trabajo.

No pueden ser monotributistas aquellos que tengan más de tres actividades que le generen ingresos incorporables al monotributo, ni más de tres unidades económicas (por ejemplo, tres remises). Los parámetros de ingresos, espacio físico y consumo eléctrico se componen de la suma del conjunto de las actividades y/o unidades económicas. Una locación de muebles e inmuebles entran en el régimen, no importando la superficie del inmueble locado. Tampoco puede ser monotributista quien desarrolle una actividad en la que sea responsable inscripto en el IVA, ni aquellos que vendan cosas muebles cuyo valor unitario supere un valor establecido legalmente.

El Monotributo es dividido en categorías, que se establecen como:
a) Locaciones y prestaciones de servicios, cuyo ingreso anual bruto (con IVA incluido) no debe superar valores establecidos legalmente.
b) El resto de las actividades, con un ingreso anual bruto (con IVA incluido) que no debe superar valores establecidos legalmente.

El monto fijo que se abona como monotributista se establece considerando el ingreso del año anterior medido en:
- Cuatrimestres
- Cantidad de energía eléctrica consumida en el desarrollo de la actividad
- Espacio físico (superficie en m^2) en donde se lleva a cabo la actividad.

En cada cuota, el/la monotributista abona:
a) Un **impuesto integrado**;
b) Un **monto destinado a seguridad social**. Este monto no se abona en ciertos supuestos: locación de muebles o inmuebles, relación de dependencia –por lo que se aporta al sistema jubilatorio mediante la empresa en que trabajan– o profesionales que aportan obligatoriamente a cajas de jubilaciones de su profesión.
c) El **seguro de salud**; cada contribuyente, quien podrá elegir su servicio médico; asimismo, puede el/la contribuyente incorporar a la obra social a su grupo familiar primario, abonando importes adicionales por cada integrante.

Acceder al Monotributo implica abonar una suma fija mensual, dependiendo de la categoría en la cual se encuadre el contribuyente. A su vez, cuatrimestralmente se debe presentar una Declaración Jurada Informativa.
En cuando a aspectos desventajosos, este régimen impide tomar el crédito de impuesto, al adquirir mercaderías o materias primas, e impide que las sociedades tengan acceso a este sistema (salvo las simples asociaciones).
Las notas características de este régimen son:

- Se sustituye el pago de los aportes previsionales, IVA e Impuesto a las Ganancias con una cuota mensual única.
- Deben conservarse los comprobantes de pago, ya que no existe obligación de llevar registros contables ni presentar declaraciones juradas mensuales y/o anuales.
- Si un/a contribuyente monotributista se desempeña en relación de dependencia, no está obligado/a a ingresar los aportes previsionales de su cuota mensual.
- No pueden ser objeto de retenciones por parte de otros contribuyentes.
- Al no realizarse ventas o no se tienen ingresos en determinado período, igualmente debe abonarse el impuesto.
- Se permite la categoría de monotributista eventual, por lo que cada vez que perciban ingresos deben pagar un porcentaje de lo facturado con destino al régimen previsional público. Al cerrar cada año, si no llegó a un aporte total preestablecido por la AFIP, deberá abonarse la diferencia para alcanzar esa cifra.
- Un trabajador autónomo jubilado según la Ley 24.241, puede ser monotributista, ingresando el impuesto integrado y las cotizaciones previsionales fijas con destino al Sistema Integrado Previsional Argentino.
- Una empleadora puede ser monotributista, si no excede parámetros legales. La empleadora monotributista deberá registrar a sus trabajadores e ingresar los aportes y contribuciones conforme al Régimen General.
- Un/a monotributista puede optar por cambiar su actual obra social por otra de tipo nacional, sindical o de personal de dirección. Este cambio puede realizarlo una vez al año y concurrir a la obra social que elija.

- Al no poseerse registros contables, algunos bancos no brindan líneas de crédito si no es demostrable solvencia económica.

El pago del monotributo se hace por mes adelantado. Y de tenerse al día durante un año todos los pagos, el contribuyente ve bonificada una cuota anual; para ello, los pagos deberán hacerse por débito directo en cuenta bancaria, o débito automático en tarjeta de crédito o de débito. Cada monotributista cuenta con un Código Único de Revista (CUR) que el sistema determinará sobre la base de la situación del contribuyente, emitiéndose un tique al respecto; asimismo, deberá recategorizarse cada cuatro meses, tomando los montos de ingresos, espacio físico y consumo eléctrico de los últimos tres cuatrimestres calendario.

La adhesión, empadronamiento o baja del monotributo puede hacerse mediante la transferencia electrónica de datos a través del sitio web de la AFIP. Deberá obtenerse la Clave Fiscal, consultando para su obtención en la misma página de la AFIP, o bien en la Agencia correspondiente.

RECATEGORIZACIÓN

Al concluir cada cuatrimestre calendario se produce la recategorización del Monotributo. Aquí, el/la contribuyente debe calcular los ingresos acumulados y la energía eléctrica consumida en los doce (12) meses inmediatos anteriores, así como la superficie afectada a la actividad en ese momento. Dependerá del total de estos valores si debe o no recategorizarse. En el caso de que esos parámetros superen o sean inferiores a los límites de su categoría actual deberá recategorizarse en la categoría que le corresponda.

CONCLUSIONES VARIAS

Respecto de aspectos similares en ambos sistemas, autónomos o monotributistas, se tiene que:

- Estos sistemas se aplican a personas hunanas que realicen una actividad económica en forma independiente.
- Deben obligatoriamente presentar declaraciones juradas del Impuesto a los Bienes Personales, y al pago del saldo y anticipo determinados.
- Sus aportes previsionales son derivados al Sistema de Reparto Asistido.
- Cuando se tengan empleados, deben cumplirse todas las normas laborales.
- En cuanto al pago del Impuesto sobre los Ingresos Brutos, éste es independiente de la condición de contribuyente autónomo o monotributista; deberá liquidarse conforme legislación local

Si se prevé que en la actividad a emprender se va a realizar un considerable gran volumen de compras y ventas, conviene estar dentro del Régimen General. De no ser así, es aconsejable optar por el Monotributo.

En cuanto a recaudos a tener en cuenta, se considerará que:

- Un mismo contribuyente podrá ser monotributista y autónomo al mismo tiempo; a modo de ejemplo, un/a arquitecto/a monotributista puede ser accionista de una sociedad (aportando como autónomo).
- Si el/la monotributista supera tres unidades de explotación, debe convertirse en autónomo, debiendo inscribirse en IVA e Impuesto a las Ganancias.
- Si se es monotributista, no se podrá desarrollar actividades en la cuales se conserve condición de Responsable Inscripto en el IVA.
- Cuando un/a monotributista solicite su baja del régimen, podrá reinscribirse únicamente después de tres años de dicha baja.

FACTURACIÓN Y RECIBO

A partir de octubre de 1991, la entonces Dirección General Impositiva (DGI) estableció la **Resolución General 3419** (modificada por otras resoluciones) cuyo objeto fue el de establecer un procedimiento para la emisión de comprobantes.

Así, toda operación comercial (compraventa de bienes muebles, locaciones, servicios, etc.) debe hacerse constar en recibos y facturas, respetando determinadas formalidades, inherentes a su formato, contenido, número de dígitos que la identifica, fecha de emisión, datos de la imprenta que las ha impreso y datos del emisor y del adquirente.

Un/a arquitecto/a debe emitir **FACTURAS** y **RECIBOS** conformes a las normas que establece la AFIP; **si ejecuta proyecto y dirección, es suficiente emitir recibo**, mas **si trabaja como contratista o empresario debe emitir factura y recibo**. La AFIP dispuso tres tipos de facturas y recibos: **A, B, C** y **E**.

El profesional que se halle inscripto en el régimen general emitirá facturas o recibos:

- Tipo "A" a los comitentes que sean **responsables inscriptos, discriminando el porcentaje de IVA**.
- Tipo "B" a los comitentes **Consumidores Finales, Monotributistas, o Exento de IVA**, sin discriminación alguna del impuesto contenido en la misma.
- Tipo "E" a los clientes del exterior. El valor de la prestación es el neto pactado, sin el agregado de ningún impuesto.

Por su parte, el/la profesional **monotributista**, emitirá **facturas o recibos "C"** a cualquier clase de contribuyente.

RÉGIMEN PREVISIONAL

El régimen previsional se basa en la seguridad social, siendo ésta un conjunto de normas creadas para cubrir contingencias que puede sufrir una persona. Se trata así de una política emanada del Estado, que tiene como objetivo ayudar a aquellos que no poseen capacidad material propia para afrontar contingencias posibles o futuras, que afecten su capacidad de generar ingresos. Así, la respuesta de la seguridad social se manifiesta a través de las prestaciones o beneficios de la seguridad social.

Se sustenta la seguridad social en el art 14 bis de la CN, al referir que el Estado otorgará los beneficios de la seguridad social, que tendrá el carácter de integral e irrenunciable.

CLASIFICACIÓN DE LAS CONTINGENCIAS

En nuestro país, se tienen tres clasificaciones de contingencias:

1) **Contingencia Económico-Social:** protege contra dos situaciones: las cargas de familia (ante la evolución del grupo familiar, se prevé que éste se halle asistido a través de las asignaciones familiares), y la desocupación (mediante un seguro de desempleo, ante la posibilidad de que el trabajador sufra despido).
2) **Contingencia Patológica:** protege contra el acaecimiento de eventos tales como: la incapacidad (una merma en las potencias físicas de hacer o trabajar), y el accidente (profesional o inculpable).
3) **Contingencia Biológica:** protege contra tres aspectos de la vida misma: la maternidad (las leyes prevén cubrir este evento con licencias, asignaciones familiares y cobertura médica por obra social), la muerte (producida por causas naturales o por accidente –profesional o inculpable–, y que genera un derecho a la pensión para un cónyuge viudo) y la vejez (cubre la disminución de la capacidad física, y genera para el/la trabajador/a un haber jubilatorio).

La seguridad social se financia mediante:

a) **El asistencialismo:** una beneficiaria recibe asistencia del Estado, sin que haya existido contraprestación alguna. Son ejemplos de asistencialismo los planes sociales, las campañas de vacunación y su provisión, las pensiones graciables, etc.
b) **La previsión social:** en este caso, hay un nexo entre el aportante y el posible beneficiario. El aporte y la contribución son dos vías para generar recursos destinados a la seguridad social. Hace un aporte aquél que será beneficiario/a y hace una contribución un no-beneficiario/a, que gozará un beneficiario/a.

EL SISTEMA INTEGRADO DE JUBILACIONES Y PENSIONES (SIJP)

Este sistema creado por la Ley 24.241 se encarga de brindar cobertura a las contingencias vejez, invalidez y muerte, e integra el Sistema Único de la Seguridad Social. Es obligatorio para todo trabajador/a mayor de 18 años y se basa en el otorgamiento de prestaciones por parte del Estado que se financiarán a través de un sistema de reparto asistido (los aportes ingresan al Estado), siendo los beneficios brindados por la ANSeS; así, la población laboralmente activa aporta parte de su remuneración para ser distribuida en forma de jubilaciones y pensiones entre la población pasiva.

LEGISLACIÓN PREVISIONAL

Los aportes jubilatorios o previsionales sirven para cubrir la percepción de haberes previsionales una vez que el/la contribuyente haya alcanzado la edad para acceder a tales beneficios. En el ámbito de la Ciudad Autónoma de Buenos Aires, aquellos/as arquitectos/as que no se desempeñan en relación de dependencia y que pertenezcan al régimen general, deben inscribirse, a efectos de realizar sus aportes previsionales, en **el régimen previsional de trabajadores/as autónomos/as (sistema estatal de reparto asistido)**, desde que se han matriculado y a partir de que comienzan a ser contribuyentes del IVA; esta disposición no rige para monotributistas profesionales. La cuota que el/la contribuyente abona, va aumentando a medida que acumule antigüedad. La cuota que el profesional abona va aumentando a medida que acumule antigüedad como contribuyente. Las prestaciones del Régimen Previsional Publico (según Ley 24.241) son:

a. prestación básica universal;
b. prestación compensatoria;
c. retiro por invalidez;
d. pensión por fallecimiento;
e. prestación adicional por permanencia;
f. prestación por edad avanzada;

Las prestaciones del régimen de reparto estatal asistido son:

a. jubilación ordinaria;
b. retiro por invalidez;
c. pensión por fallecimiento del afiliado o beneficiario.

La Ley 24.241 establece que el/la trabajador/a debe cumplir con dos requisitos: años de aportes y edad para acceder a su jubilación. En el caso de los hombres, la edad de acceso al beneficio previsional es de 65 años, y las mujeres, 60 años. Para cumplir con el requisito de años de aportes debe contarse con la documentación que los compruebe. Si no se cuenta con toda la documentación necesaria para probar los 30 años de servicios con aportes requeridos, podrán justificarse por medio de una Declaración Jurada las tareas anteriores al 1-1-1969.
De no ser posible conseguir la documentación antes mencionada, pueden presentarse recibos de sueldos, certificados de trabajo, credenciales de obra social, etc.
También por la Ley 24.241, si el/la trabajador/a no cumple con la edad, pero sí con los años de aportes, tiene la posibilidad de dejar de aportar, amparado por el Decreto 136/97 (quedando cubierto en caso de invalidez o muerte).
Los arquitectos que desarrollan la profesión en el ámbito de la Provincia de Buenos Aires, efectúan sus aportes en la **Caja de Previsión Social para Agrimensores, Arquitectos, Ingenieros y Técnicos** (creada por Ley 12.490 y modificada por Ley 12.949 de la jurisdicción provincial), pagando un 10 % sobre el monto de los honorarios cobrados por su tarea profesional, que no será inferior a la cuota mínima anual, cuyo monto es establecido por la citada Caja.
En ambas jurisdicciones, los aportes previsionales revisten carácter de compulsivos, pues parte del aporte que se abona sostiene al sistema previsional, es decir, sirve para pagar jubilaciones a la actual clase pasiva.

RESPONSABILIDAD TRIBUTARIA

Los contribuyentes están alcanzados por dos tipos de responsabilidades:

a) Por **deuda propia**, que significa la responsabilidad directa por el correcto ingreso al fisco de sus obligaciones impositivas;
b) Por **deuda ajena**, que refiere a la responsabilidad de las personas humanas o jurídicas que legalmente son sujetos pasivos de una relación tributaria, debiendo cumplir con obligaciones fiscales sin tener calidad de contribuyentes.

Quienes sean representantes o cuerpo directivo de personas jurídicas son responsables por la deuda de dichas entidades que administran o representan de manera solidaria, y en ciertos casos –por ejemplo–, al no cumplir con obligaciones tributarias correspondientes a los entes administrados, lo que lleva a que los directivos deban no solamente responder con sus propios bienes sino además ser sujetos de aplicación de sanciones previstas en la Ley Penal Tributaria. La responsabilidad siempre es de carácter subjetivo. Y de existir incumplimiento, éste será con la existencia de dolo o culpa, y todo representante debe, para poder probar que no obró con culpa o dolo, probar que se vio imposibilitado de cumplir.

Reviste trascendencia este tema, pues muchas veces, se constituyen sociedades con el objeto de limitar las responsabilidades patrimoniales de sus socios/as, siendo que tales responsabilidades afectan el patrimonio personal si se demuestra la culpa o el dolo de quienes dirigen o representan a las empresas.

CUANDO LA AFIP INSPECCIONA OBRAS

En el supuesto por el cual la AFIP se hace presente en una obra, la dirección de obra o la empresa constructora debe inmediatamente comunicarse con el comitente; la dirección de obra y la contratista, en resguardo de la integridad física de quienes integren la inspección, puede impedir el acceso a la obra, pero si la inspección reviste determinado grado de urgencia y gravedad, deberá el director advertir a los inspectores sobre el riesgo asumido al entrar al lugar. El comitente puede ser considerado solidariamente responsable si no ha contratado a un empresario de la construcción inscripto en la AFIP o si no ha exigido el cumplimiento de las previsiones de la ley a la contratista.

Capítulo 15
Responsabilidades profesionales

RESPONSABILIDAD: *Calidad de responsable. Deuda, obligación de reparar y satisfacer, por sí o por otro, a consecuencia de delito, de una culpa o de otra causa legal. Cargo u obligación moral que resulta para uno del posible yerro en cosa o asunto determinado.*

El vocablo **responsabilidad** proviene del latín *responsum*, del verbo *respondere*, que a su vez se forma con el prefijo *re-*, que alude a la idea de repetición, de volver a atrás, y el verbo *spondere*, que significa "prometer", "obligarse" o "comprometerse".

Es responsabilidad cuidar de sí mismo y de los demás, en respuesta a la confianza que las personas depositan entre nosotros. Siendo responsables, expresamos el sentido de comunidad y de compromiso que asumimos con los demás.

La responsabilidad es una respuesta consecuente al desarrollo de la actividad humana, puesto que respondemos por todo aquello que hacemos o que omitimos hacer. La responsabilidad es una respuesta externa, que se genera dentro de nuestra más íntima convicción personal o que es exigida por aquellos que nos demanden hacernos cargo de ese cierto hecho. Es responsabilidad la obligación de cumplir por sí o por otro, a consecuencia de delito, de una culpa, o de otro motivo legal, siendo además una obligación moral que resulta para uno, de un asunto determinado, o del posible yerro en un asunto determinado. En el derecho la responsabilidad refiere a la obligación legal de responder por los daños que una acción genera en los demás, siempre en los términos establecidos en la ley para cada caso.

RESPONSABILIDAD DE PROFESIONALES

Los profesionales de la arquitectura poseen recursos y conocimientos técnicos necesarios para proyectar y dirigir una obra, que, destinada a larga duración, debe mantenerse en pie; si un/a profesional realiza una conducta que origina un daño a terceros, debe reparar los daños que pueda causar debido a dicha conducta. En la Constitución de Valentiniano y Teodosio, del año 385 DC, se establecía la supremacía del interés público para la conservación de las obras, consagrándose:

- Que el constructor quedaba liberado de responsabilidad si el comitente recibió la obra de conformidad, salvo el caso de que hubiera existido dolo para conseguir la aprobación.
- La responsabilidad por vicios y por ruina, salvo caso fortuito.
- La garantía por 15 años contados desde la terminación de la obra

En las Partidas, específicamente la Partida 3ª, Título 32, Ley 21, la responsabilidad se aplica tanto a obras públicas como privadas en las cuales aparezcan vicios que provoquen el derrumbe de la obra. Presume esta norma la culpa del constructor, si el derrumbe tiene lugar durante la construcción de la obra o dentro de los quince años siguientes a su terminación, a menos que se hubiera producido caso fortuito; la responsabilidad del constructor se trasladaba además, a sus herederos.

El Código Civil francés de 1804 refiere en dos artículos a la responsabilidad del constructor:

> Si el edificio construido a precio alzado, perece en todo o en parte por vicio de la construcción, o por vicio del suelo, el arquitecto y el contratista son responsables durante diez años (art. 1792).
>
> Después de diez años, el arquitecto y los contratistas quedan liberados de la garantía por las obras mayores que han hecho o dirigido (art. 2270).

La primitiva reacción humana frente al daño ha sido retributiva, y se basaba en un criterio **talionista**, lo que dejaba aflorar cierto ánimo de venganza: la retribución debía ser de la misma naturaleza que el daño.

En Babilonia, durante el reinado de **Hammurabi** (años 1792 a 1750 AC) se puso en vigencia un conjunto de 282 leyes que establecían pautas sobre delitos civiles, penales, legislación sobre familia y economía, entre otras. Estas normas, conocidas como el Código de Hammurabi establecían castigos a las fallas que pudieran ser observables en las obras:

> ... *Si el maestro de obras no ha construido sólidamente la casa y a consecuencia de ello se hunde y mata al propietario, el constructor será muerto. Y si en el hundimiento muere el hijo del propietario se matará al hijo del constructor...*

Como alternativa a la aplicación del Talión, el tiempo generó la aparición de las *composiciones*, que en el ámbito privado, funcionaban como compensaciones patrimoniales que estaban a cargo del ofensor, y que tenían por fin evitar la venganza del ofendido. La organización política institucionalizó este sistema mediante las leyes. Justiniano, en su código, expresa:

> *Todos aquellos a quienes se le hubiese encomendado el cuidado de las obras públicas, o se les hubiese confiado la construcción, están obligados junto con sus herederos hasta 15 años después de terminada la obra con su patrimonio, por la aparición de algún vicio en la edificación (Lib. 8, Tít. 12, Ley 8).*

La atribución de la autoría de un hecho a una persona es lo que se conoce como imputabilidad, de modo tal que a dicha persona se le exige la consiguiente responsabilidad sobre ese hecho.

Según Llambías, Raffo Benegas, y Sassot, la imputabilidad debe tener voluntariedad o culpabilidad.

- La **voluntariedad** significa **intencionalidad para cometer el acto**, y a quien lo cometió, se le imputa su autoría. Se consideran como inimputables:

1. A los que no disciernen, tal el caso de los que al momento de realizarlo, están privados de razón, los menores de diez años que realizaron un acto ilícito o el menor de trece años que realizó un acto lícito, sin perjuicio de lo que establezcan disposiciones especiales (según el art. 261 del CCyC).
2. A los que no tienen intención, que actuaron por error creyendo conforme a derecho algo que no lo está.
3. A los que actuaron bajo coerción.

- La **culpabilidad**, que implica que **el acto, además de poseer voluntariedad, es pasible de ser censurado o reprochado**, lo que surge de la culpa o dolo con que obró el causante.

El orden jurídico impone responsabilidades para diversos tipos de incumplimiento de obligaciones. En las obras, constructoras y profesionales ven comprometida su responsabilidad antes, durante, y tras la terminación de la obra, sin olvidar que la propietaria es también responsable respecto de su buena conservación. Asimismo, el tamaño de la obra o atenúa o agrava la responsabilidad exigible. Respecto del profesional, su responsabilidad se hace presente en los órdenes:

- **Civil:** es la obligación que recae sobre una persona de cumplir una obligación o de reparar el daño que ha causado a otro, mediante el pago de una indemnización o bien regresando las cosas dañadas a su situación anterior. Se resguarda así, el patrimonio personal.
- **Penal:** es la consecuencia jurídica que deriva de la comisión de una acción prevista en la ley penal, siendo que dicho acto sea contrario al orden jurídico, es decir, sea antijurídico; además de punible. La acción que genera responsabilidad penal debe lesionar o causar un riesgo de lesión a un bien jurídicamente protegido por el ordenamiento jurídico (a modo de ejemplo: vida, integridad física, libertad, honor, orden público, etc.). La responsabilidad penal se concreta en la imposición de una pena, que bien puede ser privativa de libertad, pecuniaria, o bien inhabilitación para realizar ciertas tareas.

Asimismo, el profesional debe asumir responsabilidad ante los municipios, consejos y colegios profesionales, y el fisco.

La responsabilidad puede además considerarse como:

a) **Individual**, cuando es asumida por una sola persona.

b) **Colectiva**, si se está en presencia de un daño cuya circunstancia en que se produjo hace difícil determinar quién lo ocasionó. Por ello, es posible condenar a resarcir un daño a todos aquellos que tuvieron una vinculación acreditada con las circunstancias de tiempo y/o lugar de las cuales derivó ese daño. El homicidio o lesiones en riña, tratado en el CP en su art. 95 es ejemplo de ello. En el CCyC, el art. 1761 establece que si el daño proviene de un miembro no identificado de un grupo determinado responden solidariamente todos sus integrantes, excepto aquel que demuestre que no ha contribuido a su producción; en el mismo código, el art. 1760 indica que si de una parte de un edificio cae una cosa, o si ésta es arrojada, los dueños y ocupantes de dicha parte responden solidariamente por el daño que cause. Sólo se libera quien demuestre que no participó en su producción.

En la construcción se establece una trama de responsabilidades que le son propias a cada una de las figuras intervinientes. **Siempre es importante realizar un cuidadoso análisis de funciones y actividades de los intervinientes en la obra a efectos de discriminar tareas y responsabilidades.**

RESPONSABILIDAD CIVIL

Para demandar una responsabilidad debe existir un daño, un incumplimiento de una obligación por parte de alguien, y una conexidad entre ese daño y el incumplimiento.

La responsabilidad civil está ligada a una consecuencia personal que se deriva de acciones u omisiones, por los cuales se exige asumir la correspondiente responsabilidad. Siempre se responde por aquello que se hizo, o que se dejó de hacer, debiendo necesariamente hacerse. El art. 1724 del CCyC indica que la culpa consiste en la omisión de la diligencia debida según la naturaleza de la obligación y las circunstancias de las personas, el tiempo y el lugar. Comprende la imprudencia, la negligencia y la impericia en el arte o profesión.

Es responsable directo de un daño quien incumple una obligación u ocasiona un daño injustificado por acción u omisión, según el art. 1749 del CCyC; por el art. 278 del mismo cuerpo legal, debe reparar el daño.

Esta responsabilidad impone responder por daños que sufren el comitente o terceros, pudiendo ser linderos, transeúntes, y todo aquel que se crea con derecho a reclamar por un daño sufrido.

Por otra parte, en el CCyC se lee:

- Que toda persona responde objetivamente por los daños que causen los que están bajo su dependencia, o las personas de las cuales se sirve para el cumplimiento de sus obligaciones, cuando el hecho dañoso acaece en ejercicio o con ocasión de las funciones encomendadas. La falta de discernimiento del dependiente no excusa al principal. La responsabilidad del principal es concurrente con la del dependiente (conforme el art. 1753).
- Que toda persona jurídica responde por los daños que causen quienes las dirigen o administran en ejercicio o con ocasión de sus funciones (conforme el art. 1763).
- Que toda persona responde por el daño causado por el riesgo o vicio de las cosas, o de las actividades que sean riesgosas o peligrosas por su naturaleza, por los medios empleados o por las circunstancias de su realización. La responsabilidad es objetiva. No son eximentes la autorización administrativa para el uso de la cosa o la realización de la actividad, ni el cumplimiento de las técnicas de prevención (conforme el art. 1757).
- Que la propietaria y el guardián son responsables concurrentes del daño causado por las cosas. Se considera guardián a quien ejerce, por sí o por terceros, el uso, la dirección y el control de la cosa, o a quien obtiene un provecho de ella. La propietaria y el guardián no responden si prueban que la cosa fue usada en contra de su voluntad expresa o presunta. En caso de actividad riesgosa o peligrosa responde quien la realiza, se sirve u obtiene provecho de ella, por sí o por terceros, excepto lo dispuesto por la legislación especial (conforme el art. 1758).

- Que la actividad del/de la profesional liberal está sujeta a las reglas de las obligaciones de hacer. La responsabilidad es subjetiva, excepto que se haya comprometido un resultado concreto. Cuando la obligación de hacer se preste con cosas, la responsabilidad no está comprendida en la Sección 7ª, de este Capítulo del CCyC, excepto que causen un daño derivado de su vicio. La actividad de un/a profesional liberal no está comprendida en la responsabilidad por actividades riesgosas previstas en el artículo 1757 (conforme el art. 1768).

Debemos entonces tener en cuenta una serie de términos que ayudan a comprender este tema, a saber:

a) CULPA: La culpa es una actitud de reproche que se le hace a un comportamiento humano. Llambías, Raffo Benegas, y Sassot, clasifican a la culpabilidad como:

- **Ordinaria:** comprende a quien merece un reproche de grado menor.
- **Agravada:** se le reprocha a aquel que actúa a sabiendas de lo que hace, y con la intención de dañar; en este tipo de culpa existe dolo delictual.

La culpabilidad se origina por una conducta contraria al derecho exigible en las circunstancias en las cuales una persona actuó. Por ejemplo, hurtar un libro en una biblioteca, sin estar sufriendo penuria económica alguna, sin estar amenazada y hallándose mentalmente sana. Aquí, un sujeto ha realizado una conducta típica (es decir, una conducta a la que se castiga con una pena). Y siendo que el sujeto posee libre determinación, si desarrolló una conducta reprochable, merece que se le aplique una pena.

Se requiere que el sujeto que desarrolle una acción reprochable:

- Pueda comprender que su conducta es antijurídica.
- Que no haya sido amenazado para que se vea compelido a desarrollar tal conducta.
- Que no se halle psíquicamente incapacitado.

Existirá culpa si se produce un obrar antijurídico que provoque un daño, que estará relacionado con el incumplimiento contractual (responsabilidad contractual) o bien si se produce un hecho ilícito (responsabilidad extracontractual), siempre que dicho obrar sea imputable o atribuible a una persona cuya conducta amerite dicha atribución; el daño habrá de tener relación de causalidad con el hecho ilícito o con el incumplimiento contractual.

a) **IMPERICIA:** Significa impericia la falta de pericia o de idoneidad en cierto conocimiento. En el caso de la profesión, la impericia debe producirse en el desempeño de la actividad para la cual está facultado.

b) **IMPRUDENCIA:** Es imprudencia un obrar que lleva consigo un peligro, sin tomar los recaudos aconsejados por la elemental prudencia para realizar actos. El CCyC en su art. 1725 expresa: "Cuanto mayor sea el deber de obrar con prudencia y pleno conocimiento de las cosas, mayor es la diligencia exigible al agente y la valoración de la previsibilidad de las consecuencias. Cuando existe una confianza especial, se debe tener en cuenta la naturaleza del acto y las condiciones particulares de las partes Para valorar la conducta no se toma en cuenta la condición especial, o la facultad intelectual de una persona determinada, a no ser en los contratos que suponen una confianza especial entre las partes. En estos casos, se estima el grado de responsabilidad, por la condición especial del agente". El que actúa imprudentemente no se representa afectación alguna en su obrar, sea que lo haga en forma conciente (cuando confía que un hecho no se producirá). Es un exceso en el actuar.

c) **NEGLIGENCIA:** Es negligencia la falta de cuidado o aplicación, la indiferencia o la omisión de tomar precauciones para prevenir un hecho. Es negligente quien está falto de aplicación., y que comete una falta en el actuar.

Para que exista Responsabilidad Civil será necesario que concurran los siguientes requisitos:

1) **Acción u Omisión.**
2) **Producción del daño,** en virtud de una acción u omisión; el requisito que no puede estar ausente en la responsabilidad civil es el daño. La antijuridicidad o culpabilidad podrán existir o no pero nunca puede faltar el daño: si existe daño, existe responsabilidad.
3) **Existencia de un nexo causal entre la acción u omisión y el daño.**

La responsabilidad civil se origina en un comportamiento que es considerado como la causa de un daño. Este comportamiento debe consistir en una acción positiva o en una acción negativa, omisión o abstención. Esas acciones u omisiones deben ser calificadas como ilícitas o antijurídicas.

Y el daño ha de originarse por una acción u omisión humana; no ha de observarse todo de un modo simple, **dado que un fenómeno puede estar antecedido no solamente por un hecho, sino por varios, los cuales deben examinarse para ver cuáles de ellos merecen ser clasificados como causa,** a fin de exigirle la responsabilidad a su autor.

TIPOS DE RESPONSABILIDAD

La Responsabilidad Civil ve una primera clasificación como:

a) **Directa,** atribuible a quien haya causado el daño, siendo en todo momento una responsabilidad por el hecho propio.
b) **Indirecta,** si el resarcimiento está a cargo de aquel que no es agente productor del hecho u omisión dañoso, siendo así responsabilidad por el hecho ajeno.
c) **Principal,** que es exigible en primer término.
d) **Subsidiaria,** que se produce cuando el deber impuesto al que es responsable principal no existe o no cumple o no puede cumplir.
e) **Subjetiva,** cuando se funda exclusivamente en la culpa. Antiguamente, en virtud de un suceso que pudiera originar en un daño, éste siempre habrá sido imputado a alguien. Así, para hacer responsable a otro, debió

haber existido culpa o dolo. Y el principio de la responsabilidad es la culpa o el dolo.

f) **Objetiva,** si se produce con independencia de la culpa. Con la llegada del maquinismo, aparecen los factores de la responsabilidad objetiva. Actualmente se dice que la responsabilidad está presente aunque no exista reproche por la conducta (culpa). Ya a fines del siglo XVIII se produjo el advenimiento de lo que se ha dado en llamar el maquinismo. Es entonces que aparecen los factores de responsabilidad objetivos, por cuanto pudo haberse originado un daño injustamente, y sin que se produjera culpa; entonces, los daños ya no pueden ser causados sólo por personas, sino por cosas, y estas cosas pueden ser máquinas.

Otra clasificación de la responsabilidad civil, la tiene como:

- **precontractual:** refiere ésta a la omisión de diligencias apropiadas para acceder al perfeccionamiento del contrato que se pretendía formar; consiste en una ruptura intempestiva de tratativas.
- **contractual:** es aquella derivada del incumplimiento contractual (incluyendo la aparición de vicios de obra).
- **poscontractual:** está impuesta legalmente ante la aparición de **ruina** luego de terminada la obra.
- **extracontractual:** surge ante la aparición de daños a terceros ajenos a toda vinculación contractual.

Responder significa dar cada uno cuenta de sus actos. Entonces, la responsabilidad puede estar relacionada, al sobrevenir a quien debe responder, a la existencia o no de un contrato.

- El incumplimiento de dicho contrato hace surgir la **responsabilidad contractual.**
- Ante la inexistencia de contrato entre dos partes que no mantienen vínculo alguno, estamos dentro de la **responsabilidad extracontractual o**

Aquiliana, que se traduce en el *deber genérico de no dañar*. Y no se trata únicamente de un comportamiento dañoso, sino de la violación de uno de los principios generales del derecho, denominado *alterum non laedere*, base fundamental del derecho de daños, que impone la **obligación de reparar un perjuicio en toda su plenitud en tanto se haya comportado respecto de terceros sin la corrección y prudencia necesarias para que la convivencia sea posible**; este principio adquiere fuerza si el resarcimiento se vincula con la vida y salud de las personas. Por eso, una vez producido el daño, nace un derecho a la indemnización en favor de la víctima, crédito que forma parte del derecho constitucional de propiedad previsto en el art. 17 de la CN.

Desde la sanción del CCyC, las responsabilidades contractual –por incumplimiento de una obligación– y extracontractual –proveniente de la violación del deber de no dañar– quedan unificadas, en cuanto a los plazos de prescripción de las acciones legales (tres años, según el art. 2561 del CCyC).

En la construcción se establece una trama de responsabilidades que le son propias a cada una de las figuras intervinientes. **Siempre es importante realizar un cuidadoso análisis de funciones y actividades de los intervinientes en la obra a efectos de discriminar tareas y responsabilidades.**

PLAZOS DE LA OBRA

La entrega de la obra es un acto de suma importancia para una eventual determinación de la responsabilidad de constructores y profesionales. Para entender su importancia, debe tenerse presente tres momentos de la obra, que pueden identificarse como:

- El plazo de construcción de la obra.
- El plazo intermedio o de garantía.
- El plazo de posconstrucción.

a) El **plazo de construcción** de la obra es aquel que comprende el tiempo que demanda la efectiva ejecución de la misma, y **comienza con el INICIO DE OBRA**, siendo éste el momento en el cual se colocan materiales en el terreno, con carácter de permanentes, y en el cual el comitente entrega la tenencia del terreno al contratista, lo que deviene necesariamente en la tenencia de la obra, pues ésta se irá materializando. Desde ese momento y hasta finalizar las obligaciones emergentes del contrato de locación de obra, el empresario toma a su cargo las tareas de ejecución, con el fin de alcanzar el resultado prometido, debiendo hacerse cargo de la solución de eventuales problemas que surjan durante la marcha de los trabajos. El inicio de obra puede hacerse constar en actas notariales o en simples actas de inicio de obra, consignando día y hora de comienzo, porque desde esa fecha se toman los plazos contractuales. Asimismo, el inicio de obra puede consignarse en el contrario de construcción, previéndose iniciar las tareas en fecha cierta. En la ejecución de las obras, el comitente retiene del contratista un porcentaje de sus liquidaciones, más precisamente de su beneficio empresario, en concepto de fondo de garantía, que garantiza el normal funcionamiento de la obra, especialmente de aquellos trabajos que quedaron ocultos. En obras de gran envergadura, el fondo de garantía puede sustituirse con un seguro de caución. Debe recordarse además que la Resolución 51/1997 de la SRT establece que los empleadores de la construcción deberán comunicar fehacientemente a su Aseguradora de Riesgos del Trabajo y con al menos cinco días hábiles de anticipación, la fecha de inicio de todo tipo de obra que emprendan.

b) El **plazo intermedio o de garantía**. Este lapso puede pactarse o no; se trata de un lapso prefijado en el contrato de construcción que se inicia a partir del momento en el cual la obra se termina, y que rige hasta la recepción definitiva de la misma. La obra se halla realizada en forma total, consumada y perfecta, pero que a efectos de verificar su funcionamiento general, especialmente aquellos inherentes a las instalaciones, se deja transcurrir un período de prueba para comprobar que las instalaciones funcionan correctamente incluyendo los trabajos que han quedado ocultos. Este fin de la obra y comienzo del plazo de garantía se hace constar en un acta, que puede ser simple o notarial. En ese acto, el contratista devuelve al comitente la tenencia de la obra. Si en las obras se han producido anormalidades en su funcionamiento, el comitente deducirá del fondo de garantía retenido al contratista aquellas cantidades de dinero que insuma reparar las nombradas anormalidades.

El CCyC en el art. 1272 se establece en su párrafo inicial que "Si se conviene o es de uso un plazo de garantía para que el comitente verifique la obra o compruebe su funcionamiento, la recepción se considera provisional y no hace presumir la aceptación".

En cuanto al denominado **fondo de garantía** o de **reparo**, éste consiste en un **monto de dinero que el comitente retiene de los pagos efectuados al contratista y que sirve como respaldo de la buena ejecución de trabajos ocultos en la obra, debiendo devolverse a dicho contratista tras el periodo de garantía, en el momento de producirse la recepción definitiva de la obra**. En una situación normal, donde los trabajos ocultos no originaron anormalidades en el funcionamiento de la obra (instalaciones, por ejemplo), el fondo de garantía se devuelve al contratista en su totalidad; en cambio de haberse producido anormalidades, del fondo de garantía se retendrá el dinero necesario para costear la solución al problema. Si en forma injustificada el comitente no recibe la obra o bien la recibe tardíamente, y se produce mora en la recepción de los importes en concepto de fondo de garantía, el empresario puede exigir los montos retenidos con más los intereses devengados desde la fecha en que operó la recepción tácita hasta el pago efectivo del fondo.

Es frecuente que el fondo de garantía pueda ser sustituido por un **seguro de caución.**

c) El **plazo de posconstrucción.** Se inicia desde la entrega definitiva de la obra, y que tras ésta instancia, comienza un periodo de **responsabilidad poscontractual de diez años, conforme el art. 1275 del CCyC,** para contratistas, subcontratistas, proyectistas y directores de obra, entre otros (conforme el art. 1274 del CCyC). Este plazo obra a modo de plazo de garantía, pero se trata en este caso de una garantía que impone la ley, siendo distinto al período intermedio, pues en éste los tiempos son fijados por las partes, y las anormalidades detectadas pueden repararse deduciendo su costo del fondo de garantía retenido. En el caso del plazo de posconstrucción, ya no se cuenta con el fondo de garantía, por lo cual habrá que ser diligente en el reclamo de las responsabilidades pertinentes, debiendo estarse informado sobre la localización de director de obra y/o constructor.

ENTREGA DE LA OBRA

Una vez terminada la obra por parte del contratista, éste debe entregarla, y el comitente debe recibirla.

La entrega de obra posee efectos jurídicamente trascendentes. Al no haber entrega de obra, no hay recepción, y si no hay recepción no comienza la vigencia del lapso para producir la liberación de la responsabilidad por ruina o vicios. El contratista se obliga a ejecutar y entregar la obra.

La entrega de la obra es un acto de singular importancia, debido a lo siguiente:

1) En tanto dure la obra, si los bienes necesarios para la ejecución de la obra o del servicio perecen por fuerza mayor, la pérdida la soporta la parte que debía proveerlos (art. 1258 del CCyC).
2) Conforme el art. 1268 del CCyC, la destrucción o el deterioro de una parte importante de la obra por caso fortuito antes de haber sido recibida autoriza a cualquiera de las partes a dar por extinguido el contrato, con los siguientes efectos:
   a) si el contratista provee los materiales y la obra se realiza en inmueble del comitente, el contratista tiene derecho a su valor y a una compensación equitativa por la tarea efectuada;
   b) si la causa de la destrucción o del deterioro importante es la mala calidad o inadecuación de los materiales, no se debe la remuneración pactada,

aunque el contratista haya advertido oportunamente esa circunstancia al comitente.

c) si el comitente está en mora en la recepción al momento de la destrucción o del deterioro de parte importante de la obra, debe la remuneración pactada.

VERIFICACIÓN Y ACEPTACIÓN DE LA OBRA

La **verificación** o inspección es una facultad del comitente, la posibilidad de control de la obra, que el CCyC consagra en el art. 1269:

> *En todo momento, y siempre que no perjudique el desarrollo de los trabajos, el comitente de una obra tiene derecho a verificar a su costa el estado de avance, la calidad de los materiales utilizados y los trabajos efectuados.*

Basándose en el principio de buena fe que debe regir la relación contractual, el comitente podrá negarse a la recepción si la entrega no se ajusta al deber pactado. Desde luego y recíprocamente a la facultad de verificar, se encuentra el deber del contratista de permitir aquello.

Ningún comitente puede esperar hasta que la obra se finalice. Y ese control puede ejercerlo a través de un tercero, como lo es el director de obra, culminando dicho control una vez terminada la obra o bien si se ha producido extinción del contrato.

En la **aceptación** o **aprobación**, el comitente declara que la obra está bien ejecutada. De no ser así, rechaza la obra. Y si se aprueba la obra sin que se hayan verificado los trabajos, se tiene por aprobada.

La obra puede aprobarse:

a) en el mismo acto de la recepción;
b) en un momento posterior a la recepción, para lo cual debe declararse expresamente que la recepción no implica aprobación o conformidad con las tareas.

Por el art. 1270 del CCyC, la obra se considera aceptada cuando concurren las circunstancias del artículo 747, estableciéndose en éste que **cualquiera de las partes tiene derecho a requerir la inspección de la cosa en el acto de su entrega**. La recepción de la cosa por el acreedor hace presumir la inexistencia de vicios aparentes y la calidad adecuada de la cosa, sin perjuicio de lo dispuesto sobre la obligación de saneamiento.

RECEPCIÓN DE LA OBRA

Tras el cumplimiento del contrato de construcción, y habiéndose agotado los plazos de la obra, a entera satisfacción por parte del comitente y habiéndose abonado la totalidad del valor de los trabajos, **se tendrá por terminada la obra y por extinguido el contrato de construcción**, y se produce la denominada **recepción de obra**. Se trata de un acto jurídico por el cual, ante la entrega de la obra por parte del contratista o empresario al comitente, éste acepta la entrega. En obras privadas, las partes pueden proceder tanto a entrega y recepción del modo que crean conveniente. La recepción de la obra es un acto no formal, que puede ser expreso o tácito, cumpliéndose con la manifestación de voluntad del comitente de aceptar la entrega de la obra; por lo general, el comitente abona en ese acto el saldo de precio.

La recepción de obra es tácita si resulta de todo hecho del comitente que necesariamente implica la voluntad de aceptar la obra, como por ejemplo, tomar posesión de la obra.

Según Mosset Iturraspe, se reconoce a la recepción de obra como:

- **Expresa**, prevista contractualmente prevista y determinará quienes, a través de cual medio, en cuales tiempos y en cual sitio se producirá.
- **Tácita**, informal, que se infiere por actos singulares e inequívocos; tal como la ocupación de las obra por parte del comitente.
- **Total**, para el caso en el cual la obra se halle concluida totalmente.
- **Parcial**, en caso de haberse convenido así, conforme rubros terminados o porcentajes de ejecución de los mismos.

- **Provisional**, que se produce al finalizar la obra dentro del plazo acordado pero debiendo controlar su buen funcionamiento, y en el caso de que la obra evidencia un funcionamiento defectuoso, el constructor deberá dar solución al reclamo que se formule.
- **Definitiva**, que implica la aceptación de la obra, devolviendo el comitente aquellos montos de dinero que hubiera retenido del constructor. Esto lleva al inicio del plazo de garantía por ruina previsto en el art. 1275 del CCyC.
- **Pura y simple**, de plena conformidad con el estado de la obra.
- **Con reservas u objeciones**, formulándose problemas que deben subsanarse en forma inmediata.

El comitente está obligado a recibir la obra, si ésta se ajusta a lo pactado; su negativa injustificada a hacerlo habilita al empresario o profesional a constituirlo en mora por ello, intimando fehacientemente a la recepción, ya que desde ese momento, todo daño que ocurra será responsabilidad del comitente. Eventualmente, el contratista puede accionar judicialmente para liberarse de responsabilidad, pudiendo proceder, por ejemplo, a la *consignación judicial*, recurso previsto en los artículos 905 a 907 y concordantes del CCyC; se lee en el art. 906:

> *El pago por consignación se rige por las siguientes reglas:*
> *a. si la prestación consiste en una suma de dinero, se requiere su depósito a la orden del juez interviniente, en el banco que dispongan las normas procesales;*
> *b. si se debe una cosa indeterminada a elección del acreedor y éste es moroso en practicar la elección, una vez vencido el término del emplazamiento judicial hecho al acreedor, el juez autoriza al deudor a realizarla;*
> *c. si las cosas debidas no pueden ser conservadas o su custodia origina gastos excesivos, el juez puede autorizar la venta en subasta, y ordenar el depósito del precio que se obtenga.*

Contractualmente, el comitente se obliga a recibir la obra: Si no desea hacerlo –estando los trabajos en condiciones de ser recibidos– es apropiado que el empresario proceda a la consignación judicial de la obra.

Para efectuar la consignación judicial debe intimarse fehacientemente al comitente, y a partir del momento en que la recibe la notificación intimatoria, se extingue el contrato de construcción y comienza a regir el plazo de prescripción establecido en el art. 1275 del CCyC. En la tramitación de la consignación judicial se prevé la entrega de las llaves ante el juez interviniente.

Es de destacar que habiendo existido una buena dirección de obra, el día de la recepción no debería manifestarse vicios ni reclamarse por éstos, pero por lo general, en la recepción de obra bien puede inspeccionarse todo aquel detalle de terminación.

La recepción de obra no debe confundirse con la aceptación. Si se da el caso en el cual la obra terminada posee terminaciones que no sean apropiadas, puede recibirse, aunque haciendo reserva sobre la aceptación de aquellos trabajos defectuosos; como así también puede no recibirse la obra, continuando en manos del contratista hasta que se arreglen las terminaciones defectuosas.

Siempre la recepción va precedida de una verificación de la misma por parte del comitente o bien por un experto designado por éste, de modo de comprobar que la obra fue construida de acuerdo a lo convenido.

TIPOS DE RECEPCIÓN DE OBRA

La recepción de la obra, puede ser de tres tipos:

1) **Recepción Provisional:** Una vez concluida la obra, la constructora debe entregarla al comitente, y cuando éste haya recibido la obra de conformidad, la constructora quedará liberada de toda responsabilidad por vicio aparente. No así por vicio oculto, pues pese a inspecciones y/o verificaciones no pueden constatarse. Se mencionan como tales a los trabajos de plomería, electricidad, gas, calefacción, aire acondicionado, etc. El plazo de garantía puede convenirse libremente entre las partes. Aunque es recomendable fijar un plazo de garantía generoso, por ejemplo, un año, pues en éste, al transcurrir las cuatro estaciones del año, podrá verificarse que no solamente funcionen bien las instalaciones sino además cualquier tipo de disposición constructiva

que de no haberse ejecutado correctamente evidencie una patología en la obra; por ejemplo, las humedades. Desde ya que esta disposición solo rige en el caso de vicios ocultos, no así en defectos que deriven en ruina. Si así ocurriere, deberán tomarse los recaudos del caso. También puede establecerse un plazo de garantía por cada rubro en particular. El constructor debe correr con aquellos gastos que originen la conservación y reparación de la obra durante el periodo de garantía, pero no le corresponde afrontar aquellos gastos que se hayan originado por uso indebido o inadecuado. La recepción no hace presumir la aceptación. Al recibirse una obra sin haber opuesto reserva alguna, lleva a entender que el comitente hace renuncia a todo reclamo posterior.

2) **Recepción provisional con reservas:** Puede también aceptarse las obras **con reservas**, en el caso de que la situación no amerite un rechazo a recibir la obra, sino a dejar establecido cuales trabajos deberían rehacerse, lo que constituiría la reserva que se hace en la recepción. Es de especial importancia establecer recibir o no con reservas, ya que recibir sin reservas la obra, purga los vicios aparentes que pudiera tener la construcción, es decir, los que pudieran ser advertidos al momento de la entrega. Es importante tener en cuenta que **la recepción de la obra no importa necesariamente consentir la deficiente realización de los trabajos, ni la renuncia al reclamo por los vicios** (cfr. C.Civ. Sala D, 8-5-1967, J.A.1967 - IV-198, C.Apel. Junín, 19-4/79, J.A.1980-I-578). **Igual criterio se mantiene si ha mediado una reserva, lo que acontece cuando los vicios son detallados con precisión** (conf. Borda, "Contratos", T.II, n1195), ya que la intención de renunciar no se presume (cfr. CNCiv, Sala H, Kiper, Sentencia Definitiva C. H138532 A.C.A. c/Quinto S.R.L. s/ Locación de obra 3-81994).Si la entrega no se concreta a través de una recepción provisoria –es decir, cuando resulta definitiva– la recepción sin reservas importará la aceptación de la obra, por lo cual se entenderá que no hay vicios aparentes y la calidad adecuada de la obra. Es así que las partes deben conocer el alcance de sus comportamientos ante la ausencia de una convención expresa.

3) **Recepción Definitiva:** Tras la finalización del lapso de garantía, comienza a correr el plazo decenal establecido en el art. 1275 del CCyC. Es de destacar

que durante este periodo pueden aparecer vicios ocultos y defectos que pueden generar ruina, que deberán ser solucionados por sus responsables, en este caso, el constructor y/o el director de la obra. En los pliegos, debe establecerse que el director de obra puede ordenar que las tareas defectuosas sean nuevamente ejecutadas hasta el momento de la recepción definitiva, dado que a veces, algunos defectos pudieron ser inadvertidos o bien algunos vicios no se manifestaron antes de la recepción provisional. Si en una obra existen vicios aparentes, el empresario se libera de éstos si el comitente hizo una aprobación expresa de la obra defectuosa (cfr. CNCiv, Sala H, 3/8/94).

IMPORTANCIA DE LAS RECEPCIONES DE OBRA

Cuando se entrega la obra en forma provisional, es conveniente obtener la conformidad expresa de la recepción por parte del comitente, debiéndose considerar que desde el momento de la recepción comienza a correr el plazo de garantía por los trabajos ocultos. Respecto de vicios aparentes, por el art. 1272 del CCyC, si se acepta la obra sin reparar en dichos vicios, el empresario queda liberado de responder por los mismos, pero no por los vicios ocultos. A tal punto ha de ser importante la recepción provisional de la obra que no puede considerarse recibida a la obra si el comitente no se presentó a recibir dicha obra, por lo que mal puede establecerse en un contrato plazo alguno para que, ante silencio o ausencia del comitente se considere recibida la obra (por lo que el plazo de garantía comenzaría a correr). En todo caso, tal disposición sería nefasta, debido a que sólo se considera recibida la obra si el comitente manifestó su recepción, de manera expresa, o bien ante escribano/a, o también ante testigos.

El plazo que existe entre la recepción provisional y la recepción definitiva sirve para verificar la eventual manifestación de **vicios ocultos**. Según Spota, este plazo puede establecerse:

a. **Por convención:** la naturaleza de la obra impone establecer este lapso. Aquí, puede tenerse un tiempo prudente en el cual puedan manifestarse los vicios. Y no solamente habrá de considerarse la magnitud de la obra, sino además la época del año en la cual se ha construido y entregado provisionalmente. Por ejemplo, establecer un lapso de tres meses para una cabaña en el sur argentino que se ha entregado provisionalmente en el mes de febrero, resultará insuficiente a todas luces, en tanto que establecer un lapso de un año para verificar el funcionamiento de una instalación sanitaria recientemente reciclada, seria por demás excesivo. En todo caso, el tipo de obra habrá de ser el pautador del plazo de garantía por vicios ocultos, y sin perjuicio de lo cual, en una misma obra, la magnitud de la misma podría también determinar que se establezcan plazos de garantía por vicios ocultos de cada rubro de la obra.

b. **Por usos y costumbres:** Spota sostiene que si existe plazo de recepción definitiva fijado por las partes, a él se debe estar, y sí así no fuese debe acudirse a los usos y costumbres: tal omisión debe salvarse aprehendiendo el objeto-fin de la recepción definitiva de la obra y del plazo de garantía inherente: esa recepción definitiva significa, como hecho intergiversable (facta concludentia), que las partes reconocen que el plazo de garantía ha transcurrido sin descubrirse vicios, y que si llegaren a descubrirse con posterioridad, **éstos carecen de relevancia técnica y económica.** De no existir un acuerdo sobre recepción definitiva, debe éste surgir de aquello que resulte usual para el tipo de obra que se trate, en virtud de que al respecto hay una laguna legislativa. Si el plazo de garantía cuando no ha sido pactado expresamente, habrá de estarse a los usos y costumbres. En una obra inmueble civil, tal como una vivienda unifamiliar o multifamiliar, un hotel, un paseo de compras, etc., el plazo puede no exceder de un año, pudiendo ser de menos tiempo en obras de acotada intervención, tal como un reciclaje; en cambio, las obras de alta relevancia (obras viales, represas, etc.), será más amplio el plazo.

En el CCyC, el art. 1 indica que los usos, prácticas y costumbres son vinculantes cuando las leyes o los interesados se refieren a ellos o en situaciones no regladas legalmente, siempre que no sean contrarios a derecho.

RECEPCIÓN DE OBRAS SIN PLANOS CONFORME A OBRA

Vencido el décimo año de la recepción, no se responderá por ruina, a menos que al constructor o director pueda imputársele un delito del derecho criminal.

> *La acción civil y la acción penal resultantes del mismo hecho pueden ser ejercidas independientemente. En los casos en que el hecho dañoso configure al mismo tiempo un delito del derecho criminal, la acción civil puede interponerse ante los jueces penales, conforme a las disposiciones de los códigos procesales o las leyes especiales* (art. 1774 del CCyC).
>
> *Si la acción penal precede a la acción civil, o es intentada durante su curso, el dictado de la sentencia definitiva debe suspenderse en el proceso civil hasta la conclusión del proceso penal, con excepción de los siguientes casos:*
> *a. si median causas de extinción de la acción penal;*
> *b. si la dilación del procedimiento penal provoca, en los hechos, una frustración efectiva del derecho a ser indemnizado;*
> *c. si la acción civil por reparación del daño está fundada en un factor objetivo de responsabilidad* (art. 1775 del CCyC).

Los municipios de todo el país, así como exigen la tramitación de permisos para construir obras civiles, del mismo modo exigen que a la finalización de las obras se proceda a tramitar la documentación **conforme a obra**, lo que comúnmente se denomina **final de obra**.

En la Ciudad Autónoma de Buenos Aires, el CEdif establece que tras finalizar la obra de edificación y en un plazo máximo de 20 días hábiles a contar desde la misma, propietario y constructor deben elevar una declaración jurada de finalización de la obra (puede únicamente faltar la pintura interior, pero el resto de la obra ha de estar terminado).

A partir de la fecha de presentación de la declaración jurada, la autoridad de aplicación dispone de un plazo de 60 días hábiles para verificar que lo declarado sea veraz. De ese modo, pasa a ser la obra exclusiva responsabilidad de su propietario, solamente en los aspectos atinentes a su conservación.

Si no se procedió a confeccionar la declaración jurada de finalización de la obra, ésta igualmente puede entregarse. Habrá de considerar que si en el contrato de construcción se estableció que la recepción de obra definitiva se produce si se cuenta con la declaración jurada, toda recepción que se produzca será provisional. Del mismo modo, aun sin declaración jurada ni planos conforme, la obra puede venderse; en este caso, el vendedor puede enfrentar posibles acciones judiciales, por vicios redhibitorios, incumplimiento contractual o garantía de evicción. Se suscita un problema, y se da en el cómputo de los plazos para denunciar vicios ocultos, (donde se está a los dispuesto en el art. 1054 del CCyC) o defectos que ocasionan ruina (art. 1273 del mismo código). Se deben computar los plazos desde la recepción de la obra, pero pueden darse estas situaciones:

a. **La obra se entrega tras confeccionar la declaración jurada y la documentación conforme a obra, y haciéndose constar la entrega en un acta de recepción definitiva:** Sin duda estamos ante una situación ideal, y se trata en este caso del cumplimiento efectivo de las normas, por parte del propietario, constructor y profesional.

b. **La obra se entrega tras confeccionar la declaración jurada y la documentación conforme a obra, y sin hacerse un acta de recepción:** En este caso, la fecha de obtención de la documentación sellada por la autoridad de aplicación sirve a efectos de computar los plazos de caducidad por ruina o bien para verificar la aparición de vicios de todo tipo.

c. **La obra se entrega sin haberse confeccionado la declaración jurada y sin contarse con la documentación conforme a obra, y sin hacerse un acta de recepción:** Es la situación más común que se observa. Se tiene así que muchísimos inmuebles no poseen planos conforme a obra, aun habiendo pasado mucho tiempo (hasta decenas de años) de su finalización de tareas de obra, y hasta habiéndose posteriormente construido ampliaciones y efectuado reformas.

VICIOS

En las obras, no siempre se respetan las reglas del arte de construir; muchas veces, la especulación de algunos mueve a terminar una obra de la forma que sea, preferentemente si es rápido, mejor, puesto que a veces no hay que dejar pasar una oportunidad de venta. Y esa inobservancia de los aspectos más elementales de la construcción lleva a la aparición de vicios.

El vicio es un defecto. En una obra, el vicio es la **imperfección, deterioro, mala calidad, defecto o daño físico en las cosas.**

Un vicio puede ser reparado a tiempo, y en tanto se deje que progrese, bien podría ser causa de ruina, concepto que se analizará más adelante.

Los vicios pueden clasificarse de dos maneras, no excluyentes entre sí:

a. **Según su Manifestación:** se subdividen a su vez en **aparentes o manifiestos u ocultos.**
b. **Según su Naturaleza:** refiere esta clasificación a la causa que le dio origen al vicio. Se trata de los llamados vicios **de plano, de construcción, de suelo y de materiales.**

VICIOS SEGÚN SU MANIFESTACION

Según su manifestación, se tiene que son **aparentes** o manifiestos u **ocultos**.

- Son **VICIOS APARENTES** aquellos que se ven, de fácil comprobación, que **se observan a simple vista.** Conforme el art 1272 del CCyC, se trata de vicios que no afectan la solidez ni hacen la obra impropia para su destino; son fácilmente verificables durante una inspección realizada con una diligencia ordinaria, e incluso si esa inspección es realizada por una persona inexperta en la construcción de obras. Pueden tomarse como ejemplo la falta de terminaciones diversas, la mala colocación de cerámicos o azulejos, paredes que no se hallan a plomo, deficiencias en los revoques, carencia de contramarcos en ventanas, etc.

- Son **VICIOS OCULTOS** aquellos que **no se observan a simple vista**, debido a que **la cosa viciada permanece oculta, de manera deliberada o no**. El art. 1272 del CCyC los define como vicios o defectos no ostensibles al momento de la recepción; asimismo, el art. 1053 los define por exclusión. Se lee en dicho artículo:

    La responsabilidad por defectos ocultos no comprende:
    a. los defectos del bien que el adquirente conoció, o debió haber conocido mediante un examen adecuado a las circunstancias del caso al momento de la adquisición, excepto que haya hecho reserva expresa respecto de aquéllos. Si reviste características especiales de complejidad, y la posibilidad de conocer el defecto requiere cierta preparación científica o técnica, para determinar esa posibilidad se aplican los usos del lugar de entrega;
    b. los defectos del bien que no existían al tiempo de la adquisición. La prueba de su existencia incumbe al adquirente, excepto si el transmitente actúa profesionalmente en la actividad a la que corresponde la transmisión.

Vicio oculto es **aquel que puede pasar inadvertido no obstante una verificación diligente realizada al momento de recibir y aceptar la obra**. Este tipo de problemas se presentan a menudo en edificios recientemente construidos. Se trata de vicios que no pudieron ser advertidos en el momento de la recepción de la obra –provisional o definitiva–, a pesar de habérsela revisado diligentemente, incluso por un profesional de la construcción. Desprendimiento de cielorrasos, artefactos de calefacción o refrigeración que no funcionan debidamente, levantamiento de pisos de parquet, humedades del más variado origen, etc., son ejemplos de vicios ocultos, que pueden ir apareciendo con el tiempo y con el uso de la obra. Los vicios ocultos no pueden ser captados a simple vista por el hombre común ni por un idóneo en la construcción; son aquellos defectos que pasan o pueden pasar perfectamente inadvertidos al recibirse la obra. Puede darse asimismo que ciertos defectos pueden no ser perceptibles sino hasta un tiempo distinto al de la recepción, tal como ocurriría con la falta de aislación térmica, que, si se inspecciona en primavera u otoño, podría no notarse.

VICIOS SEGÚN SU NATURALEZA

Según su origen, se tiene que los vicios son **de plano, de construcción, de suelo y de materiales**.

1. **VICIOS DE PLANOS:** Es vicio de planos la imperfección en la documentación previamente preparada en la cual se han descuidado elementales normas de diseño, pudiendo consistir en errores de las medidas acotadas como así también en cálculos estructurales, por falta de cumplimiento de las reglamentaciones municipales, por no considerar la solidez del suelo, por indicación de materiales inadecuados y cualquier otro tipo de especificación escrita. De esta forma, el/la profesional es responsable cuando un proyecto no está conforme a normas específicas, sean éstas leyes, reglamentos u ordenanzas. Debe tenerse en cuenta la importancia de una documentación, por cuanto no solamente debe responder el proyectista, puesto que muchas veces debe realizar un proyecto con asesores de múltiples disciplinas. Si un vicio de plano es detectado antes de materializar una tarea, y se hace arrastrando el error, la responsabilidad alcanza además al director de la obra. Si teniendo un plano viciado se construye tal como dicho plano indica, y sin que haya existido un análisis de los planos por parte de la dirección de obra, pueden verse comprometidas las responsabilidades de la constructora y además de la dirección de obra, sobre todo, si existen vicios groseros en la documentación, que no debieran pasar inadvertidos. El vicio de plano puede manifestarse en los siguientes supuestos:

    a) **Diseño deficiente:** puede tratarse de un vicio de diseño, en el cual las medidas no sean las adecuadas para el destino de la obra –incluyendo un inadecuado cálculo estructural–, mala resolución técnica de la obra en todos sus rubros, o bien un mal emplazamiento de la futura obra, entre diversas posibilidades.

    b) **Diseño inadecuado para el destino de la obra:** se trata de una concepción arquitectónica, aunque, aun siendo adecuada desde el punto de vista funcional y técnico, se halla reñida con las actividades a desarrollarse en la obra.

c) **Diseño no correspondiente con el encargo del comitente:** se trata de un incumplimiento del plan de necesidades del comitente. Se trata de un diseño que puede ser adecuado a su destino, y adecuado en cuanto a los aspectos técnicos y funcionales, pero que no da respuesta al deseo del comitente.

d) **Diseño irreglamentario:** se produce, por parte del proyectista, violaciones a normas que afectan tanto a intereses en el interés público como en el interés privado. Pueden producirse, al respecto, violaciones a normativas de edificación y de planeamiento urbano, como a las disposiciones del CCyC.

2. **VICIOS DE CONSTRUCCIÓN:** Un vicio en la construcción de la obra es aquella imperfección que se evidencia en la ejecución de los trabajos. Puede ser un vicio de construcción la actuación de una mano de obra de dudosa destreza, la no contemplación de normas en el arte de construir, el trabajo con materiales de calidad inferior a la exigida, por ejemplo, lo que motiva la responsabilidad del constructor, y eventualmente, del director de obra. En jurisprudencia, se tiene que "Los vicios de construcción comprenden toda falla en la ejecución de la obra y también la necesidad de refacción o remodelación. Los vicios de materiales se refieren al empleo de material defectuoso o inadecuado (conf. Kemelmajer de Carlucci, "Responsabilidad de los profesionales de la construcción", Rev. Juríd. de San Isidro, n18, enero/junio de 1982, págs. 124/6)." (CNCiv, Sala H, Kiper Sentencia Definitiva C. H138532 A.C.A. c/Quinto S.R.L. s/locación de obra 3-8-1994). Además, el vicio de construcción puede originarse en un vicio de dirección de obra, es decir, cuando la dirección de obra no ha cumplido eficientemente su tarea, sea que haya dirigido una obra que él mismo proyectó o no, y responde no solamente por su falta de diligencia en sus funciones de control de tareas de obra y su certificación, sino además por los vicios de planos, ya que su rol de profesional no lo exime de detectar situaciones que no debían pasarles inadvertidas, debiendo comunicarlas a la proyectista y al comitente. Responde la proyectista solamente si el vicio se originó en el proyecto.

3. **VICIOS DE SUELO:** El vicio de suelo es una variante del vicio proyectual, dado que no puede pensarse en realizar un proyecto sin tener en cuenta si cuando se materialice pueda ser soportado por el suelo. No solamente se trata de vicio del suelo omitir los datos sobre su resistencia, sino también el error de cálculo sobre la resistencia. El proyectista es quien responde sobre el vicio de suelo aunque pueda derivarse la responsabilidad del cálculo a terceros que haya contratado previamente para realizar el pertinente estudio. Además, algunos vicios de suelo sólo pueden manifestarse al comenzar las tareas de cimentación; la responsabilidad en este caso es de la dirección de obra si esos vicios no pudieron ser advertido en el proyecto. Si se detecta un vicio de suelo y se siguen las tareas como si nada se hubiera comprobado, la responsabilidad del vicio alcanza también a la dirección de obra, dado que no se puede dirigir arrastrando errores de cálculo, pero si la dirección de obra prueba que no pude controlar un grado de complejidad determinado en el estudio de suelo, puede verse liberada de asumir responsabilidades. La constructora queda comprometida en este tipo de vicios –máxime si pudo llevar a cabo alguna diligencia mínima para evitar situaciones de vicio de suelo– aunque luego puede derivar la acción contra el/la profesional.

4. **VICIOS DE MATERIALES:** El vicio de materiales es un tipo muy particular del vicio de construcción, y por el mismo responde la constructora (aunque no haya provisto los materiales o se haya erigido la obra en un terreno de su propiedad) y además la dirección de obra, máxima si estaba a su cargo controlar y vigilar los materiales. Es frecuente la aparición de este vicio en materiales vetustos o no ensayados o que no cumplen con normativas estándares. La proyectista responde solo en el caso de haber prescripto en el pliego de condiciones materiales no apropiados para la tarea a ejecutar. Por ello, es importante utilizar materiales cuyo comportamiento a solicitaciones haya sido verificado previamente por los organismos que rigen en el tema (IRAM, INTI, etc.).

En jurisprudencia, se tiene que "Se consideran vicios de la construcción, de los materiales o de proyección engendradores de la amenaza de ruina y henchidos de grave peligro actual a las deficiencias constructivas de los balcones de un edificio precariamente sostenidos, que sin lugar a dudas, los hacen impropios para su destino, comprometiendo su solidez, estabilidad y la vida e integridad física de quienes pretendan servirse de los mismos, a más de terceros peatones que ocasionalmente transiten bajo ellos." (CC0103 LP 224271 RSD-23-97 S 13-2-1997, Juez Roncoroni (SD), Balbín de Ferrer, Lía Elena y otros c/ Juan Pablo y Otro S.A. s/ Daños y Perjuicios. Mag. votantes: Roncoroni, Perez Crocco).

VICIOS REDHIBITORIOS

Sin ser tomados como vicios frecuentes en la tarea de obra específica, puede hablarse de la aparición de vicios redhibitorios. Este tipo de vicios se prevén en el inc. b del art. 1051 del CCyC, cuando considera a los vicios redhibitorios como los defectos que hacen a la cosa impropia para su destino por razones estructurales o funcionales, o disminuye su utilidad a tal extremo que, de haberlos conocido, el adquirente no la habría adquirido, o su contraprestación hubiese sido significativamente menor. Asimismo, el art. 1052 del CCyC señala que se **considera que un defecto es vicio redhibitorio:**

a. si lo estipulan las partes con referencia a ciertos defectos específicos, aunque el adquirente debiera haberlos conocido;
b. si el enajenante garantiza la inexistencia de defectos, o cierta calidad de la cosa transmitida, aunque el adquirente debiera haber conocido el defecto o la falta de calidad;
c. si el que interviene en la fabricación o en la comercialización de la cosa otorga garantías especiales. Sin embargo, excepto estipulación en contrario, el adquirente puede optar por ejercer los derechos resultantes de la garantía conforme a los términos en que fue otorgada.

El vicio redhibitorio se aplica a los supuestos de compraventa, y tal sería el caso de bienes inmuebles, que siendo construidos por profesionales o

constructores inescrupulosos, evidencian infinidad de vicios, que se tratan de disimular con mucha destreza, por ejemplo, un revoque que siendo golpeado con los nudillos suena "a hueco", o la pintura sobre una superficie húmeda, o el recubrimiento con revoque de cañerías defectuosamente colocadas. Es frecuente ver también en obra nuevas un vicio redhibitorio cuando al encender la calefacción, comienza a aflorar el alquitrán desde debajo del piso parquet de madera. Asimismo, la venta de una obra cuya superficie no se halle debidamente registrada o aprobada en los organismos municipales, o bien que no sea segura para los ocupantes del edificio, hace pasible a su vendedor de ser responsable por vicios redhibitorios. La acción por vicios redhibitorios permite dos acciones legales: **una, es obtener una rebaja sustancial en el precio abonado** dejando subsistente el negocio celebrado (acción "*quanti minoris*"), y **la otra, es la que persigue la rescisión del contrato** (acción redhibitoria). Conforme la Cám. de Apel. en lo Civil y Comercial del Departamento Judicial Mercedes de la Pcia. de Buenos Aires, Sala "I", 111.219, 29-5-2008. Campos, Patricia Nélida c/ Quinteros, Armando y Otros/ Daños Y Perjuicios, los requisitos del concepto legal del vicio redhibitorio son:

a. Que sea un defecto oculto de la cosa, es decir, que no sea un vicio aparente;
b. Que existe cuando se está ante una transmisión de dominio, uso o goce a título oneroso;
c. Que torne a la cosa inapta para su destino, o bien debe ser de tal entidad que si lo hubiera conocido el adquirente no la habría adquirido o hubiera dado menos por ella, y...
d. tiene que existir al tiempo de la adquisición de la cosa.

CONSTATACIÓN DE VICIOS

Cuando se produce la aparición de un vicio, ésta debe ser constatada por el comitente. Ello impone una rápida diligencia en dicha constatación, puesto que muchas veces aparece un vicio y mucho tiempo después se denuncia.
La constatación de vicios puede no ser una instancia sencilla, puesto que

en obras que aún están comprendidas dentro del plazo de responsabilidad postcontractual no siempre es posible contar con la presencia de quienes serían los responsables del daño, la dirección de obra o la constructora, y sobre quienes recae la obligación de reparar.

Por ello, es bueno diferencias dos situaciones que pueden presentarse en cuanto a constatación de vicios:

1. **Constatación con la dirección de obra y/o la constructora:** ya sea que uno o ambos antes de los sesenta días de detectado el vicio hayan sido citados por medios fehacientes o no, deben constituirse en la obra, y una vez allí, en vista del vicio manifiesto, debe lograrse que lo reparen inmediatamente. Para ello es bueno confeccionar un acta –que preferentemente sea notarial– y contando además con testigos. Previamente debe contarse con fotografías de la zona afectada por el vicio, pudiendo dichas imágenes ser autenticadas o certificadas por escribano/a.
2. **Constatación sin la dirección de obra y/o constructora:** No siendo posible contar con la presencia de la dirección de obra y/o el constructor, y siempre antes de los sesenta días de detectado el vicio, debe procederse a la constatación del vicio contando con:
   • Un informe técnico confeccionado por un/a profesional.
   • Testigos.
   • Un/a escribano/a que confeccione un acta notarial, que de fe de lo que está ante su vista, y que incluya en el acta notarial el informe técnico y las fotografías, pudiendo éstas autenticarse o certificarse.

Según el **Dr. Homero Rondina**, en su comentario publicado en LLC2001-876, 2001, es aconsejable para que se haga efectiva la garantía de la constructora durante todo el período de responsabilidad:

1. Que el propietario informe fehacientemente al arquitecto de sus reclamos, dentro de los 60 días de aparecidos los vicios que pudieron estar ocultos y que se hacen visibles o aparentes en el curso de la garantía.

2. Que mediante ese aviso, se permita al constructor corregir los supuestos vicios, defectos o fallas que originan el reclamo.
3. Y, necesaria, obligatoria e ineludiblemente, que durante todo el curso de la obra, y durante todo el lapso de la garantía, el propietario ocupante del inmueble, cuide, mantenga y haga un uso conforme de la obra. Ese mantenimiento, cuidado y uso debido, es condición inexcusable para que el constructor se vea obligado a corregir defectos. Que no pueden estar ocasionados en torpeza o utilización indebida de la edificación por parte del propietario.

Siempre es la constructora quien tiene el derecho/deber de reparar un defecto, ya que si lo hace el comitente, su intervención en la obra puede llevar a que se diluya toda prueba sobre el daño que haya padecido, y asimismo, ve licuado su derecho a reclamos futuros.

RESPONSABILIDAD POR VICIOS

En el caso de los **vicios aparentes**, la constructora responde en primer término, sin perjuicio de la responsabilidad que le cabe a la dirección de obra. Al momento de ser recibida la obra, si se presentan vicios aparentes, pueda el comitente negarse a recibir la obra.

En cuanto a los **vicios ocultos**, éstos **no se liberan con la recepción provisional de la obra, ya que ésta no libera a la constructora de su responsabilidad por dichos vicios; ni tampoco la recepción definitiva libera a la constructora de su responsabilidad si el vicio ocultó fue causa de la ruina de la obra, o se ha obligado a reparar los defectos que aparecieron con posterioridad, o ha incurrido en dolo o fraude** (si ocultó dichos vicios). Por otra parte, tampoco la actuación del Estado en su rol administrativo libera a la constructora de su responsabilidad por los vicios ocultos, aunque no fueran aptos para provocar su ruina. Aunque el Estado puede ser responsable si ha omitido hacer cumplir las reglamentaciones. Por otra parte, la aprobación de la obra por las autoridades administrativas no libera a la constructora de su responsabilidad por los vicios ocultos que existieran, aunque éstos no fueran aptos para provocar su ruina. Para Spota, los desperfectos de este tenor pueden ser objeto de reclamo sólo mientras transcurre el plazo de garantía, no pudiendo ser alegados con posterioridad a la recepción definitiva (conf op. cit. p. 459).

PLAZOS DE GARANTÍA POR VICIOS OCULTOS

En las obras, puede darse la posibilidad de acordar un plazo de garantía para que, una vez entregada la obra al comitente, éste pueda usarla y verificar si surgen vicios que impidan que se utilice correctamente.
Se lee en el art. 1272 del CCyC:

> *Si se conviene o es de uso un plazo de garantía para que el comitente verifique la obra o compruebe su funcionamiento, la recepción se considera provisional y no hace presumir la aceptación.*
> *Si se trata de vicios que no afectan la solidez ni hacen la obra impropia para su destino, no se pactó un plazo de garantía ni es de uso otorgarlo, aceptada la obra, el contratista:*
> *a. queda libre de responsabilidad por los vicios aparentes;*
> *b. responde de los vicios o defectos no ostensibles al momento de la recepción, con la extensión y en los plazos previstos para la garantía por vicios ocultos prevista en los artículos 1054 y concordantes.*

El artículo indica que no en todos los casos se pactan plazos de garantía por vicios ocultos.
El plazo de garantía por vicios ocultos es convencional, y las partes pueden establecerlo libremente, dado que el art. 1272 del CCyC no es de orden público, las partes contratantes pueden pactar libremente el referido plazo.
Por su parte, el art. 1054 del CCyC establece:

El adquirente tiene la carga de denunciar expresamente la existencia del defecto oculto al garante dentro de los sesenta días de haberse manifestado. Si el defecto se manifiesta gradualmente, el plazo se cuenta desde que el adquirente pudo advertirlo. El incumplimiento de esta carga extingue la responsabilidad por defectos ocultos, excepto que el enajenante haya conocido o debido conocer, la existencia de los defectos.

Toda obra inmueble destinada a larga duración requiere siempre un cierto plazo para que se pongan de relieve los vicios que no se observan con la verificación, por lo cual se suele establecer un plazo contractual de garantía para comprobar ese buen funcionamiento. En dicho plazo de garantía habrán de manifestarse los llamados vicios ocultos. Igual plazo regirá para invocar la falta de conformidad entre pacto y obra.

En el caso de la **recepción provisional** de una obra, **si se la recibe con una imperfección determinada** (ejemplo: un revoque mal aplomado, una dimensión de un local inferior a la que consta en planos, etc., tratándose de vicios aparentes) **y no se menciona en un acta de recepción ni se hace reserva alguna sobre la imperfección, la recepción libera los vicios aparentes.** Esto tiene lugar siempre sea que la propietaria de la obra la haya recibido asesorada, o no, por aquel que tenga conocimientos técnicos. Si surgen vicios ocultos entre el lapso que se establece entre la recepción provisional y la recepción definitiva, debe denunciarse el vicio dentro de los 60 días de su descubrimiento, a fin de que ese derecho a reclamar no se extinga. De pactarse contractualmente recepciones provisional y definitiva, con ésta última se pone fin a toda pretensión sobre vicios ocultos (siempre y cuando el contratista no haya incurrido en fraude o dolo, ocultando los vicios).

La recepción provisional libera de responsabilidad al constructor de obra por los vicios aparentes, pero no ocurre lo mismo en los supuestos de aparición de vicios ocultos y/o disconformidad con lo convenido, y que no pudieron advertirse al momento de la recepción; el comitente debe denunciar el vicio oculto, o la falta de conformidad de la obra con lo convenido dentro de los 60 días de haberse ello descubierto. Este plazo de caducidad de 60 días rige para el caso de que el vicio oculto o la falta de conformidad se descubra eentre la recepción provisional y la recepción.

Si la entrega de la obra se concreta a través de una única recepción –**es decir, si dicha recepción resulta definitiva**– esta recepción importará la aceptación **de la obra**, por lo cual se entenderá que no hay vicios aparentes y la calidad adecuada de la obra. Es así que las partes deben conocer el alcance de sus comportamientos ante la ausencia de una convención expresa.

PLAZOS PARA ACCIONAR JUDICIALMENTE

En los distintos supuestos de aparición de vicios existen distintos plazos para que el comitente inicie acciones judiciales.

- En los **vicios aparentes,** conforme el art 1272 del CCyC, se liberan con la recepción provisional de la obra. La recepción definitiva de la obra también libera al empresario por los vicios aparentes, pero habrá que considerar las circunstancias particulares de cada caso. En dicho artículo se establece que si se trata de vicios que no afectan la solidez ni hacen la obra impropia para su destino, no se pactó un plazo de garantía ni es de uso otorgarlo, aceptada la obra, el contratista queda libre de responsabilidad por los vicios aparentes, y responde por vicios ocultos. Esta recepción no posee carácter liberatorio si existe reserva expresa por un vicio aparente determinado, si hubo dolo o fraude del empresario (si ocultó dichos vicios), si los vicios aparentes son la causa de la ruina de la obra o exceden lo comúnmente tolerable como imperfecciones corrientes, o si el empresario se obligó a reparar los que existieran. Si el comitente tomó posesión de la obra en forma irregular, y si no hizo reserva de los vicios aparentes que hubiere, el constructor queda liberado de responder. En el art. 747 del CCyC, la cosa que se entrega podrá ser inspeccionada por cualquiera de las partes contratantes, en el acto de su entrega. La recepción de la cosa por el acreedor hace presumir la inexistencia de vicios aparentes y la calidad adecuada de la cosa.

- En el caso de los **vicios ocultos**, por el art. 1054 del CCyC, quien adquiere la cosa tiene la carga de denunciar expresamente la existencia del defecto oculto al garante dentro de los sesenta días de haberse manifestado. Si el defecto se manifiesta gradualmente, el plazo se cuenta desde que el adquirente pudo advertirlo. El incumplimiento de esta carga extingue la responsabilidad por defectos ocultos, excepto que el enajenante haya conocido o debido conocer, la existencia de los defectos. En el art. 1055 del CCyC se establece que la responsabilidad por defectos ocultos caduca cuando transcurren tres años desde que una cosa inmueble es recibida. Transcurrido el plazo de 60 días sin denunciar el vicio oculto, se produce la caducidad del derecho respectivo (cfr. CNCiv., Sala A, 26-12-1994, Banco de la Provincia de Buenos Aires v. Basch S.A.I.C. s/ Daños y Perjuicios, en Abeledo - Perrot online).

En cuanto a la **prescripción de la acción judicial,** no tiene un plazo autónomo, ya que el art. 1055 remite a lo dispuesto en el Libro Sexto del CCyC, y en dicho libro, **el art. 2564 indica que prescriben al año el reclamo por vicios redhibitorios (inciso a) y el reclamo contra el constructor por responsabilidad por ruina total o parcial (inciso c).** Entendiendo que en el CCyC el art. 1051 extiende la responsabilidad por defectos ocultos a los vicios redhibitorios (inciso b), se considera que es perfectamente viable el plazo de prescripción de la acción por vicios ocultos en tres años; al respecto, el art. 2561 del CCyC dice en su segundo párrafo que "El reclamo de la indemnización de daños derivados de la responsabilidad civil prescribe a los **tres años**".

Spota sostuvo que los **vicios ocultos deben aparecer antes de la recepción definitiva de la obra,** ya que **cuando ésta se opera se extingue el derecho para reclamarlos, del mismo modo que la recepción provisoria extingue el derecho por los vicios aparentes**; con la recepción definitiva, el comitente declara conformidad en tanto a que no existen vicios ocultos, y salvo los supuestos del dolo o de la ruina, se ven concluidas todas las obligaciones del contratista. Agregó además que "si existe plazo de recepción definitiva fijado por las partes, a él se debe estar, y sí así no fuese debe acudirse a los usos y costumbres: tal omisión "debe salvarse aprehendiendo el objeto-fin de la recepción definitiva de la obra y del plazo de garantía inherente: esa recepción definitiva significa, como hecho intergiversable (facta concludentia), que las partes reconocen que el plazo de garantía ha transcurrido sin descubrirse vicios, y que si llegaren a descubrirse con posterioridad, éstos carecen de relevancia técnica y económica. Con ello, las partes se atienen al derecho consuetudinario en materia no reglada expresamente...".

En cuanto a los **vicios redhibitorios, el plazo para accionar judicialmente es de un año, conforme el art. 2564 inc. a del CCyC**. Por el art. 1054 del CCyC, el adquirente tiene la carga de denunciar expresamente la existencia del defecto oculto al garante dentro de los sesenta días de haberse manifestado, y si el defecto se manifiesta gradualmente, el plazo se cuenta desde que el adquirente pudo advertirlo. El incumplimiento de esta carga extingue la responsabilidad por defectos ocultos, excepto que el enajenante haya conocido o debido conocer, la existencia de los defectos. En el art. 1055 del CCyC se establece que la responsabilidad por defectos ocultos caduca cuando transcurren tres años desde que una cosa inmueble es recibida. Ese plazo puede ser aumentado convencionalmente.

LIBERACIÓN DE RESPONDER POR VICIOS APARENTES

Se lee en el art. 1272 del CCyC:

> *Si se conviene o es de uso un plazo de garantía para que el comitente verifique la obra o compruebe su funcionamiento, la recepción se considera provisional y no hace presumir la aceptación.*
> *Si se trata de vicios que no afectan la solidez ni hacen la obra impropia para su destino, no se pactó un plazo de garantía ni es de uso otorgarlo, aceptada la obra, el contratista:*
> *a) queda libre de responsabilidad por los vicios aparentes;*
> *b) responde de los vicios o defectos no ostensibles al momento de la recepción, con la extensión y en los plazos previstos para la garantía por vicios ocultos prevista en los artículos 1054 y concordantes.*

La constructora no responde por los vicios aparentes y por aquellos advertibles al momento de la recepción, si el comitente no los denuncia a la entrega de la obra.

El comitente, antes de recibir la obra, debe verificar si está conforme con lo pactado, y de estar conforme, se produce una consecuencia jurídica nada menor: la liberación del empresario por vicios aparentes. Según Spota, los vicios ocultos deben aparecer antes de la recepción definitiva de la obra, siendo que este acto opera como extintivo del derecho para reclamarlos, así como la recepción provisional extingue el derecho a reclamar por los vicios aparentes.

OBRAS CON DEFECTOS PRODUCIDOS POR MALA FE DE LA CONSTRUCTORA

En las obras, debe tenerse en cuenta que a veces, una tarea se ejecuta mal debido a la incompetencia o iinidoneidad de la constructora o de la dirección de obra; en otros casos, el defecto es el resultado de un comportamiento reprochable, cuando una tarea se realiza deliberadamente mal, pues no se podría concebir de otro modo. Vale como ejemplo, que si no se realiza un cajón hidrófugo en muros de mampostería de ladrillos o si no se coloca una aislación hidrófuga en una azotea, no puede tratarse de un mero descuido o equivocación del contratista o del director de obra, sino de un liso y llano incumplimiento contractual basado en desidia o mala fe, que bien puede encuadrar en la figura de defraudación y estafa, prevista en el art. 172 del CP:

> *Será reprimido con prisión de un mes a seis años, el que defraudare a otro con nombre supuesto, calidad simulada, falsos títulos, influencia mentida, abuso de confianza o aparentando bienes, crédito, comisión, empresa o negociación o valiéndose de cualquier otro ardid o engaño.*

Y seguidamente, se establece en el art. 173:

> *Sin perjuicio de la disposición general del artículo precedente, se considerarán casos especiales de defraudación y sufrirán la pena que él establece: 1. El que defraudare*

a otro en la substancia, calidad o cantidad de las cosas que le entregue en virtud de contrato o de un título obligatorio...

Se trata así, de la aparición de un vicio oculto que, sin generar ruina, sobrepasa cualquier plazo de garantía de vicios ocultos. Spota, en su trabajo Instituciones de Derecho Civil - Contratos - Volumen V, pág. 459, Editorial De Palma, indica que "procede señalar que ese vicio oculto que no provoca la ruina total o parcial de la obra, pero es una consecuencia del fraude o mala fe del locador de obra, es alegable aun cuando aparezca después de la recepción definitiva de la obra y durante el plazo decenal ordinario de la prescripción...". En el CCyC, el art. 2560 establece en cinco años el plazo genérico de prescripción y el antiguo art. 4023 del Código Civil establecía en su primer párrafo que "toda acción personal por deuda exigible se prescribe por diez años salvo disposición especial".

Ante este supuesto de fraude, en la actualidad creemos de **aplicación viable el criterio de Spota**, es decir, **alegar la aparición del defecto dentro de los diez años de la aceptación de la obra, conforme el art. 1275 del CCyC**, a lo cual debe agregarse el plazo anual de prescripción de las acciones civiles, según el art. 2564 inc. C del CCyC.

El plazo de caducidad para alegar vicios ocultos o falta de conformidad, no impide invocar la responsabilidad por ruina de la obra ni el fraude o dolo del locador de obra. Cuando la obra se recibe en forma definitiva, concluye toda obligación contractual del constructor, a excepción del dolo y de la ruina.

CADUCIDAD Y DISPENSA DE LA RESPONSABILIDAD POR VICIOS OCULTOS

Como se ha dicho anteriormente, el CCyC en su art. 1055, inciso a, establece que la responsabilidad por defectos ocultos caduca cuando transcurren tres años después de recibir una cosa inmueble, y ese plazo puede ser aumentado convencionalmente. Se entiende así que un reclamo por vicios ocultos no puede hacerse de manera ligera, extendiéndose eternamente en el tiempo.

Los **vicios ocultos** de cualquier magnitud, incluso aquello que hagan a la obra impropia para su destino, son dispensables, incluso:

- **Por contrato** (arts. 1037, 1038, 1039 inc. c, y 1043, del CCyC).
- **Por falta de comunicación de la aparición del vicio** en el plazo de 60 días de su descubrimiento, siempre que el vicio se manifieste dentro del plazo de 3 años (art. 1055 del CCyC).
- **Por conocimiento del comprador** (art. 1040 inc.a del CCyC).

RUINA. GENERALIDADES

Ruina –del latin *ruï-na*, de *rue˘re*, **caer**- es la **acción de caer, desplomar o destruirse algo**. Se considera ruina a **todo deterioro total o parcial que compromete la estabilidad de una cosa**.

Cuando una obra entra en ruina, la seguridad personal se ve altamente afectada. Declarar una obra en ruina significa apreciarla desde el punto de vista técnico a fines de que sirva de base para un pronunciamiento judicial al respecto.
En los casos de que la obra pueda entrar en ruina, debe procederse a evitar el peligro, que dicha situación acarrea, y que puede ser actual, inminente o futuro. Tanto las construcciones antiguas, debido a falta de conservación, como las obras nuevas, por causas que tienen su origen en defectos o vicios de diversa índole, pueden verse alcanzadas por la ruina. Y las consecuencias posibles serian la demolición de la obra en ruina y eventualmente, la sustitución de lo edificado.
Históricamente, la ruina de obra bien pudo haber sido la causa de la caída de la Torre de Babel en el año 1764 AC. Por otra parte, el Código de Hammurabi preveía situaciones de ruina de obras. Vitruvio, tiempo después, en sus 10 libros de Arquitectura, proponía evitar la ruina "... oyendo no sólo los pareceres de los artífices, sino también de los idiotas...".
Las catedrales góticas se han construido en muchos casos a "prueba y error": muchas se derrumbaron, y algunas como Notre Dame de París siguen en pie. Otros ejemplos se han visto afectados por vicios constituyentes de patologías que ameritan un inmediato tratamiento para evitar su caída, como la Torre de Pisa.
En el Código Napoleónico, el arquitecto y el empresario eran responsables por ruina. Y tanto este código como otros tantos fueron considerados por Dalmacio

Vélez Sarsfield para establecer la responsabilidad por ruina en el antiguo Código Civil de la Nación.

En un edificio o inmueble destinado a larga duración con carácter de permanencia, se considera ruina al vicio que lesiona la estabilidad total o parcial, compromete la solidez o afecta la duración o la conservación de una obra, luego de recibida ésta. Cuando la ruina se produce de manera inesperada o abrupta, es decir, cuando un edificio e todo o en parte se precipita quedando destruido, jurídicamente se denomina derrumbe, aunque no es necesario el derrumbe o destrucción de la cosa, pudiendo bastar un importante deterioro, siendo suficiente que exista un peligro cierto e inminente. Ni tampoco debiera producirse una destrucción repentina, sino progresiva, comprometiéndose la existencia, la solidez o la duración de la obra, o su estabilidad o que la haga impropia para su destino, y que pueda conducirla a la destrucción total o parcial. El concepto de ruina es jurídico, e implica la imposibilidad de aprovechar la cosa, o la necesidad de costosos trabajos para reacondicionarla, y aun su potencialidad actual o futura para tornarla absolutamente inepta (cfr. CCom: B-Morandi - Piaggi - Diaz Cordero - 10/03/89 Enrique R. Zenni y Cía.. SACIF C/ Madefor SRL).

CLASIFICACIÓN DE LA RUINA

La ruina puede clasificarse:

1. **Según su alcance**, pudiendo ser
   a) **Parcial:** comprende parte de la obra; en este caso, puede lograrse que el resto de la obra se recupere y se utilice normalmente, una vez que se haya subsanado el problema de la ruina parcial.
   b) **Total:** comprende toda la obra. En este supuesto, se evidencia un compromiso de la totalidad de lo construido, quedando afectada su durabilidad y estabilidad, y sin que existiera posibilidad de reparación alguna.
2. **Según el momento de ocurrencia**, pudiendo ser
   a) **Ya producida:** comprende el evento pasado, sin diferenciarse ruina total o parcial; se trata del suceso ya acontecido, y que puede repararse o no.

b) Por producirse: en este caso, se está ante la **amenaza de ruina** o **ruina inminente**, cuando la obra o parte de ella presenta indicios de que la ruina puede producirse. No hace falta que sobrevenga el colapso o derrumbe, sino que la sola posibilidad de que la ruina ocurra, es suficiente. Habría evidencia que llevaría a considerar que la solidez de la obra se vea comprometida; no basta solamente con mencionar un hecho pasado que ha afectado en todo o parte a una obra destinada a larga duración, sino además a la probabilidad de que el suceso ruinoso ocurra. Es decir, lograr un grado de certeza que permita predecir que la ruina se producirá en lo inmediato. Por lo tanto, se observa que una obra no necesariamente puede destruirse de manera abrupta, sino en forma paulatina. Por ello, ante la amenaza de ruina, no podría esperar a que la ruina se produzca para, recién allí, realizar reclamos.

En su obra *Il diritto civile italiano* (t. IV, p. 674, Nápoles y Turín, 1908), **Luigi Abello** expresó:

> *Si, etimológicamente, arruinar equivale a caer, tener fin, perecer, arquitectónicamente hablando y en el sentido de la ley patria, arruinar no significa sólo caída de todo o de parte del edificio, sino que se refiere a fenómenos menos graves, que, de cualquier modo, modifican los elementos esenciales de la obra e influyen sobre la duración y solidez suya, comprometiendo la conservación.*

LA RUINA EN NUESTRA LEGISLACIÓN

El CCyC en su art. 1273 menciona en su título a la *Obra en ruina o impropia para su destino*, y luego expresa:

> *El constructor de una obra realizada en inmueble destinada por su naturaleza a tener larga duración responde al comitente y al adquirente de la obra por los daños que comprometen su solidez y por los que la hacen impropia para su destino. El constructor sólo se libera si prueba la incidencia de una causa ajena. No es causa*

ajena el vicio del suelo, aunque el terreno pertenezca al comitente o a un tercero, ni el vicio de los materiales, aunque no sean provistos por el contratista.

El art. 2564 inc. c del CCyC menciona a la **ruina total o parcial**, sea por vicio de construcción, del suelo o de mala calidad de los materiales, siempre que se trate de obras destinadas a larga duración.
Conforme el art. 1273 del CCyC, podemos realizar el siguiente análisis sobre la obra:

- **Obra destinada a tener larga duración:** Un acontecimiento ruinoso en un inmueble de larga duración implica la alteración en el comportamiento normal y regular conforme a lo previsto, de sus elementos o partes esenciales acarreando compromiso cierto en su solidez, estabilidad total o parcial, o imposibilidad en su conservación normal que amenace la utilización prevista. No toda obra puede entrar en ruina, y en efecto, se establece que:
 a) Hay **obras que pueden entrar en ruina**, y se encuadran en este tipo a:
 • **Edificios u obras en inmuebles destinados a larga duración**, siendo en este caso, las obras en general.
 • **Inmuebles por accesión física destinados a perdurar por largos períodos** (mencionando como ejemplo a piletas, diques, usinas, hornos de panadería, fosas para venta de nafta, silos, ascensores en grutas naturales para transporte de turistas).
 b) Hay **obras que no pueden entrar en ruina**, y dentro de este tipo se incluyen:
 • **Construcciones precarias no destinadas a durar en el tiempo.**
 • **Muebles que no poseen caracteres para ser considerados inmuebles por accesión.**

El colapso de una obra de duración efímera (stands para exposiciones, por ejemplo), aun tratándose de un hecho que genere responsabilidades diversas, no está comprendido dentro de la ruina.

- **Daños que comprometen la solidez de la obra:** ha de entenderse como que, si la obra deja de ser sólida, entra en ruina, por destrucción o derrumbe de manera total o parcial, o bien su posibilidad. La solidez puede interpretarse como un problema de índole estructural que hace que la obra no sirva para el objeto de su creación.
- **Daños que hacen a la obra impropia para su destino:** El CCyC en el art. 1051 inc. b, del CCyC: menciona a la **cosa impropia para su destino por razones estructurales o funcionales**; asimismo, el art. 1272 del CCyC también refiere a la **obra impropia para su destino**. Para cierta jurisprudencia, para que exista ruina **no hace falta que la obra vea comprometida su estructura, sino que se vea comprometido su uso, su conservación, que exista una degradación de su estado físico, inutilidad para el aprovechamiento** (cfr. CNCiv, Sala F, Consorcio Av. del Libertador 4496/98 c/ Edificadora Libertador). Para algunos autores, la ruina comprende **casos de obras tan mal ejecutadas, que la ejecución defectuosa equivale a la inejecución o incumplimiento absoluto del contrato**, como así también, **aquellos supuestos en que los vicios adquieren una alta magnitud, que hacen falta trabajos muy costosos para reacondicionar la obra o bien para evitar su ruina**. La "obra impropia por razón estructural" lleva a pensar en ruina. Y quizá una obra posea una estructura que no satisface destino requerido, pero satisface a otro destino. El concepto de obra impropia para su destino por razones funcionales puede llevar a pensar en:
- Obra con base en proyecto inadecuado, y cuya aprobación por la autoridad no podría prosperar:
- Obra inadecuada para el destino que el comitente desea, por no haberse cumplido con el plan de necesidades requerido;
- Obra que no evidencia buen funcionamiento, y todo otro supuesto posible.
- No es causa ajena el vicio del suelo: conforme lo señala el art. 1273 del CCyC, el vicio de suelo puede ser posible causa de la ruina, aunque el terreno pertenezca al comitente o a un tercero. En este caso, quienes deban intervenir en un determinado terreno, deben asegurarse de que éste posea una resistencia que permita mantener la estructura en pie.

- No es causa ajena el vicio de materiales: Del mismo modo que con el vicio de suelo, quienes utilicen determinados materiales deben asegurarse que éstos respondan a las solicitaciones que la naturaleza de la obra requiere, aunque estos materiales no hayan sido por el contratista.

CAUSAS DE LA RUINA

La ruina puede tener muchas causas. Y aquellas causas que generan los vicios de obra –de construcción, de materiales, de proyecto, de suelo, etc.– son también generadoras de la ruina, siendo que, en este caso, para calificar a un defecto como ruina, ha de estarse a su grado de magnitud o entidad.. Indudablemente, si este defecto se manifiesta de manera abrupta o bien si va aumentando progresivamente su grado de intensidad en un lapso relativamente corto tras su aparición, se está frente a ruina; aunque un defecto puede comenzar como un problema pequeño (tal como la aparición de humedad de cimientos, por ejemplo), que puede ser perfectamente subsanado ni bien se detecte, y que encuadraría como un vicio oculto, aunque de no repararse a tiempo, puede derivar en un problema que afecte seriamente ya no solo la vivencialidad de la obra, sino su estabilidad. De ello, se desprende que, en una obra terminada, cualquier defecto no es ruina.

RUINA NO ES SOLAMENTE DERRUMBE

La caída parcial o total de un edificio es ruina, sea que se haya producido o bien que pueda producirse, y también es ruina cualquier tipo de afectación que altere los elementos esenciales de la obra que le dan solidez y durabilidad, que impiden una vivencia plena del lugar y que además inciden en su conservación.

APLICACIÓN INCORRECTA DEL CONCEPTO DE RUINA

Aun siendo que se ha producido un derrumbe en todo o en parte, o bien que su utilización resulte imposible, la obra, como consecuencia de la ruina, queda inutilizable.

Muchas veces no se toman los recaudos establecidos en el art. 1054 del CCyC, y entonces, a fin de intentar reclamar judicialmente, algunos pretenden forzar el concepto de ruina; es decir, se busca "convertir" un vicio en ruina, lo cual lleva a una interpretación equivoca de su sentido.

Vicio es una cosa, y ruina es otra. De confundir estos conceptos, caeríamos en el absurdo que menciona **Plácido Mario Bustos**, cuando se aceptaría que exista ruina de la pintura, ruina del desagüe o ruina del piso, evitando el cumplimiento de los pasos y términos legales (ver en LL, 2001 - C, 1088 - Obligaciones y Contratos Doctrinas Esenciales Tomo V, 1-1-2009, 1003). Y más de una vez, es el mismo propietario, que no reclama a tiempo ante la aparición de un problema; muchas veces, las humedades de gran extensión son producto de la dejadez del dueño de la obra, que no reclamó oportunamente, o bien que ha utilizado mal la obra (por ejemplo, no mantenerla adecuadamente, sobrecargar una estructura y dañarla) y, por ende, mal podría entonces exigírsele responsabilidad al constructor o a los profesionales por la aparición de ruina.

Cabe concluir entonces que **el empresario, el proyectista y/o el director de obra tienen responsabilidad sobre la obra construida**; pero para comenzar a exigirla deben seguirse los pasos que el art. 1054 del CCyC impone.

Por otra parte, y compartiendo plenamente lo expresado por el **Dr. Homero Rondina** –publicado en LLC2001-876, 2001– **no puede aplicarse el mismo criterio para calificar o condenar un vicio, falla o defecto de la obra, aparecido al primer día de su recibo o recepción, como cuando dicho defecto aparece en los últimos días de la garantía decenal.** El citado autor, en su obra *Contrato de Obra Pública y Privada* (Ed. Ciencia y Técnica, Santa Fe, 1993) definió y desarrolló lo que designó como *Teoría Piramidal de la Responsabilidad del Constructor*, en la cual plantea esa responsabilidad, que tiene una base muy amplia como las pirámides, y que se va angostando hasta terminar en un punto, con el sólo transcurso del tiempo, o con la intervención de otros factores. Acerca de la categoría de los daños verificados, será muy diferente la carga de las obligaciones y responsabilidades, según sea la deficiencia o falla en las obras, dado que una falla estructural no es lo mismo que defectos en desagües o humedades en cielorrasos, por ejemplo.

MOMENTOS DE APARICIÓN DE LA RUINA

El concepto de ruina no es técnico, sino jurídico. El CCyC prevé que tras la aceptación de la obra, si se verifican defectos o fallas que comprometan su estabilidad o que impidan la conservación –amenazando en ambos casos su existencia– o bien si se verifican defectos de muy alta magnitud que requieran costosísimas reparaciones, determinadas figuras que intervinieron en la concreción de la obra asuman su responsabilidad. No obstante, si durante la construcción se producen situaciones semejantes a las recién descriptas que afectan la estabilidad de la obra, se demandará la consiguiente responsabilidad a quienes corresponda, aunque no se esté frente a lo que jurídicamente es ruina, conforme el CCyC en su art. 1273 y concordantes. No puede hablarse de ruina sino hasta que surjan defectos que pongan en riesgo la supervivencia de la obra o que demanden costosísimos trabajos de reparación, tras la aceptación de la obra.

RESPONSABILIDAD POR RUINA

El CCyC en el art. 1273 –titulado *Obra en ruina o impropia para su destino*– expresa:

> *El constructor de una obra realizada en inmueble destinada por su naturaleza a tener larga duración responde al comitente y al adquirente de la obra por los daños que comprometen su solidez y por los que la hacen impropia para su destino. El constructor sólo se libera si prueba la incidencia de una causa ajena. No es causa ajena el vicio del suelo, aunque el terreno pertenezca al comitente o a un tercero, ni el vicio de los materiales, aunque no sean provistos por el contratista.*

La contratista o constructora es quien debe asumir responsabilidad, frente no solamente al comitente, sino también a quien haya adquirido esa obra nueva, que pasa así a tener legitimación activa. Quien haya adquirido un inmueble afectado por ruina, como sucesor particular, a pesar de no estar ligado por un contrato de construcción, porque la acción pertenece a quien sufre las conse-

cuencias de la culpa cometida y la titularidad de la misma se trasmite de propietario a propietario (cfr. LL, 1992-B-25).
Seguidamente, el art. 1274 del CCyC –titulado *Extensión de la responsabilidad por obra en ruina o impropia para su destino*– presenta una serie de figuras pasibles de serle reclamada responsabilidad:

> *La responsabilidad prevista en el artículo 1273 se extiende concurrentemente:*
> *a. a toda persona que vende una obra que ella ha construido o ha hecho construir si hace de esa actividad su profesión habitual;*
> *b. a toda persona que, aunque actuando en calidad de mandatario del dueño de la obra, cumple una misión semejante a la de un contratista;*
> *c. según la causa del daño, al subcontratista, al proyectista, al director de la obra y a cualquier otro profesional ligado al comitente por un contrato de obra de construcción referido a la obra dañada o a cualquiera de sus partes.*

Las obligaciones concurrentes no son solidarias, aun tratándose de que el mismo objeto es común a todos los obligados. El CCyC en su art. 850 expresa que son obligaciones concurrentes aquellas en las que varios deudores deben el mismo objeto en razón de causas diferentes.

1) En los casos de **responsabilidad solidaria**, el acreedor puede reclamar indemnización (en su totalidad) a cualquiera de los deudores, como si cada uno de ellos se pone en pie de igualdad uno con otro.
2) En las **obligaciones concurrentes** se presentan:
   a) un solo acreedor;
   b) muchos deudores y causas respecto de cada uno de ellos;
   c) un mismo objeto debido –ser indemnizado– que obliga a cada uno de ellos en forma íntegra por el todo.

En este caso, la responsabilidad concurrente de los deudores no excusa total ni parcialmente las responsabilidades que corresponde a cada uno de los codemandados. Y esto es así, sin perjuicio del posterior ejercicio de las acciones de regreso destinadas a obtener la contribución en la deuda solventada, en la medida de la participación efectiva de cada codemandado en la producción del daño; así, quien hace frente a una deuda, y si ha sido el real responsable de la situación, debe a veces soportarla en su totalidad; si hizo frente a la deuda y no fue quien la originó, puede exigir a los otros responsables el reintegro total de lo que ha abonado. Aquel deudor que afronte la deuda tiene acción de regreso contra el obligado, salvo que el reclamante sea responsable, aunque sea parcial, a título personal.

Tenemos entonces que por el art. 1274 del CCyC, responden por ruina:

a) Conforme el inc. c, y según la causa del daño, responden el proyectista, el director de la obra y cualquier otro profesional –sea empresario o contratista principal o subcontratista– ligado al comitente por un contrato de obra de construcción referido a la obra dañada o a cualquiera de sus partes; en el mentado artículo, el inc. b incluye como responsable a aquel que, actuando como mandatario del dueño de la obra, cumple un rol semejante al de un contratista.

b) Conforme el inc. a, responde el que vende una obra que ha construido, o ha hecho construir, si hace de esa actividad su profesión habitual; este inciso pone responsabilidad en los constructores vendedores y en aquellos que encargan construir una obra para posteriormente venderla. Siendo que quien encarga una obra no participa del proceso constructivo, este inciso podría ser atacado por adjudicar responsabilidad a quien no ha creado el problema. Aun así, es intención del legislador lograr que quien se apropia de una parte importante de la renta de un emprendimiento de obra, deba responder.

Puede también el Estado responder por ruina, en el caso de que se haya producido por actos omisivos, si éstos tienen nexo de causalidad con el daño (LL 1981-A, 198).

La responsabilidad por ruina podrá ser repelida:

a) si existió culpa del comitente;
b) si se produjo caso fortuito o fuerza mayor;
c) si se produjo un hecho de un tercero por el cual no se debe responder.

QUIÉNES PUEDEN RECLAMAR POR RUINA

La acción legal por ruina es de naturaleza contractual. Al producirse el deterioro o la ruina de una obra –dentro de los diez años de aceptada, conforme el art. 1275 del CCyC–, **pueden ejercer las acciones legales pertinentes no solamente el comitente sino además el adquirente**, como lo establece el CCyC en su art. 1273. Si se trata de adquirentes de la obra a título singular de la cosa, debe tenerse en cuenta que, en principio, éstos adquirentes son ajenos a los contratos de construcción de obra material e intelectual, y extraños a sus efectos. Aun antes de la vigencia del actual CCyC, nuestra jurisprudencia consagró que si quien encargó la obra posteriormente la vende, el adquirente de unidades afectadas por la ruina, puede demandar al constructor de la obra a pesar de no estar ligado por un contrato de obra, porque la acción pertenece a quien sufre las consecuencias de la culpa cometida y la titularidad de la misma se trasmite de propietario a propietario (cfr. LL 1992-B-25). Se trata de una obligación análoga a la obligación *propter rem*, es decir, la obligación que nace del hecho de tener la propiedad o algún otro derecho real sobre una cosa; este tipo de obligaciones determinan sobre quien recae la deuda, no porque dicho deudor las haya personalmente contraído, sino porque ha adquirido una cosa o un derecho sobre ella. **En el caso de adquirir a título singular la obra tras la aparición de ruina, si hay una cesión tácita hecha por el vendedor-comitente, el adquirente puede reclamar.** Pero si se adquirió una obra en ruina, es decir, pagándose el valor del terreno y no de la obra, corresponde que sea el vendedor quien accione, y no el adquirente; como tampoco tienen derecho los que tengan derecho de hipoteca, usufructo, etc.

Por el art. 1054 del CCyC, el reclamo por vicios ocultos también puede hacerlo el comitente o adquirente, con el cumplimiento de la carga de denunciar expresamente la existencia del defecto oculto dentro de los sesenta días de haberse manifestado. Si el defecto se manifiesta gradualmente, el plazo se cuenta desde que el adquirente pudo advertirlo. El incumplimiento de esta carga extingue la responsabilidad por defectos ocultos, excepto que el enajenante haya conocido o debido conocer, la existencia de los defectos.

Al hablarse de responsabilidad contractual en las relaciones entre comitente y profesional o constructor, las partes del contrato pueden ser legitimados pasivo o activo, indistintamente, en una acción judicial.

La responsabilidad extracontractual se demanda en tanto exista una violación al deber genérico de no dañar, no existiendo diferencias entre las etapas de construcción y de posconstrucción de la obra.

Quien se vea afectado por ruina, puede:

1) Exigir la vuelta al estado anterior de las cosas, es decir, la consiguiente reparación material de los daños provocados. Si la constructora no repara, el afectado puede contratar a un tercero para que repare el daño, a costa de la constructora.
2) Exigir reparación integral de los daños y perjuicios, incluyendo daño emergente, lucro cesante y daño moral, si éste corresponde.

PLAZO DE CADUCIDAD DE LA RESPONSABILIDAD POR RUINA

El CCyC en el art. 1275, establece:

> *Para que sea aplicable la responsabilidad prevista en los artículos 1273 y 1274, el daño debe producirse dentro de los diez años de aceptada la obra.*

Por los artículos anteriormente analizados, se tiene que una vez recibida y aceptada la obra, el daño que genera ruina de obra debe producirse en esos diez años que se cuentan desde la aceptación.

Con esto, se tiene que la recepción de la obra no implica aceptación. Según el art. 1270 del CCyC, la obra se considera aceptada cuando concurren las circunstancias del artículo 747, y en este artículo se establece:

Cualquiera de las partes tiene derecho a requerir la inspección de la cosa en el acto de su entrega. La recepción de la cosa por el acreedor hace presumir la inexistencia de vicios aparentes y la calidad adecuada de la cosa, sin perjuicio de lo dispuesto sobre la obligación de saneamiento...

Para accionar por ruina, la obra debió haber sido recibida, y sin duda que la aceptación es un acto que habrá de probarse del modo que sea conveniente. Lo más conveniente sería que la aceptación fuera expresa, aunque sin duda, el uso continuo de la obra desde que fue recibida, sin que haya existido constancia expresa de aceptación, lleva a entender que la aceptación ha tenido fecha relativamente cierta.

Sobre la aceptación, debe decirse que, a diferencia de lo establecido en el antiguo Código Civil, se genera un reconocimiento acordado a las partes contratantes para que la cosa objeto del contrato se inspeccione en el acto de su entrega. Según la edición oficial del Código Civil y Comercial comentado, Tomo IV, págs. 25 y 25, "La norma contempla el supuesto de aceptación de la obra por parte del comitente. La aceptación es el acto jurídico unilateral no formal mediante el cual el comitente exterioriza, de algún modo, su conformidad con la obra realizada por el contratista, y constituye el paso previo a la recepción". En la aceptación, el comitente está exteriorizando su conformidad con la tarea realizada, es decir, la obra. **Recibir sin reservas importará la aceptación de la obra, por lo cual se entenderá que ya no hay vicios aparentes y la calidad es la que se espera de la obra.**

PLAZO DE PRESCRIPCIÓN DE LA ACCIÓN POR RUINA

Para los romanos, un muro se hallaba en ruina cuando se había desplazado el eje de la tercera parte de su espesor. De ahí la posibilidad inmediata de la ruina, y ese muro condenable, de seguir en pie, representaba peligro.

El art. 1275 del CCyC considera como supuesto fáctico que después de recibida la obra se produjera la ruina, más allá de que se haya o no pagado la obra al empresario. La responsabilidad sobreviene por ruina parcial o total tiene como causa algún vicio que tenga un nexo adecuado de causalidad con la falta total o parcial de la estabilidad de la obra.

Si tras la recepción definitiva sobreviene la ruina, sólo basta probar su existencia. La ruina, al producirse, tiene un año de prescripción de la acción. Al respecto, el art. 2564 inc. c del CCyC indica que prescribe al año "el reclamo contra el constructor por responsabilidad por ruina total o parcial, sea por vicio de construcción, del suelo o de mala calidad de los materiales, siempre que se trate de obras destinadas a larga duración. El plazo se cuenta desde que se produjo la ruina".

Si dentro del plazo decenal –tomamos como ejemplo, a los siete años de recibida la obra– se produce ruina, el comitente o adquirente sólo tiene un año para iniciar la acción legal, tal lo expresa el art. 1275 del CCyC. Si dentro de ese período de un año el afectado no interpone demanda, la acción prescribe. La ruina sólo posee plazo de caducidad, o garantía (10 años, art. 1275 del CCyC), y no es dispensable por acto alguno (art. 1276 del CCyC).

El plazo decenal que corre desde la recepción provisional de la obra no es un plazo de prescripción sino un plazo de garantía, ya que el término de prescripción se lo establece en un año a contar de la ruina y siempre que ésta haya sobrevenido en el curso de aquel plazo decenal de garantía (cfr. CNCiv., Sala C, Ruda Bart, Sentencia Definitiva C. C144351, Tusset, Carlos Alberto y ot. c/ Molina, Ana María y ot. s/Cobro de sumas de dinero. 24/11/1994).

La responsabilidad por ruina no es dispensable, ya que la norma es de orden público. Al respecto, el art. 1276 del CCyC establece como nula toda cláusula que excluya o limite la responsabilidad:

> *Toda cláusula que dispensa o limita la responsabilidad prevista para los daños que comprometen la solidez de una obra realizada en inmueble destinada a larga duración o que la hacen impropia para su destino, se tiene por no escrita.*

Dado el orden público del art. 1276 del CCyC, no es admisible la dispensa contractual por ruina, y de establecerse la misma en el contrato, carecerá de valor legal. A modo de ejemplo, no puede el/la profesional pactar con su comitente un plazo de garantía menor, ni mucho menos desligarse contractualmente de la garantía decenal. Y nada impide que pueda pactarse un plazo de garantía superior a los 10 años que establece el art. 1275 del CCyC. Si el comitente es un consumidor, el art. 37 de la Ley 24.240 lo ampara ya que descalifica la inserción de una cláusula de dispensa de responsabilidad por considerarla abusiva.

PRUEBA DE LA CAUSA DE LA RUINA

Por el art. 1271 del CCyC, las normas sobre vicios o defectos se aplican a las diferencias en la calidad de la obra.

Ante la aparición de ruina, es necesario demostrar el nexo causal entre la causa originaria (la deficiencia) y la ruina.

En un proceso judicial, las pruebas ayudan a lograr la demostración de la verdad de un hecho, aunque en cuestiones de arquitectura e ingeniería, la prueba pericial a cargo de un profesional de la construcción merece una especial consideración por tratarse de un técnico competente en la materia.

Ante un caso de ruina, deberá determinarse cómo se produjo, lo que en algunos casos podría llegar a ser difícil. La propietaria de la obra tratará de demostrar un incumplimiento de resultado esperado, y el/la profesional y la constructora tratarán de probar que la ruina no le es imputable. Por ejemplo, la proyectista intentará probar que el origen de la ruina es un vicio de construcción, y la dirección de obra intentará probar que el origen de la ruina es un vicio de plano. También pude atribuirse la ruina a una mala conservación de la obra, deslindando así la responsabilidad en la propietaria.

La ley presume que si un inmueble evidencia ruina antes de los diez años es porque existe una imperfección constructiva, y si ésta generó ruina deberán responder aquellos que figuran en los arts. 1273 y 1274 del CCyC.

Este es uno de los casos en los cuales quienes cargan con la prueba para lograr eximirse de responsabilidad la dirección de obra debe demostrar que la ruina no fue causada por ninguna deficiencia, para lo cual debiera demostrar que la obra por ella dirigida ha sufrido la pérdida de su originalidad (por ejemplo, agregados, modificaciones, trabajos hechos por terceros, inobservancia de reglamentos, etc.).

La ruina de obra no siempre puede producirse por un factor intrínseco de la obra en sí misma, sino por causa externas que un profesional o constructor no ha tenido en cuenta. Tal es así que en obras afectadas por fuertes vientos que son previsibles en razón de su frecuencia, profesionales y constructores ven seriamente comprometida su responsabilidad (cfr. Cám. 1ª CC Bahía Blanca, 31/8/1978, Gelaín, Cayetano C. c. Ávila, Juan B., LL 1979-D-610 (35.261-S) y JA 979-II-506; Cám. 1ª CC Bahía Blanca, Sala I, 31/10/1980, Touriñán, Carlos R. c. Rey, Rubén M., DJBA 120-293; Cám. CC La Matanza, Sala I, 10/9/2002, Valbuena García, Amancio c. Gamarra, José L. y otro, RCyS, 2004-I, 60, entre otros).

UNA DISTINTA CONCEPCIÓN SOBRE LA RESPONSABILIDAD CIVIL

Una constructora es garante de un resultado: que la obra sea entregada en modo perfecto, acorde a las normas usuales, y apta para su correcto uso y funcionamiento.

La responsabilidad decenal o postcontractual por la obra no debiera cubrir a todo el edificio (elementos, sectores, etc.) de manera absoluta, debido a que en esos diez años pueden manifestarse todo tipo de deterioros propios del normal envejecimiento de las cosas, sin que por ello se genere ruina.

Muchos materiales de construcción poseen cierta vida útil, que escapa a la concepción de Vélez Sarsfield ya que el antiguo Código Civil fue sancionado en una época en la cual los materiales de construcción no sufrían permanentes cambios.

Y esta concepción se mantiene aún con el actual CCyC. **No se habla de perennidad de la obra sino de su larga duración.** Hoy existen materiales que pueden usarse y removerse tras un cierto lapso, por lo cual no es posible actualmente utilizar un criterio de perennidad en las construcciones.

El plazo de caducidad de la responsabilidad por ruina del art. 1275 del CCyC, la garantía decenal debería concentrarse en elementos estructurales –sea estructura independiente o no–, no incluyendo a todos aquellos elementos que son alcanzados por un deterioro normal en el lapso aludido de diez años. Tras ese periodo, el inmueble probaría su buen comportamiento a los requerimientos de calidad, habitabilidad y durabilidad, condiciones previsibles para la citada obra, que habrá de haber sido debidamente conservada por su propietario de tal modo que cualquier deterioro sea aquel provocado por el paso del tiempo, sin que comprometa la resistencia del inmueble.

SEGREGACIÓN DE RESPONSABILIDADES: CONFUSIÓN ENTRE CONSTRUCTORA Y DIRECCIÓN DE OBRA

Si bien ninguna ley establece que exista responsabilidad solidaria entre constructor o contratista y director de obra, existe tendencia a creer que tal situación existe, más allá que ninguna norma imponga responsabilidad empresarial a la dirección de obra. Y preocupa que subsista la creencia de que la dirección de obra y una empresa constructora, en cuanto a responsabilidades, son lo mismo. De ser así, no existirían los empresarios constructores. Hace más de sesenta años, en su obra *Responsabilidades y derechos de los arquitectos*, Jorge Víctor Rivarola, estableció una gran diferencia entre un arquitecto y un contratista o empresario.

Un/a arquitecto/a es un/a profesional liberal, civil, que concibe y proyecta el edificio y, una vez iniciadas las obras, ejerce sobre ellas su dirección; es quien asesora y aconseja al comitente, y ejerce custodia de sus intereses, los cuales puede decirse que corren paralelos con los suyos propios. Y por todas estas tareas percibe honorarios como remuneración.

Y en cambio, una constructora es la persona humana o jurídica, que desarrolla una empresa cuya finalidad principal es brindar su capacidad hacedora de obras para la industria de la construcción y en la cual tiene invertido un capital destinado a obtener ganancias por medio de aquella industria. Por su tarea, la constructora obtendrá un lucro o beneficio. No importa que un/a constructora, si es persona humana, tenga título profesional, ya que, como constructora, su estatus frente al comitente no varía. Y si la misión principal de un arquitecto/a director/a de obra es asesorar al comitente y guardar sus intereses, va de suyo que no puede cumplir con este cometido si se encarga

de la construcción como constructora, ya que no puede vigilarse a sí mismo. No obstante, la contratación de la dirección de obra, los contratistas conservan responsabilidad en cuanto a la interpretación del proyecto y las órdenes de servicio emanadas de la dirección.
El art. 32 de la Ley 22.250 ha sido interpretado de manera antojadiza ya que, en su segundo párrafo, se lee:

> Los empresarios, los propietarios y los profesionales, cuando se desempeñen como constructores de obra que contraten contratistas o subcontratistas que no hayan acreditado su inscripción en el Registro Nacional, serán, por esa sola omisión, responsables solidariamente de las obligaciones de dichos contratistas o subcontratistas respecto al personal que ocuparen en la obra y que fueren emergentes de la relación laboral referida a la misma.

En este caso, la referencia a los profesionales es solo "cuando se desempeñen como constructores de obra que contraten contratistas o subcontratistas".
En doctrina, se lee que "Cuando el edificio se halla aún en construcción, la cuestión de la responsabilidad ofrece la particularidad que le aporta la presencia del constructor, si es una persona distinta del dueño. Desde ese momento y mientras dure la obra, el edificio se halla bajo la guarda de quien tiene a su cargo la ejecución de los trabajos de construcción" (Jorge Bustamante Alsina, LL 1986 C 139).
Ejercer la dirección de obra no presupone asumir ninguna obligación pedagógica. La dirección de obra no enseña a construir la obra ni enseña el oficio a personal operario alguno. La constructora debe interpretar planos y documentación técnica.
Mientras la obra se halle en construcción, quien detenta la tenencia del predio y quien tiene la guarda de la obra es la constructora y no la dirección de obra, por lo tanto, quien crea el riesgo de obra, ciertamente no es la dirección de obra. Asimismo, la planificación de seguridad e higiene en obras debe ser llevada a cabo por por la constructora, y se halla obligada a asignar su planificación y control a un profesional (según los arts. 4 a 7 y 13 a 16 del primer anexo del Decreto 911/96, con texto según la Resolución SRT 1830/05).

En síntesis: ejercer la dirección de obra no implica convertirse en guardián de la obra.

RESPONSABILIDADES COMPLEMENTARIAS

Por el art. 1277 del CCyC, la constructora, los subcontratistas y los profesionales que intervienen en una construcción están obligados a observar las normas administrativas y son responsables, incluso frente a terceros, de cualquier daño producido por el incumplimiento de tales disposiciones.
Ante el caso de subcontratación o cesión contractual, el contratista principal responderá por los hechos de sus contratados. El contratista o prestador de servicios puede valerse de terceros para ejecutar el servicio, excepto que de lo estipulado o de la índole de la obligación resulte que fue elegido por sus cualidades para realizarlo personalmente en todo o en parte. En cualquier caso, conserva la dirección y la responsabilidad de la ejecución, conforme lo dispone el CCyC en su art. 1254.
La constructora es responsable del trabajo ejecutado por las personas que ocupe en la obra, conforme lo establece el primer párrafo del art. 1753 del CCyC:

> El principal responde objetivamente por los daños que causen los que están bajo su dependencia, o las personas de las cuales se sirve para el cumplimiento de sus obligaciones, cuando el hecho dañoso acaece en ejercicio o con ocasión de las funciones encomendadas.
> La falta de discernimiento del dependiente no excusa al principal.
> La responsabilidad del principal es concurrente con la del dependiente.

RESPONSABILIDAD FRENTE A TERCEROS

En el supuesto de responsabilidad extracontractual, quien resulte afectado por daños que generó una construcción, puede, en virtud del riesgo de la cosa, proceder a reclamar reparación.
Básicamente, las figuras pasibles de serles reclamada responsabilidad son:

a) la constructora, empresaria o contratista de la obra.
b) el/la profesional a cargo del proyecto y/o la dirección de obra.
c) el comitente o propietaria de la obra.

Asimismo, la constructora responde extracontractualmente frente a terceros; el art. 1721 del CCyC indica que la atribución de un daño al responsable puede basarse en factores objetivos o subjetivos, y que en ausencia de normativa, el factor de atribución es la culpa.

El factor de atribución es objetivo cuando la culpa del agente es irrelevante a los efectos de atribuir responsabilidad. En tales casos, el responsable se libera demostrando la causa ajena, excepto disposición legal en contrario, conforme lo establece el art. 1722 del CCyC.

Por el art. 1731 del CCyC, para eximir de responsabilidad, total o parcialmente, el hecho de un tercero por quien no se debe responder debe reunir los caracteres del caso fortuito.

La constructora es igualmente responsable por las cosas empleadas en la obra, sean equipos, herramientas o maquinarias que emplee en la ejecución. Al respecto, el CCyC indica:

> *Toda persona responde por el daño causado por el riesgo o vicio de las cosas, o de las actividades que sean riesgosas o peligrosas por su naturaleza, por los medios empleados o por las circunstancias de su realización.*
>
> *La responsabilidad es objetiva. No son eximentes la autorización administrativa para el uso de la cosa o la realización de la actividad, ni el cumplimiento de las técnicas de prevención* (art. 1757).

> *El dueño y el guardián son responsables concurrentes del daño causado por las cosas. Se considera guardián a quien ejerce, por sí o por terceros, el uso, la dirección y el control de la cosa, o a quien obtiene un provecho de ella. El dueño y el guardián no responden si prueban que la cosa fue usada en contra de su voluntad expresa o presunta.*

En caso de actividad riesgosa o peligrosa responde quien la realiza, se sirve u obtiene provecho de ella, por sí o por terceros, excepto lo dispuesto por la legislación especial (art. 1758).

Sobre materiales ajenos, la constructora tendrá responsabilidades de depositario, conforme lo dispone el art. 1358 del CCyC.

DESTRUCCIÓN O DETERIORO DE LA OBRA POR CASO FORTUITO ANTES DE LA ENTREGA

En el art. 1730 del CCyC, se considera caso fortuito o fuerza mayor al hecho que no ha podido ser previsto o que, habiendo sido previsto, no ha podido ser evitado. El caso fortuito o fuerza mayor exime de responsabilidad, excepto disposición en contrario. Los términos "caso fortuito" y "fuerza mayor" se utilizan indistintamente. Puede ocurrir que se deteriore o destruya la obra por caso fortuito antes de ser entregada al comitente. Por ello, el art. 1268 del CCyC determina:

> La destrucción o el deterioro de una parte importante de la obra por caso fortuito antes de haber sido recibida autoriza a cualquiera de las partes a dar por extinguido el contrato, con los siguientes efectos:
> a. si el contratista provee los materiales y la obra se realiza en inmueble del comitente, el contratista tiene derecho a su valor y a una compensación equitativa por la tarea efectuada;
> b. si la causa de la destrucción o del deterioro importante es la mala calidad o inadecuación de los materiales, no se debe la remuneración pactada aunque el contratista haya advertido oportunamente esa circunstancia al comitente.
> c. si el comitente está en mora en la recepción al momento de la destrucción o del deterioro de parte importante de la obra, debe la remuneración pactada.

DAÑO

El daño –el orden civil– es el menoscabo, detrimento o destrucción de los bienes, patrimonio (o fuera del patrimonio, tal el caso de la afectación moral) o propiedades. Por lo tanto, el daño implica una pérdida patrimonial para uno, a consecuencia de actos voluntarios e involuntarios que causaron terceros.
Sobre el daño, el CCyC en el art. 1737 establece:

> *Hay daño cuando se lesiona un derecho o un interés no reprobado por el ordenamiento jurídico, que tenga por objeto la persona, el patrimonio, o un derecho de incidencia colectiva.*

Los daños deben ser indemnizados. Se lee en el art. 1738 del CCyC, con respecto a la indemnización, que ésta comprende la pérdida o disminución del patrimonio de la víctima, el lucro cesante en el beneficio económico esperado de acuerdo a la probabilidad objetiva de su obtención y la pérdida de chances. Incluye especialmente las consecuencias de la violación de los derechos personalísimos de la víctima, de su integridad personal, su salud psicofísica, sus afecciones espirituales legítimas y las que resultan de la interferencia en su proyecto de vida. El daño, como lesión de un bien jurídico, es uno de los presupuestos necesarios para que nazca la obligación de reparar. Ante la aparición de nuevos daños o agravación de los ya reconocidos en una eventual sentencia condenatoria, se podrá accionar nuevamente en demanda de reparación.

Deberá reparar el daño aquel que sea el responsable directo, es decir, aquel que haya causado el hecho que ocasionó el daño. Asimismo, son responsables indirectos aquellos que deben responder por hechos ajenos (por ejemplo, los padres responden por sus hijos menores) o por el daño causado por cosas suyas o que están a su cuidado.

Aquellos sucesores universales de quienes sean responsables directos o indirectos por un daño también deberán responder.

FACTORES DE ATRIBUCIÓN

Los factores de atribución del daño se clasifican como:

- **Objetivos:** la culpa del agente es irrelevante a los efectos de atribuir responsabilidad; el responsable se libera demostrando la causa ajena, excepto disposición legal en contrario. Si de las circunstancias de la obligación, o de lo convenido por las partes, surge que el deudor debe obtener un resultado determinado, su responsabilidad es objetiva.
- **Subjetivos:** son estos factores:
  1) La culpa: consiste en la omisión de la diligencia debida según la naturaleza de la obligación y las circunstancias de las personas, el tiempo y el lugar.
  2) El dolo: consiste en la intencionalidad en la producción de un daño o bien la realización de conductas con manifiesta indiferencia por los intereses ajenos.

REPARACIÓN DE DAÑOS

Para que el daño sea resarcible debe poseer las siguientes características:

- Ser cierto, actual o futuro, nunca eventual.
- Debe subsistir al momento de ser computado
- Debe propio de quien reclama
- Debe afectar el interés de la victima
- Debe tener nexo causal con el hecho

Como lo establece el art. 1740 del CCyC, la reparación del daño debe ser plena. Consiste en la restitución de la situación del damnificado al estado anterior al hecho dañoso, sea por el pago en dinero o en especie. La víctima puede optar por el reintegro específico, excepto que sea parcial o totalmente imposible, excesivamente oneroso o abusivo, en cuyo caso se debe fijar en dinero. En el caso de daños derivados de la lesión de honor, la intimidad o la identidad personal, el juez puede, a pedido de parte, ordenar la publicación de la sentencia, o de sus partes pertinentes, a costa del responsable.

En casos de incumplimiento contractual, el art. 1082 del CCyC prevé que la reparación del daño, cuando procede, queda sujeta a estas disposiciones:

a) el daño debe ser reparado en los casos y con los alcances establecidos en el CCyC y en las disposiciones especiales para cada contrato;
b) la reparación incluye el reembolso total o parcial, según corresponda, de los gastos generados por la celebración del contrato y de los tributos que lo hayan gravado;
c) de haberse pactado la cláusula penal, se aplica con los alcances establecidos en los artículos 790 y siguientes (referentes c cláusula penal).

El daño siempre debe probarlo el damnificado. Por lo tanto, el daño no probado no existe y por ende, no se indemniza.

VALUACIÓN DEL DAÑO

El daño se valúa:

- **Convencionalmente:** por cláusula penal (antes) o transacción (después).
- **Legalmente:** tasado por la ley (por ejemplo, la Ley 24.557 de riesgos de trabajo).
- **Judicialmente:** establecido por un juez.
- **Arbitralmente:** establecido por un tribunal arbitral.

La fecha de valuación será a la que se establezca a la fecha de sentencia, o próxima a ella, o también por excepción (a la fecha en que el daño tuvo mayor valor).

Existe un límite del monto pretendible: la suma reclamada por el acreedor es el monto máximo de la sentencia, pero en una demanda, puede la demandante pedir una suma determinada y seguidamente solicitar al juez que pueda incrementar

el monto pretendido. De ahí que en muchos escritos judiciales, el demandante consigna la fórmula "o lo que en más o en menos resulte de la prueba".
Toda persona tiene el deber, conforme el art. 1710 del CCyC, en cuanto de ella dependa, de:

1. Evitar causar daño;
2. Adoptar medidas para evitar la producción del daño;
3. No agravar el daño ya producido.

La violación del deber de no dañar a otro, o el incumplimiento de una obligación, da lugar a la reparación del daño causado (conforme el art. 1716 del CCyC).
En todo momento debe observarse la buena fe contractual, ejecutando la obra según las reglas del arte, y en el caso de que el contrato se halle pactado una relativa obligación de hacer o un precio muy asequible, la obra siempre debe manifestar solidez y buena ejecución de las tareas. Ese es un claro ejemplo de responsabilidad contractual.
En la construcción, el daño puede no solamente tener raíz contractual, sino extracontractual. La inobservancia de normas que origine daño a terceros (vecinos o transeúntes) genera responsabilidad para todos los actores de la obra, incluyendo a los dependientes de uno de ellos, como por ejemplo, los trabajadores que dependen de una empresa constructora, conforme el art. 1753 del CCyC.
En el orden penal, por otra parte, el empresario podrá ser también responsable por mala ejecución de la obra o por defectos en la calidad de los materiales, conforme el art. 174 inc. 4° del CP.

EL RIESGO DE LAS COSAS

Los daños que producen las cosas pueden ser atribuibles a quien sea su dueño. Si una máquina estalla y provoca daños a terceros, en el sistema de responsabilidad subjetiva, empleando el principio de la culpa, no le cabía responsabilidad subjetiva al dueño de la máquina. Y el damnificado no era beneficiado con resarcimiento alguno. Y un certificado firmado por un idóneo en esas máquinas constatando

–antes del estallido– que la misma estaba en buen estado puede servir como prueba. Y todo se limitaba al caso fortuito, dejando desamparado al damnificado. Y en el sistema de responsabilidad objetiva, probando la ausencia de culpa no alcanza para eximir de responsabilidad; la única manera por la que el dueño de la máquina puede eximirse de responsabilidad es probando caso fortuito o fuerza mayor, responsabilidad de la víctima o de un tercero, así se coloca a la causa del año como ajena a la persona del dueño.

La justicia debe determinar quién es el responsable, y en este caso, recurre a la teoría de la responsabilidad objetiva, dejando fuera de la responsabilidad a la culpa.

DAÑOS OCURRIDOS POR RIESGO O VICIO DE LA COSA

> *La acción preventiva procede cuando una acción u omisión antijurídica hace previsible la producción de un daño, su continuación o agravamiento. No es exigible la concurrencia de ningún factor de atribución (art. 1711 del CCyC).*
>
> *Están legitimados para reclamar quienes acreditan un interés razonable en la prevención del daño (art. 1712 del CCyC).*
>
> *Es responsable directo quien incumple una obligación u ocasiona un daño injustificado por acción u omisión (art. 1749del CCyC).*
>
> *Si varias personas participan en la producción del daño que tiene una causa única, se aplican las reglas de las obligaciones solidarias. Si la pluralidad deriva de causas distintas, se aplican las reglas de las obligaciones concurrentes (art. 1751 del CCyC).*

Cuando se origina un daño responde quien lo cause, asumiendo responsabilidad por el propio hecho. Asimismo, tal como lo establece el art. 1753 del CCyC, el principal responde objetivamente por los daños que causen los que están bajo su dependencia, o las personas de las cuales se sirve para el cumplimiento de sus obligaciones, cuando el hecho dañoso acaece en ejercicio o con ocasión de las funciones encomendadas.

La falta de discernimiento del dependiente no excusa al principal.
La responsabilidad del principal es concurrente con la del dependiente.
En las obras, la constructora es responsable del trabajo ejecutado por las personas que ocupe.

PERJUICIO

Es perjuicio la consecuencia de perjudicar. Perjuicio es un detrimento patrimonial que debe ser indemnizado por quien lo causa; se dice que es también la ganancia lícita que deja de obtenerse, o deméritos o gastos que se ocasionan por acto u omisión de otro, y que éste debe indemnizar, a más del daño o detrimento material causado por modo directo.
Considerando al patrimonio como un atributo de la persona, tenemos aquí el concepto de perjuicio como base para un reclamo, en la medida que exista fundamento.
Hay perjuicio en la medida en que el patrimonio de una persona sufra una merma económica como consecuencia de un obrar.
Más allá de la existencia de un derecho lesionado, ciertas acciones suponen la existencia de un perjuicio. Quien no sufre un perjuicio no puede ejercer una acción en responsabilidad civil, ya que carece de un interés jurídico, vale decir, que no hay acción sin interés.
Para que sean procedentes los reclamos por daños y perjuicios, es preciso que el hecho haya ocasionado un daño.

LA INDEMNIZACIÓN

Indemnizar es abonar una cantidad de dinero a una persona para compensar un daño o perjuicio que se le ha causado; es también resarcir de un daño o perjuicio, generalmente mediante una compensación económica. A su vez, resarcir significa reparar, compensar un daño, perjuicio o agravio, y se utiliza el vocablo como sinónimo de indemnizar.
Indemnizar significa, entonces, mantener **indemne**, es decir, libre de daño.

En el CCyC, art. 1738, se lee:

> La indemnización comprende la pérdida o disminución del patrimonio de la víctima, el lucro cesante en el beneficio económico esperado de acuerdo a la probabilidad objetiva de su obtención y la pérdida de chances.
>
> Incluye especialmente las consecuencias de la violación de los derechos personalísimos de la víctima, de su integridad personal, su salud psicofísica, sus afecciones espirituales legítimas y las que resultan de la interferencia en su proyecto de vida.

Para la procedencia de la indemnización debe existir un perjuicio directo o indirecto, actual o futuro, cierto y subsistente. La pérdida de chance es indemnizable en la medida en que su contingencia sea razonable y guarde una adecuada relación de causalidad con el hecho generador, conforme el art. 1739 del CCyC. Por otra parte, el CCyC en su art. 1742 indica que el juez, al fijar la indemnización, puede atenuarla si es equitativo en función del patrimonio del deudor, la situación personal de la víctima y las circunstancias del hecho. Esta facultad no es aplicable en caso de dolo del responsable.

El art. 1740 del CCyC prevé que la reparación del daño debe ser plena. Consiste en la restitución de la situación del damnificado al estado anterior al hecho dañoso sea por el pago en dinero o en especie. La víctima puede optar por el reintegro específico, excepto que sea parcial o totalmente imposible, excesivamente oneroso o abusivo, en cuyo caso se debe fijar en dinero. En el caso de daños derivados de la lesión del honor, la intimidad o la identidad personal, el juez puede, a pedido de parte, ordenar la publicación de la sentencia, o de sus partes pertinentes, a costa del responsable.

La indemnización consiste en el pago de una suma dineraria equivalente al daño sufrido por el damnificado en su patrimonio, y se conforma como el resarcimiento de un daño o perjuicio, siendo una obligación de dar sumas de dinero. El mencionado pago corre por cuenta de quien ha provocado el daño y lo abona a aquel que resultó damnificado. Indemnizar significa dejar indemne un daño, fundándose en principios de justicia, y se aplica tanto para los actos ilícitos como para el incumplimiento de los contratos.

La responsabilidad civil genera una obligación de reparar, siendo un derecho de crédito a favor del perjudicado. La obligación de reparar puede cumplirse reparando o sustituyendo la cosa, o bien por equivalente, a través de la entrega de la indemnización correspondiente al daño sufrido.

a) En los actos ilícitos, la indemnización por daños y perjuicios es una obligación con carácter autónomo.
b) En la inejecución contractual, es una obligación resarcitoria, de carácter subsidiario y accesorio.

La indemnización ha de ser patrimonial, cuando el autor debe reparar en especie (cuando se trate de una obligación de dar o hacer), o también puede ser subsidiaria (reemplaza al cumplimiento en especie).

Los daños y perjuicios proveen a la equivalencia patrimonial. Se procura, dejar al acreedor en la misma situación que habría tenido, si el deudor hubiera cumplido exactamente su obligación.

No puede dispensarse el dolo del deudor al contraerse la obligación, en virtud del art. 1743 del CCyC:

Existe derecho a exigir indemnización por daño causado por delitos contra la propiedad. En el art. 1772 del CCyC se establece que la reparación del menoscabo a un bien o a una cosa puede ser reclamado por:

a. el titular de un derecho real sobre la cosa o bien;
b. el tenedor y el poseedor de buena fe de la cosa o bien.

La indemnización comprende:

1. **Capital:** comprende el monto de dinero que ha de reclamarse.
2. **Intereses:** es un porcentaje de dinero aplicado al capital, en función de la no percepción de dicho capital en los plazos pautados. Los intereses comienzan a aplicarse cuando se supera la fecha límite de pago de algún concepto exigible.

3. **Multas:** consisten en penalidades por no cumplir con las leyes o con un acuerdo; tiene como objetivos principales desalentar y sancionar el incumplimiento de las normas vigentes. La Multa puede ser impuesta por autoridades fiscales o con potestades disciplinarias, o bien tribunales.
4. **Costas:** comprende el monto de dinero correspondiente a los honorarios de profesionales que hayan debido intervenir en el caso.

La Ley 11.683 (Ley de Procedimiento Tributario), la Ley 22.415 (Código Aduanero) y los distintos códigos fiscales vigentes, a diferencia del CCyC contemplan sólo dos tipos de intereses entre los que se distinguen los resarcitorios de los punitorios.

Puede aplicarse tasa de interés al daño previamente valuado (cfr. Cámara 2a de Apelaciones en lo Civil y Comercial de Paraná, sala II, 25/8/1997, LLLitoral 1998-2, 261 - LA LEY1998-F, 888, Consorcio de Propietarios Santa Fe 588/596 c. Rizzieve Piton S.A., Dante y otra, Cita Online: AR/JUR/2061/1997).

Objetivamente, la indemnización tiene por fin reparar y dejar al damnificado en situación anterior al daño. En forma subjetiva, cuanta mayor culpabilidad exista, mayor reparación habrá (será más extensiva si hay dolo, será menos extensiva si hay culpa).

En los contratos se responde por las consecuencias que las partes previeron o pudieron haber previsto al momento de su celebración. Cuando existe dolo del deudor, la responsabilidad se fija tomando en cuenta estas consecuencias también al momento del incumplimiento, conforme lo establece el art. 1728 del CCyC.

También, en los reclamos muchas veces pueden establecerse conceptos tales como:

- **Daño emergente:** Valuación del daño que tiende a compensar por aquellos ingresos que el perjudicado ha dejado de producir o bien aquellos gastos que ha sufrido una persona desde que se produjo el hecho culposo o negligente, hasta el día en que se dicte sentencia. En este caso, habrá siempre de demostrarse que han existido ingresos previos, y, obviamente, el gasto concreto efectuado.
- **Lucro cesante:** Concepto económico que se aplica a montos de dinero que tienden a compensar una ganancia futura que se ha visto frustrada, en virtud

de la imposibilidad de generar ingresos. Un ejemplo de lucro cesante ha de ser el caso de un empresario, que en virtud de una ruptura contractual o bien por un problema de responsabilidad Extracontractual se ve impedido de trabajar, por lo que dicho empresario pueda reclamar por esos ingresos que generaba y que ahora no podrá generar. El cómputo del lucro cesante implica demostrar no solamente la experiencia de ingresos anteriores, sino además que tiene en cuenta varios factores: en el caso de una persona humana, se considerará la edad, el estado físico, y la expectativa de vida útil laboral, entre otros.

En las obras, los incumplimientos contractuales del profesional proyectista o el constructor dan lugar a reclamos de daños y perjuicios por parte del comitente; y si éste último incurre en incumplimiento contractual, profesional o constructor podrán hacerle reclamos por daño emergente y lucro cesante.

EL EJERCICIO DE ACCIONES INDEMNIZATORIAS

Están legitimados para reclamar quienes acreditan un interés razonable en la prevención del daño, tal como lo prevé el CCyC en su art. 1712.
La acción de reclamo de una indemnización corresponde al damnificado directo, vale decir, la víctima del daño. También puede corresponder a terceros no victimas afectados en sus derechos. El que puede reclamar es aquel que posee legitimación activa.

- De producirse daños materiales, la acción la podrá efectuar el dueño, poseedor, tenedor, usufructuario de la cosa dañada.
- De producirse muerte de una persona, reclamarán los herederos forzosos (ascendientes, descendientes, cónyuges).

El derecho a reclamar indemnización se transmite por sucesión (no así el reclamo por daño moral). Asimismo, puede renunciarse a la acción indemnizatoria (lo cual no impide que padres o cónyuge actúen por la víctima). Si una ART paga a la víctima, esta ART se subroga –se pone "en lugar de"– en los derechos de ésta y demandará al autor del daño. Y si la ART pagó a la víctima un monto inferior al daño real, podrá la victima reclamar al autor la diferencia.

La responsabilidad civil genera una relación de obligación basada en el deber de indemnizar; así, se observa que se le reclama indemnización al responsable directo del hecho (autor, cómplice, encubridor), al responsable indirecto (aquellos que responden por el hecho ajeno, por ejemplo, los progenitores por sus hijos), y a los sucesores universales de ambos responsables. Son quienes tienen legitimación pasiva; existe entonces:

- Un **derecho de crédito**, cuyo acreedor el perjudicado, y ...
- Un **deber de prestación**, cuyo deudor es aquel responsable o la persona a cuyo cargo es puesta legalmente la reparación. Puede el responsable ser el mismo autor del daño, o bien una persona distinta del autor del daño, conforme lo impone la ley, en determinados casos.

DAÑO MORAL

El incumplimiento de una obligación o bien la comisión de un hecho puede lesionar moralmente al damnificado. Y ello es indemnizable.

Es daño moral la lesión al sentimiento humano por sufrimiento o dolor y está dirigido a compensar a la víctima por aquellas angustias y sufrimientos que el acto culposo o negligente haya podido generar.

En doctrina, el resarcimiento por daño moral hace paliar en alguna manera el dolor de la víctima, pero otra doctrina lo considera una sanción ejemplar para quien comete un daño.

Se admite el daño moral tanto en responsabilidad contractual como extracontractual.

En virtud del art. 1741 del CCyC, puede pedirse indemnización por daño moral. En responsabilidad contractual dicho pedido es discrecional. En responsabilidad por ilícitos siempre se pide daño moral (si el damnificado lo solicita).

> Está legitimado para reclamar la indemnización de las consecuencias no patrimoniales el damnificado directo. Si del hecho resulta su muerte o sufre gran discapacidad también tienen legitimación a título personal, según las circunstancias, los ascendientes, los descendientes, el cónyuge y quienes convivían con aquél recibiendo trato familiar ostensible.
> La acción sólo se transmite a los sucesores universales del legitimado si es interpuesta por éste.
> El monto de la indemnización debe fijarse ponderando las satisfacciones sustitutivas y compensatorias que pueden procurar las sumas reconocidas.

El art. 1742 del CCyC establece además que el juez, al fijar la indemnización, puede atenuarla si es equitativo en función del patrimonio del deudor, la situación personal de la víctima y las circunstancias del hecho. Esta facultad no es aplicable en caso de dolo del responsable.

RESPONSABILIDAD DE PROPIETARIOS/AS

El CCyC establece definiciones sobre las restricciones al dominio, que se prescriben a lo largo de los arts. 1970 a 1982; y se lee en el art. 1973:

> Las molestias que ocasionan el humo, calor, olores, luminosidad, ruidos, vibraciones o inmisiones similares por el ejercicio de actividades en inmuebles vecinos, no deben exceder la normal tolerancia teniendo en cuenta las condiciones del lugar y aunque medie autorización administrativa para aquéllas.
> Según las circunstancias del caso, los jueces pueden disponer la remoción de la causa de la molestia o su cesación y la indemnización de los daños. Para disponer el cese de la inmisión, el juez debe ponderar especialmente el respeto debido al uso regular de la propiedad, la prioridad en el uso, el interés general y las exigencias de la producción.

Conforme el art. 1757 del CCyC, y aplicable a su propio inmueble, toda persona responde por el daño causado por el riesgo o vicio de las cosas, o de las actividades que sean riesgosas o peligrosas por su naturaleza, por los medios empleados o por las circunstancias de su realización. La responsabilidad es objetiva. No son eximentes la autorización administrativa para el uso de la cosa o la realización de la actividad, ni el cumplimiento de las técnicas de prevención.

En el derecho real de la Propiedad Horizontal, todo propietario está obligado a conservar en buen estado su unidad funcional (art. 2046 inc. b, del CCyC), debe atender los gastos de conservación y reparación de su propia unidad funcional y debe pagar las expensas comunes ordinarias de administración y reparación o sustitución de las cosas y partes comunes o bienes del consorcio, necesarias para mantener en buen estado las condiciones de seguridad, comodidad y decoro del inmueble (art. 2048 del CCyC).

OBRAS EN MAL ESTADO

En la Ciudad Autónoma de Buenos Aires, el CEDif prevé en su título 5 que los propietarios de toda edificación, los copropietarios sometidos al régimen de Propiedad Horizontal y condominio, así como los superficiarios, usufructuarios, usuarios, tenedores, fiduciarios o beneficiarios de fideicomisos, están obligados a conservar y mantener el terreno, el inmueble, la obra y las instalaciones en óptimas condiciones de seguridad, higiene y salubridad e informar su estado de acuerdo lo que fijen los Reglamentos Técnicos. Los requisitos de acreditación, de conservación, de periodicidad de las inspecciones, eximiciones, profesionales conservadores e inspecciones se debe regir de acuerdo a lo enunciado en la reglamentación que del presente realice el organismo competente en materia de fiscalización y control. La obligación de conservación y mantenimiento es extensiva a todo edificio librado al uso. Una vez finalizada la obra, los profesionales intervinientes deben garantizar el perfecto estado de uso, así como el funcionamiento y calidad en todas las prestaciones a los fines de alcanzar su optimización y garantizar la salubridad, seguridad, durabilidad y sustentabilidad.

Asimismo, en dicho título, se establece:

5.1.2 Conservación de Fachadas Debe realizarse el mantenimiento de los siguientes elementos, no siendo taxativo el siguiente listado: a. Balcones, terrazas y azo-

teas; b. Barandas, balaustres y barandales; c. Ménsulas, cartelas, modillones, cornisas, saledizos, cariátides, atlantes, pináculos, crestería, artesonados y todo tipo de ornamento sobrepuesto, aplicado o en voladizo; d. Soportales de cualquier tipo, marquesinas y toldos; e. Antepechos, muretes, pretiles, cargas perimetrales de azoteas y terrazas; f. Carteles, letreros y maceteros; g. Todo tipo de revestimientos existente utilizados en la construcción; h. Cerramientos con armazones, vidrios planos, lisos u ondulados, simples o de seguridad (laminados, armados o templados), moldeados y de bloques; i. Conductos e instalaciones; j. Soporte de antenas y antenas;

5.1.3 Conservación de las Instalaciones Eléctricas Las instalaciones eléctricas deben ser conservadas en buen estado, para preservar la seguridad de las personas. Todas las anormalidades potenciales o efectivamente detectadas de la instalación, ya sea en los materiales eléctricos y/o en sus accesorios, deben ser corregidas mediante su reemplazo o reparación, bajo responsabilidad y supervisión de profesionales matriculados.

5.1.4 Conservación de Instalaciones Termomecánicas Las instalaciones termomecánicas deben ser conservadas en perfecto estado de uso, funcionamiento, seguridad, higiene, salubridad y estética, y a hacer una verificación periódica de acuerdo a lo establecido en los reglamentos técnicos.

5.1.5 Conservación de los Medios Mecánicos de Elevación Todo edificio que cuente con instalación de ascensores, montacargas, escaleras mecánicas, caminos rodantes, rampas móviles y guarda mecanizada de vehículos, debe disponer obligatoriamente de un servicio de mantenimiento y asistencia técnica para su atención por parte de un conservador, que debe estar inscripto en el Registro que corresponda a efectos de conservación y mantenimiento. El propietario es responsable de que se mantengan en perfecto estado de conservación y mantenimiento, así como de impedir su utilización cuando no ofrezcan las debidas garantías de seguridad para las personas y/o los bienes.

5.1.6 Conservación de las Instalaciones Térmicas Todo edificio que cuente con artefactos térmicos debe inscribirse en el registro que corresponda, a efectos de su certificación, conservación y mantenimiento. El propietario es responsable de que se mantengan en perfecto estado de conservación y mantenimiento, así como de impedir su utilización cuando no ofrezcan las debidas garantías de seguridad para las personas y/o los bienes.

5.1.7 Conservación de las Instalaciones contra Incendio Todo edificio que cuente con instalaciones fijas contra incendio debe inscribirse en el registro que corresponda a efectos de su mantenimiento.

5.2 Obras en Mal Estado o Amenazadas por un Peligro Se considera a un edificio o estructura en peligro de ruina, si sus muros o partes resistentes están comprendidos en los siguientes casos: a. Caso de muros: Cuando un muro se encuentra vencido, alcanzando su desplome al tercio de su espesor, o cuando presenta grietas de dislocamiento, aplastamiento o escurrimiento, el organismo competente debe ordenar su demolición, previo apuntalamiento, si correspondiera. Cuando un muro tenga sus cimientos al descubierto o con profundidad debilitada e insuficiente, el Organismo competente debe ordenar el recalce hasta alcanzar la profundidad correcta de acuerdo con los requisitos mínimos establecidos por el presente Código. b. Caso de estructuras: Cuando los elementos resistentes de una estructura presenten grietas de dislocamiento, signos de aplastamiento o escurrimiento o se hayan rebasado los límites de sus dimensiones y colocación, el organismo competente debe ordenar su demolición o refuerzo previo apuntalamiento, según lo que evalúe más conveniente. *5.3 Edificios o Estructuras Afectados por otro en Ruinas u otros Peligros* Cuando por causa de derrumbe o ruina de un edificio o estructura se produzcan resentimientos en los inmuebles linderos, el Organismo competente practicará los apuntalamientos necesarios como medida preventiva.

5.3.1 Instalaciones en Mal Estado Se considera una instalación en mal estado cuando, estando librada al uso o en funcionamiento, se encuentra en condiciones de peligrosidad latente, sea respecto de la seguridad en general como de la higiene. En estos casos, el Organismo competente debe efectuar las intimaciones y aplicará las sanciones conforme la normativa vigente.

MANTENIMIENTO DEL EDIFICIO

La conservación del edificio es una tarea ineludible. Pero para una buena conservación, es importante instrumentar el desarrollo de un programa de mantenimiento. El normal uso conlleva el envejecimiento del edificio, y un inadecuado o nulo mantenimiento, causa el deterioro del inmueble. Es aconsejable –en la medida de lo posible– que el mantenimiento sea preventivo. Un buen mantenimiento del edificio torna menos oneroso el desembolso de dinero para afrontar gastos.

MANUAL DE FUNCIONAMIENTO DEL EDIFICIO

Un problema al que se enfrentan muchos comitentes es aquel que consiste en el desconocimiento del funcionamiento del edificio. Y este funcionamiento refiere a la armonía que debe existir entre los distintos elementos que conforman el inmueble: estructuras, instalaciones diversas, cerramientos, etc.
Es posible que, aun contando con una buena carpeta detallada de proyecto, tras la finalización de la obra, no sea suficiente para el comitente, respecto de poder "entender el edificio". Por lo general, el comitente común no sabe leer un plano, o desconoce técnicamente para qué sirve un detalle constructivo, elementos que son familiares para los profesionales de la construcción. Así, si bien el haber provisto oportunamente la carpeta de proyecto ayuda a que, en el futuro, una obra que un profesional haya proyectado ve más rápidamente comprendida su conformación por otros profesionales del área, no debemos olvidar que el comitente es un lego. Si ha contratado a un profesional de la construcción cualquiera es porque tiene una necesidad y requiere que un idóneo le dé respuesta a esa necesidad. También, muchas veces el comitente, por ignorancia, atribuye al profesional responsabilidades que no le corresponden,

sea por haber utilizado una instalación incorrectamente, o por no haber obrado consecuentemente con lo que debe ser un buen mantenimiento del edificio. En estos casos, a veces se llega a instancias de mediación, o judiciales, y los gastos que irroguen estas instancias, terminan siempre siendo pagados por el comitente que obró mal, sea por su propia torpeza o por haberse asesorado incorrectamente.

Por todo ello, no debe olvidarse a ese comitente, para el cual, muchas veces es muy importante que el mismo proyectista pueda proveer, conjuntamente con el proyecto, un manual de funcionamiento del edificio.

Se trata en este caso de contar con un elemento escrito que permita comprender a cualquier lego, en modo natural, cómo debe hacerse uso de la obra. Se trata de cómo manejar una instalación cualquiera, del tiempo en el cual debe sustituirse una aislación de membrana asfáltica, de cómo proceder ante una instancia problemática cualquiera de las partes del edificio. Así como muchas veces, se cuenta con un sistema de instalación eléctrica en el cual se cuenta con un esquema de tableros, nada impide que el resto de los elementos que conforman la casa se traten de igual manera. Por ejemplo, puede establecerse la revisión de las instalaciones de gas en forma periódica, a cargo de un instalador matriculado, la inspección ocular de salientes y voladizos, la sustitución de juntas de dilatación (según el material utilizado), entre otras cosas, dentro del vasto universo de la obra.

Puede confeccionarse el manual barriendo rubro por rubro, indicando materiales, respuesta del material a solicitaciones normales, funcionamiento y utilización (en los casos de instalaciones), y mantenimiento periódico, entre otros ítem a considerar. Y siempre debe estar dirigido al comitente, pues el manual viene a complementar la documentación de la obra.

La idea de un manual de estas características podría asociarse a las grandes obras, pero a efectos de desarrollar una tarea profesional consciente, no importa el tamaño de la obra.

Es importante tener en cuenta el porqué de contar con un buen manual de funcionamiento del edificio:

- Permite al comitente conocer el correcto funcionamiento de la obra.
- Permite además acceder a cómo debe mantenerse el edificio y sus partes, y en cuáles tiempos o momentos.
- Ayuda a que surja una rápida solución de problemas en cualquiera de los elementos que conforman el edificio.
- Permite, en situaciones extremas, deslindar responsabilidades en forma más expeditiva, si el comitente ha descuidado el modo de uso de una determinada parte de la obra, o bien no ha procedido conforme lo indica el manual.

Así como muchas veces, el fabricante de un producto ve deslindada su responsabilidad por haberse probado que el consumidor de dicho producto no observó los modos de aplicación, preparación, y de utilización de dicho producto, el profesional de la construcción también puede hacer lo mismo, esta vez elaborando un manual que permita al comitente cómo conocer a fondo su obra.
Es de esperar que este tipo de ideas puedan expandirse, y lógicamente, perfeccionarse, lo que se traduce en un ejercicio profesional serio y responsable.
En la Ciudad Autónoma de Buenos Aires, el CEDif prevé en su art. 5.1.1 registrar un Manual de Mantenimiento Preventivo de los Edificios:

> *Una vez finalizada la obra, ya sea sobre el edificio en su conjunto o bien sobre sus diferentes partes e instalaciones, parcial o totalmente terminadas, el constructor o profesional responsable debe registrar ante la Autoridad de Aplicación la documentación completa de las características técnicas del edificio y las indicaciones para su mantenimiento, las cuales conformarán el manual de mantenimiento del edificio.*

En la Ciudad Autónoma de Buenos Aires, el CEdif, en el art. 2.1.5, indica:

> *Una vez finalizada la obra y efectuadas las verificaciones inspectivas correspondientes, el propietario o comitente, los profesionales y las empresas deben declarar el Final de Obra y solicitar el Registro de Documentación Conforme a Obra.*

La información volcada en los planos debe reflejar la realidad de lo efectivamente construido en el predio; debe verificarse que fue ejecutado de acuerdo al permiso oportunamente concedido. La documentación presentada a tal efecto reviste carácter de declaración jurada.

Es requisito obligatorio la presentación de la documentación correspondiente a las características constructivas de las obras e instalaciones, sus especificaciones técnicas y las instrucciones para su mantenimiento.

Existe también la posibilidad de presentar conformes de obra parcial, lo que el CEdif prevé en el art 2..1.5.1.:

> Cuando se efectúe una obra en una parcela cuyas características permitan su ejecución por etapas, se podrá solicitar el Conforme a Obra Parcial.
> El sector de la obra para el cual se pretenda el citado Conforme, debe tener independencia funcional respecto de la obra que reste ejecutar, estando en condiciones de ser habitado y/o usado de acuerdo a los destinos declarados en el permiso de obra otorgado, cumpliendo por sí con las exigencias de accesibilidad, así como también con los medios exigidos de salida, las condiciones de prevención contra incendio e instalaciones correspondientes, determinadas en la normativa vigente.
> La información volcada en los planos debe reflejar la realidad de lo efectivamente construido en el predio, previa verificación de que fue ejecutado de acuerdo al permiso oportunamente concedido. La documentación presentada a tal efecto reviste carácter de declaración jurada.

RESPONSABILIDAD DEL COMITENTE - PROPIETARIO/A

La competitividad genera muchas veces una presión que tiene lugar sobre los costos de las obras, puesto que no faltará aquel que realizará un proyecto y dirección de obra y la construcción de la misma a cualquier precio. Y es en este punto en el cual el comitente adquiere directa responsabilidad ante problemas que se manifestarán como inevitables.

Así, se tendrá seguro a una obra terminada, sí, pero posteriormente hará falta mucho trabajo de reparaciones, por mala calidad de mano de obra, mala dirección de trabajos, documentación incompleta que muchas veces lleva a improvisar tareas: disminuye así el grado de control sobre la ejecución de tareas y de la calidad de los materiales.

También el comitente debe generar un contexto en el cual la construcción de su obra se realice normalmente. Y no suele ser así.

Olvida el comitente que si bien es responsable por lo que contrata, con más razón su responsabilidad aumentará si contrata obras o servicios a precio irrisorio, y cuya eventual mala praxis derivará en vicios que seguro habrán de producir daños.

LEYES Y ORDENANZAS

La conservación de un edificio, sea de la categoría que fuere, no solamente es un deber para no provocar perjuicios a terceros, sino que está establecida por las leyes y ordenanzas específicas, las cuales deben cumplirse de manera efectiva.

RESPONSABILIDAD EXTRACONTRACTUAL

Así como la responsabilidad contractual es aquella derivada del contrato, la responsabilidad extracontractual surge tras haberse producido un daño a un tercero ajeno a toda vinculación contractual. No existe en este caso ningún contrato entre quien genera el daño y el que lo sufre. Y corresponde a la víctima probar la culpa del autor del daño y el nexo entre éste y el hecho generador del mismo. Entonces, la responsabilidad extracontractual es aquella que surge de los actos de la vida cotidiana, nunca de las obligaciones contractuales. Tres elementos son esenciales para establecer la responsabilidad extracontractual.

1. la Culpa o Negligencia,
2. el Daño y la relación causal entre el daño sufrido
3. la Culpa o Negligencia de un actor.

Si se prueban estos tres elementos, el/la que origine el daño, está obligado a repararlo.

CRITERIOS LEGALES DE IMPUTACIÓN DE RESPONSABILIDAD

Para que nazca la obligación de reparar el daño que, en la acción u omisión, habrá de producirse un obrar con culpa o negligencia. Así, nacerá previamente una obligación de prever ciertos sucesos, por lo que deberán adoptarse aquellas medidas necesarias para evitar el resultado dañoso que originaría su acaecimiento.

RESPONSABILIDAD ADMINISTRATIVA

El incumplimiento de normativas legales diversas, incluyendo aquellas que regulan el ejercicio profesional, puede afectar a los profesionales incumplidores. En este trabajo se hace una distinción entre responsabilidad profesional y responsabilidad administrativa:

1) **Responsabilidad Profesional:** El/la profesional que ejerce una profesión liberal civil que posee técnica autonomía, normas éticas y legales, y colegiación, puede ser pasible de serle demandada responsabilidad profesional. Aquel que se compromete a prestar servicios por encargo contrae responsabilidades inherentes a las funciones que desarrolla, pero la responsabilidad profesional es de naturaleza contractual. Será responsable extracontractual frente a terceros. Una persona que ejerce una profesión actúa con culpa si falla al deber que su rol le impone hay una infracción a un deber propio.
2) **Responsabilidad Administrativa:** Exige responsabilidad el incumplimiento de aquellas normas y deberes que impone el derecho administrativo. Cuando un profesional no cumple con normas establecidas por la administración pública en cierta jurisdicción, puede ser sancionado. Así, tenemos que el profesional arquitecto está alcanzado por las disposiciones establecidas por la autoridad local fiscalizadora de la construcción de obras donde ejerce su labor, como así también por el colegio o consejo donde se halle matriculado.

Respecto del control del GCBA, la Ley 24.441, en su art. 95 expresa:

> *Suprímese el Registro Municipal de Profesionales al que se refiere el artículo 2.5.9.1. y concordantes del Código de la Edificación (ordenanza 33.387, oficializada por ordenanza 33.515) y créase, en su reemplazo un Registro de Profesionales Sancionados, donde figurarán exclusivamente aquellos profesionales que hayan sido suspendidos o inhabilitados para ejercer en el ámbito municipal. Podrán ejercer libremente su profesión en el ámbito de la Capital Federal, de conformidad con lo establecido por el decreto 2293 del 2 de diciembre de 1992, quienes no se encuentren incluidos en el Registro de Profesionales Sancionados mencionados en el párrafo anterior.*

Por su parte, el Decreto-Ley 6070/58 en su art. 28 establece:

> *Las transgresiones a esta ley serán pasibles de las siguientes sanciones:*
> *a) Advertencia.*
> *b) Amonestación.*
> *c) Censura Pública.*
> *d) Multa de $ 200.- a $ 100.000.- m/n.*
> *e) Suspensión en el ejercicio de la profesión, desde un mes hasta dos años.*
> *f) Cancelación de la Matrícula.*
> *Las sanciones previstas en los incisos a) y d) serán aplicables, no sólo a quienes pertenezcan o tengan derecho a pertenecer a la matrícula, sino también a cualquier persona que infrinja la ley.*

LEY 451 DE LA CIUDAD AUTÓNOMA DE BUENOS AIRES

La **Ley 451** de la Ciudad Autónoma de Buenos Aires –**Ley de Faltas**–, castiga conductas por violación a las normas allí establecidas. El art. 18 del Anexo I de dicha ley establece que las faltas se sancionan con:

1. Multa;
2. Inhabilitación;
3. Suspensión en el uso de la firma;
4. Clausura;
5. Decomiso.
6. Amonestación (sanción sustitutiva);
7. Obligación de realizar trabajos comunitarios (sanción sustitutiva);
8. Concurrir y aprobar cursos específicos de educación vial y prevención de siniestros de tránsito con contenido de derechos humanos (sanción sustitutiva);
9. Concurrir a cursos especiales de educación y capacitación (sanción accesoria);

En la citada ley, en el Libro II, Sección 2da. Capítulo I, **Seguridad y prevención de siniestros**, se castiga por:

- Ausencia de elementos de prevención contra incendios, o cuya provisión no satisfaga la cantidad exigida para la superficie de que se trata o no se ajusten en su capacidad, características, especificaciones o ubicaciones a las exigencias establecidas en la normativa vigente, o carezcan de las respectivas constancias de carga.
- Conductores eléctricos que no se hallan en dispuestos, protegidos o aislados en la forma establecida en la normativa vigente, o se encuentren al alcance de la mano, en la vía pública, o realizados en forma clandestina.
- El ingreso de personas a un sitio en una cantidad superior a la capacidad autorizada en el permiso o habilitación otorgada por la autoridad competente o por la reglamentación pertinente, o que permita el desarrollo de un juego o deporte por más personas que las permitidas.
- No informar mediante aviso en el frente de un local en caso de que se depositen artículos pirotécnicos, mercaderías de fácil combustión, tóxicas, radioactivas o contaminantes.
- Colocar volquetes o contenedores de objetos en infracción a lo exigido por el Código de la Edificación.

- Depositar materiales de una obra en la vía pública e interrumpir el tránsito por la acera y/o realice cualquier actividad que signifique perjuicio y no cuente con autorización.
- No colocar dispositivos de seguridad o vallas durante la construcción, reforma o demolición de un edificio, sus instalaciones mecánicas, eléctricas, electromecánicas, térmicas, etc.
- Tener instalado en frentes, muros divisorios, balcones o ventanas, objetos o muestras salientes, con peligro de caída;
- Tener un inmueble en el cual se generen desprendimientos o caídas totales o parciales de partes del mismo,
- Abrir pozos o zanjas en la vía pública sin permiso o con permiso vencido o excediendo los términos del permiso otorgado u omitir colocar vallas de seguridad, defensas, anuncios, señales y dispositivos de seguridad reglamentarios;
- No construir, reparar o mantener en buen estado de conservación las cercas y aceras reglamentarias de los inmuebles:
- Realizar defectuosamente trabajos de construcción o reparación que ocasionen hundimientos de calzada o acera;
- No suministrar información o suministrar información no fidedigna sobre instalaciones existentes u obras subterráneas a ejecutar, identificando ubicación, traza, cotas, escala y tipo de cañería o ducto; no suministrar información o suministrar información no fidedigna sobre instalaciones existentes u obras en la vía pública o que afecten directa o indirectamente el espacio aéreo, ubicación de las antenas emisoras o receptoras de señales de radiofrecuencia y sus estructuras portantes, así como la ubicación de cualquier tipo de tendido aéreo de cable;
- Impedir en el frente de un inmueble la circulación y/o estacionamiento de vehículos mediante la instalación de anclajes, aparejos, caños u otros elementos fijos o móviles en cordones y/o veredas y/o calzadas y/o las ocupe obstruyendo la circulación peatonal;
- Pintar de amarillo o cualquier otro color el cordón de vereda del frente de un inmueble sin autorización de la Autoridad de Aplicación

En la citada ley, en el Libro II, Sección 2da. Capítulo II, **Actividades constructivas**, se castiga:

- ausencia de permiso y planos de obra;
- falseamiento u omisión de datos en avisos, permisos y planos de obra;
- ejecución de obras no autorizadas o en contravención a las normas vigentes;
- incumplimiento de normas reglamentarias en materia de instalaciones que afecten a muros divisorios privativos, contiguos a predios linderos o separativos entre unidades de uso independiente, o de apertura de vanos no reglamentarios, en muros divisorios o privativos contiguos a predio lindero;
- ocultamiento y/o falta de conservación en la numeración catastral que le haya sido asignada por la autoridad de aplicación;
- instalación en un establecimiento o inmueble que tenga instalada maquinaria industrial en contravención a las disposiciones vigentes;
- instalación de redes de televisión por cable o ampliación de las existentes, sin contar con la autorización correspondiente o en violación a las normas vigentes;
- inexistencia de vivienda de encargado de edificios, en los casos que es obligatorio, o ausencia de medidas mínimas exigibles por ley, si hubiera vivienda;
- incumplimiento de requisitos legales para instalación de playas de estacionamiento, parque para automotores o garajes;
- incumplimiento genérico de obligaciones impuestas por el Código de la Edificación, siempre que no constituya una falta tipificada en el régimen específico, pudiendo además aplicarse inhabilitación y/o clausura del inmueble, cuando corresponda;
- cubrir inmuebles con elementos fijos, claraboyas vidriadas corredizas, o cualquier otra estructura o material no permitido las áreas descubiertas o patios auxiliares;
- introducir modificaciones que alteren indebidamente las fachadas o parámetros exteriores aprobados de los edificios, o visibles desde la vía pública;
- no contratar a empresas de demolición o excavación inscriptas en el Registro Público de Demoledores y Excavadores.

En la citado Anexo I de la ley, en el Libro II, Sección 1ra., Capítulo III, **Ambiente**, se sanciona:

- Emisión de gases, vapores, humo o libere sustancias en suspensión excediendo los límites de emisión establecidos por la normativa vigente, desde fuente fija o móvil; de igual modo, se castiga no contar con permisos para la emisión de gases, o poseer permisos falsos o adulterados;
- Emisión de gases, vapores, humo o liberen sustancias en suspensión y sin disponer de instalaciones y accesos adecuados para tomar muestras de las emisiones contaminantes;
- Verter líquidos combustibles o residuales o aguas servidas o barros u otro contaminante, sin el correspondiente permiso de uso especial de aguas públicas, en infracción a las normas vigentes;
- Extraer aguas públicas sin el correspondiente permiso de uso, en infracción a las normas vigentes;
- Verter, arrojar o volcar cualquier tipo de sustancia, elemento y/o material, orgánico o inorgánico, sólido o líquido en sumideros, a excepción de aguas pluviales o superficiales;
- Conectar su desagüe pluvial o cloacal domiciliario de manera directa a la Red Pluvial existente;
- Modificar la configuración externa y/o interna de un sumidero en su uso específico, sin permiso de la autoridad competente;
- Producir ruidos y vibraciones, por encima de los niveles permitidos por la normativa vigente, desde fuente fija o móvil;
- Generar olores que excedan la normal tolerancia;
- Destruir árboles o especies vegetales plantados en la vía pública o en espacios verdes públicos, o librados a la confianza pública, o el/la que pode a los mismos sin la correspondiente autorización emanada de la Autoridad de Aplicación;
- Lesionar, alterar o modificar la fisiología de árboles o especies vegetales plantados en la vía pública o en espacios verdes públicos, o librados a la confianza pública, sea a través de heridas o por aplicación de cualquier sustancia

nociva o perjudicial o por acción del fuego; la sanción será procedente sin perjuicio de las responsabilidades penales que les pudiera corresponder;
- Pintar, fijar cualquier tipo de elemento extraño y/o disminuya y/o elimine el cuadrado de tierra, y/o modifique el nivel del sitio de plantación mediante la construcción de bordes elevados, y/o incorpore otras plantas al lugar destinado específicamente para albergar el árbol, y/u ocupe el sitio de plantación con una especie arbórea sin la correspondiente autorización emanada de la Autoridad de Aplicación competente, y/o destruya cualquier elemento protector de árboles o especies vegetales plantados en la vía pública o en espacios verdes públicos, o librados a la confianza pública; la sanción será procedente sin perjuicio de las responsabilidades penales que les pudiera corresponder;
- Utilización de árboles o especies vegetales plantados en la vía pública o en espacios verdes públicos, o librados a la confianza pública, como soporte de cables, carteles o elementos similares, o ate uno o más animales en los mismos;
- Dejar en la vía pública residuos fuera de los horarios permitidos, en recipientes antirreglamentarios o no cumplan con la separación en origen o en infracción a la Ley de Gestión Integral de Residuos Sólidos Urbanos;
- Incumplimiento de deberes de gestión de residuos;
- Abandonar desperdicios, deshechos o escombros en la vía pública, baldíos o fincas abandonadas;
- Arrojar o descargar escombros, tierra, desechos, áridos o restos de obra en la vía pública o, en baldíos o fincas sin autorización;
- Arrojar o descargar residuos, desperdicios, deshechos u otros objetos a la vía pública, a partes comunes de edificios de propiedad horizontal o a predios linderos;
- Arrojar restos de hormigón en la vía pública, en sumideros o en la acera;
- Incinerar residuos en inmuebles o en la vía pública;
- Uso y manipulación de sustancias, residuos, o deshechos que comporten peligro;
- No gestionar ni disponer adecuadamente residuos patogénicos o peligrosos;

- No mantener a un inmueble –total o parcialmente descubierto o baldío– debidamente cercado y en condiciones adecuadas de higiene y salubridad, cuando previamente emplazado no efectúe los trabajos que correspondan;
- No realizar tareas de desinfecciones y desratización periódicas en inmuebles;
- Lavado de acera en horarios no reglamentarios, o no utilizase balde o manguera con dispositivo de corte automático de agua a fin de evitar su derroche, o no mantenga el aseo de las mismas;
- No eliminar yuyos y maleza en las veredas, o en la parte de tierra que circunda los árboles.

En el Libro II, Sección 9ª, Capítulo I, **Administración y servicios públicos**, se prevé castigar:

- Obstaculizar o impedir el desempeño a funcionarios públicos en ejercicio de sus funciones;
- Confeccionar o entregar distintivos, uniformes, sellos, medallas o credenciales iguales o semejantes a las utilizadas por funcionarios públicos;

En el Libro II, Sección 10ª, Capítulo I, **Evaluación de Impacto Ambiental**, se castiga el incumplimiento de las disposiciones sobre la Ley de Impacto Ambiental. En el Título II, se indica que la acción en el régimen de faltas es pública y corresponde proceder de oficio o por denuncia de particulares o funcionarios públicos. Los particulares denunciantes no son parte en el procedimiento del régimen de faltas.

La acción se extingue por:

1. La muerte del imputado/a, cuando es persona humana, o el fin de su existencia cuando es persona jurídica.
2. La prescripción.
3. El pago voluntario.
4. Amnistías concedidas por la Legislatura porteña.

La acción en el régimen de faltas prescribe al año, salvo para los casos en que la Ley nacional de tránsito 24.449 establece que prescribe a los dos años.

El plazo de prescripción se interrumpe por la citación, fehacientemente notificada, para comparecer al procedimiento de faltas.

Los pagos voluntarios, las condenas y actos de rebeldía se anotan en el Registro de Antecedentes de Faltas, quedando registrados durante cuatro años calendario. Transcurrido ese plazo los datos se cancelan automáticamente. Antes de dictar sentencia, los jueces deben requerir de dicho Registro información sobre la existencia de pagos voluntarios, condenas y rebeldías del imputado.

SECRETO PROFESIONAL

Revelar un secreto consiste en ponerlo en conocimiento de alguien que no lo posee y que quizá no corresponde que lo posea.

Es **secreto profesional** toda obligación legal que poseen algunos/as profesionales de guardar secreto sobre toda información que han recibido de sus clientes. El secreto profesional es entonces una obligación de confidencialidad, que se impone por la necesidad de que exista una absoluta confianza entre profesional y cliente. Se trata, básicamente, del respeto de la intimidad a lo largo de la relación profesional, cuando se va generando informaciones casi de manera continua.

Muchas veces, el desarrollo de una profesión muchas veces lleva a que el comitente pueda confiarnos datos que se deben guardar en secreto. Puede hablarse de determinadas técnicas constructivas novedosas, valores de dinero en juego en la obra, etc., que han de guardarse en secreto.

El Código de Ética, en jurisdicción de la Ciudad de Buenos Aires, en su art. 2.3.1.4 expresa sobre deberes del profesional para con su comitente: "Mantener secreto y reserva respecto de toda circunstancia relacionada con el cliente y con los trabajos que para él efectúa, salvo obligación legal".

En la Provincia de Buenos Aires, el Código de Ética reza: "Art. 3º.- Se consideran faltos a la ética los siguientes actos: ... b) Ejecutar actos reñidos con la buena técnica o incurrir en omisiones culposas, aún cuando sea en cumplimiento de

órdenes de un superior o mandante... 3) PARA CON LOS COMITENTES Y PÚBLICO... b) Revelar datos reservados confiados a su estudio o custodia...".
El secreto profesional es una obligación. Y revelarlo sin justa causa, causando o pudiendo causar daño a terceros, es un delito previsto por el art. 156 del CP, que reprime con multa e inhabilitación especial, en su caso, por 6 meses a 3 años, el que teniendo noticia, por razón de su estado, oficio, empleo, profesión o arte, de un secreto cuya divulgación pudiera causar daño, lo revelare sin justa causa. No es necesario hacer público el hecho para que exista revelación, bastando la confidencia de una persona aislada.
Se consideran que el secreto profesional no es absoluto, por lo que existen muchas situaciones particulares en las cuales se fijan explícitamente excepciones a la norma.

RESPONSABILIDAD DEL ESTADO Y SUS ORGANISMOS DE CONTROL

Aun siendo que la responsabilidad del proyecto, construcción, y dirección de la obra recae sobre los/las profesionales a cargo, incluyendo a quienes a título de realizadores de obra material intervinieron en la obra, resulta fundamental destacar la responsabilidad del Estado, pues desarrolla poder de policía, recordando que éste consiste en la puesta en práctica de la actividad de policía, mediante servicios organizados por la administración pública con el fin de asegurar la tutela y restricción de derechos en razón del bien común. ¿Por qué se debe, en algunos casos, adjudicarle responsabilidad al Estado?
La omisión del poder de policía en todo problema que afecta la vida cotidiana ha colocado al Estado como figura demandada en infinidad de juicios.
En el caso de las obras, el Estado no autoriza gratuitamente a que una obra se construya. Percibe tasas y derechos de todo tipo. Y todo ello no puede comprenderse sin que asome mínimamente una responsabilidad.
El poder de policía compete a la Nación, a las Provincias y a los gobiernos municipales. La competencia puede ser concurrente, pero en ejercicio de un poder de policía provincial, éste no puede contradecir lo dispuesto en una norma nacional en una materia dada. El Poder de Policía está a cargo de los gobiernos locales de

manera compartida o concurrente con el Estado Nacional y siempre y cuando no se produzca una situación de incompatibilidad.

El poder de policía rige una actividad desarrollada por particulares. Aun así, en los casos de las obras de construcción, no puede exigirse del Estado una responsabilidad exorbitante, es decir, que deba controlar los cálculos y la ejecución efectiva de las obras. Eso no obsta a que cuando se le requiere su presencia, el Estado debe hacerse presente. Y esta presencia debe manifestarse cuando haya necesidad verosímil de la presencia del Estado, tanto en edificio terminados como aquellas obras construyéndose, con un profesional al frente de tareas. En ejercicio del poder de policía, el Estado tiene facultades para realizar el seguimiento de las edificaciones que originen peligros para personas y/o bienes privados o públicos y efectuar clausuras, desocupaciones y/o demoliciones en caso de peligro o inseguridad futura, disponer las medidas técnicas del caso, ordenar los trabajos necesarios para eliminar el peligro inmediato, etc.

La entrada en vigencia del actual CCyC trajo aparejada una supuesta disolución de la responsabilidad del Estado. Siendo que nuestra propia CN consagra en su art. 16 el principio de igualdad, no puede sostenerse privilegio alguno para el Estado, si éste, al producir o dejar que se produzca un daño, quede libre de responder; ello lleva eventualmente a pedir que judicialmente se declare inconstitucional toda disposición que contraríe el espíritu de nuestra carta magna.

RESPONSABILIDAD PENAL

En este trabajo, hemos establecido que el derecho penal establece la legislación sobre hechos cuya antijuridicidad afectan gravemente el orden dentro de una comunidad.

Es también derecho penal una ciencia que estudia las normas jurídicas que definen ciertas conductas como infracciones (sean delitos o faltas) y que dispone la aplicación de sanciones a quienes lo cometen. El Derecho Penal es el medio de control más drástico que posee el Estado, al cual se debe recurrir en última instancia cuando todos los demás medios de solucionar el problema hayan fracasado.

En cuanto a su misión, el Derecho Penal posee doble naturaleza:

1) **Preventiva:** trata sobre la prevención de infracciones de posible comisión en el futuro.
2) **Represiva:** castiga la conducta ya realizada. El Estado interviene para reprimir o sancionar el delito ya cometido.

La responsabilidad penal implica responder penalmente por una conducta antijurídica, o bien una omisión que derivó en un cuasidelito.

En la construcción de obras, cuando en la construcción se habla de una conducta pasible de un castigo penal, no se trata acerca de la comisión intencionada de un delito, sino de responsabilidades que deben asumirse por imprudencia, negligencia, impericia, etc., al igual que el orden civil; aunque el hecho evidencie ausencia de intencionalidad, igualmente puede producir efectos negativos.

EL DOLO

Del vocablo latino *dolus*, el dolo consiste es la voluntad deliberada de cometer un delito a sabiendas de su ilicitud. En un acto jurídico, el dolo implica la voluntad maliciosa de engañar a alguien o bien de incumplir una obligación contraída. El dolo es una voluntad encaminada a cometer un delito, y que puede producir un daño. Dicho daño debe existir en manera prevista por la ley, y con relación al hecho. Conviene establecer una distinción sobre aquellos actos que poseen intención, y aquellos que no la poseen, para lo cual debe tenerse en cuenta lo que sigue:

En el **orden civil**, para Borda, el dolo posee tres significados:

1. Como la intención de cometer un daño.
2. Como un vicio de los actos jurídicos. La acción dolosa es la aserción de lo falso y disimulación de lo verdadero. Civilmente, es dolo inducir a engaño a alguien para hacerla celebrar un acto jurídico.

3. Como un acto que comete un deudor para hacer imposible el cumplimiento de una obligación previamente contraída.

En el **orden penal**, el dolo puede clasificarse como:

a) **Directo:** se trata de **aquel dolo cuya voluntad está encaminada a lograr un resultado.** Se trata de querer un resultado típico voluntad realizadora del tipo objetivo, un querer (realizar la acción) y conocer (lo que significa la acción). Por ejemplo, un individuo que intencionadamente da muerte a otro disparándole con un arma de fuego, actúa con dolo directo.

b) **De consecuencias necesarias:** puede decirse que **es igual al anterior, pero con un alcance que supera lo originariamente concebido por el autor.** Por ejemplo, si para dar muerte a alguien que dará un discurso en cierto lugar, el autor del delito quiere colocar un artefacto explosivo en el sitio, seguramente logrará su objetivo, aunque con el lamentable plus de haber dado muerte a quienes no pensaba matar.

c) **Eventual:** actúa con dolo eventual aquel que **prevé un resultado negativo dentro de las ciertas posibilidades de resultado que entraña el curso de una acción, pero que no por eso deja de realizarla;** en este caso, **el sujeto realiza la acción, pero confía que el resultado no se producirá, o bien lo admite como posibilidad remota.** Se trata de que el resultado existe como posibilidad. El sujeto puede representarse o no esa acción, pero igual la realiza: tal es el ejemplo de aquel que transita con su auto a 100 km/h por una avenida, confiando en su habilidad como conductor, en los buenos frenos de su auto o en que ninguna persona cruce la calle; constituye igual ejemplo aquel profesional o constructor que concibe o edifica un balcón en forma contraria a las reglas del arte, y que se desmorona, causando la muerte de personas. Esta figura no existe en el CP, y es en realidad una construcción de la doctrina y la jurisprudencia. Es, según muchos juristas, **una figura muy difícil de evaluar;** por ejemplo, en accidentes de tránsito, aun habiendo exceso de velocidad de por medio, son delitos culposos: quien maneja imprudentemente no busca el resultado de una muerte. El dolo eventual no está aceptado pacíficamente en doctrina, y puede dar lugar a arbitrariedades. Una acción de la cual deriva un homicidio no siempre se genera por una intención de cometerlo.

EL DELITO Y EL CUASIDELITO

En el **orden civil, delito es todo acto ilícito, ejecutado a sabiendas y con intención de dañar la persona o los derechos de otro**. Según el art. 1724 del CCyC, la culpa y el dolo son factores subjetivos de atribución factores subjetivos de atribución de responsabilidad; se configura por la producción de un daño de manera intencional o con manifiesta indiferencia por los intereses ajenos. Por el art. 1729 del CCyC, la responsabilidad puede ser excluida o limitada por la incidencia del hecho del damnificado en la producción del daño, excepto que la ley o el contrato dispongan que debe tratarse de su culpa, de su dolo, o de cualquier otra circunstancia especial.

En el **orden penal, delito es todo acto ilícito, antijurídico, prohibido por la ley, contrario a lo que el orden público prevé**. Una conducta posee tipicidad en cuanto se encuentra prevista en la ley, en este caso, el ordenamiento penal. Por ejemplo, el robo, el homicidio premeditado. EL delito conlleva la existencia de dolo. Si una persona quisiera comenzar la ejecución de un delito determinado, pero no lo consuma por circunstancias ajenas a su voluntad, se estaría ante un delito en grado de tentativa (según el art. 42 del CP). En el supuesto caso que el autor de la tentativa desistiere voluntariamente del delito, no estará sujeto a pena (según el art. 43 del CP). Si no desiste, aunque no llegue a consumar el delito se disminuye la pena de un tercio a la mitad (conforme el art. 44 del CP).

Por otra parte, es **cuasidelito** la acción u omisión realizada sin intención, infringiendo la ley, sin malicia ni dolo, con culpa, descuido, negligencia e imprevisión. Ejemplo de cuasidelito es encender fuego en lugares prohibidos que derivan en un incendio, etc. El autor no es punible, aunque deba hacerse cargo de la correspondiente indemnización. El cuasidelito es culposo, no existiendo el dolo.

DELITOS DE ACCIÓN PÚBLICA Y DE ACCIÓN PRIVADA

La acción penal depende tanto de una instancia pública como de una instancia privada y se procede a formar una causa sobre la base de la acusación (art.72 inc. 2 del CP).

Existe acción **penal pública** cuando se ejerce, de manera exclusiva y de oficio por el estado, en la figura del juez o del ministerio público fiscal. Comúnmente se produce la acción pública; si bien muchas veces los delitos se investigan a partir de una denuncia, el Estado puede comenzar una investigación tan pronto haya tomado conocimiento del hecho, con lo cual, se entiende que el estado actúa sin que exista solicitud de persona alguna. La acción pública ve su fundamento en la tutela del interés social, ya que se considera que todo delito perjudica a la sociedad.

Por otra parte, hay **acción privada** cuando se produce un delito que no puede ser perseguido de oficio por el Estado ya que es necesaria la intervención de la víctima, que puede no solamente denunciar el hecho sino también intervenir a través de su actuación como querellante o como particular damnificado.

TEORÍAS DEL DERECHO PENAL

El derecho penal se ha visto abordado por teorías para explicarlo, siendo las principales el **causalismo** y el **finalismo**.

- **Causalismo:** Esta teoría toma al delito como una acción que, por una relación causal, modifica el entorno. Es decir, se valora aquí el nexo entre acción y resultado, y se sanciona a aquel comportamiento que modifica el entorno. Con posterioridad, se modificaron criterios, por el cual ya no se consideraba solamente al nexo causal, sino que se introdujo un juicio de valor respecto del sujeto que realiza la acción, determinándose su reproche a título de dolo o culpa.
- **Finalismo:** Esta teoría se centra en el fin que persigue una acción, es decir, considera que las acciones humanas van encaminadas a un fin. Así, en

función de un fin, y siendo que un sujeto puede saber que puede modificar un entorno con sus acciones, dirige su acción a tono con su razonamiento. Esto lleva a tener en cuenta dos tipos penales: objetivo y subjetivo.

Una tercera teoría, el Funcionalismo, sostiene que los delitos dependen de la función de la norma penal en un grupo social, tomando a la pena como la reafirmación de la vigencia de la norma; si El estado no puede recomponer el orden social que existía antes de que el delito se cometiera, si ocurre un delito, se reafirma el valor y la vigencia de la norma penal.

CÓMO SABER SI SE ESTÁ FRENTE A UN DELITO

Para que un juez verifique si se está frente a un delito, debe responderse varias preguntas. Así, una teoría del delito pone en orden esas preguntas dentro de un sistema de filtros. Por ello, el análisis debe hacerse respetando pasos.

- La **conducta** es la **acción** que una persona lleva adelante, como un hacer voluntario y final, en la cual existe un fin, y un medio para llevar adelante ese fin.
- De existir ausencia de conducta, tenemos que el sujeto funcional como una masa. Por ejemplo, el sujeto es afectado por una fuerza física irresistible (por ejemplo, la fuerza de la naturaleza, la intervención de otra persona), y así, sometido a esa fuerza irresistible, se desarrolla la conducta. No existe coacción ni estado de necesidad.

La conducta es ni más ni menos que un hecho voluntario, una acción, un movimiento: es decir, una persona se propone asaltar un banco, planifica la acción, reúne recursos y lo hace. Por ley, la conducta puede producirse, no prohibirse. El CP no prohíbe el delito (no prohíbe acciones), sino que describe una conducta que describe e impone una pena para todo aquel que realice dicha conducta. *Nullum crimen sine conducta* (no hay delito sino no hay conducta). La conducta debe ser una acción concreta, no un mero querer, que no sale de la intención de la persona. Si así no puede, podría pensarse en penar a aquel que solo tenga un pensamiento.

El delito es una conducta típica, antijurídica y culpable. Ello implica conocer las fases necesarias o filtros para saber si se está o no frente a un delito:

1) **ACCIÓN:** la acción es parte de la realidad. Se trata de la conducta realizada, en un determinado contexto. Por ejemplo, el homicidio, el femicidio, la falsificación de un instrumento público.
2) **TIPICIDAD:** se trata de la adecuación al tipo penal. Si el falsificar instrumento público está previsto en la ley penal, hay tipicidad en la acción. Si por ejemplo, quisiéramos denunciar penalmente a un colectivero por no detenerse en una parada, esa acción no se halla legislada penalmente, y por ende, no hay tipicidad. El tipo penal puede ser doloso (acción intencionada) o culposo (acción u omisión realizada sin intención).
3) **ANTIJURICIDAD:** se trata de que la conducta típica sea contraria al orden jurídico. Es decir, no se trata de la prohibición de la conducta sino de su desvalorización: el aplicar una sanción penal a quien desarrolle la conducta.
4) **CULPABILIDAD:** es la posibilidad de reprochar de hacer efectiva la sanción penal. En este caso, la posibilidad ve límites, como el art. 34 inc. 1 del CP, que establece que no es punible el que no haya podido en el momento del hecho, ya sea por insuficiencia de sus facultades, por alteraciones morbosas de las mismas o por su estado de inconsciencia, error o ignorancia de hecho no imputable, comprender la criminalidad del acto o dirigir sus acciones.
5) **PUNIBILIDAD:** refiere a la aplicación de la sanción establecida en la ley, si los pasos anteriores fueron efectivamente verificados.

DELITOS POSIBLES

Por el art. 1749 del CCyC, es responsable directo quien incumple una obligación u ocasiona un daño injustificado por acción u omisión. Por causa del delito, nace para su autor responsable la obligación de reparar el perjuicio; y la obligación de resarcir el daño comprende además de la indemnización de pérdidas e intereses, y hasta la reparación del agravio moral ocasionado a la víctima. Y se deberá reparar no sólo a quien se ha perjudicado directamente sino además a toda persona que por él hubiese sufrido aunque sea de una manera indirecta y son solidariamente responsables todos los que han participado como autores, cómplices o consejeros.

Dentro de la categoría de los delitos penales, en la construcción debemos mencionar como posibles delitos:

- **Delitos contra la propiedad:** la **estafa** (con sus variantes de administración fraudulenta), la **usurpación** y el **despojo**.
- **Delitos contra la fe pública y la administración pública:** el **cohecho**, el **falso testimonio**, la **usurpación de títulos y honores**, la **falsificación de sellos, timbres y marcas** (y falsificación de documentos en general).
- **Delitos contra la vida y la seguridad pública:** el **homicidio y lesiones culposas**, **incendios** y otros **estragos**.
- **ESTAFA:** Es un delito que consiste en una defraudación a otro, y que el CP en su art. 172 prevé:

Será reprimido con prisión de un mes a seis años, el que defraudare a otro con nombre supuesto, calidad simulada, falsos títulos, influencia mentida, abuso de confianza o aparentando bienes, crédito, comisión, empresa o negación o valiéndose de cualquier otro ardid o engaño.

El art. 173 del CP expresa además:

Sin perjuicio de la disposición general del artículo precedente, se considerarán casos especiales de defraudación y sufrirán la pena que el establece:
1º) el que defraudare a otro en la substancia, calidad o cantidad de las cosas que el entregue en virtud de contrato o de un título obligatorio;
2º) el que con perjuicio de otro se negare a restituir o no restituyere a su debido tiempo, dinero, efectos o cualquier otra cosa mueble que se le haya dado en

depósito, comisión, administración u otro título que produzca obligación de entregar o devolver;

3º) el que defraudare, haciendo suscribir con engaño algún documento;

4º) el que cometiere alguna defraudación abusando de firma en blanco, extendiendo con ella algún documento en perjuicio del mismo que la dió o de tercero;

5º) el dueño de una cosa mueble que la sustrajere de quien la tenga legítimamente en su poder, con perjuicio del mismo o de tercero;

6º) el que otorgare en perjuicio de otro, un contrato simulado o falsos recibos;

7º) el que, por disposición de la ley, de la autoridad o por un acto jurídico, tuviera a su cargo el manejo, la Administración o el cuidado de bienes o intereses pecuniarios ajenos, y con el fin de procurar para si o para un tercero un lucro indebido o para causar daño, violando sus deberes perjudicare los intereses confiados u obligare abusivamente al titular de éstos;

....

9º) el que vendiere o gravare como bienes libres, los que fueren litigiosos o estuvieren embargados o gravados; y el que vendiere, gravar o arrendare como propios, bienes ajenos;

....

El art. 174 del CP expresa:

Sufrirá prisión de dos a seis años:

......

3º) el que defraudare usando de pesas o medida falsas;

4º) el empresario o constructor de una obra cualquiera o el vendedor de materiales de construcción que cometiere, en la ejecución de la obra o en la entrega de los materiales, un acto fraudulento capaz de poner en peligro la seguridad de las personas, de los bienes o del estado;

5º) el que cometiere fraude en perjuicio de alguna Administración pública.

En los casos de los dos números precedentes, el culpable, si fuere empleado público, sufriera además inhabilitación especial perpetua.

- **USURPACIÓN y DESPOJO:** Lo trata el CP en su art. 181:

    Será reprimido con prisión de seis meses a tres años:
    1º El que por violencia, amenazas, engaños, abusos de confianza o clandestinidad despojare a otro, total o parcialmente, de la posesión o tenencia de un inmueble o del ejercicio de un derecho real constituido sobre él, sea que el despojo se produzca invadiendo el inmueble, manteniéndose en él o expulsando a los ocupantes;
    2º El que, para apoderarse de todo o parte de un inmueble, destruyere o alterare los términos o límites del mismo;
    3º El que, con violencia o amenazas, turbare la posesión o tenencia de un inmueble.

- **COHECHO:** Consiste en recibir dinero u otra dádiva, siendo ésta un provecho o utilidad, con o sin valor económico, que mejore el patrimonio o libere de una carga o cualquier otro beneficio.

    Será reprimido con reclusión o prisión de uno a seis años e inhabilitación especial perpetua, el funcionario público que por sí o por persona interpuesta, recibiere dinero o cualquier otra dádiva o aceptare una promesa directa o indirecta, para hacer, retardar o dejar de hacer algo relativo a sus funciones (art. 256 del CP).

    Será reprimido con reclusión o prisión de uno a seis años e inhabilitación especial perpetua para ejercer la función pública, el que por sí o por persona interpuesta solicitare o recibiere dinero o cualquier otra dádiva o aceptare una promesa directa o indirecta, para hacer valer indebidamente su influencia ante un funcionario público, a fin de que éste haga, retarde o deje de hacer algo relativo a sus funciones.

    Si aquella conducta estuviera destinada a hacer valer indebidamente una influencia ante un magistrado del Poder Judicial o del Ministerio Público, a fin de obtener la emisión, dictado, demora u omisión de un dictamen, resolución o fallo en asuntos sometidos a su competencia, el máximo de la pena de prisión o reclusión se elevará a doce años (art. 256 bis del CP).

Será reprimido con prisión o reclusión de cuatro a doce años e inhabilitación especial perpetua, el magistrado del Poder Judicial o del Ministerio Público que por sí o por persona interpuesta, recibiere dinero o cualquier otra dádiva o aceptare una promesa directa o indirecta para emitir, dictar, retardar u omitir dictar una resolución, fallo o dictamen, en asuntos sometidos a su competencia (art. 257 del CP).

Será reprimido con prisión de seis meses a seis años, el que directa o indirectamente, diere u ofreciere dádivas a un funcionario público, en procura de la conducta reprimida por el artículo 256 si la dádiva se hiciere u ofreciere a un juez, la pena será de reclusión o prisión de dos a seis años. Si el culpable fuere funcionario público, sufrirá además inhabilitación especial de dos a seis años en el primer caso y de tres a diez años en el segundo (art. 258 del CP).

Será reprimido con reclusión de uno (1) a seis (6) años e inhabilitación especial perpetua para ejercer la función pública el que, directa o indirectamente, ofreciere u otorgare a un funcionario público de otro Estado o de una organización pública internacional, ya sea en su beneficio o de un tercero, sumas de dinero o cualquier objeto de valor pecuniario u otras compensaciones, tales como dádivas, favores, promesas o ventajas, a cambio de que dicho funcionario realice u omita realizar un acto relacionado con el ejercicio de sus funciones públicas, o para que haga valer la influencia derivada de su cargo, en un asunto vinculado a una transacción de naturaleza económica, financiera o comercial (art. 258 bis del CP).

Será reprimido con prisión de un mes a dos años e inhabilitación absoluta de uno a seis años, el funcionario público que admitiere dádivas, que fueran entregadas en consideración a su oficio, mientras permanezca en el ejercicio del cargo. El que presentare u ofreciere la dádiva será reprimido con prisión de un mes a un año (art. 259 del CP).

- **FALSO TESTIMONIO:** En este caso, el bien jurídico a resguardar el correcto funcionamiento de la administración de justicia. Existe falso testimonio cuando un testigo, perito o intérprete afirme una falsedad, niegue o calle la verdad, en todo o en parte, en su declaración, informe, traducción o interpretación, hecha ante la autoridad competente. La pena para el falso testimonio se aumenta si se comete en una causa criminal en perjuicio del acusado y en caso de que medie cohecho.

Será reprimido con prisión de un mes a cuatro años, el testigo, perito o intérprete que afirmare una falsedad o negare o callare la verdad, en todo o en parte, en su deposición, informe, traducción o interpretación, hecha ante la autoridad competente.
Si el falso testimonio se cometiere en una causa criminal, en perjuicio del inculpado, la pena será de uno a diez años de reclusión o prisión.
En todos los casos se impondrá al reo, además, inhabilitación absoluta por doble tiempo del de la condena (art. 275 del CP).
La pena del testigo, perito o intérprete falso, cuya declaración fuere prestada mediante cohecho, se agravará con una multa igual al duplo de la cantidad ofrecida o recibida.
El sobornante sufrirá la pena del simple testigo falso (art. 276 del CP).

- **USURPACIÓN DE TÍTULOS Y HONORES:** Consiste en atribuirse públicamente un grado académico u honores que no se tienen. En el CP, el art. 247 establece:

Será reprimido con prisión de quince días a un año el que ejerciere actos propios de una profesión para la que se requiere una habilitación especial, sin poseer título o la autorización correspondiente. Será reprimido con multa de setecientos cincuenta a doce mil quinientos pesos, el que públicamente llevare insignias o distintivos de un cargo que no ejerciere o se arrogare grados académicos, títulos profesionales u honores que no le corresponden.

Debe tenerse en cuenta que si bien constituye delito atribuirse un título profesional –arquitecto/a, ingeniero/a, etc.–, no es delito atribuirse la calidad de constructor/a, ya que dicha calidad no requiere de títulos oficiales, aunque sí supone que debe existir idoneidad para realizar obras de arquitectura e ingeniería.

En el art. 25 del Decreto-Ley 6070/58 se impone la aplicación del art. 247 del CP para los casos de usurpación de títulos y honores.

- **FALSIFICACIÓN DE SELLOS, TIMBRES Y MARCAS (y de documentos en general):** Se lee en el CP:

Será reprimido con reclusión o prisión de uno a seis años: 1º. El que falsificare sellos oficiales; 2º. El que falsificare papel sellado, sellos de correos o telégrafos o cualquiera otra clase de efectos timbrados cuya emisión esté reservada a la autoridad o tenga por objeto el cobro de impuestos.- En estos casos, así como en los de los artículos siguientes, se considerará falsificación la impresión fraudulenta del sello verdadero (art. 288 del CP).

Será reprimido con prisión de seis meses a tres años: 1. El que falsificare marcas, contraseñas o firmas oficialmente usadas o legalmente requeridas para contrastar pesas o medidas, identificar cualquier objeto o certificar su calidad, cantidad o contenido, y el que las aplicare a objetos distintos de aquellos a que debían ser aplicados. 2. El que falsificare billetes de empresas públicas de transporte. 3. El que falsificare, alterare o suprimiere la numeración de un objeto registrada de acuerdo con la ley (art. 289 del CP).

Será reprimido con prisión de quince días a un año, el que hiciere desaparecer de cualquiera de los sellos, timbres, marcas o contraseñas, a que se refieren los artículos anteriores, el signo que indique haber ya servido o sido inutilizado para el objeto de su expedición. El que a sabiendas usare, hiciere usar o pusiere en venta estos sellos, timbres, etc., inutilizados, será reprimido con multa de pesos setecientos cincuenta a pesos doce mil quinientos (art. 290 del CP).

Cuando el culpable de alguno de los delitos comprendidos en los artículos anteriores, fuere funcionario público y cometiere el hecho abusando de su cargo, sufrirá, además, inhabilitación absoluta por doble tiempo del de la condena (art. 291 del CP).

El que hiciere en todo o en parte un documento falso o adultere uno verdadero, de modo que pueda resultar perjuicio, será reprimido con reclusión o prisión de uno a seis años, si se tratare de un instrumento público y con prisión de seis meses a dos años, si se tratare de un instrumento privado.

Si el documento falsificado o adulterado fuere de los destinados a acreditar la identidad de las personas o la titularidad del dominio o habilitación para circular de vehículos automotores, la pena será de tres a ocho años.

Para los efectos del párrafo anterior están equiparados a los documentos destinados a acreditar la identidad de las personas, aquellos que a tal fin se dieren a los integrantes de las fuerzas armadas, de seguridad, policiales o penitenciarias, las cédulas de identidad expedidas por autoridad pública competente, las libretas cívicas o de enrolamiento, y los pasaportes, así como también los certificados de parto y de nacimiento (art. 292 del CP).

Será reprimido con reclusión o prisión de uno a seis años, el que insertare o hiciere insertar en un instrumento público declaraciones falsas, concernientes a un hecho que el documento deba probar, de modo que pueda resultar perjuicio.

Si se tratase de los documentos o certificados mencionados en el último párrafo del artículo anterior, la pena será de 3 a 8 años (art. 293 del CP).

Se impondrá prisión de UNO (1) a TRES (3) años al funcionario público que, por imprudencia o negligencia, intervenga en la expedición de guías de tránsito de ganado o en el visado o legalización de certificados de adquisición u otros documentos que acrediten la propiedad del semoviente, omitiendo adoptar las medidas necesarias para cerciorarse de su procedencia legítima (art. 293 bis del CP).

El que suprimiere o destruyere, en todo o en parte, un documento de modo que pueda resultar perjuicio, incurrirá en las penas señaladas en los artículos anteriores, en los casos respectivos (art. 294 del CP).

Sufrirá prisión de un mes a un año, el médico que diere por escrito un certificado falso, concerniente a la existencia o inexistencia, presente o pasada, de alguna enfermedad o lesión cuando de ello resulte perjuicio.

La pena será de uno a cuatro años, si el falso certificado debiera tener por consecuencia que una persona sana fuera detenida en un manicomio, lazareto u otro hospital (art. 295 del CP).

El que hiciere uso de un documento o certificado falso o adulterado, será reprimido como si fuere autor de la falsedad (art. 296 del CP).

Para los efectos de este Capítulo, quedan equiparados a los instrumentos públicos los testamentos ológrafos o cerrados, los certificados de parto o de nacimiento, las letras de cambio y los títulos de crédito transmisibles por endoso o al portador, no comprendidos en el artículo 285 (art. 297 del CP).

Cuando alguno de los delitos previstos en este Capítulo, fuere ejecutado por un funcionario público con abuso de sus funciones, el culpable sufrirá, además, inhabilitación absoluta por doble tiempo del de la condena (art. 298 del CP).

Quienes emitan o acepten facturas de crédito que no correspondan a compraventa, locación de cosas muebles, locación de servicios o locación de obra realmente contratadas, serán sancionados con la pena prevista en el artículo 293 de este Código. Igual pena les corresponderá a quienes injustificadamente rechacen o eludan la aceptación de factura de crédito, cuando el servicio ya hubiese sido prestado en forma debida, o reteniendo la mercadería que se le hubiere entregado (art. 298 bis del CP).

- **INCENDIO, INUNDACIÓN, EXPLOSIÓN, ESTRAGO:** Generar un desastre puede tener a un único autor, que lo realiza de manera directa, obrando con dolo eventual, o bien por omisión de conductas. El desastre al que se alude posee diversas manifestaciones, previstas en el CP, tales como:

a) **El incendio**, que es doctrinalmente considerado como la producción intencionada de una fuente ígnea que no puede controlarse, más allá de que pueda generar daños o no. Se trata de la causación de fuego con cierto grado de peligrosidad para la seguridad pública.
b) **La explosión**, que consiste en una súbita liberación energética destructiva de incontrolable efecto, y que se origina con la detonación de un artefacto explosivo o por la combinación de elementos químicos.
c) **La inundación**, cuando si de manera total o parcial, con agua u otro líquido,

se cubren lugares, afectando a personas, animales, edificaciones. La inundación puede ser progresiva o violenta y conlleva que sea incontrolable.
d) **El estrago,** que es la ruina, daño o destrucción de una cosa.

EL ESTRAGO

Estragar proviene del latín *straga-re*, que significa **asolar, devastar.** Estragar **es causar estrago,** siendo éste **toda ruina, daño, asolamiento.**
El estrago es un delito penal que consiste en causar un daño de enorme magnitud y que haya generado un peligro común. El bien jurídico protegido es la seguridad pública, y la sanción del delito tiene como fin garantizar la seguridad colectiva de la ciudadanía. En nuestro Derecho, el estrago incluye la explosión, el incendio, el derrumbe, la inundación, o cualquier forma de destrucción masiva. En nuestro caso, el estrago, en cuanto a derrumbe, conlleva la ruina, pero de una manera súbita. No interesa el material con el cual haya estado construido el edificio, ni si el derrumbe ha sido total. Tratándose de un estrago culposo en un edificio, puede decirse que debe cuidarse de que se produzca estrago dominando efectivamente toda situación que lo genere, cuidado la seguridad común, y en este caso, quien diseña un edificio, quien dirige su realización, y quien lo construye, se convierte en garante de que ese evento dañoso no se produzca. Atentar contra un edificio mediante algún medio de destrucción origina responsabilidad, como también la origina omitir cuidados o no adoptar recaudos para la seguridad común.

> *El que causare incendio, explosión o inundación, será reprimido:*
> *1°) con reclusión o prisión de tres a diez años, si hubiere peligro común para los bienes;*
> *2°) con reclusión o prisión de tres a diez años el que causare incendio o destrucción por cualquier otro medio;*
> *........*
> *3°) con reclusión o prisión de tres a quince años, si hubiere peligro para un archivo público, biblioteca, museo, arsenal, astillero, fábrica de pólvora o de pirotecnia militar o parque de artillería;*
> *4°) con reclusión o prisión de tres a quince años, si hubiere peligro de muerte para alguna persona;*

5°) con reclusión o prisión de ocho a veinte años, si el hecho fuere causa inmediata de la muerte de alguna persona (art. 186 del CP).

Incurrirá, según los casos, en las penas señaladas en el artículo precedente, el que causare estrago por medio de sumersión o varamiento de nave, derrumbe de un edificio, inundación, de una mina o cualquier otro medio poderoso de destrucción (art. 187 del CP).

Será reprimido con prisión de un mes a un año, el que, por imprudencia o negligencia, por impericia en su arte o profesión o por inobservancia de los reglamentos u ordenanzas, causare un incendio u otros estragos.
Si el hecho u omisión culpable pusiere en peligro de muerte a alguna persona o causare la muerte de alguna persona, el máximo de la pena podrá elevarse hasta cinco años (art. 189 del CP).

EL DELITO DE PELIGRO

El art. 186 del CP en su inciso 4° establece reprimir con pena de reclusión o prisión de tres a quince años, si hubiere peligro de muerte para alguna persona; por su parte, el art. 187 del mismo código establece iguales penas establecidas en el artículo anterior para el que causare estrago por medio de sumersión o varamiento de nave, derrumbe de un edificio, inundación, de una mina o cualquier otro medio poderoso de destrucción. En este caso, puede producirse un desastre de consecuencias inimaginables para el propio autor.
El **delito de peligro** ve su **base** en la **necesidad de tutelar bienes jurídicos ante conductas que pudieran ocasionar riesgos**. Según Von Rohland, para considerar la existencia de peligro, debe tenerse en cuenta que exista una posibilidad de un resultado, y que dicho resultado sea dañoso. El citado autor sostuvo en su obra *La frontera de lo punible en el derecho penal* que "El derecho penal debe ocuparse no sólo del daño real producido a los bienes jurídicos, sino también a la posibilidad no sólo del daño real producido a los bienes jurídicos, sino también a la posibilidad del mismo y, con ello, del peligro como objeto importante de la investigación criminal". Se tiene así, a un derecho

penal que se anticipa a una conducta o una situación peligrosa, situación en la cual un bien jurídico no resulta menoscabado tras una acción (ya que la acción no se produjo), sino que dicho bien queda expuesto a un peligro.

HOMICIDIO Y LESIONES CULPOSAS: MUERTE Y DAÑOS A LA SALUD

La actuación profesional, en tanto se realice de forma totalmente negligente o prudente, puede originar no solamente daños a bienes o cosas de terceros sino además a la integridad física de esos terceros. Surge entonces el concepto de lesión, distinto a la lesión que conceptualiza el art. 332 del CCyC:

1. En los contratos onerosos una de las partes, aprovechando la necesidad o inexperiencia de la otra, obtiene por medio de un acto jurídico una ventaja patrimonial desproporcionada, le está causando una lesión.
2. En cambio, en el orden penal, se entiende por lesión al daño corporal o mental que sufre una persona.

El art. 94 del CP expresa sobre las lesiones, en su primer párrafo:

> *Se impondrá prisión de un mes a tres años o multa de mil a quince mil pesos e inhabilitación especial por uno a cuatro años, el que por imprudencia o negligencia, por impericia en su arte o profesión, o por inobservancia de los reglamentos o deberes a su cargo, causare a otro un daño en el cuerpo o en la salud. (...).*

La figura del homicidio culposo, siendo el hecho que se produce de manera no intencionada, está prevista en el CP que en su art. 84 establece:

EL TIPO, LA OMISIÓN DE CONDUCTA Y LA ACCIÓN CULPOSA

Se ha tratado en estas páginas que la responsabilidad se le exige a quien comete un hecho, pero el orden legal prevé también responsabilidad de aquel que no comete un hecho cuando debió haberlo realizado, y para aquel que cometió una acción indebida respecto de lo que de él se esperaba.

- **OMISIÓN:** La omisión, en el Derecho Penal, es una conducta consistente en la abstención de una actuación que constituye un deber legal. Cuando el art. 79 del CP establece que "Se aplicará reclusión o prisión de ocho a veinticinco años, al que matare a otro, siempre que en este código no se estableciere otra pena" refiere a la existencia del concepto de tipo, que según Zaffaroni, es un instrumento legal de naturaleza descriptiva que tiene por función la individualización de conductas humanas penalmente relevantes por estar penalmente prohibidas. El tipo es una fórmula legal, en el caso del citado art. 79, la fórmula legal apunta al que matare a otro. Por ello, la ley penal describe tipos: el que defraudare a otro, el que se negare a restituir o no restituyere a su debido tiempo, el que defraudare, etc. En estos casos el tipo es activo pues implica un hacer por parte del que lo produce, y sumando a su deseo de hacer la conducta descripta en el tipo, está refiriendo a lo que se denomina tipo doloso. En cambio, existen situaciones en las cuales, la omisión de conducta configura el denominado tipo omisivo, y en este caso, se establece que no existe un mero no realizar una conducta, sino un no realizar una conducta necesaria o debida, tal como prevé el mismo CP en su art. 108: "Será reprimido con multa ... (...)... el que encontrando perdido o desamparado a un menor de diez años o a una persona herida o inválida o amenazada de un peligro cualquiera, omitiere prestarle el auxilio necesario, cuando pudiere hacerlo sin riesgo personal o no diere aviso inmediatamente a la autoridad". Analizando la norma, vemos que se trata de prever una situación en la cual se omite una acción cuando quien la pudiere realizar no corre ningún riesgo personal, o bien no avisa a la autoridad más próxima acerca de la situación descripta. En síntesis, no se trata de no hacer sino *no hacer lo que se debe hacer*, pues si se imagina que habiéndose realizado la conducta debida desaparece el resultado típico, habrá un nexo de evitación, y por ello existe una omisión de conducta. Existen muchas conductas omisivas: una madre que no amamanta a su hijo y deja que éste muera de inanición no está haciendo lo que debe hacer, como así también el caso de un guardavidas que deja que una persona se introduzca en el mar embravecido y se ahogue.

- **LA ACCIÓN CULPOSA:** el tipo culposo prohíbe una conducta tan final como cualquier otra. El elemento más importante es la violación del deber de cuidado. Para construir este concepto, nos basamos en el CP, art 84 (homicidio culposo): "Será reprimido con prisión de seis meses a tres años e inhabilitación especial, en su caso, por cinco a diez años, el que por imprudencia, negligencia, impericia en su arte o profesión o inobservancia de los reglamentos o de los deberes de su cargo, causare a otro la muerte". Hemos dicho que la imprudencia es un exceso en el actuar, y la negligencia es una falta en el actuar. Y en las dos se viola un deber de cuidado. A cada conducta humana le corresponde un determinado deber de cuidado, ya que no existe un deber de cuidado en general. Por ello se establece que el tipo culposo es un tipo abierto, y para cerrar ese tipo, debe conocerse cuál es la conducta. Por ejemplo, si un conductor sale con su auto a gran velocidad por la puerta de un garage y atropella a un peatón que circulaba por la acera, viola un deber de cuidado, que es el de salir con cuidado del garage, a velocidad reducida. Otro ejemplo es el del técnico gasista que busca una pérdida de gas... con una llama; tampoco observa reglas de conducta y viola deber de cuidado. La violación del deber de cuidado debe ser la que cause el resultado.

Tanto sobre la omisión de conducta y la acción culposa, el CP contiene previstas las figuras de estrago y de muerte y daños a la salud cuyos artículos dan un claro panorama acerca de las consecuencias de una mala praxis profesional.

RESPONSABILIDADES POR ACCIDENTES EN OBRA Y CONFUSIÓN DE ROLES

A raíz de una noticia publicada en distintos medios, se dio cuenta a la opinión pública que en Enero de 1996, en el barrio de La Horqueta, San Isidro, Provincia de Buenos Aires, se produjo el fallecimiento de un niño a causa de inmersión en una piscina. El niño se introdujo a la misma autorizado por el personal de la obra en construcción en la cual se hallaba la piscina que no se hallaba cercada. El caso llegó a la Justicia, y ésta falló en primera instancia condenando al propietario y al director de la obra a indemnizar a la familia del niño. El juez interviniente fundó su fallo en la responsabilidad del propietario y del arquitecto a cargo de la obra, debido a que el dueño o guardián de la cosa peligrosa sólo puede ser eximido del hecho perjudicial si acredita la culpa de la víctima.

El arquitecto director de obra es responsable frente a su comitente, frente a las autoridades administrativas y frente a terceros por el fiel cumplimiento de las normas.

En la justicia, varios son los fallos que han determinado que la obra en construcción entraña riesgos. Y el Director de Obra debe tener en cuenta que no solamente debe velar por el correcto cumplimiento de su rol específico, sino además las normas nacionales, provinciales y/o municipales que afecten la obra en cuestión, y entre ellas no pueden dejarse de mencionar las normas de seguridad en obra.

Junto con el constructor, muchos fallos judiciales consideraron al director de obra, como guardián de la obra, en el caso que se produzca un accidente sufrido por un tercero ajeno a las tareas, y debe demostrar la culpa de la víctima o de un tercero por el cual no deba responder. Y que un arquitecto sea considerado guardián, es un criterio que este trabajo no comparte, dado que la dirección de obra es ajena a la tenencia de la obra.

Es importante que se efectúe la prohibición expresa del acceso a la obra de personas ajenas a la misma (aun siendo éstas amigos o familiares del comitente o de los distintos gremios).

Por otra parte, en 1997, la CNCiv (14-3-1997, Ferro de Raimondi, María C. c. Tuero, Alberto y otros, LL, 1997 F, 464) determinó que el dueño de la obra y el empresario constructor, en su carácter de "guardián" de la obra, son responsables por el accidente sufrido por una mujer que, mientras llevaba de la mano a su hija de cinco años de edad, fue golpeada en la frente por uno de los paneles de la empalizada que rodeaba una obra en construcción existente; en dicho fallo se absolvió de responsabilidad al proyectista y director de la mencionada obra. En este fallo, se estableció que el daño no se debió a la ruina total o parcial de una obra ya terminada, la empalizada no formaba parte de la obra, sino que era un elemento de propiedad de la empresa constructora, que se coloca durante su ejecución, en forma precaria y temporal. En ese fallo, se determinó además que el arquitecto, proyectista y director de obra no era dueño, ni guardián de la empalizada de protección, ni de la obra, para que se le hubiera atribuido responsabilidad por el vicio o riesgo de la cosa.

LA JUSTICIA PENAL Y LA APLICACIÓN DE LAS PENAS

La pena es el castigo impuesto a quien ha sido determinado en juicio como responsable de una conducta prevista en el ordenamiento legislativo penal. Se sanciona con una pena a todo aquel que infrinja una ley establecida en el CP. Así tenemos que el ordenamiento procesal prevé que los delitos penales sean conocidos por la justicia a través de los mecanismos de:

a) **Prevención:** a cargo de las fuerzas de seguridad, que sorprenden in fraganti a quien comete un delito.
b) **Denuncia:** a cargo de la víctima o de un tercero ante:
   1) Una Comisaría, bajo la jurisdicción del juez penal de turno.
   2) La Cámara de Apelaciones en lo Penal.
   3) Una Fiscalía, cuya misión es representar al Estado en la investigación de los delitos.
   4) Un Juez Penal.

EL PROCESO PENAL

Conforme las normas procesales penales, el proceso penal cuenta con la intervención del imputado y su defensa, el Fiscal, y el Juez, y se desarrolla en tres etapas bien diferenciadas:

1) La etapa de **instrucción**.
2) La etapa **intermedia**.
3) La etapa **de debate**.

- Durante la **instrucción**, una vez cumplimentados los modos de procedimiento aptos para hacer valer el conocimiento de los hechos, el fiscal solicita medidas de prueba al Juez. En su requerimiento de instrucción, el Fiscal solicita medidas de prueba y la declaración del imputado. La causa es así tomada por el Juez, quien dispone lo requerido por el Fiscal. Luego de que el acusado preste declaración indagatoria ante el Juez, éste tendrá 10 días para resolver su situación procesal, dictándole la falta de mérito (cuando las pruebas que existen son insuficientes tanto para acusar como para sobreseer), el sobreseimiento (cuando la posibilidad de un delito es negativa), o el auto de procesamiento (cuando se está ante una enorme posibilidad de comisión de un delito, por lo que hasta puede el juez dictar la prisión preventiva, cuyo fin es el de garantizar la marcha del proceso, aunque básicamente el principio consiste en trabajar con el imputado en libertad).

- La etapa **intermedia** comienza con el dictado del auto de procesamiento, y en ella se realiza un control de la legalidad de la etapa de instrucción. Puede ocurrir que vuelva a efectuarse la etapa de instrucción y hasta es posible que el imputado sea sobreseído.
- El final del proceso se cierra con el **debate** oral y público ante un Tribunal, con la comparecencia de las partes, y que ve su fundamento en el art. 18 de la CN: "Ningún habitante de la Nación puede ser penado sin juicio previo fundado en ley anterior al hecho del proceso, ni juzgado por comisiones especiales, o sacado de los jueces designados por la ley antes del hecho de la causa. Nadie puede ser obligado a declarar contra si mismo; ni arrestado sino en virtud de orden escrita de autoridad competente. Es inviolable la defensa en juicio de la persona y de los derechos. (...)". Las partes pueden ofrecer pruebas de todo tipo. Tras la producción de pruebas se producirán los alegatos de la querella (si la hay) el fiscal y la defensa del imputado. Puede pedirse también el sobreseimiento del imputado si surgen nuevas pruebas (alguna inimputabilidad actual o sobreviniente, una descriminalización del hecho que se imputa, etc.). Cuando se arribe al momento de la sentencia, esta podrá ser absolutoria (cesando las restricciones que pesan sobre el imputado) o condenatoria (fijándose las penas que correspondan, ordenándose el pago de las costas del proceso, disponiendo indemnizaciones a cargo del condenado, etc.)

En la sentencia, el tribunal podrá dar al hecho una clasificación jurídica diferente a la que se estableció originalmente, aunque ello amerite aplicar penas más graves. Debe siempre cuidarse en el proceso de no incurrir en situaciones que provoquen la nulidad de la sentencia, tales como una fundamentación contradictoria de la misma, por ejemplo.

Ante una resolución de procesamiento, sobreseimiento, sentencia, dictámenes que originen un gravamen irreparable, ante la inaplicabilidad de la ley o por error de aplicación de la misma, es posible la interposición de recursos.
No puede abrirse un nuevo proceso a una persona por el mismo hecho.

LAS PENAS

Sobre las penas, el art. 5 del CP establece:

- **Reclusión:** pena consistente en la privación de la libertad, debiendo cumplirse en establecimiento cerrado.
- **Prisión:** Ídem reclusión. A través de un fallo de la CSJN del 22-2-2005, prisión y reclusión son equivalentes.
- **Multa:** pena basada en una imposición de tipo pecuniario.
- **Inhabilitación:** pena que incapacita para ocupar un cargo o desempeñar una función.

El condenado puede obtener libertad condicional cumpliendo una serie de requisitos:

> *El condenado a reclusión o prisión perpetua que hubiere cumplido veinte años de condena, el condenado a reclusión temporal o a prisión por más de tres años que hubiere cumplido los dos tercios de su condena y el condenado a reclusión o prisión, por tres años o menos, que por lo menos hubiese cumplido un año de reclusión u ocho meses de prisión, observando con regularidad los reglamentos carcelarios, podrán obtener la libertad por resolución judicial previo informe de la dirección del establecimiento bajo las siguientes condiciones:*
> *1º residir en el lugar que determine el auto de soltura;*
> *2º observar las reglas de inspección que fije el mismo auto, especialmente la obligación de abstenerse de bebidas alcohólicas;*
> *3º adoptar en el plazo que el auto determine, oficio, arte, industria o profesión, si no tuviere medios propios de subsistencia;*
> *4º no cometer nuevos delitos;*

5° *someterse al cuidado de un patronato, indicado por la autoridades competentes. Estas condiciones regirán hasta el vencimiento de los términos de las penas temporales y en las perpetuas hasta cinco años más, a contar desde el día de la libertad condicional (art. 13 del CP).*

Actualmente, por el art. 55 del CP, no podrá aplicarse pena de reclusión o prisión que supere los 50 años.

SOBRE LA INHABILITACIÓN

La inhabilitación puede ser absoluta o especial.
Según el art. 19 del CP, la inhabilitación absoluta importa:
1) la privación del empleo o cargo público que ejercía el penado aunque provenga de elección popular;
2) la privación del derecho electoral;
3) la incapacidad para obtener cargos, empleos y comisiones públicas;
4) la suspensión del goce de toda jubilación, pensión o retiro, civil o militar, cuyo importe será percibido por los parientes que tengan derecho a pensión.

El art. 20 del CP en su primer párrafo establece que la inhabilitación especial producirá la privación del empleo, cargo, profesión o derecho sobre que recayere. El art. 20 bis del mismo código expresa además:

> *Podrá imponerse inhabilitación especial de seis meses a diez años, aunque esa pena no esté expresamente prevista, cuando el delito cometido importe:*
> *1°) la incompetencia o abuso en el ejercicio de un empleo o cargo público;*
> *2°) abuso en el ejercicio de la patria potestad, adopción, tutela o curatela;*
> *3°) incompetencia o abuso en el desempeño de una profesión o actividad cuyo ejercicio dependa de una autorización, licencia o habilitación del poder público.*
> *El condenado a inhabilitación absoluta puede ser restituido al uso y goce de los derechos y capacidades de que fue privado, si se ha comportado correctamente durante la mitad de plazo de aquélla, o durante diez años cuando la pena fuera perpetua y ha reparado los daños en la medida de lo posible.*

El condenado a inhabilitación especial puede ser rehabilitado, transcurrida la mitad del plazo de ella, o cinco años cuando la pena fuere perpetua, si se ha comportado correctamente, ha remediado su incompetencia o no es de temer que incurra en nuevos abusos y además, ha reparado los daños en la medida de lo posible.

Cuando la inhabilitación importó la pérdida de un cargo público o de una tutela o curatela, la rehabilitación no comportara la reposición en los mismos cargos.

Para todos los efectos, en los plazos de inhabilitación no se computará el tiempo en que el inhabilitado haya estado prófugo, internado o privado de su libertad (art. 20 ter del CP).

LA PROFESIÓN Y LOS ROLES SOCIALES

Si en todo contacto social se debieran considerar todas las consecuencias posibles que devienen de una acción, la sociedad quedaría paralizada, pues nada puede predecirse en forma adivinatoria. El derecho no exige que se eviten todos los daños posibles, pero sí impone que aquellas personas que desempeñar un cierto papel en la interacción social lo hagan en forma apta al rol que desempeña. Los roles sociales permiten establecer parámetros, siendo éstos referencias sociales impersonales, que significan aquello que puede esperarse de una persona.

De ser así, si estamos expectantes sobre un cierto rol, si se produce un hecho que ha sido llevado a cabo por una persona, y que ocasionó ciertas consecuencias, será más fácil saber a quién se le puede imputar objetivamente un hecho. Pero debe tenerse en cuenta los **filtros**. Según Jakobs, el rol propio de cada individuo posee filtros que permiten cribar el hecho producido, de modo de adquirir mayor certeza en la imputación objetiva, siendo éstos:

1) El **principio de confianza** (organización en el reparto de tareas), y...
2) La **competencia de la víctima** (el propio comportamiento de la víctima fundamenta que se le impute la consecuencia lesiva, hay veces que la víctima falta a su deber de autoprotección cuando, por ejemplo, un obrero no usa casco estando obligado a usarlo).

INTERDEPENDENCIA ENTRE ACCIÓN CIVIL Y PENAL

El art. 1774 del CCyC establece que la acción civil y la acción penal resultantes del mismo hecho pueden ser ejercidas independientemente. En los casos en que el hecho dañoso configure al mismo tiempo un delito del derecho criminal, la acción civil puede interponerse ante los jueces penales, conforme a las disposiciones de los códigos procesales o las leyes especiales.
La sentencia condenatoria podrá ordenar:

> 1°) *la indemnización del daño material y moral causado a la víctima, a su familia o a un tercero, fijándose el monto prudencialmente por el juez en defecto de plena prueba; 2°) la restitución de la cosa obtenida por el delito, y si no fuere posible la restitución, el pago por el reo del precio corriente de la cosa, más el de estimación si lo tuviere; 3°) el pago de costas;*
> *4°) cuando la reparación civil no se hubiese cumplido durante la condena o cuando se hubiese establecido a favor del ofendido o de su familia una pena de indemnización, el juez en caso de insolvencia señalara la parte de los salarios del responsable que debe ser aplicada a esas obligaciones, antes del proceder a concederle la libertad condicional (Art. 29 del Código Penal).*

De producirse un hecho que encuadre tanto en una acción civil como en una acción penal (que pueden ejercerse conjunta o separadamente), no habrá condena civil antes que penal, salvo que exista ausencia del acusado o si fallece antes del juicio penal, en este último caso, la acción civil irá contra los herederos. Si se produce condena penal, no podrá discutirse en sede civil a posteriori el hecho principal, aun habiendo absolución o sobreseimiento.

EL DESCONOCIMIENTO DEL ROL PROFESIONAL

El alcance del rol profesional no siempre es comprendido por el público en general. O mejor dicho, ante el desconocimiento existente sobre cuál es el rol de los profesionales de la arquitectura (como de cualquier otro profesional de la construcción) es muy fácil decir que es responsable de todo, se hace cargo de todo, hay que señalar a arquitectos/as (o ingenieros/as, técnicos/as, según el caso) porque está a cargo de la obra, y otras afirmaciones semejantes. **La afirmación que da cuenta de que un profesional de la arquitectura es responsable de todo, es temeraria, pues habría que redefinir cuál es el significado de todo, relacionado con la obra.** Como si en la obra, no existiesen roles a cumplir, y que necesariamente deben ser desarrollados por distintas personas.

Por eso, siempre habrá de partirse de que en la obra existen roles, a cumplir por cada uno de sus actores. Si no se respetara esta mínima premisa, y si se tendiese siempre a considerar al profesional de la construcción como el responsable de todo incidente relacionado con la obra, se estaría desalentando el ejercicio de todas las profesiones relacionadas con la construcción, por exponer como único responsable al profesional actuante. No obstante, ello, siempre dicho profesional habrá de especificar en los contratos que celebre, cuál será el alcance de sus roles. Ayudando a una comprensión del rol profesional, veremos tres casos en los cuales, la Justicia ha emitido fallos en los que delimita el alcance de las tareas a cargo de los profesionales de la obra.

- **CASO 1: BASURA EN LA CALLE**

La justicia contravencional de la Ciudad de Buenos Aires multó a un arquitecto director de obra por considerar que había hecho ocupación de la vía pública, colocando adoquines, hierros, y demás elementos usuales en una obra, que obligaban a los peatones a bajar a la calzada para esquivar los objetos.

En este caso, el arquitecto había dado órdenes de limpiar la obra a la empresa contratista interviniente.

Dado el avance de obra, próxima a su terminación, la orden del director fue limpiar la obra. Y limpiar una obra no significa "dejar en la calle todo lo que sobra". Las salas I y II de la Cámara de Apelaciones de la justicia porteña revocaron la condena, porque no hallaron elemento probatorio alguno que demuestre que el arquitecto haya depositado ni ordenado depositar materiales en la vía pública. Para que el arquitecto director hubiese sido responsable, debería haber dado la orden de colocar esos materiales en la vía pública. No se es responsable por el simple hecho de ser director de la obra, sino por sus actos, que en este caso, no pudieron probarse.

- **CASO 2: UN ACCIDENTE DE OBRA**

Según el artículo 47 del Decreto-Ley 7887/55, la dirección de obra es "... la función que el profesional desempeña controlando la fiel interpretación de los planos y de la documentación técnica que forma parte del Proyecto y la revisión y la extensión de los certificados correspondientes a pagos de la obra en ejecución, inclusive el ajuste final de los mismos".

Siguiendo con las definiciones, el Decreto-Ley 6964/65 reza en su art. 4 Tít. VIII que la dirección de obras es la función que el profesional desempeña en oportunidad de la ejecución material de la obra, controlando la fiel interpretación del proyecto y cumplimiento del contrato. Se complementa con certificaciones y liquidaciones parciales y definitivas; recepción provisional y definitiva y la confección de los planos de detalles de obra.

Ante la muerte de un trabajador en una obra, se condenó judicialmente a un arquitecto director de las tareas, que también era mandatario del comitente. El mandato del que se habla remite a la obra ejecutada por administración; por encargo del comitente, el arquitecto tiene a su cargo la compra de materiales, el pago a proveedores, la contratación de obreros.

No necesariamente en una obra existe la figura de la empresa constructora pluripersonal. Y una sala de la Cámara Nacional de Apelaciones en lo Civil lo aceptó. Se hacen obras sin celebrar una contratación de obra. Y si es así, el comitente es el empresario de su propia obra. Y si se vincula al arquitecto director es por un contrato de obra intelectual, aun siendo mandatario. El arquitecto director de obra no es una empresa, y promete un resultado: que la obra se ejecute tal como fue concebida. En las obras por administración, desde el punto de vista civil, el responsable es el comitente, y la responsabilidad del arquitecto proyectista o director –con relación a daños de terceros– es siempre extracontractual.

Se exigirá responsabilidad al arquitecto director de obra en caso de que se produzcan hechos culposos y dolosos, a menos que el daño a terceros provenga de una ruina.

En una obra realizada por administración, el arquitecto director no es dueño ni guardián de la misma.

Aquel profesional que en una obra desarrolle los roles de proyectista y de director de obra, y aun administrándola, no es un empleador de la industria de la construcción y, por consiguiente, no le alcanzan las leyes que rigen para los citados empleadores.

Tanto en los contratos o encomiendas de trabajo suscriptos entre comitente y arquitecto deben hacerse constar en forma clara los derechos y obligaciones de las partes.

- **CASO 3: ASCENSOR Y MUERTE**

Este caso fue comentario en el Boletín N° 1/83 del Consejo Profesional de Arquitectura y Urbanismo, páginas 40 a 45, por el Arq. Carlos Rivarola.

En una obra en construcción, durante los fines de semana, la empresa inmobiliaria exhibía las unidades funcionales en estado de ejecución a eventuales compradores. Un matrimonio y su pequeña hija se acercaron a esta obra, y el encargado de ventas exhibió los departamentos. La niña, de corta edad, entraba y salía libremente por las unidades funcionales, abriendo las puertas. Pero abrió una puerta que conducía al hueco de un ascensor, y halló la muerte cayendo siete pisos.

Se llega a una instancia judicial, en la cual una jueza encuentra al arquitecto director y constructor de la obra responsable del hecho, por "la ausencia de medidas de seguridad en la puerta del ascensor que daba al vacío".

Pero la defensa del profesional apeló el fallo, y en una segunda instancia, se sostuvo acertadamente: "... creo del caso destacar que en tanto el deber de actuar se satisfacía con poner efectivas defensas en los huecos, bastaba a esos fines que las puertas instaladas tuvieran la cerradura colocada con su correspondiente pestillo y sin el picaporte, posibilitador de su apertura, resultando así irrelevante el que las trabas electromecánicas estuvieran instaladas o no". En esta instancia, el llamado picaporte es el realidad un medio balancín que no debió estar en esa puerta y que usaban los mecánicos que instalaban los ascensores, siendo que uno de ellos lo dejó olvidado en la puerta cuya apertura ocasiono el deceso de la niña. Vale considerar uno de los testimonios del juicio, el cual manifestó que el accidente pudo haberse evitado si se hubiera retirado el medio balancín de la puerta del ascensor. El fallo sostuvo además que "Es verdad que el pestillo del picaporte suprime la defensa o suprime la falta de ella, que es lo que ocurrió en la especie; y que en un sentido daba lo mismo que la puerta estuviera abierta o cerrada pero con el dispositivo que posibilitara su apertura. (...). Pero de esto no puede responsabilizarse al Director de Obra, si –como se vio– arbitró como recaudo el que no quedaran instalados los picaportes en las puertas en forma permanente. (...). El fundamento del delito imprudente es la infracción a un deber objetivo de cuidado y no una mera "culpa in vigilando" apoyada en la previsibilidad del resultado". De esta forma, el director de obra, que se enfrentaba a una condena de prisión en suspenso y a una inhabilitación para ejercer la profesión, pudo quedar liberado de responsabilidad, debido a que como bien lo expresa el fallo de segunda instancia "... la vigilancia no puede suponer un control personal director sobre cada uno de los operarios acerca de una imprevisible conducta descuidada interfirente, en lo que asiste razón a la defensa".

Este caso además plantea una derivación: en las obras, el constructor es quien ejerce la tenencia de la obra, y por lo tanto, en los casos de edificios en construcción que se sujetan al derecho real de Propiedad Horizontal, la presencia de encargados de venta que exhiben la obra a potenciales compradores, que deambulan en el edificio a través de zonas potencialmente riesgosas, debe ser contemplada por el arquitecto director o el constructor, debiendo establecer tanto en el contrato de obra como en los libros de ordenes la prohibición de entrada de personas ajenas a la obra, la cual muchas veces se indica en un cartel en la entrada de la obra.

DEFENSA DEL CONSUMIDOR, CONSTRUCCIÓN Y RECLAMOS POR VICIO O RUINA

La **Ley 24.240**, llamada **Ley de Defensa del Consumidor**, tiene por objeto la defensa de los consumidores o usuarios, considerando como tales, en su art. 1, a toda persona humana o jurídica que adquiere o utiliza bienes o servicios en forma gratuita u onerosa como destinatario final, en beneficio propio o de su grupo familiar o social. Queda comprendida la adquisición de derechos en tiempos compartidos, clubes de campo, cementerios privados y figuras afines. Se considera asimismo consumidor o usuario a quien, sin ser parte de una relación de consumo, como consecuencia o en ocasión de ella adquiere o utiliza bienes o servicios como destinatario final, en beneficio propio o de su grupo familiar o social, y a quien de cualquier manera está expuesto a una relación de consumo. En su art. 2, la ley considera **proveedor**, a la **persona humana o jurídica de naturaleza pública o privada, que desarrolla de manera profesional, aun ocasionalmente, actividades de producción, montaje, creación, construcción, transformación, importación, concesión de marca, distribución y comercialización de bienes y servicios, destinados a consumidores o usuarios.** Todo proveedor está obligado al cumplimiento de la Ley 24.240. La ley 24.240 no alcanza a los arquitectos que proyecten y/o dirijan obras. No están comprendidos en la ley los servicios de profesionales liberales que requieran para su ejercicio título universitario y matrícula otorgada por colegios profesionales reconocidos oficialmente o autoridad facultada para ello, pero sí la publicidad que se haga de su ofrecimiento. Ante la presentación de denuncias, que no se vincularen con la publicidad de los servicios, presentadas por los usuarios y consumidores, la autoridad de aplicación de esta ley informará al denunciante sobre el ente que controle la respectiva matrícula a los efectos de su tramitación.

La **relación de consumo** es el **vínculo jurídico entre el proveedor y el consumidor o usuario.** Por el art. 3, las disposiciones de la Ley 24.240 se integran con las normas generales y especiales aplicables a las relaciones de consumo, en particular la Ley 25.156 de Defensa de la Competencia y la Ley 22.802 de Lealtad Comercial o las que en el futuro las reemplacen. En caso de duda sobre la interpretación de los principios que establece esta ley prevalecerá la más favorable al consumidor. Las relaciones de consumo se rigen por el régimen establecido en esta ley y sus reglamentaciones sin perjuicio de que el proveedor, por la actividad que desarrolle, esté alcanzado asimismo por otra normativa específica. Una empresa constructora ha de ser considerada proveedor, según el art. 1 inc. 3 de la Ley 24.240. Si dicha empresa genera un problema, independientemente de la acción legal que pueda hacérsele, puede además denunciarse tal hecho en la dirección de Defensa del Consumidor; en este caso, la empresa será sancionada, no teniendo el comprador derecho a indemnización alguna, la cual podrá perseguir por los mecanismos legales que correspondan.

En los casos de productos –incluso aquellos destinados a la construcción–, el fabricante no sólo está vinculado con el vendedor mayorista o minorista, sino también con el usuario o comitente. De ello se desprende que deberá responder por todo vicio o defecto que tenga el producto fabricado. Igual responsabilidad rige para el importador de cualquier producto de fabricación extranjera, siempre respecto de terceros.

Asimismo, el vendedor o distribuidor del producto tienen responsabilidad hacia el adquirente del producto, sólo que de existir vicios de origen podrá citar como tercero responsable al fabricante, mayorista, importador o compañía aseguradora del producto.

En las obras, un/a comitente podrá exigir responsabilidad a la dirección de obra (haciendo dirección de obra ejecutiva o por administración) o constructora, dado que han de controlar y fiscalizar la nobleza y la calidad de los materiales empleados, aun siendo los materiales provistos por el comitente, y debiendo asentar por escrito –tanto la profesional como la constructora– toda objeción al respecto sobre dichos materiales.

Además, el desconocimiento del uso de los materiales, y la inobservancia de manuales de procedimientos para su empleo no acarrean culpa del fabricante, vendedor y/o importador del producto, debiendo soportar el infortunio el constructor y/o el profesional.

Acerca del destino de los materiales que ingresan a la obra, en los casos en que el profesional (o el constructor, si no ha incluido el costo de los materiales en el presupuesto que emitió al comitente) efectúe la adquisición, debe hacerse constar el nombre del comitente y lugar de destino, tanto en facturas como en remitos. Este procedimiento, ideal para obras ejecutadas por administración del profesional, evitará eventuales cuestionamientos del comitente hacia el profesional por los materiales ingresados a la obra, como asimismo, el profesional queda liberado en los casos de que el proveedor le reclame una deuda ante la falta de pago por parte del comitente.

Por otra parte, si el producto empleado posee vicios imperceptibles aun para el experto y si ese producto ha sido colocado en el mercado sobre la base de publicidad engañosa, puede verse morigerada la responsabilidad del profesional y del constructor.

Si el denunciante y el denunciado llegan a un acuerdo, se firma un documento conjunto en el que constan los detalles del mismo. Este acuerdo es de cumplimiento obligatorio. En caso de no llegar a un acuerdo, se cierra la instancia conciliatoria y el expediente es derivado a la Dirección Jurídica de la autoridad de aplicación. En esta instancia, el consumidor deja de ser parte de las actuaciones. La autoridad determina, mediante una resolución, si hubo una infracción a la ley 24.240. La empresa denunciada puede recibir una sanción de apercibimiento o multa. Las resoluciones son apelables ante el poder judicial. La multa no es a favor del denunciante, sin perjuicio de ello las actuaciones administrativas pueden servir como prueba para una futura acción judicial particular del consumidor.

De llegar a una instancia judicial, el comitente puede exigir responsabilidad solidaria al fabricante, importador o vendedor (quienes entre ellos habrán de ejercer las respectivas acciones de regreso).

A QUIÉN SE DEMANDA RESPONSABILIDAD

En cuanto a **responsabilidad por daños**, el art. 40 de la Ley 24.240 expresa que, si el daño al consumidor resulta del vicio o riesgo de la cosa o de la prestación del servicio, **responderán por dicho daño el productor, el fabricante, el importador, el distribuidor, el proveedor, el vendedor y quien haya puesto su marca en la cosa o servicio.** El transportista responderá por los daños ocasionados a la cosa con motivo o en ocasión del servicio. La responsabilidad es solidaria, sin perjuicio de las acciones de repetición que correspondan. Sólo se liberará total o parcialmente quien demuestre que la causa del daño le ha sido ajena.

NORMAS ESPECÍFICAS SOBRE PRESCRIPCIÓN

El art. 50 de la Ley 24.240, establece que las acciones judiciales, las administrativas y las sanciones emergentes de la presente ley prescribirán en el término de tres años. Cuando por otras leyes generales o especiales se fijen plazos de prescripción distintos del establecido precedentemente se estará al más favorable al consumidor o usuario.

Con este criterio, y siendo que el art. 1275 del CCyC establece que la responsabilidad por ruina abarca a dicho supuesto si se produce dentro de los diez años de aceptada la obra, se estaría combinando el plazo decenal del CCyC con la acción de tres años del art. 50 de la Ley. 24.240.

RUINA, VICIO Y CONSTRUCTORAS-VENDEDORAS

En muchos casos, nuevos edificios se construyen contrariando las reglas del arte (reduciendo espesores mínimos de elementos estructurales, alterando las proporciones de los materiales, etc.), con materiales de mala calidad para abaratar costos. Pero en algún momento, comenzarán a evidenciarse vicios.

Bien puede tratarse del uso de materiales inadecuados o de ejecución de técnicas deficientes de construcción, pero a veces se evidencias factores imprevisibles; en algunas obras, un ascenso de napas subterráneas puede provocar algún tipo de patología constructiva, actuando a modo de situación previsible. Pero en los casos de venta de inmuebles a estrenar que están "convenientemente" presentados, a efectos de impedir la visualización de vicios o defectos (por lo general humedades, maderas poco estacionadas, etc.), debe inicialmente comunicarse sobre los defectos a la empresa constructora y al profesional a cargo de la obra, intimándolos a la reparación del daño padecido bajo apercibimiento de iniciar acciones legales.; es importante hacer uso de medios fehacientes, tal como la carta documento, pues a partir de su recepción tanto la empresa como el profesional quedan constituidos en mora. De no obtener respuesta, podrá llegarse a la acción judicial, previo paso –en Ciudad de Buenos Aires– de la mediación. De producirse la venta de una vivienda que puede manifestar vicios, el adquirente podrá hacer valer sus derechos reclamando por la aparición de ruina o de vicios ocultos, o en su defecto, la acción redhibitoria.

QUIEBRA DE LAS CONSTRUCTORAS-VENDEDORAS

Cuando aparecen vicios de construcción al poco tiempo de la recepción definitiva del inmueble, o bien desde su inauguración, la empresa vendedora-constructora es quien debe responder para subsanar tales vicios, que con justa razón le demanda el comitente.

En el caso de que el edificio sea un inmueble sujeto al derecho real de Propiedad Horizontal, cada copropietario puede demandar a la empresa-vendedora en tanto se trate de daños sufridos en sectores privativos, pero si los daños afectan partes comunes, será el consorcio, con expresa autorización de los copropietarios, quien promueva las acciones legales; y en el caso de que el consorcio haya abonado dinero por arreglos que originariamente debía costear la empresa vendedora, con más razón puede reclamar por los reembolsos a que tiene derecho. En razón de defectos constructivos, la empresa vendedora-constructora puede ser demandada, mas si dicha empresa, por causa de una quiebra, desaparece, o bien si se trata de una persona jurídica ya disuelta, el reclamo puede tornarse dificultoso.

Entonces, si deben realizarse trabajaos para solucionar problemas de vicios o defectos, dichos trabajos contratados y pagados por el propietario de la obra, y si se tratara de un consorcio de propietarios los gatos serán prorrateados entre todos ellos a través de las expensas comunes, en la proporción de los porcentuales establecidos en el reglamento de copropiedad y administración del edificio.

RESPONSABILIDAD DEL TERCERO VENDEDOR DE LOS MATERIALES

La responsabilidad del tercero que ha proveído los materiales que se emplearon en la obra y cuya mala calidad originó la ruina, se rige por los principios relativos a la compraventa. Es decir, si se trata de vicios ocultos el vendedor es responsable; pero no lo es si la mala calidad era aparente. Conforme el art. 5 de la Ley 24.240, los productos deben ser elaborados de forma tal que utilizados en condiciones previsibles o normales no presenten peligro alguno para la salud o integridad física de los consumidores o usuarios. De algún modo, un fabricante asume una obligación de resultado frente al futuro consumidor, consistente en la entrega de un producto para cumplir con una finalidad que constituya la razón comercial que sirve para su promoción y eventual estímulo en el comprador para su adquisición (cfr. CNCom., Sala B, 20-11-2000, Silva de Buen, Teresa M. y otro v. Autolatina Argentina S.A. y otros).

Asimismo, un producto ha de reputarse defectuoso si no ofrece la seguridad que se puede legítimamente esperar teniendo en cuenta para ello, un conjunto de circunstancias entre las cuales se encuentran: a) la presentación; b) el uso al cual puede ser razonablemente destinado; c) el momento de la puesta en circulación (cfr. Jorge Mosset Iturraspe, *Responsabilidad por daños*, t. III, Ed. Rubinzal Culzoni, Santa Fe, 1998, pág. 257).

Es importante, aunque suene sobrentendido, que el material a emplear en la obra debe estar correctamente trabajado y ejecutado, haciendo caso a toda indicación técnica proveniente de manuales que brinda el fabricante. Todo fabricante debe responder por el vicio de aquello que fabricó y que luego se vendió: a su vez, el importador de un producto debe responder también, como si fuera un fabricante. Si se reclama al vendedor del producto, podrá citar al juicio al fabricante o importador o aseguradora del producto vendido. La dirección de obra debe tener especial recaudo de fiscalizar el producto empleado, si realiza su tarea ejerciendo dirección por administración.

OPCIONES DEL CONSUMIDOR

El art. 10 de la Ley 24.240 establece:

> El incumplimiento de la oferta o del contrato por el proveedor, salvo caso fortuito o fuerza mayor, faculta al consumidor, a su libre elección a:
> a) Exigir el cumplimiento forzado de la obligación, siempre que ello fuera posible;
> b) Aceptar otro producto o prestación de servicio equivalente;
> c) Rescindir el contrato con derecho a la restitución de lo pagado, sin perjuicio de los efectos producidos, considerando la integridad del contrato.
> Todo ello sin perjuicio de las acciones de daños y perjuicios que correspondan.

Ha de entenderse que este artículo debe armonizarse con las normas del CCyC.

DAÑO DIRECTO Y DAÑO PUNITIVO

El art. 40 bis de la Ley 24.240 incorporó la figura del **daño directo**:

> El daño directo es todo perjuicio o menoscabo al derecho del usuario o consumidor, susceptible de apreciación pecuniaria, ocasionado de manera inmediata sobre sus bienes o sobre su persona, como consecuencia de la acción u omisión del proveedor de bienes o del prestador de servicios.

> Los organismos de aplicación, mediante actos administrativos, fijarán las indemnizaciones para reparar los daños materiales sufridos por el consumidor en los bienes objeto de la relación de consumo.
>
> Esta facultad sólo puede ser ejercida por organismos de la administración que reúnan los siguientes requisitos:
>
> a) la norma de creación les haya concedido facultades para resolver conflictos entre particulares y la razonabilidad del objetivo económico tenido en cuenta para otorgarles esa facultad es manifiesta;
>
> b) estén dotados de especialización técnica, independencia e imparcialidad indubitadas;
>
> c) sus decisiones estén sujetas a control judicial amplio y suficiente.
>
> Este artículo no se aplica a las consecuencias de la violación de los derechos personalísimos del consumidor, su integridad personal, su salud psicofísica, sus afecciones espirituales legítimas, las que resultan de la interferencia en su proyecto de vida ni, en general, a las consecuencias no patrimoniales.

Por su parte, el art. 52 bis de la Ley 24.240 expresa la aplicación del **daño punitivo**:

> Al proveedor que no cumpla sus obligaciones legales o contractuales con el consumidor, a instancia del damnificado, el juez podrá aplicar una multa civil a favor del consumidor, la que se graduará en función de la gravedad del hecho y demás circunstancias del caso, independientemente de otras indemnizaciones que correspondan. Cuando más de un proveedor sea responsable del incumplimiento responderán todos solidariamente ante el consumidor, sin perjuicio de las acciones de regreso que les correspondan. La multa civil que se imponga no podrá superar el máximo de la sanción de multa prevista en el artículo 47, inciso b) de esta ley.

Según el art. 47 de la ley 24.240, verificada la existencia de la infracción, quienes la hayan cometido serán pasibles de sanciones, las que se podrán aplicar independiente o conjuntamente, según resulte de las circunstancias del caso. Estas sanciones son:

a) Apercibimiento.
b) Multa de PESOS CIEN ($ 100) a PESOS CINCO MILLONES ($ 5.000.000).
c) Decomiso de las mercaderías y productos objeto de la infracción.
d) Clausura del establecimiento o suspensión del servicio afectado por un plazo de hasta TREINTA (30) días.
e) Suspensión de hasta CINCO (5) años en los registros de proveedores que posibilitan contratar con el Estado.
f) La pérdida de concesiones, privilegios, regímenes impositivos o crediticios especiales de que gozare.

REPARACIÓN INTEGRAL

Aun teniendo el consumidor las figuras del daño directo y del daño punitivo, rige además el principio de reparación integral del daño, que comprende no solamente el daño patrimonial sino también el daño moral o extrapatrimonial. El art. 54 de la Ley 24.240, en su párrafo final, expresa:

> *Si la cuestión tuviese contenido patrimonial establecerá las pautas para la reparación económica o el procedimiento para su determinación sobre la base del principio de reparación integral. Si se trata de la restitución de sumas de dinero se hará por los mismos medios que fueron percibidas; de no ser ello posible, mediante sistemas que permitan que los afectados puedan acceder a la reparación y, si no pudieran ser individualizados, el juez fijará la manera en que el resarcimiento sea instrumentado, en la forma que más beneficie al grupo afectado. Si se trata de daños diferenciados para cada consumidor o usuario, de ser factible se establecerán grupos o clases de cada uno de ellos y, por vía incidental, podrán éstos estimar y demandar la indemnización particular que les corresponda.*

TRÁMITE PROCESAL

Por el art. 53 de la Ley 24.240, regirá la norma más abreviada, a menos que si la pretensión es compleja, deba realizarse un juicio de conocimiento; la ley, en su art. 59, prevé organizar tribunales arbitrales específicos para actuar como amigables componedores o árbitros de derecho común.

En principio, las acciones a iniciarse serán bajo la órbita del derecho comercial. Aunque ha resultado competente la justicia civil en tanto la relación de consumo no ha tenido naturaleza de tipo mercantil (cfr. CSJN, Safar Retamar, María Elena c/ Moño Azul S.A., 31-3-1999, Fallos 322:596; Unión de Consumidores de Argentina c/ Arcos Dorados S.A. y Otro, 29-3-2005 y Echenbaum, Arnoldo c/ Hospital Italiano de Bs. As. s/ Amparo, 4-9-2007; CNCiv, Sala K, Litvac c/ Volkswagen Argentina S.A., 25-9-2002).

Capítulo 16
Resolución de conflictos

Todos poseemos una necesidad de resguardo de nuestra intimidad, situación a la que tenemos un elemental derecho; por esa razón, establecemos con nuestros semejantes una distancia (física, afectiva, etc.) acorde a la relación que mantenemos en cada caso particular.

En nuestra vida social manifestamos continuamente nuestra posición respecto de esa distancia, para lograr una mayor o menor exposición personal.

En la construcción, un/a profesional continuamente construye relaciones: con su asesoría, comitentes, constructoras, subcontratistas, etc., tendiendo lazos que ayudan a la concreción de la obra.

EL CONFLICTO

En una relación siempre realizamos un intercambio. En este intercambio emitimos, recibimos y decodificamos mensajes que normalmente llevan a una buena comunicación, al crecimiento espiritual y al enriquecimiento grupal, pues somos miembros de una comunidad organizada.

Las relaciones que mantenemos con el prójimo no siempre son armónicas, pues en algún momento puede desaparecer el entendimiento reinante; en toda relación existe la posibilidad de que pueda surgir un conflicto.

Y es inevitable que en algún momento de la relación aparezca un conflicto. Una relación se construye diariamente, y en esta construcción cada persona tiene una forma distinta de construir, intercambiar, comunicar, elaborar y tolerar. La aparición de un conflicto produce entonces un desequilibrio del statu quo existente entre las partes, puesto que se han de manifestar intereses contrapuestos.

RESOLUCIÓN DE CONFLICTOS

La aparición del conflicto no siempre hace mella en la calidad humana de las personas o su buena voluntad. Bien pueden las partes superar el conflicto solucionándolo, arribando a un buen entendimiento. De esa manera, la resolución del conflicto constituye un hecho significativo y beneficioso, máxime cuando no se busca que haya vencedores o vencidos.

La aparición de un problema impone que se asumir su existencia y enfrentarlo. Y ello debe hacerse de un modo adulto, ya que las actitudes de confrontamiento total entre las partes (generándose una enemistad) son tan contraproducentes como las la actitudes negadoras, que a veces se traducen en una postura de total abandono del propio interés.

Es bueno que la solución del conflicto sea autocompositiva, es decir, que la solución nazca de la voluntad y el trabajo de las partes; pero si el conflicto no puede ser resuelto por las partes, deben intervenir terceros, con lo cual, la solución pasa a ser heterocompositiva.

Los conflictos por los que pueden atravesar los actores de la construcción pueden ser resueltos a través de los **institutos legales** creados al efecto, o bien por **modalidades alternativas**.

LA JUSTICIA

El Poder Judicial es uno de los tres poderes del Estado. Un litigio civil llega hasta los estrados judiciales, y las dos partes en conflicto –una se denomina demandante, actora, y la otra llamada demandada– con el patrocinio de abogados/as que los represente a cada uno (según lo establece el CPCCN) trasladan la resolución del problema a la Justicia; los letrados de las partes elaborarán las pertinentes demandas y defensas, siendo en definitiva, el Juez quien resuelva –basándose en lo alegado y probado– cual parte vence en la disputa.

Dentro del Poder Judicial de la Nación se hallan distintos fueros, los cuales funcionan separadamente unos de otros. Estos fueros están dados, en general, en razón de la materia. Así tenemos fuero civil, fuero comercial, fuero penal, fuero laboral, contencioso-administrativo federal, etc.

Según la naturaleza del conflicto, el juicio tramitará en el fuero competente, estando bajo la jurisdicción de un juez.

En líneas generales, e independientemente de las características generales de cada proceso, los juicios tramitan en tres instancias, siendo la primera Instancia aquella en la cual se inicia la demanda. Si el veredicto dado por el juez de primera instancia no es aceptado por cualquiera de las partes, la causa podrá apelarse en una Segunda Instancia, que está representada por las Cámaras de Apelaciones. Y si el fallo de éstas tampoco satisface a una de las partes, y en el caso de se que halle afectada una garantía constitucional o bien que exista una sentencia arbitraria, podrá accederse a la Corte Suprema de Justicia de la Nación.

Así como la Justicia se divide en fueros, cada uno de ellos posee una división en procesos, de modo que se establezca una categorización de las causas que se sustancien; al respecto, la Justicia del orden nacional, en el CPCCN las regula del modo que sigue:

a) **PROCESO ORDINARIO:** Se someterá a este tipo de proceso a aquellos hechos que merecen un estudio profundo y exhaustivo para poder comprobar las causas que motivan la acción judicial; también se aplica este proceso a aquellas acciones que no se hallan tipificadas dentro de un tipo de proceso judicial. En propiedad Horizontal, una demanda por daños y perjuicios encuadra en esta categoría. Se lee en el primer párrafo del art. 319 del CPCCN: "Todas las contiendas judiciales que no tuvieren señalada una tramitación especial, serán ventiladas en juicio ordinario, salvo cuando este Código autorice al juez a determinar la clase de proceso aplicable... (...)".

b) **PROCESO SUMARISIMO:** Se aplicará este tipo de proceso según lo establecido en el art. 498 del CPCCN, siendo que, presentada la demanda, el juez, teniendo en cuenta la naturaleza de la cuestión y la prueba ofrecida, resolverá de oficio y como primera providencia si correspondiese que la controversia se sustancie por esta clase de proceso. Si así lo decidiese, el trámite se ajustará a lo establecido para el proceso ordinario, con modificaciones establecidas en el mismo artículo.

c) **PROCESO EJECUTIVO:** Es un proceso que se inicia para hacer efectivo el pago de una obligación que está documentada en títulos. Se establece en los casos en los cuales se inicia una demanda por una obligación de dar cantidades líquidas de dinero, o fácilmente liquidables. Si ante el acto conminatorio, el deudor no abona el monto reclamado, puede sufrir un **embargo** sobre bienes suficientes que cubran el citado monto. Es embargo la afectación de los bienes del deudor al pago del crédito reclamado. El art. 520 del CPCCN establece al respecto: "Se procederá ejecutivamente siempre que en virtud de un (1) título que traiga aparejada ejecución, se demandare por obligación exigible de dar cantidades líquidas de dinero, o fácilmente liquidables. Si la obligación estuviere subordinada a condición o prestación, la vía ejecutiva procederá si del título o de otro instrumento público o privado reconocido que se presente junto con aquél, o de la diligencia prevista en el artículo 525, inciso 4, resultare haberse cumplido la condición o prestación. Si la obligación fuere en moneda extranjera, la ejecución deberá promoverse por el equivalente en moneda nacional, según la cotización del banco oficial que corresponda al día de la iniciación o la que las partes hubiesen convenido, sin perjuicio del reajuste que pudiere corresponder al día del pago".

Constituirá título ejecutivo el crédito por expensas comunes de edificios sujetos al régimen de propiedad horizontal. Con el escrito de promoción de la ejecución deberán acompañarse certificados de deuda que reúnan los requisitos exigidos por el reglamento de copropiedad. Si éste no los hubiere previsto deberá agregarse constancia de la deuda líquida y exigible y del plazo concedido a los copropietarios para abonarla, expedida por el administrador o quien haga sus veces (art. 524 del CPCCN).

d) **EJECUCIONES ESPECIALES:** Son acciones que se encuadran dentro de un marco específico, y se aplican para asegurar el pago de montos que están garantizados por títulos hipotecarios, prendarios, comerciales y fiscales, y deudas impositivas, de servicios públicos, y por tasas.

e) **PROCESOS ESPECIALES:** Encuadran estas acciones en un marco específico, previsto en la norma; algunas de ellas son:
- Interdictos y Acciones Posesorias;
- Denuncia de Daño Temido y por Oposición a Reparaciones Urgentes.
- Rendición de Cuentas
- Desalojo

f) **PROCESO SUCESORIO:** Por el art. 227 del CCyC, la muerte real o presunta de una persona causa la apertura de su sucesión y la transmisión de su herencia a las personas llamadas a sucederle por el testamento o por la ley. La sucesión es la transmisión de los derechos activos y pasivos que componen la herencia de una persona muerta, a la persona que sobrevive, a la cual la ley o el testador llama para recibirla. Este proceso provee a la sustitución de uno o más sujetos de una relación jurídica en virtud de una transferencia o transmisión: cesión, enajenación, etc. El CCyC en su art. 2278 establece: "Se denomina heredero a la persona a quien se transmite la universalidad o una parte indivisa de la herencia; legatario, al que recibe un bien particular o un conjunto de ellos".

g) **PROCESO ARBITRAL:** Prevé esta modalidad que aquellas cuestiones previstas en el CPCCN podrán ser sometidas a la decisión de jueces árbitros, antes o después de deducidas en juicio y cualquiera fuere el estado de éste. La sujeción a juicio arbitral puede ser convenida en el contrato o en un acto posterior.

h) **PROCESOS VOLUNTARIOS:** Son los procesos que se enumeran a continuación:
- Autorización para contraer matrimonio.
- Tutela. Curatela.

- Copia y renovación de títulos.
- Autorización para comparecer en juicio y ejercer actos jurídicos.
- Examen de los libros por el socio.
- Reconocimiento, adquisición y venta de mercaderías.

i) **INCIDENTES:** El incidente es una cuestión que surge durante el desarrollo de un proceso, y que poseen algún grado de conexidad con la pretensión que aquél lleva a cabo.

En el fuero comercial, es de destacar la existencia de los procesos de **concurso preventivo y quiebra**. Los mismos se hallan previstos en la Ley 24.522 y sus leyes modificatorias números 25.563 y 25.589:

- El **concurso preventivo** es un proceso que solicita una persona cuyos desfasajes financieros que atraviesa en virtud de su actividad le impiden hacer frente a sus obligaciones regulares; y sirve a efectos de que pueda arribar a un acuerdo de pago con sus acreedores, pudiendo continuar normalmente su actividad.
- Por otra parte, la **quiebra** es un proceso que solicita una persona –o sus acreedores– cuando se ve impedida de cumplir con sus obligaciones, por cuanto su actividad deja de ser rentable y no puede hacer frente a sus obligaciones, aun en el caso de que le otorgaran plazos generosos de pago y quitas sobre su deuda.

Históricamente, el derecho civil se ha conformado como un sector del ordenamiento jurídico que se ocupa de la persona y sus diferentes estados, de su patrimonio y del tráfico de bienes.

Por ello, el fuero civil abarca bajo su órbita aquellas cuestiones previstas en el orden civil, más precisamente en el CCyC, que refiere a:

- Personas;
- Derechos personales en las relaciones de familia y relaciones civiles;

- Obligaciones;
- Hechos y Actos jurídicos que producen la adquisición, modificación, transferencia o extinción de los derechos y obligaciones;
- Derechos Personales y Reales;
- Cumplimiento de legislación complementaria acorde a la materia que se trata, tal el caso de la propiedad horizontal, propiedad intelectual, matrimonio, etc.

El fuero comercial entiende en todas las cuestiones regidas por las leyes mercantiles cuyo conocimiento no haya sido expresamente atribuido a los jueces de otro fuero.
Así, la justicia comercial, según el CCyC y leyes específicas, involucra a:

- Comerciantes;
- Modos de llevar documentación comercial;
- Bolsas y mercados de comercio;
- Dependientes de comercio;
- Contratos de comercio;
- Mandato comercial;
- Cumplimiento de legislación complementaria, tal como la Ley General de Sociedades, Ley de navegación, etc.

En el ámbito de la Ciudad de Buenos Aires, la justicia sigue bajo la tutela del orden nacional, en tanto que el Poder Judicial de la Ciudad actualmente verifica el cumplimiento de las leyes solamente en los fueros:

- **Contencioso Administrativo y Tributario**, inherente a toda controversia originada en las tributaciones por impuestos.
- **Contravencional, Penal y Faltas**, que interviene en todo problema suscitado por violación a las normas de convivencia, y sobre ciertas competencias en materia penal que han sido transferidas a la Ciudad por parte de la Nación.

LAS MODALIDADES ALTERNATIVAS

Las técnicas alternativas buscan una resolución del conflicto antes de que éste arribe a una instancia judicial. Las modalidades alternativas son impuestas por la ley o bien son acordadas por las partes en disputa, buscando de esta manera evitar la lentitud y el desgaste que acarrea para las partes la instrumentación de un juicio en tribunales. Los métodos alternativos que trataremos son el **juicio arbitral** (o también llamado juicio arbitral de derecho), el **juicio de amigables componedores**, la **negociación** y la **mediación**.

ARBITRAJE

El arbitraje es la labor que desarrollan árbitros. Se denomina **árbitro/a** a uno o más **terceros que se dirigen a dos litigantes para resolver un conflicto entre ambos**. La designación de uno o más árbitros recae en cada una de las partes, y debe formalizarse como un compromiso que asumen.
El arbitraje está definido en el art. 1649 del CCyC. Se lee en dicho artículo:

> "Hay contrato de arbitraje cuando las partes deciden someter a la decisión de uno o más árbitros todas o algunas de las controversias que hayan surgido o puedan surgir entre ellas respecto de una determinada relación jurídica, contractual o no contractual, de derecho privado en la que no se encuentre comprometido el orden público".

Sobre el arbitraje, el art. 736 del CPCCN expresa:

> "Toda cuestión entre partes, excepto las mencionadas en el artículo 737, podrá ser sometida a la decisión de jueces árbitros, antes o después de deducida en juicio y cualquiera fuere el estado de éste. La sujeción a juicio arbitral puede ser convenida en el contrato o en un acto posterior.
> No podrán comprometerse en árbitros, bajo pena de nulidad, las cuestiones que no pueden ser objeto de transacción" (Art. 737 del CPCCN).

Conforme el art. 1651 del CCyC, no pueden ser objeto de arbitraje las siguientes materias:

a) las que se refieren al estado civil o la capacidad de las personas;
b) las cuestiones de familia;
c) las vinculadas a derechos de usuarios y consumidores;
d) los contratos por adhesión cualquiera sea su objeto;
e) las derivadas de relaciones laborales.

Asimismo, las disposiciones del CCyC relativas al contrato de arbitraje no son aplicables a las controversias en que sean parte los Estados nacional o local.

COMPROMISO ARBITRAL

El acuerdo de arbitraje debe ser escrito y puede constar en una cláusula compromisoria incluida en un contrato o en un acuerdo independiente o en un estatuto o reglamento.
La referencia hecha en un contrato a un documento que contiene una cláusula compromisoria constituye contrato de arbitraje siempre que el contrato conste por escrito y la referencia implique que esa cláusula forma parte del contrato.
El contrato de arbitraje es independiente del contrato con el que se relaciona. La ineficacia de éste no obsta a la validez del contrato de arbitraje, por lo que los árbitros conservan su competencia, aun en caso de nulidad de aquél, para determinar los respectivos derechos de las partes y pronunciarse sobre sus pretensiones y alegaciones.
Si nada se hubiese estipulado en el compromiso acerca de si el arbitraje ha de ser del tipo arbitral de derecho o de amigables componedores, o si se hubiese autorizado a los árbitros a decidir la controversia según equidad, se entenderá que es de amigables componedores.

CLÁUSULAS FACULTATIVAS

En el compromiso arbitral puede preverse:

a) la sede del arbitraje;
b) el idioma en que se ha de desarrollar el procedimiento;
c) el procedimiento al que se han de ajustar los árbitros en sus actuaciones. A falta de acuerdo, el tribunal arbitral puede dirigir el arbitraje del modo que considere apropiado;
d) el plazo en que los árbitros deben pronunciar el laudo. Si no se ha pactado el plazo, rige el que establezca el reglamento de la entidad administradora del arbitraje, y en su defecto el que establezca el derecho de la sede;
e) la confidencialidad del arbitraje;
f) el modo en que se deben distribuir o soportar los costos del arbitraje.

COMPETENCIA

Excepto estipulación en contrario, el contrato de arbitraje otorga a los árbitros la atribución para decidir sobre su propia competencia, incluso sobre las excepciones relativas a la existencia o a la validez del convenio arbitral o cualesquiera otras cuya estimación impida entrar en el fondo de la controversia.

Se extingue la competencia de los árbitros con el dictado del laudo definitivo, excepto para el dictado de resoluciones aclaratorias o complementarias conforme a lo que las partes hayan estipulado o a las previsiones del derecho de la sede.

DICTADO DE MEDIDAS PREVIAS

Excepto estipulación en contrario, el contrato de arbitraje atribuye a los árbitros la facultad de adoptar, a pedido de cualquiera de las partes, las medidas cautelares que estimen necesarias respecto del objeto del litigio. Los árbitros pueden exigir caución suficiente al solicitante. La ejecución de las medidas cautelares y en su caso de las diligencias preliminares se debe hacer por el tribunal judicial.

Las partes también pueden solicitar la adopción de estas medidas al juez, sin que ello se considere un incumplimiento del contrato de arbitraje ni una renuncia a la jurisdicción arbitral; tampoco excluye los poderes de los árbitros.

Las medidas previas adoptadas por los árbitros pueden ser impugnadas judicialmente cuando violen derechos constitucionales o sean irrazonables.

DESIGNACIÓN DE LOS ÁRBITROS

El CCyC en su art. 1659 establece que el tribunal arbitral debe estar compuesto por uno o más árbitros en número impar. Si nada se estipula, los árbitros deben ser tres. Las partes pueden acordar libremente el procedimiento para el nombramiento del árbitro o los árbitros.

A falta de tal acuerdo:

a) en el arbitraje con tres árbitros, cada parte nombra un árbitro y los dos árbitros así designados nombran al tercero. Si una parte no nombra al árbitro dentro de los treinta días de recibido el requerimiento de la otra parte para que lo haga, si los dos árbitros no consiguen ponerse de acuerdo sobre el tercer árbitro dentro de los treinta días contados desde su nombramiento, la designación debe ser hecha, a petición de una de las partes, por la entidad administradora del arbitraje o, en su defecto, por el tribunal judicial;

b) en el arbitraje con árbitro único, si las partes no consiguen ponerse de acuerdo sobre la designación del árbitro, éste debe ser nombrado, a petición de cualquiera de las partes, por la entidad administradora del arbitraje o, en su defecto, por el tribunal judicial.

Cuando la controversia involucra a más de dos partes y éstas no pueden llegar a un acuerdo sobre la forma de constitución del tribunal arbitral, la entidad administradora del arbitraje, o en su defecto, el tribunal judicial debe designar al árbitro o los árbitros.

Puede actuar como árbitro cualquier persona con plena capacidad civil. Las partes pueden estipular que los árbitros reúnan determinadas condiciones de nacionalidad, profesión o experiencia. Es nula la cláusula que confiere a una parte una situación privilegiada en cuanto a la designación de los árbitros.

OBLIGACIONES A CARGO DE ÁRBITROS/AS

En el art. 1662 del CCyC se lee que el árbitro que acepta el cargo celebra un contrato con cada una de las partes y se obliga a:

a) revelar cualquier circunstancia previa a la aceptación o que surja con posterioridad que pueda afectar su independencia e imparcialidad;
b) permanecer en el tribunal arbitral hasta la terminación del arbitraje, excepto que justifique la existencia de un impedimento o una causa legítima de renuncia;
c) respetar la confidencialidad del procedimiento;
d) disponer de tiempo suficiente para atender diligentemente el arbitraje;
e) participar personalmente de las audiencias;
f) deliberar con los demás árbitros;
g) dictar el laudo motivado y en el plazo establecido.

En todos los casos los árbitros deben garantizar la igualdad de las partes y el principio del debate contradictorio, así como que se dé a cada una de ellas suficiente oportunidad de hacer valer sus derechos.

Conforme el art. 755 del CPCCN, si las partes no hubieren establecido el plazo dentro del cual debe pronunciarse el laudo, lo fijará el juez atendiendo a las circunstancias del caso.

El plazo para laudar será continuo y sólo se interrumpirá cuando deba procederse a sustituir árbitros. Si una de las partes falleciere, se considerará prorrogado por treinta días.

A petición de los árbitros, el juez podrá prorrogar el plazo, si la demora no les fuese imputable.

Los árbitros pueden ser recusados por las mismas razones que los jueces de acuerdo al derecho de la sede del arbitraje. La recusación es resuelta por la entidad administradora del arbitraje o, en su defecto, por el tribunal judicial. Las partes pueden convenir que la recusación sea resuelta por los otros árbitros. Con respecto a amigables componedores, el art. 768 del CPCCN dice que podrán ser recusados únicamente por causas posteriores al nombramiento. Sólo serán causas legales de recusación:

1) Interés directo o indirecto en el asunto.
2) Parentesco dentro del cuarto grado de consanguinidad, o segundo de afinidad con alguna de las partes.
3) Enemistad manifiesta con aquéllas, por hechos determinados.

RETRIBUCIÓN DE LOS ÁRBITROS/AS

Las partes y los árbitros pueden pactar los honorarios de éstos o el modo de determinarlos. Si no lo hicieran, la regulación se hace por el tribunal judicial de acuerdo a las reglas locales aplicables a la actividad extrajudicial de los abogados. Por el art 756 del CPCCN, los árbitros que, sin causa justificada, no pronunciaren el laudo dentro del plazo, carecerán de derecho a honorarios. Serán asimismo responsables por los daños y perjuicios.
También el CPCCN en su art. 772 expresa que los árbitros y amigables componedores se pronunciarán acerca de la imposición de las costas, en la forma prescripta en los arts. 68 y concordantes del CPPCN, que indica que la parte vencida en el juicio deberá pagar todos los gastos de la contraria, aun cuando ésta no lo hubiese solicitado. Sin embargo, el juez podrá eximir total o parcialmente de esta responsabilidad al litigante vencido, siempre que encontrare mérito para ello, expresándolo en su pronunciamiento, bajo pena de nulidad.

TIPOS DE ARBITRAJE

Conforme el art. 1652 del CCyc, existen dos tipos de arbitraje:

1) **De derecho:** los árbitros realizan su atrae observando procedimientos como si fuera un tribunal del poder judicial. Se requerirá que toda la sustanciación del proceso se realice ante un secretario, nombrado por las partes o por el juez, en su caso, a menos que en el compromiso se hubiese encomendado su designación a los árbitros. Prestará juramento o promesa de desempeñar fielmente el cargo ante el tribunal arbitral. Los árbitros designarán a uno de ellos como presidente. Este dirigirá el procedimiento y dictará, por sí solo, las providencias de mero trámite. Sólo las diligencias de prueba podrán ser delegadas en uno de los árbitros; en los demás, actuarán siempre formando tribunal. Si en la cláusula compromisoria, en el compromiso, o en un acto posterior de las partes no se hubiese fijado el tipo de procedimiento, los árbitros observaran el del juicio ordinario o sumario, según lo establecieren, teniendo en cuenta la naturaleza e importancia económica de la causa.
2) **De amigables componedores:** Podrán someterse a la decisión de arbitradores o amigables componedores, las cuestiones que pueden ser objeto del juicio de árbitros; .el CPCCN en su art. 769 establece que los amigables componedores procederán sin sujeción a formas legales, limitándose a recibir los antecedentes o documentos que las partes les presentasen, a pedirles las explicaciones que creyeren convenientes, y a dictar sentencia según su saber y entender.

PLAZO

Según el art. 770 del CPCCN, si las partes no hubiesen fijado plazo, los amigables componedores deberán pronunciar el laudo dentro de los tres meses de la última aceptación.

Si nada se estipula en el convenio arbitral acerca de si el arbitraje es de derechoo de amigables componedores, o si no se autoriza expresamente a los árbitros a decidir la controversia según equidad, se debe entender que es de derecho.

LAUDO ARBITRAL

El laudo arbitral es la **manifestación de los árbitros sobre la resolución del diferendo, emitido en forma unánime o mayoritaria, en el cual se pone fin al litigio.**
El convenio arbitral obliga a las partes a cumplir lo estipulado y excluye la competencia de los tribunales judiciales sobre las controversias sometidas a arbitraje, excepto que el tribunal arbitral no esté aun conociendo de la controversia, y el convenio parezca ser manifiestamente nulo o inaplicable.
Siendo que el laudo arbitral no es compulsivo, si una de las partes no cumple con el laudo, la otra podrá demandar ante un juez su cumplimiento.
Los árbitros pronunciarán su laudo sobre todas las pretensiones sometidas a su decisión, dentro del plazo fijado en el compromiso, con las prórrogas convenidas por los interesados, en su caso.

RECURRIBILIDAD DEL LAUDO ARBITRAL

El CPCCN en su art. 763 establece que el laudo arbitral de derecho es recurrible ante el tribunal jerárquicamente superior al juez a quien habría correspondido conocer si la cuestión no se hubiera sometido a árbitros, salvo que el compromiso estableciera la competencia de otros árbitros para entender en dichos recursos.
Los recursos deberán deducirse ante el tribunal arbitral, dentro de los cinco días, por escrito fundado.
Si los recursos hubieren sido renunciados, se denegarán sin sustanciación alguna. La renuncia de los recursos no obstará, sin embargo, a la admisibilidad del de aclaratoria y de nulidad, fundado en falta esencial del procedimiento, en haber fallado los árbitros fuera del plazo, o sobre puntos no comprometidos. En este último caso, la nulidad será parcial si el pronunciamiento fuere divisible. Este recurso se resolverá sin sustanciación alguna, con la sola vista del expediente.
Por otra parte, el CPCCN en su art. 771 establece que **el laudo de los amigables componedores no será recurrible**, pero si se hubiese pronunciado fuera

del plazo o sobre puntos no comprometidos, las partes podrán demandar su nulidad dentro de cinco días de notificado.

Presentada la demanda, el juez dará traslado a la otra parte por cinco días. Vencido este plazo, contestado o no el traslado, el juez resolverá acerca de la validez o nulidad del laudo, sin recurso alguno.

REVISIÓN DE LOS LAUDOS ARBITRALES

Por el art. 1656 del CCyC, los laudos arbitrales que se dicten en el marco de lo dispuesto por el CCyC pueden ser revisados ante la justicia competente por la materia y el territorio cuando se invoquen causales de nulidad, total o parcial, conforme con las disposiciones del CCyC. En el contrato de arbitraje no se puede renunciar a la impugnación judicial del laudo definitivo que fuera contrario al ordenamiento jurídico.

Si una de las partes (o ambas) denuncia irregularidades en el proceso arbitral (tal el caso de constitución irregular del Tribunal, omisiones o restricciones en la producción de pruebas, etc.), podrá demandarse la nulidad, pero hasta tanto ésta no se declare, el laudo sigue vigente.

Podrá también impugnarse el laudo arbitral si:

- No es suficientemente claro en su comprensión.
- Manifiesta equívocos e incongruencias.
- Se emitió con dolo o fraude.
- Se emitió con demora respecto del tiempo establecido.

ARBITRAJE INSTITUCIONAL

Prevé el art. 1657 del CCyC que las partes pueden encomendar la administración del arbitraje y la designación de árbitros a asociaciones civiles u otras entidades nacionales o extranjeras cuyos estatutos así lo prevean. Los reglamentos de arbitraje de las entidades administradoras rigen todo el proceso arbitral e integran el contrato de arbitraje.

RÉGIMEN SOBRE PERICIA ARBITRAL

El CPCCN establece en su art. 516 que siempre que las liquidaciones o cuentas fueren muy complicadas y de lenta y difícil justificación o requirieren conocimientos especiales, serán sometidas a la decisión de peritos/as árbitros/as o, si hubiere conformidad de partes, a la de amigables componedores. La liquidación de sociedades, incluida la determinación del carácter propio o ganancial de los bienes de la sociedad conyugal, impuesta por sentencia, se sustanciará por juicio ordinario, sumario o incidente, según lo establezca el juez de acuerdo con las modalidades de la causa.
Así, conforme el art. 773 del CPCCN, podrá existir pericia arbitral, que procederá en el caso del art. 516 y cuando las leyes establezcan ese procedimiento con el nombre de juicio de árbitros, arbitradores, perito o peritos árbitros, para que resuelvan exclusivamente cuestiones de hecho concretadas expresamente. Son de aplicación las reglas del juicio de amigables componedores, debiendo tener los árbitros peritos especialidad en la materia; bastará que el compromiso exprese la fecha, los nombres de los otorgantes y del o de los árbitros, así como los hechos sobre los que han de laudar, pero será innecesario cuando la materia del pronunciamiento y la individualización de las partes resulten determinados por la resolución judicial que disponga la pericia arbitral o determinables por los antecedentes que lo han provocado.
Si no hubiere plazo fijado, deberán pronunciarse dentro de un mes a partir de la última aceptación.
Si no mediare acuerdo de las partes, el juez determinará la imposición de costas y regulará los honorarios.
La decisión judicial que, en su caso, deba pronunciarse en todo juicio relacionado con las cuestiones de hecho laudadas, se ajustará a lo establecido en la pericia arbitral.

LA MEDIACIÓN

La mediación es una forma alternativa de resolución de controversias en donde se apunta a despojar el carácter controversial que adquiere una disputa.

Inicialmente por la **Ley 24.573**, que fuera sustituida por la **Ley 26.589**, la mediación es un método para la resolución de controversias instituido obligatoriamente como instancia previa al acceso a la vía judicial.

Mediar significa interceder, hacer buenos oficios entre dos personas que son litigantes entre sí, con el objetivo de que se reconcilien y se unan en armonía. Muchas legislaciones modernas contemplan la mediación.

La mediación es una actividad desarrollada por profesionales de la abogacía, debidamente habilitados como tal por el Ministerio de Justicia. Un/a mediador/a equivale a un guía, es decir, conduce a las partes a que se encuentren, sobre la base de un procedimiento informal. Debe conducir un método no adversarial donde exponga su racionalidad y mesura, que apunta a que las partes dejen de lado criterios litigantes y adversariales en pos de arribar en forma pacífica y armónica a un acuerdo.

En todos los casos de juicio civil, la mediación previa tiene carácter obligatorio, salvo en los casos de juicios ejecutivos, donde puede iniciarse la demanda sin necesidad de mediación.

La mediación requiere la figura de un mediador, que a través de su habilidad y destreza profesional debe lograr que los litigantes puedan acordar una solución al diferendo.

El mediador conduce un método no adversarial que tiende a la solución pacífica del problema.

La mediación puede aplicarse:

1) En cuestiones de familia (relaciones conyugales, violencia en el hogar), etc.
2) En relaciones comerciales.
3) En relaciones sociales (desacuerdos entre vecinos, usuarios de servicios públicos, etc.).

Según el art. 5 de la Ley 26.589, no se aplica la mediación en los siguientes casos:

a) Acciones penales;
b) Acciones de separación personal y divorcio, nulidad de matrimonio, filiación,

patria potestad y adopción, con excepción de las cuestiones patrimoniales derivadas de éstas. El juez deberá dividir los procesos, derivando la parte patrimonial al mediador;

c) Causas en que el Estado nacional, las provincias, los municipios o la Ciudad Autónoma de Buenos Aires o sus entidades descentralizadas sean parte, salvo en el caso que medie autorización expresa y no se trate de ninguno de los supuestos a que se refiere el artículo 841 del Código Civil;
d) Procesos de inhabilitación, de declaración de incapacidad y de rehabilitación;
e) Amparos, hábeas corpus, hábeas data e interdictos;
f) Medidas cautelares;
g) Diligencias preliminares y prueba anticipada;
h) Juicios sucesorios;
i) Concursos preventivos y quiebras;
j) Convocatoria a asamblea de copropietarios prevista por el art. 10 de la ley 13.512;
k) Conflictos de competencia de la Justicia del Trabajo;
l) Procesos voluntarios;
m) Controversias que versen sobre conflictos en las relaciones de consumo, que queden alcanzadas por el Servicio de Conciliación Previa en las Relaciones de Consumo.

Además, el art. 6 de la citada ley señala que en los casos de ejecución y desalojos el procedimiento de mediación prejudicial obligatoria será optativo para el reclamante sin que el requerido pueda cuestionar la vía.

PRINCIPIOS DE LA MEDIACIÓN

Según el art. 7 de la Ley 26.589, el procedimiento de mediación prejudicial obligatoria se ajustará a los siguientes principios:

a) Imparcialidad del mediador en relación a los intereses de las partes intervinientes en el proceso de mediación prejudicial obligatoria;

b) Libertad y voluntariedad de las partes en conflicto para participar en la mediación;
c) Igualdad de las partes en el procedimiento de mediación;
d) Consideración especial de los intereses de los menores, personas con discapacidad y personas mayores dependientes;
e) Confidencialidad respecto de la información divulgada por las partes, sus asesores o los terceros citados durante el procedimiento de mediación prejudicial obligatoria;
f) Promoción de la comunicación directa entre las partes en miras a la búsqueda creativa y cooperativa de la solución del conflicto;
g) Celeridad del procedimiento en función del avance de las negociaciones y cumplimiento del término fijado, si se hubiere establecido;
h) Conformidad expresa de las partes para que personas ajenas presencien el procedimiento de mediación prejudicial obligatoria.

REQUISITOS PARA SER MEDIADOR/A

Para ser mediador/a, el art. 11 de la Ley 26.589 establece reunir:

a) Título de abogado/a con tres (3) años de antigüedad en la matrícula;
b) Acreditar la capacitación que exija la reglamentación;
c) Aprobar un examen de idoneidad;
d) Contar con inscripción vigente en el Registro Nacional de Mediación;
e) Cumplir con las demás exigencias que se establezcan reglamentariamente, en este caso el art. 11 del Decreto 1467/11, reglamentario de la Ley de mediación.

MEDIADORES/AS Y ASISTENCIA PROFESIONAL

Los mediadores podrán actuar, previo consentimiento de la totalidad de las partes, en colaboración con profesionales formados en disciplinas afines con el conflicto que sea materia de la mediación, y cuyas especialidades se establecerán por vía reglamentaria.

Estos profesionales actuarán en calidad de asistentes, bajo la dirección y responsabilidad del mediador interviniente, y estarán sujetos a disposiciones de ley. Los profesionales asistentes deberán reunir los requisitos exigidos para los mediadores en el artículo 11, incisos b), d) y e). Los profesionales asistentes deberán inscribirse en el Registro Nacional de Mediación, en el capítulo correspondiente al Registro de Profesionales Asistentes que organizará y administrará el Ministerio de Justicia, Seguridad y Derechos Humanos. El Poder Ejecutivo nacional dictará la reglamentación que determinará los requisitos necesarios para la inscripción, que deberá incluir necesariamente la capacitación básica en mediación, y la capacitación específica que exija la autoridad de aplicación.

El art. 41 de la Ley 26.589 establece las inhabilidades e incompatibilidades para desempeñarse como mediadores (impedimentos para ejercer como abogado, inhabilitaciones comerciales, civiles o penales o condenados con pena de reclusión o prisión por delito doloso, entre otras).

La incorporación en el Registro Nacional de Mediación requerirá el pago de una matrícula anual.

En los casos previstos por el CPCCN para la excusación de los jueces, el mediador deberá excusarse, incluso durante el curso de la mediación, cuando advierta la existencia de causas que puedan incidir en su imparcialidad.

Las partes podrán recusar con causa a los mediadores en los mismos supuestos mencionados para la excusación de jueces (arts. 14 y concordantes del CPCCN), dentro de los cinco días de conocida la designación.

Cuando el mediador hubiera sido designado por sorteo, se practicará inmediatamente nuevo sorteo. Cuando el mediador hubiera sido propuesto por el requirente, el recusado será reemplazado por quien le siga en el orden de la propuesta. Cualquiera de las partes podrá recusar al mediador durante el curso de la mediación, cuando advierta la existencia de causas sobrevinientes que puedan incidir en su imparcialidad. Si el mediador no aceptara la recusación la cuestión será decidida judicialmente.

El mediador no podrá asesorar ni patrocinar a ninguna de las partes intervinientes en los procedimientos de mediación prejudicial obligatoria en los que hubiera intervenido, hasta pasado un año de su baja formal del Registro Nacional de

Mediación. La prohibición es absoluta en relación al conflicto en que intervino como mediador.

DESIGNACIÓN DE MEDIADOR/A

La designación de mediador/a podrá realizarse:

a) **Por acuerdo de partes,** cuando las partes eligen al mediador por convenio escrito;
b) **Por sorteo,** cuando el reclamante formalice el requerimiento ante la mesa de entradas del fuero ante el cual correspondería promover la demanda y con los requisitos que establezca la autoridad judicial. La mesa de entradas sorteará al mediador que intervendrá en el reclamo y asignará el juzgado que eventualmente entenderá en la causa. El presentante entregará al mediador sorteado el formulario debidamente intervenido por la mesa de entradas del fuero en el término de cinco días hábiles;
c) **Por propuesta del requirente al requerido,** a los efectos de que éste seleccione un mediador de un listado cuyo contenido y demás recaudos se establecen reglamentariamente.
d) **Durante la tramitación del proceso,** por única vez, el juez actuante podrá en un proceso judicial derivar el expediente al procedimiento de mediación. Esta mediación se cumplirá ante mediadores inscriptos en el Registro Nacional de Mediación, y su designación se efectuará por sorteo, salvo acuerdo de partes respecto a la persona del mediador

AUDIENCIAS DE MEDIACIÓN

El mediador fijará la fecha de la primera audiencia a la que deberán comparecer las partes dentro de los 15 días corridos de haberse notificado de su designación. Dentro del plazo establecido para la mediación, el mediador podrá convocar a las partes a todas las audiencias que considere necesarias para el cumplimiento de los fines previstos en la ley.

NOTIFICACIÓN DE LA AUDIENCIA

El mediador deberá notificar la audiencia por un medio fehaciente o personalmente. La notificación deberá ser recibida por las partes con una anticipación no menor a tres 3 días hábiles. La notificación por cédula sólo procede si el mediador es designado por sorteo. Si el requerido se domiciliase en extraña jurisdicción, la diligencia estará a cargo del letrado de la parte requirente y se ajustará a las normas procesales vigentes en materia de comunicaciones entre distintas jurisdicciones. Si el requerido se domiciliase en otro país, se considerarán prorrogados los plazos durante el plazo de trámite de la notificación. A criterio del mediador, podrá solicitarse la cooperación del juez designado a fin de librar exhorto o utilizar un medio que se considere fehaciente en el lugar donde se domicilie el requerido.

Si una de las partes no asistiese a la primera audiencia con causa justificada, el mediador fijará una nueva audiencia. Si la incomparecencia de la parte requerida fuera injustificada, la parte requirente podrá optar por concluir el procedimiento de la mediación o convocar a nueva audiencia.

Si la requirente incompareciera en forma injustificada, deberá reiniciar el procedimiento de mediación prejudicial obligatoria.

CONFIDENCIALIDAD

Todo lo que se exprese en el ámbito de la mediación es confidencial. Según el art. 8 de la Ley 26.589, el alcance de la confidencialidad incluye el contenido de los papeles y/o cualquier otro material de trabajo que las partes hayan confeccionado o evalúen a los fines de la mediación. La confidencialidad no requiere acuerdo expreso de las partes.

La obligación de la confidencialidad cesa en los siguientes casos:

a) Por dispensa expresa de todas las partes que intervinieron;
b) Para evitar la comisión de un delito o, si éste se está cometiendo, impedir que continúe cometiéndose.

El cese de la confidencialidad debe ser interpretado con carácter restrictivo y los supuestos de excepción surgir de manera evidente.

PRESCRIPCIÓN Y CADUCIDAD

La mediación suspende el plazo de prescripción y de la caducidad en los siguientes casos:

a) En la mediación por acuerdo de partes, desde la fecha de imposición del medio fehaciente de notificación de la primera audiencia al requerido, o desde la celebración de la misma, lo que ocurra primero;
b) En la mediación por sorteo, desde la fecha de adjudicación del mediador por la autoridad judicial;
c) En la mediación a propuesta del requirente, desde la fecha de imposición del medio fehaciente de notificación de la primera audiencia al requerido, o desde la celebración de la misma, lo que ocurra primero.

COMPARECENCIA PERSONAL Y REPRESENTACIÓN

Las partes deberán comparecer personalmente y no podrán hacerlo por apoderado, exceptuándose a las personas jurídicas y a las domiciliadas a más de 150 kilómetros de la ciudad en la que se celebren las audiencias. El apoderado deberá contar con facultad de acordar transacciones.
La asistencia letrada es obligatoria. Se tendrá por no comparecida a la parte que concurriere a las audiencias sin asistencia letrada, salvo que las partes acordaren la determinación de una nueva fecha para subsanar la falta.
Quedan eximidos de comparecer personalmente quienes se encuentren autorizados a prestar declaración por oficio, de conformidad con lo dispuesto por el art. 407 del CPCCN (Estados nacional, provincial, municipios, etc.).
Las partes podrán tomar contacto con el mediador designado antes de la fecha de la audiencia, con el objeto de hacer conocer el alcance de sus pretensiones.
Cuando el mediador advirtiere que es necesaria la intervención de un tercero,

de oficio, o a solicitud de cualquiera de las partes, o por el tercero, en todos los casos con acuerdo de las partes, podrá citarlo a fin de que comparezca a la instancia mediadora.

TIPOS DE MEDIACIÓN

La mediación se clasifica en dos tipos:

1. **PÚBLICA:** Al recurrir a la mediación, se sortea al mediador que intervendrá en el caso. Las partes solicitan la mediación –conjuntamente o separadamente, acompañadas o no por su letrado– y se someten a una audiencia; allí las partes harán valer sus pretensiones, y luego el mediador iniciará la propuesta de las formas de avenimiento –que las partes pueden o no aceptar– con lo que el trámite se concluye. Ese acuerdo firmado posee la validez de una sentencia firme de primera instancia, por lo tanto, su incumplimiento deja abierta la vía de la ejecución de sentencia.
2. **PRIVADA:** Cuando las partes no han llegado a la instancia judicial (tras el previo paso por la mediación pública) pueden someterse a la mediación privada. Obviamente, las partes pueden elegir libremente a quien habrá de mediar. El requirente propondrá al requerido un mediador y deberá acompañar, además, un listado alternativo de no menos de otros cuatro mediadores, quienes deberán tener distintos domicilios entre sí, salvo los Centros de Mediación Gratuita en las condiciones que establezca el Ministerio de Justicia y Derechos Humanos. El requirente deberá notificar por medio fehaciente al requerido la identidad del mediador que propone y el listado de no menos de cuatro mediadores y sus domicilios, para que dentro de los cinco días hábiles de notificado el requerido opte por cualquiera de los propuestos. La notificación deberá contener los nombres y domicilios de todos los correquerido, si los hubiere. Si el requerido ejerciere la opción de elegir un mediador del listado alternativo enviado por el requirente, deberá notificar fehacientemente tal decisión en el domicilio constituido por el requirente a esos efectos. El mediador elegido por el requerido

será el designado para llevar a cabo la mediación. El silencio o la negativa del requerido a ejercer su derecho de opción entre el mediador propuesto o uno del listado confirmará al mediador propuesto por el requirente. Si hubiere más de un requerido, éstos deberán unificar la elección y, en caso de no lograrse la unificación, quedará confirmado el mediador propuesto por el requirente. Si el requirente no lograra notificar al requerido, quedará confirmado el mediador propuesto en la notificación frustrada. Con respecto a la validez del acuerdo, es similar al que posee la mediación pública. Los mediadores privados son aquellos que son elegidos por las partes por su capacidad, honestidad, y probidad. Un/a profesional de la construcción, puede ser un mediador privado –trabajando en conjunto con mediadores/as acerca de casos en los cuales sea menester aplicar sus conocimientos profesionales.

La Ley 26.589 establece que el mediador estará inscripto en el Registro del Ministerio de Justicia e intervendrá cuando sea sorteado por las mesas de entradas de cada fuero (en mediación oficial) o elegido por las partes.

El mediador "de sorteo", debe ser abogado/a con tres años de ejercicio profesional, tener un entrenamiento de 80 horas (20 de introductorio y 60 de entrenamiento) y 20 horas de observación de casos reales y aprobar el examen final que toma la Dirección Nacional de Resolución Alternativa de Conflictos.

CONCLUSIÓN DE LA MEDIACIÓN

La mediación prejudicial podrá concluir:

a) **Con acuerdo:** si se arribara al acuerdo de las partes, se labrará acta en la que constarán sus términos. El acta deberá ser firmada por el mediador, las partes, los terceros si los hubiere, los letrados intervinientes, y los profesionales asistentes si hubieran intervenido. Cuando en el procedimiento de mediación estuvieren involucrados intereses de incapaces y se arribare a un acuerdo, éste deberá ser posteriormente sometido a la homologación judicial. El acuerdo instrumentado en acta suscripta por el mediador será ejecutable por el procedimiento de ejecución de sentencia, de conformidad con lo dispuesto por el CPCCN.

b) **Sin acuerdo:** en este supuesto se labrará un acta suscripta por todos los comparecientes donde se hará constar el resultado del procedimiento. El requirente queda habilitado para iniciar el proceso judicial acompañando su ejemplar del acta con los recaudos establecidos en la ley. La falta de acuerdo también habilita la vía judicial para la reconvención que pudiere interponer el requerido, cuando hubiese expresado su pretensión durante el procedimiento de mediación y se lo hiciere constar en el acta. De no haberse llegado a un acuerdo o bien si se cerró la mediación quedando abierta la instancia judicial, quien solicitó la mediación tendrá sesenta días para iniciar la demanda. Si no se procediese así, deberá abonar los honorarios correspondientes al mediador. Se producirá la caducidad de la instancia de la mediación cuando no se inicie el proceso judicial dentro del año a contar desde la fecha en que se expidió el acta de cierre.

c) **Por incomparecencia de las partes:** si la mediación concluye por incomparecencia injustificada de alguna de las partes o por imposibilidad de notificación, se labrará acta suscripta por todos los comparecientes donde se hará constar el resultado del procedimiento. El reclamante queda habilitado para iniciar el proceso judicial, a cuyo fin acompañará su ejemplar del acta con los recaudos establecidos en la presente ley. La parte incompareciente deberá abonar una multa cuyo monto será equivalente a un cinco por cien (5%) del sueldo básico de un juez nacional de primera instancia y cuya modalidad de percepción se establecerá por vía reglamentaria.

Todos los procedimientos mediatorios, al concluir, deberán ser informados al Ministerio de Justicia, Seguridad y Derechos Humanos, a los fines de su registración y certificación de los instrumentos pertinentes.

MEDIACIÓN FAMILIAR

Prevista en los arts. 31 y concordantes de la Ley 26.589, la mediación familiar comprende las controversias patrimoniales o extrapatrimoniales originadas en las relaciones de familia o que involucren intereses de sus miembros o se relacionen con la subsistencia del vínculo matrimonial, a excepción de las excluidas por el artículo 5º inciso b) de la ley, referido a acciones de separación personal y divorcio, nulidad de matrimonio, filiación, patria potestad y adopción, con excepción de las cuestiones patrimoniales derivadas de éstas. El juez deberá dividir los procesos, derivando la parte patrimonial al mediador.

HONORARIOS DE MEDIADORES/AS Y DE PROFESIONALES ASISTENTES

La intervención de mediador/as y de sus profesionales asistentes se presume onerosa. El mediador percibirá por su desempeño en la mediación, un honorario básico cuyo monto y condiciones de pago se establecerán reglamentariamente.

De arribarse a una instancia judicial, el mediador puede presentarse en la causa y solicitar el cobro de su acreencia como parte de la condena en costas. En el caso de existir acuerdo, sus honorarios deberán abonarse al finalizar la instancia de mediación.

Quien se encuentre en la necesidad de litigar sin contar con recursos de subsistencia y acreditare esta circunstancia podrá solicitar el procedimiento de mediación prejudicial obligatoria en forma gratuita. El procedimiento de mediación prejudicial obligatoria y gratuita se llevará a cabo en los centros de mediación del Ministerio de Justicia, Seguridad y Derechos Humanos y en centros de mediación públicos que ofrezcan este servicio.

El art. 45 y concordantes de la Ley prevé sanciones para los mediadores que incurran en faltas; las sanciones van desde un llamado de atención hasta la exclusión de la matrícula.

CLAVES PARA LA MEDIACIÓN

Los estrados judiciales han sido escenario de infinidad de litigios en el rubro de la construcción. Conflictos entre comitentes (o propietarios) y empresas, o bien comitentes y profesionales han sido motivos de causas litigiosas. Asimismo, los trabajadores de la construcción demanden solidariamente a comitentes, empresa y profesional a cargo de la obra cuando se trata de reivindicaciones salariales, indemnizaciones por despidos, enfermedades profesionales y/o accidentes laborales. La mediación es un medio eficaz para resolver conflictos. Aun siendo que en algunas jurisdicciones del país reviste carácter obligatorio antes de comenzar una acción judicial, cada vez, más contratos de construcción incorporan disposiciones que requieren que las partes recurran a la mediación antes de recurrir a la justicia ordinaria, e incluso al arbitraje. Cuestiones básicas como la informalidad, la privacidad, la rapidez en la resolución del problema, hacen que la mediación sea un método eficaz cuando se trata de buscar soluciones en tiempo y forma.

OTRAS FORMAS DE MEDIACIÓN PRIVADA

La mediación privada tiene lugar cuando mediadores/as son aquellos son elegidos por las partes por su capacidad, honestidad, y probidad. Un profesional de la construcción también puede ser un mediador privado, trabajando en conjunto con mediadores habilitados.

La aparición del conflicto en la construcción ve su raíz en las múltiples tareas que en dicha industria se realizan, abarcando las tareas de la obra hasta situaciones derivadas de la relación con vecinos. Aquellos reclamos bien fundados tienen buen marco de solución en las mediaciones, puesto que muchas personas comprenden los reales alcances del litigio, que intentan evitar.

Los métodos alternativos de resolución de conflictos pueden ser practicados por profesionales no abogados, hasta ahora los únicos que hacían y actuaban en la Justicia. Si de modo específico, un conflicto originado en la actividad de la construcción requiere la presencia de un profesional idóneo en el tema, y debe pedirse la mediación únicamente en forma privada, a menos que en la mediación oficial se cuente con los servicios de un consultor técnico.

Por ello, siempre es conveniente al momento de firmar el contrato, verificar que exista una cláusula que determine la resolución de las controversias eventuales. Se recomienda nombrar expresamente al profesional que actuará como mediador, o bien a la Institución que sea de confianza para que ella designe al mediador (igual modalidad se sigue para los casos de arbitraje).

Es aconsejable la adopción de una cláusula con instancias sucesivas: en caso de suscitarse una disputa, en primera instancia se intentará resolverla por medio de una Mediación y si ésta fracasara, se pasará al Arbitraje.

En el ámbito de la Ciudad de Buenos Aires existe un **Programa de Mediación Comunitaria**, que se brinda a través de los Centros de Gestión y Participación, siendo un sistema voluntario y confidencial.

MEDIACIÓN EN LA PROVINCIA DE BUENOS AIRES

El 23 de diciembre de 2008 se sancionó la **Ley 13.951** de la Provincia de Buenos Aires por la cual se ha establecido la mediación perjudicial obligatoria en dicha provincia. Se trata de una acción positiva ya que el sistema de mediación, en muchos lugares del país, ha resultado notoriamente útil para las partes y los abogados, por cuanto permitió disminuir la litigiosidad y resolver los conflictos en forma rápida, económica y efectiva.

EL JUICIO LABORAL

En la construcción, las instancias judiciales del fuero laboral pueden significar un foco de tensión, teniendo como una de las partes a cualquier miembro de la empresa constructora, y en algunos casos, a desprevenidos profesionales que no velaron por el correcto cumplimiento, por parte de la empresa, de la contratación de personal.

En el seno del **Ministerio de Trabajo, Empleo y Seguridad Social, la creación del Servicio de Conciliación Laboral Obligatoria (SeCLO)** –una instancia previa y de carácter administrativo- en 1997, ha generado una significativa disminución en un 65 % de las causas que se sustanciaban en el fuero laboral. Y esto se traduce en una posibilidad de poder celebrar un acuerdo espontáneo que elimine el conflicto planteado.

En la Dirección del SeCLO se presentan los reclamos, de trabajadores/as y/o empleadores/as sobre conflictos legales acerca de cuestiones laborales.

Este servicio es una instancia obligatoria como paso previo para el acceso a iniciar una acción legal.

El SeCLO no requiere de pruebas, sino que es puramente verbal, y tiende a que las partes se comuniquen, en un procedimiento ante un funcionario conciliador –abogado/a laboralista– que los guía y les sugiere modos de solución del conflicto. El ámbito de aplicación del SeCLO tiene lugar en la Justicia Nacional del Trabajo. El SeCLO es competente en todos aquellos reclamos laborales en los que el contrato de trabajo se hubiere celebrado o ejecutado en el ámbito de la Ciudad Autónoma de Buenos Aires, o bien cuando el domicilio del empleador se encontrare en dicho ámbito. De arribarse a un acuerdo, éste puede ser homologado, o no. Si es homologado tiene la misma fuerza de una sentencia judicial, pudiendo ejecutarse en caso de incumplimiento; si no se homologa y se registra, las partes pueden hacer reclamos habiendo pasado por el SeCLO.

La no homologación de un acuerdo es una facultad del SeCLO, y se aplica aquellos casos en los cuales, aun habiéndose arribado a un acuerdo, éste no respeta las normas del derecho laboral, que son de orden público. Si el acuerdo se cierra, y en caso de no respetarse, puede luego recurrirse a una instancia judicial. De todos modos, la registración o no homologación sirve para mostrar la voluntad de las partes para poner fin a un conflicto, y posee validez para la ulterioridad en el juicio, pero no reviste igual valor que la cosa juzgada.

En el SeCLO pueden efectuarse dos tipos de presentaciones:

a) **Presentaciones por reclamos:** se realizan ante conciliadores/as; es necesario referir siempre al Convenio Colectivo de Trabajo que rige la actividad de quien reclama. Tras su presentación, se le asigna conciliador/a, quien oportunamente convocará a audiencia entre partes.

b) **Presentaciones espontáneas:** se da cuando las partes concurren con un acuerdo, y desean ratificarlo, pidiendo su registración o bien su homologación. El SeCLO puede asimismo dictamina y resuelve aquellos acuerdos celebrados ante los servicios de conciliación laboral optativos habilitados a través de la negociación colectiva.

El/a trabajado/a siempre debe comparecer con abogado/a patrocinante o representante gremial debidamente acreditado. El SeCLO no brinda asesoramiento al trabajador, aunque éste puede obtenerlo en el Ministerio de Trabajo.

La empleadora recibirá un telegrama en el cual se le informa que deberá comparecer a una audiencia de conciliación laboral (indicándose lugar, día, hora, etc.). De no comparecer debe abonar una multa por incomparecencia no justificada, tantas veces como incomparecencias exista. De existir dos incomparecencias, se podrá dar por cerrado el procedimiento, volcándose en un acta que deja expedita la vía para que el trabajador inicie demanda laboral. Luego, para aplicar la multa, el SeCLO, al comprobar la injustificación de las inasistencias a las citaciones, procede al cobro de la multa, mediante el departamento legal del Ministerio de Trabajo.

De haber existido reuniones en el marco conciliatorio si se demuestra que existió un presunto fraude al fisco por evasión de aportes y contribuciones, el SeCLO brinda ese dato a la AFIP; quien en definitiva actuará en consecuencia. Los honorarios del conciliador son abonados por el empleador.

En la Ciudad de Buenos Aires, los incumplimientos de normas laborales, según el marco del correspondiente Convenio Colectivo, se denuncian ante el GCBA, que hoy posee competencia al efecto. Antiguamente procedían las inspecciones que efectuaba la Policía del Trabajo del Ministerio de Trabajo. Según la LCT en su art. 15, los acuerdos transaccionales, conciliatorios o liberatorios, entre trabajador y empleador, sólo serán válidos cuando se realicen con intervención de la autoridad judicial o administrativa, y mediare resolución fundada de cualquiera de ésta que acredite que mediante tales actos se ha alcanzado una justa composición de los derechos e intereses de las partes. La homologación administrativa o judicial de los acuerdos conciliatorios, transaccionales o liberatorios les otorgar la autoridad de cosa juzgada entre las partes que los hubieren celebrado, pero no les hará oponibles a los organismos encargados de la recaudación de los aportes, contribuciones y demás cotizaciones destinados a los sistemas de la seguridad social, en cuanto se refiera a la calificación de la naturaleza de los vínculos habidos entre las partes y a la exigibilidad de las obligaciones que de esos vínculos se deriven para con los sistemas de seguridad social.

En todo procedimiento judicial o administrativo derivado de la aplicación de la LCT, estatutos profesionales o convenciones colectivas de trabajo, el trabajador o sus derecho-habientes gozarán del beneficio de la gratuidad, y su vivienda no podrá ser afectada al pago de costas en caso alguno.

LA NEGOCIACIÓN

Es el mecanismo por excelencia para la resolución de conflictos, aunque para practicarla se requiere que las partes tengan un grado de madurez que les permita trabajar juntas sobre el diseño del cierre de la disputa, haciendo las concesiones recíprocas necesarias que ayuden a reconstruir la relación. No siempre puede llevarse a cabo.

CLAVES PARA LA NEGOCIACIÓN

La solución de disputas muchas veces conlleva la idea de enfrentamiento. Y ante la aparición del conflicto, es una buena alternativa recurrir a la técnica de la negociación.

La negociación es una forma de resolución de conflictos para obtener un interés particular en un problema dado, y en tanto sea posible que dicho interés se concilie con el interés de la otra parte en disputa.

La negociación no es una tarea fácil, por lo cual debe seguirse una buena estrategia que logre satisfacer las expectativas de las partes en conflicto. En un problema, es necesario saber identificar aquellos puntos de común acuerdo como puntos de oposición.

A tal punto es muy buena herramienta la negociación que, en la Justicia, muchas veces las partes de un juicio resuelven negociar antes de arribar a la sentencia. Tanto las concesiones como las imposiciones no son buenas variables en la negociación. Eso conduce a que una de las partes se sienta mal por dejar hacer como por sentirse avasallada.

La negociación debe apuntar a la búsqueda de un punto de encuentro, un término medio que satisfaga a las partes, armonizándolas y preservando la relación. Y todo ello se logra a través de un intercambio racional.

Ello implica consensuar una decisión común, y parte de la consigna de abandonar posiciones irreductibles, salir de una posición cerrada que impida visualizar la totalidad del problema.

Si bien el desarrollo de la negociación como tema de estudio es muchísimo más extenso que lo expuesto en estas páginas, bueno es tener en consideración una serie de pautas que logren al objetivo de dirimir una disputa. Una negociación debe apuntar a la búsqueda de ventajas mutuas que se puedan obtener para la solución del conflicto. Y si bien nunca hay que desatender el propio interés, esa negociación debe estar basada sobre la sensatez, cualidad fundamental que se erige sobre la racionalidad mutua. El dejar de lado posiciones emocionales que impidan ver la amplitud del problema es una buena herramienta para el comienzo de la solución.

A la hora de resolver un problema, es bueno analizarlo tomando distancia de él. Esto puede llevar a colocarse en la vereda opuesta y así es más fácil entender los intereses del contrincante.

Cuando se discute la manera de solucionar el inconveniente, no debe dejar de tenerse en cuenta la adopción de un criterio de solución posible, que aun siendo justo, puede ser independiente de la voluntad de las partes. Es muy probable que las partes arriben a la solución cuando examinan el problema sobre la base de un criterio externo, que bien puede ser la opinión de un tercero autorizado.

Es importante además examinar variantes alternativas de solución posible, y es óptimo tomar un tiempo razonable antes de adoptar una postura o llegar a consensuar una decisión. Obviamente la solución no debe perder de vista el objetivo de bien común. Si así no fuera, la solución, aunque haya sido acordada, no siempre puede llegar a cumplirse.

LA DEFENSORÍA DEL PUEBLO

El Estado, como institución, planifica un objetivo de la sociedad. Es el Estado la figura que resguarda, cuida, vigila, y arbitra los intereses sociales. Y en una sociedad organizada, el Estado funciona a través de la administración pública. Con la administración pública puede tomarse al Estado como una institución que contiene a muchas instituciones, que administran y regulan diversos aspectos de la vida social, debiendo conciliar los intereses colectivos. Y a veces, la administración puede realizar actos que pueden beneficiar al administrado, como así también pueden perjudicarlo. Esto último genera situaciones de injusticia que deben ser remediadas, y ello se manifiesta a través de la figura del defensor del pueblo. A mediados del siglo XVIII surge en Suecia la figura del *ombudsman*, que tenía por función el control de la administración de la justicia. Desde 1809 la constitución sueca cuenta con la figura del defensor del pueblo, y las transformaciones del Estado hicieron del ombudsman una entidad que no formaba parte de la administración pública, y que tomaba debida nota de los reclamos de los ciudadanos frente a los errores que dicha administración cometía y pudiera cometer. **El ombudsman es una institución incluida en la Constitución o creada por los parlamentos o legislaturas, y encabezada por un alto funcionario público, independiente, responsable ante la legislatura o parlamento, que recibe quejas de ciudadanos agredidos por la administración pública, sus funcionarios, empleados, o que actúa de acuerdo a su propia decisión y que tiene el poder de investigar, recomendar acciones correctivas y emitir informes.** La defensoría del pueblo es objeto de especialización en algunos países. Valga decir que en países como Suecia y Dinamarca existen ombudsman que se encargan de la defensa del consumidor, Gran Bretaña, Suecia, Holanda, cuentan con ombudsman que resguardan la defensa de la libertad de prensa.
En Argentina, desde 1986, varias provincias incluyeron la figura del defensor del pueblo en sus Constituciones. En la Ciudad de Buenos Aires, desde 1985 se cuenta con la figura del ombudsman cuando fue creada la Controladuría General Comunal. En 1988 fue designado el primer ombudsman, por unánime decisión del Concejo Deliberante.

La Ley Nacional 24.284 consagra la existencia de la Defensoría del Pueblo, y tras la reforma constitucional de 1994, nuestra CN establece en su art. 86 la figura del **Defensor del Pueblo**, también llamado **ombudsman**.

> *El Defensor del Pueblo es un órgano independiente instituido en el ámbito del Congreso de la Nación, que actuará con plena autonomía funcional, sin recibir instrucciones de ninguna autoridad. Su misión es la defensa y protección de los derechos humanos y demás derechos, garantías e intereses tutelados en esta Constitución y las leyes, ante hechos, actos u omisiones de la Administración; y el control del ejercicio de las funciones administrativas públicas.*
>
> *El Defensor del Pueblo tiene legitimación procesal. Es designado y removido por el Congreso con el voto de las dos terceras partes de los miembros de cada una de las Cámaras. Goza de las inmunidades y privilegios de los legisladores. Durará en su cargo cinco años; pudiendo ser nuevamente designado por una sola vez.*
>
> *La organización y el funcionamiento de esta institución serán regulados por una ley especial.*

La Constitución de la Ciudad Autónoma de Buenos Aires, en su art. 137, también establece la existencia de la Defensoría del Pueblo:

> *La Defensoría del Pueblo es un órgano unipersonal e independiente con autonomía funcional y autarquía financiera, que no recibe instrucciones de ninguna autoridad. Es su misión la defensa, protección y promoción de los derechos humanos y demás derechos e intereses individuales, colectivos y difusos tutelados en la Constitución Nacional, las leyes y esta Constitución, frente a los actos, hechos u omisiones de la administración o de prestadores de servicios públicos. Tiene iniciativa legislativa y legitimación procesal. Puede requerir de las autoridades públicas en todos sus niveles la información necesaria para el mejor ejercicio de sus funciones sin que pueda oponérsele reserva alguna.*
>
> *Está a cargo de un Defensor/a del Pueblo que es asistido por adjuntos cuyo número, áreas y funciones específicas y forma de designación son establecidos por la ley. Es designado por la Legislatura por el voto de las dos terceras partes del total de sus*

miembros, en sesión especial y pública convocada al efecto. Debe reunir las condiciones establecidas para ser legislador y goza de iguales inmunidades y prerrogativas. Le alcanzan las inhabilidades e incompatibilidades de los jueces. Su mandato es de 5 años puede ser designado en forma consecutiva por 1 vez, mediante el procedimiento señalado en el párrafo primero. Sólo puede ser removido por juicio político.

El Defensor del Pueblo vela por la defensa y protección de los derechos y garantías de los habitantes frente a hechos, actos u omisiones de las fuerzas que ejerzan funciones de policía de seguridad local.

El ombudsman carece de *imperium*. **Por sí sólo no puede solucionar ningún problema. Pero es importante su función por cuanto es un organismo de control de la administración pública, que vela por la defensa de los derechos del pueblo, y al que cualquier persona puede recurrir**; en definitiva, la defensoría del pueblo es una herramienta de control, pues puede efectuar críticas, recomendaciones, y efectuar además una mediación entre la administración y el ciudadano a fin de solucionar trabas burocráticas que impiden el correcto desempeño de la administración pública.

PROCEDIMIENTOS ADMINISTRATIVOS

El procedimiento administrativo comprende una serie de actos, que surgen en virtud de otros actos que se han generado previamente, y que tienen que ver con una cuestión o petición a las autoridades.

El derecho Administrativo impone una cierta modalidad de relaciones que tiende a regular las relaciones entre el estado y los particulares, fijándolas en normas que buscan un ordenamiento. Es el procedimiento administrativo una regulación del derecho de peticionar ante las autoridades, siguiendo pasos y lineamientos acordes a la ley y en búsqueda del pleno y eficaz funcionamiento de la burocracia administrativa estatal.

La regulación de la conducta administrativa equivale a garantizar que el ciudadano pueda ejercer sus derechos y cumplir con sus obligaciones, en tanto que la administración debe manifestar eficacia en su funcionamiento.

El Estado Nacional y las provincias poseen sus normas de procedimientos administrativo, y son objeto de este capítulo.

Cuando una autoridad administrativa debe expedirse acerca de un hecho, la ley obliga a que sus actos o resoluciones revistan carácter de legitimidad, sustentados técnicamente y legalmente, de modo de cumplir un fin claro y concreto según el objeto de que se trata.

El derecho administrativo puede definirse como aquella rama del derecho que agrupa a la organización de la administración pública Nacional, Provincial y Municipal, y las relaciones de éstas con las personas, siendo un factor determinante para esto último el crecimiento del número de las relaciones entre Estado y particulares.

En las esferas Nacional, Provincial y Municipal, existe derecho administrativo, por cuanto se trata de regular situaciones posibles que puedan afectar a los administrados.

Muchos de los actos que puede aplicar una autoridad administrativa pueden ocasionar un perjuicio para los administrados. De ahí que, ante esa situación de afectación, puede el interesado solicitar que dicho acto pueda reverse o bien anularse, con el fin de no provocar un mal mayor. Por ejemplo, un dictamen de la autoridad pública administrativa puede consistir en una sanción. Y si dicha sanción es irregular, queda como alternativa recurrir al procedimiento de sede administrativa.

Por ello, **todo acto que emana de una autoridad competente puede ser revisable**. Pero para que la administración pudiera revisar sus actos, es necesario que el interesado utilice el sistema instaurado en el procedimiento administrativo. Surge entonces la importancia de los recursos, que son instrumentos legales que la ley concede al interesado para que, en un juicio o en otro procedimiento, pueda reclamar contra las resoluciones de la autoridad, haciéndolo ante la autoridad que las dictó, o ante otra de instancia superior. Los recursos son procedentes dentro de plazos dentro de la fecha de notificado el acto o resolución.

Para acudir ante la justicia ordinaria, se requiere que se hayan agotado las instancias administrativas, aunque en algunos fallos judiciales se ha señalado que exigir un procedimiento previo ante el organismo administrativo no se condice con el art. 75 inc. 22 de la CN, por cuanto el acceso a la jurisdicción judicial debe ser rápido. Es decir, todos los habitantes están en igualdad de condiciones para acceder ante un tribunal independiente e imparcial (ED 177-584 y E.D. 177-552). El art. 75 inc. 22 de la Constitución Nacional refiere a los tratados con rango constitucional, citando entre ellos a la Declaración Universal de los Derechos humanos, que en su art. 10 dice:

> Toda persona tiene derecho, en condiciones de plena igualdad, a ser oído públicamente y con justicia por un tribunal independiente e imparcial, para la determinación de sus derechos y obligaciones o para el examen de cualquier acusación contra ella en materia penal.

Por su parte, la Convención Americana sobre Derechos Humanos (Pacto de San José de Costa Rica) establece en su art. 8 inc. 1°:

> Toda persona tiene derecho a ser oída, con las debidas garantías y dentro de un plazo razonable, por un juez o tribunal competente, independiente e imparcial, establecido con anterioridad por la ley, en la sustanciación de cualquier acusación penal formulada contra ella, o para la determinación de sus derechos y obligaciones de orden civil, laboral, fiscal o de cualquier otro carácter.

EL PROCEDIMIENTO ADMINISTRATIVO NACIONAL: GENERALIDADES E IMPULSIÓN

Constituye procedimiento administrativo nacional el conjunto de las normas del procedimiento que se aplican ante la administración pública nacional, centralizada y descentralizada, inclusive entes autárquicos, tal como lo establece el art. 1 de la Ley 19.549.

El procedimiento administrativo apunta a la impulsión e instrucción de oficio, celeridad, economía, sencillez y eficacia de los trámites, el informalismo a favor del administrado, y el derecho de los interesados al debido proceso adjetivo. Independientemente de la participación de los interesados en las actuaciones, el procedimiento puede ser iniciado de oficio y también es de oficio la marcha del mismo.

GARANTÍAS DEL PRINCIPIO DEL DEBIDO PROCESO ADJETIVO

Son garantías del principio de debido proceso adjetivo: **el derecho a ser oído; el derecho a ofrecer y producir pruebas y el derecho a una decisión fundada,** según el art. 1 inciso f parágrafos 1, 2, 3 de la Ley 19.549.

- **El derecho a ser oído:** Es el derecho de exponer las razones de las pretensiones y defensas antes de la emisión de actos que se refieran a nuestros derechos subjetivos o intereses legítimos, interponer recursos y hacerse representar y patrocinar profesionalmente.
- **El derecho a ofrecer y producir pruebas:** dispone la ley que ellas se deben producir, si fueren pertinentes, dentro del plazo que la administración fije en cada caso, atendiendo a la complejidad del asunto y a la índole de la que deba producirse, debiendo la administración requerir y producir los informes y dictámenes necesarios para el esclarecimiento de los hechos y de la verdad jurídica objetiva, todo con el contralor de los interesados y sus profesionales, quienes podrán presentar alegatos y descargos una vez concluido el período probatorio.
- **El derecho a una decisión fundada:** El acto administrativo decisorio debe hacer expresa consideración de los principales argumentos y de las cuestiones propuestas, en tanto fueren conducentes a la solución del caso.

REQUISITOS ESENCIALES DEL ACTO ADMINISTRATIVO

Según el art. 7 de la Ley 19.549, el acto administrativo debe reunir como requisitos esenciales para su validez:

a) Ser dictado por autoridad competente;
b) Sustentarse en los hechos y antecedentes que le sirvan de causa;

c) Tener un objeto cierto y física y jurídicamente posible;
d) Haberse dictado previo cumplimiento de los procedimientos previstos o implícitos que resulten del ordenamiento jurídico;
e) Ser motivado, expresándose en forma concreta las razones que indujeron a emitir el acto, y ...
f) Cumplir con la finalidad que resulte de las normas que otorgan facultades pertinentes al órgano emisor.

El acto administrativo que carece de alguno o algunos de los requisitos esenciales es nulo de nulidad absoluta e insanable.
Los contratos que celebra el Estado se rigen por sus respectivas leyes especiales y por los principios del derecho administrativo.

FORMA Y EFICACIA DEL ACTO ADMNINISTRATIVO

Según el art. 8 de la Ley 19.549, el acto administrativo se debe manifestar expresamente y por escrito, indicando el lugar y fecha en que se lo dicta, y debe contener la firma de la autoridad que lo emite.
Se notifica dicho acto por acceso directo de la parte interesada, su apoderado o representante legal, por presentación espontánea de la parte interesada, su apoderado o representante legal, de la que resulte estar en conocimiento fehaciente del acto respectivo, por cédula, telegrama con aviso de entrega, oficio o carta documento, según el art. 41 del Decreto 1759/72.
Sobre la eficacia de los actos administrativos. Se lee en la ley:

> *Para que el acto administrativo de alcance particular adquiera eficacia debe ser objeto de notificación al interesado y el de alcance general de publicación. Los administrados podrán antes, no obstante, pedir el cumplimiento de esos actos si no resultaren perjuicios para el derecho de terceros (art. 11 Ley 19.549).*

RETROACTIVIDAD

El acto administrativo podrá tener efectos retroactivos –siempre que no se lesionaren derechos adquiridos– cuando se dictare en sustitución de otro revocado o cuando favoreciere al administrado, según lo dispone el art. 13 de la Ley 19.549.

REVOCABILIDAD

El art. 15 de la ley prevé que si se hubiere incurrido en una irregularidad, omisión o vicio que no llegare a impedir la existencia de alguno de sus elementos esenciales, el acto será anulable en sede judicial.

El acto administrativo afectado de nulidad absoluta se considera irregular y debe ser revocado o sustituido por razones de ilegitimidad aun en sede administrativa. No obstante, si el acto estuviere firme y consentido y hubiere generado derechos subjetivos que se estén cumpliendo, sólo se podrá impedir su subsistencia y la de los efectos aún pendientes mediante declaración judicial de nulidad. Además, el art. 18 expresa que el acto administrativo regular, del que hubiese nacido derechos subjetivos a favor de los administrados, no puede ser revocado, modificado o sustituido en sede administrativa una vez notificado. Puede ser revocado, modificado o sustituido de oficio en sede administrativa, si el interesado hubiere conocido el vicio, si la revocación, modificación sustitución del acto lo favorece sin causar perjuicio a terceros y si el derecho se hubiere otorgado expresa y válidamente a título precario. También podrá ser revocado, modificado o sustituido por razones de oportunidad, mérito o conveniencia, indemnizando los perjuicios que causare a los administrados.

EL SILENCIO DE LA ADMINISTRACIÓN

Frente a pretensiones que requieran de la administración un pronunciamiento concreto, su silencio o ambigüedad se interpretará como negativa.

El art. 28 de la Ley 19.549 prevé que para obligar a la Administración a expresarse positivamente, podrá interponerse un proceso denominado amparo por mora de la Administración.

Para que la ley considere que hay silencio de la Administración, el plazo para el pronunciamiento no podrá exceder de sesenta días. Vencido el plazo que corresponda, el interesado requerirá pronto despacho y si transcurrieren otros treinta días sin producirse dicha resolución, se considerará, que hay silencio de la Administración, según el art. 10 de la Ley 19.549.

CADUCIDAD DE UN ACTO ADMINISTRATIVO

La Administración podrá declarar unilateralmente la caducidad de un acto administrativo cuando el interesado no cumpliere las condiciones fijadas en el mismo, pero deberá mediar previa constitución en mora y concesión de un plazo suplementario razonable al efecto, según el art. 21 de la Ley 19.549.

IMPUGNACIÓN JUDICIAL

Sobre la impugnación de los actos administrativos, la ley establece:

> *Podrá ser impugnada por vía judicial un acto de alcance particular:*
> *a) Cuando revista calidad de definitivo y se hubieren agotado a su respecto las instancias administrativas.*
> *b) Cuando pese a no decidir sobre el fondo de la cuestión, impida totalmente la tramitación del reclamo interpuesto.*
> *c) Cuando se diere el caso de silencio o de ambigüedad a que se alude en el art. 10.*
> *d) Cuando la administración violare lo dispuesto en el art. 9"* (art. 23 de la Ley 19.549).
>
> *El acto de alcance general será impugnable por vía judicial:*
> *a) Cuando un interesado a quien el acto afectó o pueda afectar en forma cierta e inminente en sus derechos subjetivos, haya formulado reclamo ante la autoridad que lo dictó y el resultado fuere adverso o se diere alguno de los supuestos previstos en el art. 10.*

b) Cuando la autoridad de ejecución del acto de alcance general le haya dado aplicación mediante actos definitivos y contra tales actos se hubieren agotado sin éxito las instancias administrativas" (art. 24 de la Ley 19.549).

EL RECLAMO ADMINISTRATIVO PREVIO Y LOS JUICIOS CONTRA EL ESTADO

El art. 30 de la Ley 19.549 expresa:

> *El Estado Nacional no podrá ser demandado judicialmente sin previo reclamo administrativo, dirigido al Ministerio o Comando en Jefe que corresponda, salvo cuando se trate de la impugnación judicial de actos administrativos de alcance particular o general.*
> *El reclamo versará sobre los mismos hechos y derechos que se invocarán en la eventual demanda judicial y será resuelto por el Poder Ejecutivo, o por las autoridades citadas si mediare delegación de esa facultad.*
> *Recurrido un acto en todas las instancias administrativas correspondientes, las cuestiones planteadas y resueltas expresamente en esa vía por la última instancia, no podrán reiterarse por vía de reclamo; pero sí podrán reiterarse las no planteadas y resueltas y las planteadas y no resueltas.*

En la Ciudad Autónoma de Buenos Aires, la Ley de Procedimiento Administrativo, sancionada como **Decreto 1510/97**, regula la protección de los derechos de los administrados en general, y dentro de éstos se hallan los profesionales de la construcción, que pueden recurrir a dicho cuerpo legal a fin de hacer valer su reclamo ante una eventual sanción que con motivo de su actividad le sea aplicada por el GCBA.

El GCBA está obligado por la ley a dictar actos legítimos y regulares, que tengan un objeto cierto, física y jurídicamente posible, con dictamen previo proveniente de los servicios permanentes de asesoramiento jurídico, motivados y con una finalidad concordante con las facultades del órgano emisor, sin poder perseguir encubiertamente otros fines públicos o privados.

Si la sanción que aplica el GCBA es irregular, el acto administrativo deja de presumirse legítimo y ello trae aparejado su nulidad, debiendo entonces ser revocado o sustituido, por razones de ilegitimidad, aún en sede administrativa. Para que la Administración revoque sus propios actos deberá hacerse uso de los recursos. En caso de silencio o no haciéndose lugar al reclamo, deberá acudirse al Fuero Contencioso Administrativo y Tributario de la Ciudad de Buenos Aires.

Capítulo 17
Ética profesional

> Hay dos lugares extremos de la condición humana: en uno están aquellos que aspiran al bronce y que en general son personas cuyas estatuas las pagan los demás, y en el otro están los que aspiran a la eternidad, que son quienes viven con la idea de que vivir es terminar la existencia con el alma libre de deudas con el prójimo.
>
> José Luis D'Andrea Mohr

La ética es definida como aquella **parte de la filosofía que trata del bien y del mal en la conducta humana**; también se dice que **ética es el conjunto de normas que regulan el comportamiento humano desde el punto de vista del bien**. Ello lleva a establecer entonces qué es el **bien** y qué es el **mal**, tarea nada sencilla. Puede decirse que **el bien (o lo bueno) es aquello que procura el equilibrio, la paz, la felicidad o facilita la vida en el orden espiritual, físico y psicológico**; por exclusión, **el mal (o lo malo) es aquello que conduce a la des armonía, el sufrimiento, la enfermedad, y hasta a la muerte**. Erich Fromm sostuvo que lo bueno se manifiesta en la afirmación de la vida, en el despliegue de los poderes del hombre, en tanto que lo malo se observa en la mutilación de las potencias humanas, en todos y cada uno de los órdenes de la vida.

Según el cristianismo, Dios es el único ser que da bondad a las cosas, no concibiéndose la bondad como algo abstracto. En la creación, Dios pone al hombre en situación de obedecer y de gozar del árbol de la vida, o de desobedecer y de ser arrastrado a la muerte (Gen 2,9.17). Si hace el bien y rechaza el mal, cumpliendo la voluntad de Dios, será bueno; de lo contrario, será malo. Así, al elegir, determinará su calificación moral y, por ende, su destino. El hombre, seducido por el Demonio, escogió el mal. Y actuó fuera de la voluntad de Dios, lo cual es la esencia misma del pecado. Y encontró sufrimiento y muerte. El hombre, así, con su pecado introdujo el mal en el mundo y luego proliferó. El hombre termina siendo esclavo del pecado, del mal, que no es sólo ausencia de bien, sino una fuerza positiva que esclaviza al hombre y corrompe el universo (Gen 3,17s). Dios no creó el mal, pero es su opositor. Y así comienza una guerra que tiene un objetivo: salvar al hombre. Para ello, Dios debe derrotar al mal y al Demonio (Ez 38-39; Ap 12,7-17). La aparición del mal –en todas sus formas– que transitó la muerte de Abel a manos de Caín hasta el último cataclismo que tendrá por autor al Anticristo (según el Apocalipsis de San Juan) es una realidad tangible, y el mal está presente no sólo en los problemas propios, sino también en los problemas de los que nos rodean. Para el judaísmo, la existencia del mal es imprescindible para sobreponerse a las dificultades, enfrentar los propios temores, vencer a la pereza, triunfar sobre la tendencia a actuar negativamente. El decimoprimero axioma del judaísmo enseña que todas las acciones del ser humano trascienden y que Dios retribuye al hombre de acuerdo a sus acciones: premia por el bien y castiga por el mal, y tanto el premio como el castigo se dan en el mundo venidero que es completamente espiritual. Pero para los judíos, no hacer el mal no significa la inacción total, sino efectivamente hacer el bien, buscar a los necesitados, y salvar a quien lo necesite.

Para el islamismo, el bien y el mal no existen como abstracciones, sino como acciones concretas y reales. El bien y el mal forman parte de la Creación y no existe quien se halle libre de todo mal. Así pues, el mandato de ordenar el bien y prohibir el mal debe empezar desde la misma persona. Y como hecho concreto, el bien ya ha dejado de ser un concepto sino una acción que se hace siempre en beneficio de alguien. El musulmán que sea testigo de un mal se obliga a oponérsele de manera directa, y si no puede hacerlo así, habrá de denunciar ese mal, de censurarlo, de no permitir que su corazón lo justifique o se acomode a él.

El ateísmo ve en el mal un argumento para oponerse a la existencia de Dios. Albert Camus sostuvo que basta el hecho de la muerte de un inocente para quitar toda consistencia a las pruebas de la existencia de Dios. Hasta el mismo Santo Tomás de Aquino expresó que el mal es la primera dificultad para admitir la existencia de Dios. También comentó que la existencia misma del mal puede contribuir a exaltar la bondad de Dios en cuanto permite el mal para obtener de él un bien mayor. "... No conserva la vida el león, si no mata al asno; ni tampoco se alabaría la justicia del que premia y la paciencia del que sufre, si no existiese la iniquidad del perseguidor". Tal como se ve, el mal forma parte del orden de la Creación.

GENERALIDADES

Ética deriva de los vocablos griegos *ethikós* y de *éthos*, y es definida como el **estudio de los fundamentos de la moral y los valores.**
"La ética profesional es el conjunto de los mejores criterios y conceptos que debe guiar a la conducta de un sujeto por razón de los más elevados fines que pueden atribuirse a la profesión que ejerce", define en su Preámbulo el Código de Ética Profesional para la Agrimensura, la Arquitectura y la Ingeniería, de la jurisdicción nacional, con carácter legal impuesto por el Decreto 1099 de 1984 del Poder Ejecutivo Nacional.
Arquitectos/as que cuenten con matriculación en la Provincia de Buenos Aires están sujetos al Código de Ética provincial, que en su art. 3 considera faltos de ética a los siguientes actos:

a) Realizar actividades que signifiquen perjuicio para los intereses de orden público.
b) Ejecutar actos reñidos con la buena técnica o incurrir en omisiones culposas, aun cuando sea en cumplimiento de órdenes de un superior o mandante.

Dos son los conceptos que debemos considerar cuando se habla de ética: *moral* y *deber ser*. La moral es el propio enjuiciamiento de la conducta, acorde a la naturaleza íntima de nuestras convicciones, aspirando al logro de una armonía personal, y el Deber ser, como nuestra conducta respecto de las interrelaciones con nuestros semejantes. Y en ambos conceptos, existe un común denominador: **nuestra propia conciencia.**

Un/a profesional de la construcción, más allá de toda reglamentación existente, debe necesariamente resolver su comportamiento ético en el plano de la conciencia individual. Una idea mínima sobre el bien y el mal es algo que cada persona va modelando desde la niñez. Y la ética no es algo que se estudia, sino que se va trabajando en lo cotidiano. Como dijo una vez María Enriqueta Méoli, una persona no es más solamente por poseer más conocimientos, sino por las formas en las cuales despliega su afectividad que establecen un contacto más o menos rico, más o menos individual, más o menos absoluto con el mundo. Es la ética una **permanente modelación de la conducta a través del tiempo**, una conjunción entre la **moral y el deber ser**. Una continua escultura de los principios personales basada en la educación, el respeto, la dignidad y la conciencia. Tener un verdadero comportamiento ético es dar cuenta de la manifestación de todo un caudal humano que enaltece nuestra conducta y que directamente aplicada a la actividad profesional no hará menos que darle a nuestra tarea un componente distinguido que sin duda en épocas como la actual es altamente necesario.

PRINCIPALES DEBERES ÉTICOS

Según el art. 1.2. del citado código, es deber primordial de los profesionales:

- Respetar y hacer respetar todas las disposiciones legales y reglamentarias que incidan en actos de la profesión.
- Velar por el prestigio de la profesión.

ACTOS ANTIÉTICOS

A lo largo del Código de Ética, se citan normas que en aras del mejoramiento del desempeño profesional buscan elevar la dignidad de la profesión. Se ofrecen a continuación algunos aspectos importantes que conviene tener en cuenta. Expresa el Art. 2.1. del Decreto 1099/84, sobre los **deberes profesionales** para el enaltecimiento de la profesión:

- No recibir o conceder comisiones; no ejecutar actos reñidos con la buena técnica; no hacer uso de medios de propaganda que consista en avisos exagerados o que muevan a equívocos.

En materia de **concursos profesionales**, la norma no considera ética:

- La participación en concursos sobre materias profesionales en cuyas bases aparezcan disposiciones o condiciones reñidas con la dignidad profesional (art. 2.7 Decreto 1099/84).

El **ejercicio de la profesión** es alcanzado por un deber ético, que en el aspecto personal versa el art. 2.1.1.6:

- No conceder la firma, a título oneroso o gratuito, para autorizar planos, especificaciones, dictámenes, memorias, informes y toda documentación profesional, que no hayan sido estudiados o ejecutados o controlados personalmente por el profesional.

Hacia los colegas, impone el Código de Ética:

- No utilizar sin autorización de sus legítimos autores y para su aplicación en trabajos propios, ideas, planos, y demás documentación pertenecientes a aquellos;
- Abstenerse de cualquier intento de sustituir al colega en un trabajo iniciado por éste no debiendo en su caso aceptar el ofrecimiento de reemplazo hasta tanto haya tenido conocimiento fehaciente de la desvinculación del colega con el comitente (Art. 2.2. decreto 1099/84).

Respecto de los **juicios de valor sobre la actuación de un colega**, la norma indica:

- Abstenerse de emitir públicamente juicios adversos sobre la actuación de colegas o señalar errores profesionales en que incurrieren, a menos que medien algunas de las circunstancias siguientes: a) Que ello sea in dispensable por razones ineludibles de interés general; b) Que se les haya dado antes la oportunidad de reconocer y rectificar aquella actuación y esos errores, sin que los interesados hicieren uso de ella (Art. 2.2.1.6. Decreto 1099/84).

Y respecto de la regulación de los **deberes del profesional para con los clientes y el público en general**:

- Advertir al cliente los errores en que este pudiera incurrir, relacionados con los trabajos que el profesional proyecte, dirija o conduzca; mantener reserva y secreto respecto de toda circunstancia relacionada con el cliente y con los trabajos que para él efectúa (Art. 2.3 Decreto 1099/84).

CASTIGO A LAS FALTAS DE ÉTICA

Cualquier falta de ética se castiga de conformidad con que el art. 2.8.3. del citado Código establece:

> *Las faltas de ética calificadas por el Tribunal quedan equiparadas a faltas disciplinarias, atentatorias a la dignidad de la profesión, a los efectos de la aplicación de penalidades que pudieran corresponder, en virtud de las disposiciones del Artículo 28°, Decreto-Ley N° 6070/58 (ley 14.467) y sus concordantes.*

DIRECCIÓN DE OBRA, CONSTRUCCIÓN, ÉTICA

El artículo 2.3.1.3. del Decreto 1099/84 prescribe no asumir en una misma obra las funciones de dirección, al mismo tiempo que las de contratista total o parcial. Esta doble condición de muchos profesionales ve su raíz en la realidad. Mas de una vez se da esta doble condición, en la cual se da una situación incongruente, debido a que siendo director de obra y constructor una misma persona, de ninguna manera se entendería que esa persona se dirija a sí misma. Por otra parte, la situación económica ha llevado a muchos profesionales a asumir este rol, en parte presionado por un comitente que desea disminuir costos de obra, y por otra parte, por la necesidad del profesional de abarcar el espectro empresario en aras de aumentar sus ingresos respecto de esa obra.

Sin perjuicio de ser considerada falta de ética profesional la asunción del doble rol de contratista y dirección de obra, en muchos casos ese doble rol se ha cumplido con diligencia, eficiencia y sentido del deber. Muchos/as profesionales han adoptado la modalidad de cobrar sus ingresos en concepto de ser contratista y proyectista de obra, **y sin estar a cargo de la dirección de obra**, que cubre otro/a profesional. Puede también ocurrir que un/a arquitecto/a se convierta en perito/a de la obra propia, de la cual previamente debió haberse desligado de sus tareas profesionales. Esta situación es viable, aunque se recomienda que quien realice la predicación debe considerar y prestar atención al estado en el cual dejó la obra a fines de compararlo con el estado actual.

RADICACIÓN DE UNA CAUSA DE ÉTICA

Toda causa de ética debe radicarse ante el Consejo Profesional en el que es tuviera matriculado el imputado. El art. 3.1.1. del Decreto 1099/84 dice: "Las causas de ética se radicarán ante el Consejo Profesional en que estuviere matriculado el imputado y podrán promoverse por denuncia, por solicitud del profesional de cuya actuación se trate, o de oficio por el Consejo competente". Además, el art. 3.1.2. agrega:

> *Las denuncias deberán formularse por escrito y deberán contener:*
> *a) El nombre, el domicilio real y la identificación individual del denunciante, quien deberá constituir domicilio especial a los efectos de las notificaciones que hubieren de practicarse.*

b) El nombre del profesional a quien se denuncie o, en su defecto, las referencias que permitan su individualización y su domicilio.
c) La relación de los hechos que fundamenten la denuncia.
d) Los elementos y medidas de prueba que se ofrezcan.

Los procedimientos procesales para el trámite de una causa de ética están normados en los arts. 3.1.3 al 3.2.8.

Cuando se produce una causa de ética contra un/a profesional, el Consejo Profesional realiza una instrucción de la causa y ordena las medidas de prueba que juzgue pertinentes y fijará las audiencias necesarias para su recepción, de todo lo cual se notificará al denunciado. El denunciado podrá contar con asistencia letrada. El profesional cuestionado tiene derecho a formular su descargo De encontrarse en dicha causa elementos que evidenciarían una falta de ética profesional, el Consejo gira la causa a la Junta Central de Consejos Profesionales.

La Junta Central deberá resolver si el profesional cuestionado ha transgredido las normas de ética. De comprobarse la falta se individualizarán los deberes y disposiciones violados, se efectuará la calificación de la falta y se decidirá acerca de la imposición de alguna de las sanciones previstas en el Art. 28º del Decreto-Ley 6070/58, siendo éstas:

- Advertencia.
- Amonestación.
- Censura pública.
- Multa.
- Suspensión en el ejercicio de la profesión de un mes hasta dos años.
- Cancelación de la matrícula.

La sanción que se adopte será aplicada por el Consejo Profesional en el cual el sancionado estuviere matriculado.

Muchas veces las causas de ética se tramitan simultáneamente con una acción judicial contra el profesional. Y además dichas acciones pueden tener incidencia en la decisión. De ser así, el Consejo Profesional interviniente o la Junta Central podrá disponer la suspensión del procedimiento por falta de ética hasta que se resuelva el pleito en sede judicial.

No podrá ser sancionado un profesional después de haber transcurrido tres años de cometida la falta que se les impute. Dicho plazo quedará interrumpido si antes de su transcurso el profesional es sometido a causa de ética.

También se prevé en la normativa que en todo cuanto no esté previsto en la misma, se aplicará la Le 19.549 de Procedimientos administrativos y la reglamentación aprobada por el decreto N° 1759/72, sus normas modificatorias y complementarias.

USURPACIÓN DE TÍTULOS

En algunos casos, algunas personas se adjudican la calidad de profesional arquitecto/a, sin serlo. La calidad profesional está dada por el otorgamiento del diploma por parte de una alta casa de estudio, sea nacional o privada, o extranjera. La usurpación de títulos se produce, en muchos casos, para cometer hechos ilícitos, aunque en otras ocasiones, algunas personas sólo pretenden aditar el título profesional a su apellido, quizá en búsqueda de un cierto estatus personal.

El Decreto 6070/58 en su art. 24° prevé el castigo para quienes desarrollen tareas profesionales sin habilitación alguna:

> *Será reprimida con prisión de seis meses a dos años, la persona que sin poseer título de los comprendidos en la enumeración del artículo 13°, o sin hallarse en algunas de las situaciones contempladas en el artículo 14°, realizare actividades propias de las profesiones reglamentadas por esta ley.*
>
> *Los actos de tentativa serán reprimidos con la pena establecida para el delito, reducida de un tercio a la mitad.*
>
> *Este delito es de acción pública y sin perjuicio de la acción que deba entablar el Ministerio Publico de oficio o por denuncia de tercero, el Consejo correspondiente y en su caso la Junta Central, deberán denunciar al infractor. Asimismo podrán actuar como querellantes, en cuyo caso no estarán obligados a dar caución o fianza.*

Asimismo, en el mismo Decreto-Ley, el art. 25 impone la pena establecida en el artículo 247 del Código Penal, quien se arrogare un título profesional sin corresponderle.

Será reprimido con prisión de quince días a un año el que ejerciere actos propios de una profesión para la que se requiere una habilitación especial, sin poseer título o la autorización correspondiente.
Será reprimido con multa de setecientos cincuenta a doce mil quinientos pesos, el que públicamente llevare insignias o distintivos de un cargo que no ejerciere o se arrogare grados académicos, títulos profesionales u honores que no le corresponden.

Respecto del tema presente, citamos un sumario:

Comete los delitos de usurpación de título y estafa, en concurso ideal, quien invocando falso título (arquitecto) suscribió con la damnificada el contrato de construcción, dirección de obra y confección de planos, constituyendo el falso título invocado el ardid típico de la estafa, ya que dicho título importó simular la calidad que necesitaba para obtener la suscripción del contrato. Por otra parte, la falta de título habilitante condujo a las imperfecciones de la obra y al ejercicio de una dirección para la que no estaba capacitado, con el directo perjuicio que causaba su conducta (arts.1077, 1078, 1083 y conc. C.C.).
Cam. Nac. Crim. Sala IV Def. Martínez, Pagano, Farga c. 25.427 Dattoli, José 21-04-1981 Boletín de Jurisprudencia, Año 1981, Entrega 05, pág. 99.

El CÓDIGO DE ÉTICA EN LA PROVINCIA DE BUENOS AIRES

Quienes sean profesionales de la arquitectura matriculados en el CAPBA deben ajustar sus actuaciones profesionales a su propio Código de Ética Profesional. Según lo dispuesto en la **Ley provincial 10.405**, el Tribunal de Disciplina del CAPBA posee poder disciplinario para juzgar las cuestiones de ética, en un todo de acuerdo con dicho código y la Ley 10.405.
El art. 3º del Código de Ética expresa:

Se consideran faltos a la ética los siguientes actos:

a) Realizar actividades que signifiquen perjuicio para los intereses de orden público.

b) Ejecutar actos reñidos con la buena técnica o incurrir en omisiones culposas, aún cuando sea en cumplimiento de órdenes de un superior o mandante.

1. PARA CON LA PROFESIÓN

a) Aceptar y/o realizar tareas contrarias a las Leyes y normativas.

b) Recibir o dar comisiones para obtener beneficios relativos a la obtención de encomiendas profesionales.

c) Conceder la firma a título oneroso o gratuito, de toda tarea profesional que no haya sido realizada o estudiada por el firmante.

d) Asociar al propio nombre, a personas o entidades que aparezcan como profesionales sin serlo.

e) Realizar actos que desmerezcan el significado de la profesión en la sociedad.

f) Ocupar cargos rentados o gratuitos en la actividad empresaria privada simultáneamente con cargos públicos cuyas funciones generen actos vinculantes directa o indirectamente a través de sus componentes.

g) Aceptar la encomienda de una tarea profesional cuando previamente actuara como Asesor o Jurado de un Concurso efectuado para asignar tal tarea.

h) Desempeñando cargo público, no abstenerse de participar en el proceso de adjudicación de tareas profesionales a colegas con quienes tuviera vinculación societaria de hecho o de derecho.

i) La violación incluye también al profesional beneficiado con la adjudicación.

2. PARA CON LOS COLEGAS

a) Declarar como propios trabajos de terceros.

b) Verter opiniones menoscabantes de otros profesionales sin perseguir fines de interés público.

c) Difamar profesionalmente.

d) Sustituir a otro en una tarea profesional sin la previa comunicación por medio fehaciente.

e) Percibir honorarios inferiores a los establecidos sin acuerdo del CAPBA.

f) Menoscabar a subalternos privada o públicamente.

g) Tomar parte en concursos que el CAPBA declare reñidos con la dignidad profesional.

h) Fijar retribuciones a colaboradores inferiores a las adecuadas a la dignidad y la importancia de la tarea.

i) Cuestionar públicamente la calidad personal y/o la capacidad profesional de un colega en lugar de dirigir la crítica al hecho u objeto producido por dicho colega.

j) Designar o influir para que sean designadas en cargos técnicos, que deban ser desempeñados por profesionales, personas carentes de título habilitante correspondiente.

k) Evacuar consulta de un comitente, referente a asuntos en los que intervienen otros colegas sin disponer de pruebas de la desvinculación de los mismos.

l) Falsear pruebas en la actuación como denunciante de falta a la ética contra otro.

m) Aprovecharse de su calidad de autoridad, funcionario o empleado de la Administración o Empresa Pública para obtener ventajas o beneficios personales.

3. PARA CON LOS COMITENTES Y PÚBLICO

a) Aceptar comisiones, descuentos, bonificaciones de personas interesadas en la ejecución de los trabajos que le hayan sido encomendados.

b) Revelar datos reservados confiados a su estudio o custodia.

c) Ser parcial al actuar como árbitro o jurado.

d) Ofrecer servicios de imposible cumplimiento.

e) No asesorar con ecuanimidad en las previsiones que debe tomar o los errores que puede incurrir en los contratos o compras, relacionados con la tarea contratada al profesional.

4. PARA CON LA SOCIEDAD

a) Participar como funcionario político de gobiernos "de facto" surgidos de golpes o revoluciones militares.

INSTRUCCIÓN DE CAUSAS DE ÉTICA

Es a través del respeto a los valores éticos que se logrará la jerarquización de la profesión. Y es importante, al denunciar una cause de ética, respetar el procedimiento. En el CPAU, las causas pueden ser presentadas tanto por un matriculado como por la comunidad en general.
Las causas pueden promoverse por denuncias:

1. De un profesional hacia otro profesional.
2. De un particular hacia un profesional.
3. Pueden ser iniciadas por el Consejo de oficio.

Las causas pueden también promoverse por solicitud del profesional de cuya actuación se trate.
Las denuncias, que deben formularse por escrito dirigidas al presidente del Consejo, deben contener:

a. El nombre, domicilio real e identificación individual del denunciante, quien deberá constituir domicilio especial a los efectos de las notificaciones que hubieren de practicarse.
b. El nombre del profesional a quien se denuncie o, en su defecto, las referencias que permitan su individualización y domicilio.
c. La relación de los hechos que fundamenten la denuncia (esto incluye, fe chas, relato claro y detallado, etc.).
d. Los elementos y medidas de prueba que se ofrezcan (prueba documental, informativa, fotografías certificadas, prueba testimonial, prueba pericial de arquitectura, recibos de pago efectuados al profesional, constatación notarial de un inmueble en caso de fallas técnicas ocurridas por el mal desempeño del profesional, etc.).

El CPAU no actúa como Tribunal de Ética Profesional, sino que se limita a instruir las causas. Finalizada dicha etapa, luego de que la totalidad de la prueba es producida, las causas de ética se elevan a la Junta Central de los Consejos Profesionales de Agrimensura, Arquitectura e Ingeniería a la que corresponde su resolución final.

La Junta Central de los Consejos Profesionales de Agrimensura, Arquitectura e Ingeniería actúa como Tribunal de Ética pudiendo aplicar las sanciones previstas en el art. 28 del Decreto-Ley 6070/58.

Reflexión final

Es posible tener éxito sin comprometer la ética -base de la profesión de la construcción-, particularmente en un tiempo donde algunas otras profesiones ya no gozan de la misma confianza de antaño. Los factores económicos parecen ser hoy los que principalmente determinan las decisiones, resultando declinante la calidad de los productos. Existe la tentación de reducir las consideraciones éticas a una cuestión legal. En la actualidad si una práctica está dentro de límites legales se la considera ética. La calidad es tan importante en los proyectos de ingeniería, que la responsabilidad ética sobrepasa los requerimientos legales. Las normas de calidad sólo pueden lograrse mediante la práctica de la ética. Hay que tener en mente, que las acciones de profesionales de la construcción pueden resultar en tragedias humanas. Nuestros antepasados nos han demostrado que se puede tener éxito en el mercado manteniendo altos valores éticos, y esto sigue siendo válido hoy día.

Artículo de **D.M. Mucha**,
Revista ASCE Civil Engineering, Mayo de 1994.

El contexto social argentino es de una enorme complejidad. Todas los compartimentos sociales (seguridad, educación, economía, por ejemplo) atraviesan desde hace tiempo situaciones de inestabilidad que desde hace años son parte de la crisis con la que se debe lidiar a diario.

Mucho debemos trabajar como sociedad para hacer el país que deseamos, ya que el país que merecemos lo tendremos en la medida que estemos dispuestos a poner nuestro grano de arena y desterrar ciertos paradigmas, tales como *esto no cambia más, estamos en Argentina*, y tantos otros ya instalados socialmente, y que forman parte del ADN nacional.

Si la ética es la sumatoria de nuestras conductas, debemos decir que una ética negativa no se basa solamente en el "hacer mal", sino en el "dejar hacer mal". Podemos decir que jamás hemos cometido ninguna injusticia, pero el haber dejado que otros la cometan nos convierte en cómplices pasivos. Y sobreviene inevitablemente un deporte nacional: la queja.

Si realizando un trámite en una repartición estatal alguien deja que un empleado público le falte el respeto y no va a quejarse ante un superior, está legitimando el maltrato; si un consorcista de un edificio deja que una administración infiel no rinda cuentas sobre los gastos que realiza, está legitimando una irregularidad; y si una persona vota a un corrupto para que la gobierne, está legitimando la corrupción. Entonces, no cabe que algunos se quejen sobre las actitudes negativas ajenas, pues las están permitiendo. Y si la mala acción es dañina, ¿qué decir entonces de la omisión?

La ética se sustenta en dos fundamentos clave: la libertad y la responsabilidad. El ser humano es libre, puede ejercer acciones con plena libertad, y esa libertad se manifiesta en modo externo –en cuanto a la realización del acto en sí– sino además en modo interno –en cuanto a la moral– ya que la voluntad de actuar se basa en una elección. Pero no cualquier elección, sino de una elección a favor del crecimiento del que elige; esa acción u omisión habrá de tener un fin superior. Ser libre implica disponer de uno mismo, con la carga de responsabilidad por lo que se hace, y que le impone el medio social. Y la ética, fundada en la libertad y la responsabilidad, surge como resultado de la razón, ya que el porqué de la realidad solo puede descubrirse a través de la razón.

Es muy difícil enseñar sobre la ética cuando muchas veces carecemos de buenos ejemplos de ética, máxime en épocas en las cuales la distorsión social hace ver como normal a aquello que es común. Es difícil creer en el valor Justicia cuando pocos la practican. Y es difícil ser justo en medio de un contexto social en el cual no se hallan ejemplos de justicia. La ética aparece entonces como algo intangible, que sólo es patrimonio de filósofos e intelectuales, sin que pueda palparse a diario pues no siempre se observan conductas que puedan evidenciar un comportamiento positivamente ético. Y como dijo Einstein, dar ejemplo no es la principal forma de influir sobre las personas, sino que es la única.

Los profesionales de la arquitectura, desde nuestra época de facultad, y más precisamente en nuestro ámbito, hemos aprendido que –en muchos casos– el ejercicio profesional sortea muchas veces serias dificultades. Tal realidad muchas veces hace que el profesional se desilusione cuando trata de llevar adelante un ejercicio profesional digno debiendo hacer frente a situaciones difíciles, tan difíciles como vivir en el contexto social argentino, que como mencioné a principio, es de una enorme complejidad.

Y nuevamente aparecen los paradigmas, y sobresale uno: **es así**. Diciendo **es así** no se hace más que atribuir un sesgo determinista a una situación anormal. Cuando se dice **es así**, se estaría abandonando toda posibilidad de cambio positivo. Y lo anormal no puede erigirse como eterno. Por lo tanto, a la frase fatalista que pregona encogerse de hombros ante la realidad del **es así**, se impone pensar que **no es así**. O mejor dicho, **no debe ser así**. Y eso, **que no sea así**, depende de cada uno de nosotros.

La arquitectura es sin duda algo más que el arte de crear espacios habitables. Al hablar de arquitectura, estamos refiriéndonos al arte de generar la felicidad de nuestros semejantes contenida en un espacio físico que contribuya a la elevación humana en todas sus manifestaciones. La arquitectura sirve en tanto satisfaga una necesidad humana, y por ello, la gran muralla que debiera dividir a la arquitectura es aquella que establece que **la arquitectura es buena o es mala, en tanto sirva o no sirva a una necesidad humana**. Lo demás es irrelevante, y a lo sumo sirve como excusa para debates.

Y una vez atravesada esta valla, **el hacer la arquitectura debe entenderse siempre como un buen hacer, no solamente desde el punto de vista técnico y legal, sino desde el aspecto ético**. La arquitectura es también una necesidad humana, a la cual se da respuesta desde el intelecto, pero también desde el sentimiento del profesional que debe plasmar su vocación de servir, desde el pensamiento de la arquitectura hasta su conclusión en la obra materializada. Y durante todo ese proceso, la ética habrá de ser una constante que rija la idea misma de la arquitectura.

Cada profesional de la arquitectura tiene la posibilidad de –al decir de Octavio Paz– engendrar a un testigo insobornable de la historia de la humanidad, por cuanto **la obra de arquitectura es la materialización de la trascendencia humana**.

Haber elegido estudiar esta carrera nos ha convertido en privilegiados seres que poseemos el hermoso don de poder soñar con un pie puesto en la tierra. No es poco.

El Autor

Bibliografía consultada

Acquarone, María T. *Derecho inmobiliario.* Buenos Aires, Ed. Di Lalla. 2010.
Acquarone, María T. *Los emprendimientos inmobiliarios.* Buenos Aires, Ed. Ad-Hoc. 2007.
Aguiar, Artemio Daniel. *Manual de Tasación Inmobiliaria.* Rosario, Ed. Juris. 1997.
Baglietto, Grinberg, Papaño. *Medianería.* Buenos Aires, Ed. Abeledo-Perrot. 1978.
Borda, Guillermo. *Manual de Derecho Civil. Parte General.* Ed. Perrot, Buenos Aires. 1989.
Butlow, Daniel E. y Bustos, Plácido M. *Honorarios de Arquitectos.* Buenos Aires, Ed. Summa, 1988.
Consejo Profesional de Arquitectura y Urbanismo (CPAU). *Manual del Ejercicio Profesional de la Arquitectura (MEPA),* 2010.
Cura Grassi, Domingo. *Derecho Inmobiliario.* Buenos Aires, Ed. La Rocca. 2006.
Fazio de Bello, Marta E. *La medianería como problema urbano.* Buenos Aires, Ediciones La Rocca. 1998.
García Erviti, Federico. *Compendio de arquitectura legal.* Barcelona, Ed. Reverté. 2004.
Ghersi, Carlos A. y Weingarten, Celia. *Manual de los derechos de usuarios y consumidores.* Buenos Aires, Ed. La Ley. 2011.
Gregorini Clusellas. E (dir.). *Emprendimientos Inmobiliarios.* Suplemento Especial La Ley. Buenos Aires, Ed. La Ley. 2011.
Gregorini Clusellas. E. *Locación de obra. Buenos Aires,* Ed. La Ley. 1999.

Gregorini Clusellas. E. *Locación de servicios y responsabilidades profesionales.* Buenos Aires, Ed. La Ley. 2001.

Lorenzetti, Ricardo L. (dir.). *Código Civil y Comercial de la Nación (comentado)* Santa Fe, Ed. Rubinzal-Culzoni, 2015.

Llambías, J.J., Raffo Benegas, P. y Sassot, R.A. *Manual de Derecho Civil. Obligaciones.* Buenos Aires, Editorial Perrot. 1987.

Prado, J.J. *Manual de Introducción al Conocimiento del Derecho.* Tercera Edición. Buenos Aires , Ed. Abeledo-Perrot. 1998.

Rivarola, Jorge Víctor y Méoli, María Enriqueta. *Tratado de la Arquitectura en relación al Derecho.* Buenos Aires, Ed. Zanetti, 1978.

Rivarola, Jorge Víctor. *Manual de la Medianería Urbana y luces y vistas en Argentina.* Buenos Aires, Ed. Domingo Viau y Cía. 1942.

Rondina, Homero, y Rondina, Gerardo. *Daños en la Construcción.* Santa Fe, Ed. Rubinzal-Culzoni, 2008.

Rondina, Homero, y Rondina, Gerardo. *Tratado de arquitectura legal y derecho urbano.* Rosario, Coedición Universidad Católica de Santa Fe y Universidad Nacional de Rosario, 2011.

Rondina, Homero. *Medianería y Propiedad Horizontal.* Buenos Aires, Ed. Derecho y Ciudad, 1991.

Scotti, Edgardo (comp.). *Legislación urbanística.* Provincia de Buenos Aires. La Plata, Scotti Editora. 2000.

Spota, Alberto G. *Tratado de locación de obra.* Buenos Aires, Ed. Depalma. 1982.

Spota, Alberto G. *Tratado de medianería.* Buenos Aires, Librería y Casa editora de Jesús Menéndez. 1938.

Torres, Claudio F. *Aspectos Esenciales de la Propiedad Horizontal.* Buenos Aires, Ed. Nobuko, 2009.

Toufeksian, Juan Carlos. *Manual del Ejercicio Profesional de la Arquitectura.* Buenos Aires, Ed. El Politécnico, 2000.

Witthaus, Rodolfo E. *Prueba pericial.* Buenos Aires, Ed. Universidad. 2003.

Zaffaroni, Eugenio Raúl, et. al. *Manual de Derecho Penal, Parte General.* Buenos Aires, Ed. Ediar, 2005.

www.ingramcontent.com/pod-product-compliance
Lightning Source LLC
Chambersburg PA
CBHW050829230426
43667CB00012B/1923